L'ABEILLE ET L'ACIER

GILLES DORIVAL
&
ALAIN LE BOULLUEC

L'ABEILLE ET L'ACIER

Clément d'Alexandrie et Origène

PARIS
LES BELLES LETTRES
2019

www.lesbelleslettres.com

Retrouvez les Belles Lettres
sur Facebook et Twitter

95 bd Raspail 75006 Paris

ISBN : 978-2-251-44949-4

AVERTISSEMENT

par Gilles Dorival et Alain Le Boulluec

Un mot d'explication sur le titre du présent livre, *L'Abeille et l'Acier*. *L'abeille* : Clément d'Alexandrie a pour modèle le maître qu'il a trouvé « en Égypte » et dont il dit : « C'était une véritable abeille de Sicile ; butinant les fleurs de la prairie des prophètes et des apôtres, il a fait naître dans les âmes de ses auditeurs un trésor de connaissance immaculé. » La référence au genre bucolique inclut plus largement le recours à l'abeille comme symbole de la poésie. L'image évoque surtout la méthode de Clément : à l'instar de l'insecte qui choisit les fleurs dont il fait son miel, il pratique un éclectisme éclairé, en cherchant son bien tant dans les Écritures que chez les philosophes et écrivains grecs. *L'acier* : dans l'Antiquité, Origène est parfois appelé *Adamantios*, un mot qui n'est pas attesté par ailleurs, mais qui rappelle l'adjectif *adamantinos*, « qui a la résistance de l'acier ». On ne sait quand ce surnom a été attribué à Origène, ni pourquoi : est-ce à cause de la force de ses raisonnements, en raison de son courage devant la persécution à Alexandrie, à cause des tortures qu'il a affrontées à la fin de sa vie en Palestine, en raison de son ascétisme ou parce qu'il avait des capacités de travail hors du commun[1] ? On l'ignore. Quoi

1. Voir plus bas p. 166-167.

qu'il en soit, le titre retenu évoque les deux Pères de l'Église qui font l'objet du présent livre.

Les pages sur Clément, écrites par Alain Le Boulluec, et sur Origène, rédigées par Gilles Dorival, ont paru en 2017 dans le tome III de l'*Histoire de la littérature grecque chrétienne des origines à 451. De Clément d'Alexandrie à Eusèbe de Césarée*, dont Bernard Pouderon a dirigé la publication dans la collection « L'Âne d'or » aux Belles Lettres[2]. À la demande des deux auteurs, Bernard Pouderon avait pris contact dès 2015 avec Caroline Noirot, président du directoire de l'entreprise Société d'édition des Belles Lettres, pour lui suggérer de réunir les deux contributions dans un volume autonome. En effet, il y a peu de monographies récentes en français sur chacun de ces auteurs, et aucune sur leur couple, exception faite du livre d'Alain Le Boulluec sur *Alexandrie antique et chrétienne. Clément et Origène*, qui est un recueil d'articles parus dans des revues savantes[3]. Caroline Noirot a été tout de suite convaincue. Elle a seulement demandé que le présent livre soit publié au moins une année après l'*Histoire de la littérature grecque chrétienne*. Les deux contributions ont été actualisées pour tenir compte de publications récentes.

Voilà plus de cinquante ans que Gilles Dorival et Alain Le Boulluec se connaissent et ont eu l'occasion de travailler ensemble. Ils se sont rencontrés à l'École normale supérieure de la rue d'Ulm. Ensemble, ils ont fréquenté le séminaire de patristique grecque de Marguerite Harl, professeur de grec postclassique, à l'université de Paris IV-Sorbonne. En 1972, cette dernière a entrepris de traduire le *Traité des principes* d'Origène. Elle leur a proposé de les associer à son travail. Deux autres de ses élèves ont été un temps membres actifs de l'entreprise avant d'être retenus par d'autres tâches scientifiques : Monique Alexandre, qui succédera plus tard à Marguerite Harl à la Sorbonne, et André Godin, futur directeur de recherche au CNRS, spécialiste de Jean Vitrier et d'Érasme. En septembre 1973, les premiers résultats des recherches du groupe ont été présentés au premier colloque consacré à Origène à Montserrat sous le titre « Pour une lecture globale du *Peri Archôn* ».

2. « Clément d'Alexandrie », p. 13-163 ; « Origène », p. 165-346.
3. Institut des études augustiniennes, 2006, deuxième édition revue et augmentée, 2012.

Il en a résulté cinq articles qui ont été publiés à Bari en 1975 dans les actes du colloque intitulés *Origeniana*[4]. Les années 1974 et 1975 ont été consacrées plus particulièrement à l'étude des fragments grecs et latins du *Traité des principes :* Marguerite Harl, Gilles Dorival et Alain Le Boulluec se sont réparti les citateurs anciens ; de nombreuses réunions de coordination leur ont permis de constituer un « dossier annexe d'autres témoins du texte », qui a été publié en 1976, à la suite de la traduction de la version latine de Rufin[5].

Dans les années qui ont suivi, Gilles Dorival et Alain Le Boulluec ont été accaparés par la préparation de leurs thèses d'État respectives, portant, l'une, sur les chaînes exégétiques grecques, l'autre, sur la notion d'hérésie dans la littérature grecque. Elles ont été soutenues la même année, en 1984[6]. Il faut ajouter que l'éloignement géographique ne favorisait pas leur collaboration : Gilles Dorival enseignait à l'université de Tours, puis, à partir de 1988, à l'université d'Aix-Marseille, tandis qu'Alain Le Boulluec était directeur d'études à la cinquième section des sciences religieuses de l'École pratique des hautes études. Cependant, l'occasion de travailler de concert s'est présentée de nouveau assez vite, dès 1980, grâce à Marguerite Harl, lorsqu'elle a mis en chantier la collection « La Bible d'Alexandrie » : il s'agissait de traduire et d'annoter les livres de la Bible grecque des Septante. Tous deux ont fait partie des collaborateurs qui ont publié en 1986 le premier volume de la collection, consacré à la Genèse. Puis Alain Le Boulluec et Pierre Sandevoir ont mené à bien en 1989 la réalisation de l'Exode, tandis que Gilles Dorival traduisait et annotait

---

4. M. HARL, « Structure et cohérence du *Peri Archôn* », *Origeniana, Quaderni di Vetera Christianorum* 12, Bari, 1975, p. 11-32 ; G. DORIVAL, « Remarques sur la forme du *Peri Archôn* », p. 33-45 ; A. LE BOULLUEC, « La place de la polémique antignostique dans le *Peri Archôn* », p. 47-61 ; M. ALEXANDRE, « Le statut des questions concernant la matière dans le *Peri Archôn* », p. 63-81 ; A. GODIN, « Une lecture sélective d'Origène à la Renaissance : Érasme et le *Peri Archôn* », p. 83-95.

5. Études augustiniennes.

6. La publication de ces thèses est intervenue à partir de 1985 : A. LE BOULLUEC, *La Notion d'hérésie dans la littérature grecque : IIe et IIIe siècles*, Paris, Études augustiniennes, 1985, 2 vol. ; G. DORIVAL, *Les Chaînes exégétiques grecques sur les Psaumes. Contribution à l'étude d'une forme littéraire*, Louvain, 1986-2018, 5 t.

les Nombres en 1994 avec la collaboration de Bernard Barc, Geneviève Favrelle, Madeleine Petit et Joëlle Tolila. Par la suite, ils ont continué à collaborer à la collection et se sont rencontrés plusieurs fois par an, à l'occasion de la réunion annuelle des collaborateurs de la Bible d'Alexandrie et lors des cinq ou six conférences consacrées chaque année à cette dernière et organisées à Paris par Gilles Dorival, Olivier Munnich et Cécile Dogniez.

Par la suite, Gilles Dorival et Alain Le Boulluec ont eu plusieurs autres occasions de travailler ensemble, et d'abord au début des années 1990, lorsqu'ils ont préparé de concert le sixième colloque consacré à Origène et qui portait sur Origène et la Bible. Ce colloque s'est tenu à Chantilly du 30 août au 3 septembre 1993. Ils en ont assuré ensemble la publication chez Peeters en 1995. Ensuite, au début des années 2010, Charles Méla, directeur de la fondation Martin-Bodmer à Genève-Cologny, et Frédéric Moeri ont eu le projet de consacrer une étude à Alexandrie païenne, juive et chrétienne. Frédéric Moeri possède deux compétences que l'on trouve rarement réunies chez une même personne : il est patrologue et en même temps photographe d'art, spécialisé dans l'argentique. Charles Méla et Frédéric Moeri ont sollicité Gilles Dorival et Alain Le Boulluec pour assurer le suivi scientifique des contributions demandées à une centaine de collaborateurs, tandis que Frédéric Moeri sillonnait le Moyen-Orient et singulièrement l'Égypte pour réaliser sa tâche de photographe. Des réunions de coordination ont régulièrement eu lieu en Suisse. De ce travail commun sont issus les deux imposants volumes d'*Alexandrie la divine*, où les articles de spécialistes dialoguent avec les photographies d'objets et de sites[7].

Plus de quarante ans se sont écoulés depuis la première collaboration entre Gilles Dorival et Alain Le Boulluec, marquée par la publication de la traduction du *Traité des principes*. Tous deux étaient alors de jeunes chercheurs. Ils gardent un souvenir profond de cette période de travail en commun sous la direction de Marguerite Harl. Voilà pourquoi ils ont été heureux de mettre en chantier ensemble le présent livre sur Clément et Origène, aujourd'hui que l'un et l'autre sont des chercheurs seniors. Ce faisant, comme le dit Origène dans le *Traité des principes*

---

7. Genève, 2014, 2 t., 1140 p.

en inversant une formule d'Aristote, le commencement est semblable à la fin. Et ils sont d'autant plus heureux de cette publication en commun que leur éditeur, les Belles Lettres, a mis à son programme la réimpression de la thèse de Marguerite Harl sur *Origène et la fonction révélatrice du Verbe incarné* parue au Seuil en 1957. Or, il se trouve que tous deux sont chargés de la mise au point de cette monographie, avec la collaboration de Lorenzo Perrone, professeur à l'université de Bologne et fondateur de la revue *Adamantius*, qui, comme son titre l'indique, est consacrée à Origène dans son contexte alexandrin.

Clément d'Alexandrie

par Alain Le Boulluec

Sur un écrivain aussi important et original que l'auteur des *Stromates*, on aimerait avoir des informations plus précises que les indications succinctes fournies par les sources anciennes[1]. Témoin majeur du christianisme alexandrin de la fin du deuxième siècle et de la rencontre entre la religion nouvelle et l'hellénisme, qui est présent dans son œuvre sous la forme de références constantes aux poètes grecs et aux philosophes, des présocratiques aux contemporains de Marc Aurèle[2], et comme inspirateur déterminant, grand utilisateur du

1. Elles sont réunies par O. Stählin, *Clemens Alexandrinus*, I, p. IX-XVI. Les principales sont Eusèbe de Césarée, Jérôme (qui dépend largement d'Eusèbe) et Photius.
2. Si Clément a eu recours à des florilèges dans les développements où il multiplie les citations des poètes à des fins apologétiques, il a eu certainement un accès direct aux œuvres de Platon et aux diverses interprétations des dialogues qui faisaient autorité de son temps, comme le montrent les analyses de W. Wyrwa, *Die christliche Platonaneignung in den Stromateis des Clemens von Alexandrien*, Berlin, 1987, et il a une connaissance de première main de l'éthique stoïcienne. Il est un témoin important des écrits des philosophes présocratiques.

patrimoine littéraire du judaïsme hellénisé[3], lecteur à la fois critique et fasciné des gnostiques hétérodoxes[4], théoricien et praticien d'un symbolisme capable de produire l'osmose entre « Barbares » et Grecs, interprète inlassable des « mystères » des Écritures[5], théologien inventif[6], il reste caché.

*

* *

Biographie de Clément

L'un des documents les plus intéressants se trouve dans son œuvre même, là où il évoque ses voyages à la recherche d'un maître, parmi les « hommes bienheureux » dont il a pu écouter les « paroles pleines de vie » :

> « L'un, Ionien, vivait en Grèce, un autre en Grande Grèce ; – l'un était de la Coelè-Syrie, le second d'Égypte ; d'autres en Orient : l'un était d'Assyrie, l'autre de Palestine, Hébreu à l'origine ; j'en rencontrai un

---

3. Il paraphrase très souvent Philon d'Alexandrie, sans le nommer (voir A. VAN DEN HOEK, *Clement of Alexandria and his Use of Philo in the* Stromateis. *An Early Christian Reshaping of a Jewish Model*, Leyde, 1988). Il cite Aristobule, le *Testament d'Orphée* judéo-hellénistique, Ézéchiel le Tragique, et il puise dans les dossiers des textes attribués aux poètes grecs (en particulier Sophocle et Euripide) et prônant le monothéisme. Sur ce sujet, on trouve toute la documentation dans l'étude de M. ALEXANDRE, « Héritages juifs dans la première littérature chrétienne », dans B. POUDERON et E. NORELLI (dir.), *Histoire de la littérature grecque chrétienne* II, *De Paul apôtre à Irénée de Lyon*, p. 91-261 (2e éd., p. 81-218).

4. Des fragments de Valentin, de Théodote, d'Héracléon, de Basilide, du carpocratien Épiphane et d'apocryphes du Nouveau Testament utilisés par les gnostiques ont été conservés grâce à lui.

5. Sa science et son érudition sont soulignées par EUSÈBE (*HE* 6, 2, 7-15 et *passim*), par CYRILLE D'ALEXANDRIE (*Adv. Jul.* VI, PG 76, 813A ; VII, 853B ; X, 1028C), par SOCRATE, *HE* 2, 35, par JÉRÔME, *Vir. ill.* 38, par ANASTASE LE SINAÏTE, *Hex.* 1, 321-327 ; 7b, 469-475.

6. Parmi les études récentes sur la cohérence de ses recherches en théologie, voir E. OSBORN, *Clement of Alexandria*, Cambridge, 2005.

dernier[7] – mais par la capacité il était le premier – et je cessai alors ma chasse quand je l'eus découvert en Égypte où il se cachait. C'était une véritable abeille de Sicile ; butinant les fleurs de la prairie des prophètes et des apôtres, il a fait naître dans les âmes de ses auditeurs un trésor de connaissance immaculé[8]. »

Cette quête commence par la Grèce. Si l'on met en relation ce fait avec une tradition rapportée par Épiphane de Salamine, qui le présente comme un Athénien[9], on peut considérer comme probable qu'il était originaire d'Athènes. L'autre tradition mentionnée par l'auteur du *Panarion* dans le même passage, qui en fait un Alexandrin, est erronée : elle se fonde manifestement sur les renseignements donnés par les historiens anciens de l'Église sur son lieu d'activité en tant que maître chrétien, et cela dès Jules Africain qui, dans sa *Chronique*, le

7. La construction de la phrase se prête mal à l'identification de ce « dernier » et de l'« Hébreu » proposée par G. G. STROUMSA, « Clement, Origen and Jewish Esoteric Traditions », dans G. DORIVAL, A. LE BOULLUEC (dir.), *Origeniana Sexta. Origène et la Bible*, Louvain, 1995, p. 58-59.

8. *Stromates*, I, 1, 11, 2. Le thème de la chasse peut être une réminiscence de textes de Platon (*Phaed.* 66 ac ; *Theaet.* 197 c-198 b) et celui du sage qui restait caché rappelle la formule devenue proverbiale *Summa ingenia in occulta latent* (Plaute, *Cap.* 165), remarque D. WYRWA, « Religiöses Lernen im zweiten Jahrhundert und die Anfänge der alexandrinischen Katechetenschule », dans B. EGO, H. MERKEL (dir.), *Religiöses Lernen in der biblischen, frühjüdischen und frühchristlichen Überlieferung*, Tübingen, 2005, p. 271-305 (p. 293, n. 114). Quant à la Sicile, elle est la patrie de la poésie pastorale. Des trois poètes bucoliques retenus par les « canons » antiques, Théocrite, Moschos et Bion, les deux premiers sont originaires de Syracuse. Les « Muses de Sicile » mènent le deuil dans le *Chant funèbre en l'honneur de Bion*. Par ailleurs, l'abeille est associée aux cultes oraculaires – ainsi la Pythie est-elle appelée « Abeille delphique » – et aux Muses ; elle figure traditionnellement le poète, depuis la lyrique chorale de Simonide et Bacchylide : voir J. H. WASZINK, *Biene und Honig als Symbol des Dichters und der Dichtung in der griechisch-römischen Antike*, Opladen, 1974. Platon a donné sa forme définitive à la métaphore (*Ion* 534 b). En raison de sa pureté, Clément la compare à la vérité en *Protr.* 1, 6, 2 : voir T. KLIBENGAJTIS, « "Die Wahrheit ist wie die Biene". Die Wahrheitsmetaphorik des Clemens von Alexandrien », *EThL* 80, 2004, p. 60-75. Ce faisant, il s'inscrit dans une tradition qui remonte à l'*Hymne à Hermès* (558-562).

9. ÉPIPHANE, *Pan.* 32, 6, 1 : Clément est associé à Irénée comme adversaire, de doctrine sûre, des gnostiques valentiniens.

dit « connu à Alexandrie au temps de Commode[10] » ; elle est contredite par le témoignage de Clément lui-même, qui introduit l'Égypte comme terme de ses pérégrinations. La qualification des sages dont il a suivi l'enseignement et la matière des leçons du meilleur d'entre eux, l'explication « des prophètes et des apôtres », les désignent comme chrétiens. Il a donc entrepris d'aller prendre part à leurs entretiens après avoir achevé les études supérieures qu'implique le niveau intellectuel et savant de ses écrits. Athènes avait pu lui offrir une formation dans le domaine de la grammaire, au sens ancien de la connaissance technique de la langue grecque et de l'étude philologique des textes littéraires, dans celui de la rhétorique, et même en philosophie, dans le cadre de l'éphébie telle qu'elle s'était transformée à partir du IIe siècle avant notre ère[11]. Son érudition fait supposer qu'il avait dû se préparer à l'approfondissement de ces matières dans des écoles privées. Il était parfaitement armé pour tirer plus tard le meilleur parti des bibliothèques d'Alexandrie et pour rivaliser par ses œuvres avec les écrivains les plus cultivés et les plus féconds de son temps.

Est-il issu d'un milieu chrétien, ou bien est-ce un converti ? Eusèbe de Césarée, quand il passe, dans la *Préparation évangélique*, de l'exposé de la « théologie des Grecs » à une dénonciation des « mystères secrets de l'erreur polythéiste », convoque le témoignage de Clément pour attaquer l'impiété de tels rites, en ces termes :

> « C'est ce que l'admirable Clément révèle expressément dans son *Exhortation (Protreptique) aux Grecs*, lui qui a tout expérimenté mais qui bien vite, de l'erreur, est remonté sur l'eau comme qui est libéré du péché par la parole de salut et l'enseignement de l'Évangile[12]. »

Eusèbe, constatant combien est précise la connaissance des cultes grecs illustrée par cet écrit de Clément, qu'il cite ensuite longuement[13],

---

10. D'après Cédrénos (cité par O. STÄHLIN, *Clemens Alexandrinus*, I, p. IX).
11. I. HADOT, *Arts libéraux et philosophie dans la pensée antique*, Paris, 1984, p. 217-218, commente des inscriptions qui attestent cette transformation de l'éphébie en institution d'enseignement supérieur et qui en donnent le programme.
12. EUSÈBE, *PE* II, 2, 64, trad. É. des Places, SC 228, 1976, p. 81.
13. *PE* II, 3, 1-42 (CLÉMENT, *Protr.* 11, 1-23) ; II, 6, 1-10 (CLÉMENT, *Protr.* 44, 3-45, 5 ; 49, 1.3 ; 34, 1) ; cf. IV, 16, 12-13 (CLÉMENT, *Protr.* 42, 1-43, 1).

aurait pu en conclure de son propre chef qu'il avait été d'abord adepte de la religion traditionnelle. Mais il n'est pas assez éloigné dans le temps et dans les traditions relatives au christianisme alexandrin pour s'être exposé à des démentis à ce sujet. Il est fort vraisemblable que la formation intellectuelle de Clément se soit faite avant sa recherche de maîtres chrétiens, avant une conversion, donc, dans un environnement païen. On ne peut dire pour autant qu'il ait été initié aux mystères d'Éleusis. Le *synthèma*, ou « mot de passe », tel qu'il le transmet[14], résume sans doute les stages de l'initiation, mais ne révèle quasiment rien au non-initié. Le sens pratique du « travail » évoqué par ce texte énigmatique est assez clair : il s'agit de la préparation du breuvage qu'est le *kykéôn* ; mais rien n'est dit du sens symbolique. La connaissance de la formule rituelle n'implique pas une participation effective aux mystères.

Le titre complet des *Stromates* donné par Eusèbe attribue l'ouvrage à « Titus Flavius Clemens »[15]. Cette dénomination pourrait faire penser que le grand-père de Clément aurait été un affranchi du consul Flavius Clemens, exécuté sous Domitien, son cousin, en 95, pour « athéisme », en l'occurrence pour avoir suivi « les coutumes juives »[16], et associé à un autre Clément, le successeur de Pierre, par le roman pseudo-clémentin[17]. Cette précision fournie par Eusèbe et par Photius est isolée et reste énigmatique. Elle doit être considérée avec scepticisme, étant donné que la culture latine de Clément est fort restreinte[18].

---

14. *Protr.* 21, 2 : « J'ai jeûné, j'ai bu le *kykéôn*, j'ai pris du panier couvert et, après avoir travaillé, j'ai déposé dans la corbeille, j'ai replacé dans le panier couvert. » Traduction de A.-Ph. Segonds dans W. Burkert, *Les Cultes à mystères dans l'Antiquité*, Paris, 2003, p. 91. W. Burkert utilise une remarque de Théophraste pour préciser de quel « travail » il s'agit : broyer des grains d'orge, pris du « panier couvert », dans un mortier (d'après Porphyre, *Abst.* 2, 6, 2, dans un extrait du traité *De la piété* de Théophraste).
15. Eusèbe, *HE* 6, 13, 1. Le titre que Photius dit avoir trouvé dans un exemplaire ancien des *Stromates* est le même, avec un ajout : « prêtre d'Alexandrie », après « Titus Flavius Clemens ».
16. Dion Cassius, *HR* 67, 14 (Épitomè de Xiphilin).
17. Voir B. Pouderon, *La genèse du roman pseudo-clémentin. Études littéraires et historiques*, Paris-Louvain, 2012, p. 49-71.
18. C'est la conclusion de M. Pujiula, *Körper und christliche Lebensweise. Clemens von Alexandrien und sein Paidagogos*, Berlin-New York, 2006, p. 22-24.

Clément et Pantène[19]

Qui est le maître chrétien que Clément a trouvé finalement en Égypte ? Eusèbe, qui cite le passage du livre I des *Stromates* rapportant cette rencontre, est d'avis qu'allusion est faite à Pantène dont, écrit-il, Clément « fait nominativement mention, dans les *Hypotyposes* qu'il a composées [...], comme de son maître »[20]. Cette identification, fort vraisemblable, est généralement acceptée. Dans les parties conservées de ses œuvres, Clément nomme une fois Pantène, pour expliquer Ps 18, 5c (LXX) : « Et il a placé sa tente dans le soleil. » Il fait appel à son enseignement : « Notre Pantène disait que la plupart du temps la prophétie émettait ses phrases de façon indéterminée, en employant le présent au lieu du futur et, inversement, le présent au lieu du passé. C'est ce qui apparaît ici. Le "Il a placé" se comprend à la fois au passé et au futur[21]. » Il y a de fortes chances pour que la suite du commentaire comporte aussi des éléments qui remontent à Pantène[22]. Entendu au futur, le verbe annonce la seconde parousie, le temps où le Seigneur viendra reposer comme dans sa tente chez les croyants, les justes rassemblés en un seul corps, selon ses membres différents, tête, yeux, oreilles, mains, poitrine, pieds[23], « brillants comme le soleil », d'après Mt 13, 43, et rejoignant ainsi les hiérarchies angéliques. Compris au passé, le « Il a placé » renvoie à la condition originelle des « anges protoctistes », jouissant du repos, par la seule contemplation de Dieu. La coexistence des deux perspectives temporelles devient progression de tous les justes vers une situation de plus en plus proche de la position

---

19. Voir A. Le Boulluec, « Pantainos (Pantène) », dans R. Goulet (dir.), *Dictionnaire des philosophes antiques,* V a, Paris, 2012, p. 141-144.
20. Eusèbe, *HE* 5, 11, 2-3, trad. G. Bardy, SC 41, Paris, 1955, p. 40.
21. *Ecl. proph.* 56, 2-3. Comme nous le verrons, il est possible que ce qui nous est parvenu sous le titre *Églogues prophétiques* soit une partie des *Hypotyposes.*
22. Ce recours ponctuel ne signifie pas que les *Églogues* soient des notes prises aux cours de Pantène (hypothèse de W. Bousset, *Jüdisch-christlicher Schulbetrieb in Alexandria und Rom*, Göttingen, 1915, p. 155-271, critiquée par J. Munck, *Untersuchungen über Klemens von Alexandria*, Stuttgart, 1933, p. 182-183).
23. Adaptation eschatologique de Ep 4, 13 et 1 Co 12, 12-27.

la plus haute[24]. Un tel enseignement trouve de multiples échos dans les œuvres de Clément. C'est bien d'un tel maître qu'il pouvait dire que, « butinant les fleurs de la prairie des prophètes et des apôtres, il a fait naître dans les âmes de ses auditeurs un trésor de connaissance immaculé ».

Origène a insisté sur un autre aspect de l'orientation intellectuelle de Pantène qui est aussi en parfait accord avec la visée apologétique de Clément. Dans une lettre où il se justifie, contre ses détracteurs, d'avoir examiné la culture hellénique et les opinions des hérétiques, parce que venaient à lui « tantôt des hérétiques, tantôt des hommes instruits dans les savoirs des Grecs et surtout dans la philosophie », Origène se place sous l'autorité de Pantène : « Nous l'avons fait en imitant Pantène qui, avant nous, a rendu service à beaucoup, et qui a possédé en ces matières une compétence étendue[25]... » D'après Eusèbe, qui tient cette information d'une tradition orale, Pantène serait issu de l'école philosophique des stoïciens[26]. Cette étiquette scolaire lui vient probablement de sa réputation de courage et de fermeté dont Eusèbe fait état dans le même développement[27]. Sans doute sa formation philosophique, comme celle de Clément, relevait-elle plutôt du moyen platonisme de l'époque, qui associait l'héritage platonicien au stoïcisme et à l'aristotélisme. La coloration platonisante est en effet manifeste dans cette réflexion que Maxime le Confesseur attribue à Pantène :

> « Saint Denys l'Aréopagite nous enseigne que ce que je disais être les *logoi* sont appelés par l'Écriture prédéterminations et volontés divines. De même Pantène, qui a été le maître du grand Clément, l'auteur des

---

24. Voir *Ecl. proph.* 56, 3-7. Cette « exégèse plurielle » et sa progression méthodiquement hésitante sont étudiées de façon exemplaire par M. CAMBE, *Avenir solaire et angélique des justes. Le psaume 19 (18) commenté par Clément d'Alexandrie*, Strasbourg, 2009, p. 83-146.

25. Lettre citée par Eusèbe, *HE* 6, 19, 12-13. P. NAUTIN, *Origène. Sa vie et son œuvre*, Paris, 1977, p. 22-24 (et *Lettres et écrivains chrétiens des* II*e et* III*e siècles*, Paris, 1961, p. 132-134), a montré que cette lettre, adressée à l'évêque Alexandre de Jérusalem après les accusations portées contre lui par l'évêque d'Alexandrie Démétrius, était l'une des sources principales d'Eusèbe pour sa biographie d'Origène.

26. *HE* 5, 10, 1.

27. *HE* 5, 10, 2.4.

Stromates, dit qu'il plaît à l'Écriture que les *logoi* soient appelés volontés divines. De là vient que, à cette question posée par certains des fanfarons de l'enseignement extérieur[28] : comment les chrétiens estiment-ils que Dieu connaît les êtres ? alors que ces gens-là prenaient pour acquis que Dieu connaît les êtres intelligibles de façon intellective et les choses sensibles de façon sensible, il répondit : Dieu ne saisit pas les êtres sensibles de façon sensible ni les êtres intelligibles de façon intellective ; il n'est pas possible en effet que celui qui est au-dessus des êtres saisisse les êtres sur le mode des êtres, mais nous disons que Dieu connaît les êtres comme ses volontés propres, tenant de ce fait un langage raisonnable. Si en effet il a tout fabriqué par sa volonté (et aucun discours ne contredit la chose), il est pieux et toujours juste de dire que Dieu connaît sa volonté propre et que, par conséquent, c'est comme ses volontés propres que Dieu connaît les êtres, puisque c'est en voulant les êtres qu'il les a créés[29]. »

Même si Maxime a quelque peu adapté ces propos à la problématique de son temps, il est clair d'après ce passage que Pantène relisait la doctrine platonicienne du premier principe à la lumière de la conception biblique du Dieu créateur. Philosophe chrétien et interprète des prophètes et des apôtres, habitué à la controverse avec les hérétiques de son époque, ceux qu'on nomme par commodité « gnostiques »[30], il était assurément capable d'offrir à Clément le « trésor de connaissance immaculé » que l'auteur des *Stromates* développerait dans sa quête de « la gnose véritable ».

D'autres expériences de Pantène ont dû fasciner encore Clément et entrer en consonance avec ses curiosités. Eusèbe, qui situe l'enseignement de Pantène au temps de Commode, traite aussi de son activité antérieure à 180, dans d'autres contrées : « On dit qu'il montra une telle ardeur et des dispositions si courageuses à l'égard de la parole divine

---

28. C'est-à-dire les philosophes païens.

29. *Ambigua ad Johannem*, PG 91, 1085. O. Stählin a retenu ce texte comme le fragment 48 de Clément (GCS 17², p. 224).

30. Voir, à la fois pour l'histoire de cette appellation et pour une étude débarrassée de la polémique des hérésiologues, J.-D. Dubois, « La redécouverte des gnostiques antiques », dans B. Pouderon, E. Norelli (dir.), *Histoire de la littérature grecque chrétienne*, t. 2, *De Paul apôtre à Irénée de Lyon*, Paris, 2013, p. 763-809 (2e éd. p. 665-702).

qu'il fut également signalé comme héraut de l'Évangile du Christ dans les nations de l'Orient et qu'il alla même jusqu'au pays des Indes[31]. » Une telle expédition missionnaire n'a rien d'improbable, compte tenu des relations commerciales entre Alexandrie et l'Inde du Sud aux deux premiers siècles[32]. On ne peut cependant être sûr qu'Eusèbe désigne par « Indes » le sous-continent ainsi dénommé aujourd'hui. À son époque, l'acception du terme englobe aussi l'Éthiopie, l'Arabie et une partie de l'espace parthe. Il ajoute, d'après une tradition qu'il ne précise pas non plus, que Pantène « y trouva sa venue devancée par l'évangile de Matthieu, chez certains habitants du pays qui connaissaient le Christ : à ces gens-là, Barthélemy, l'un des apôtres, aurait prêché et il leur aurait laissé, en caractères hébreux, l'ouvrage de Matthieu, qu'ils avaient conservé jusqu'au temps ici considéré[33] ». Les légendes relatives à la mission de Barthélemy, qui la font croiser ou accompagner celle de Thomas, sont trop complexes pour autoriser une identification géographique certaine[34]. Quoi qu'il en soit Clément, si remarquable par son engouement pour les civilisations étrangères et par sa conception des « sagesses barbares », n'a pas eu certes sur elles un savoir exclusivement livresque. Ses propres voyages, avant l'installation en Égypte, ont pu l'instruire et Pantène a dû, après leur rencontre, lui communiquer des informations de première main, tirées d'une expérience vécue de

---

31. Eusèbe, *HE* 5, 10, 2.
32. Voir A. Dihle, *Antike und Orient. Gesammelte Aufsätze*, éd. par V. Pöschl et H. Petersmann, Heidelberg, 1984, p. 84 et 100-101. Le *Périple de la mer Érythrée*, œuvre anonyme d'un Grec égyptien du Ier siècle de notre ère (L. Casson, *The Periplous Maris Erythraei*, Princeton, 1989), détaille tous les ports africains, arabes et indiens fréquentés à l'époque par les marchands de l'Empire et le papyrus dit « de Muziris » (port antique du Kérala) précise les étapes de l'itinéraire des marchandises indiennes jusqu'à Alexandrie (*P. Vindobonensis G.* 4082, IIe siècle) : voir L. Chrzanovski, « Alexandrie ou la ville qui a bravé les confins du monde connu », dans Ch. Méla, F. Möri (dir.), avec S. H. Aufrère, G. Dorival, A. Le Boulluec, *Alexandrie la divine*, Genève, 2014, p. 282-289.
33. *HE* 5, 10, 3.
34. C. Jullien et F. Jullien, *Apôtres des confins. Processus missionnaires chrétiens dans l'Empire iranien*, Bures-sur-Yvette, 2002, p. 43-53, ont comparé les sources grecques, latines, arméniennes et syriaques, pour conclure que « l'aire missionnaire de Barthélemy […] associée à l'espace "indien", se rattache plus spécifiquement à la zone partho-mésopotamienne incluant les côtes arabes du Golfe persique » (p. 53).

missions dans les contrées d'Orient. Il serait sans doute téméraire de supposer que Clément, le premier parmi les Grecs à citer le nom de Bouddha[35], doive cette connaissance à Pantène. Elle a pu lui parvenir par d'autres voies. Mais la fréquentation de ce maître a dû stimuler ses recherches sur les cultures étrangères.

On se demande si Pantène avait composé des ouvrages. Le témoignage de Jérôme est sujet à caution, quand il écrit : « De lui existent de nombreux commentaires sur l'Écriture sainte, mais sa voix vive a été davantage utile aux Églises[36]. » Il ne fait qu'amplifier le propos d'Eusèbe : Pantène exposait « de vive voix et par des écrits les trésors des doctrines divines[37] ». Doit-on estimer qu'Eusèbe lui-même aurait interprété à tort ce qu'il avait pu lire chez Clément[38] ? Pantène faisait-il partie des « presbytres » dont se réclamait Clément et qui, dit-il, n'avaient rien laissé par écrit[39] ? En fait ni Clément ni Eusèbe n'emploient le terme « presbytre » pour désigner Pantène. Certes, c'est pour évoquer ses relations avec ses « auditeurs » que Clément le qualifie de « véritable abeille de Sicile ». Mais cette allusion à l'activité poétique et à la patrie de la poésie pastorale peut impliquer aussi

35. *Strom.* I, 15, 71, 6. Voir G. DUCŒUR, « Le Buddha à l'École d'Alexandrie, à propos de *Stromates* 1.15.71.6 », dans *Inde-Grèce : regards et influences* (= *DHA* suppl. 3), 2010, p. 79-91. Clément ne doit pas ses connaissances sur l'Inde seulement à des historiens comme Mégasthène. G. DUCŒUR (« Clément d'Alexandrie et les *Semnoi* de Taprobane. Remarques sur *Stromates* 3.7.60.3-4 », *RHR* 235, 2018, p. 379-414) montre notamment que les informations sur les « Vénérables » dans le livre III des *Stromates* ne proviennent pas d'Alexandre Polyhistor, mais de sources du IIe siècle, comme l'atteste Claude Ptolémée, qui semble en avoir entendu parler lui aussi à Alexandrie, puisqu'il les nomma dans sa géographie de l'Inde vers 125 ap. J.-C. et les situa sur l'île de Taprobane (Sri Lanka) (*Géographie* 7.4.9. *Géographie de Ptolémée. L'Inde [VII, 1-4]*, texte établi par Louis RENOU, Paris, 1925, p. 71). Il conclut que ces renseignements ont été obtenus par Clément en un temps où le commerce entre l'Égypte et l'île de Taprobane permit une meilleure connaissance de la communauté bouddhique insulaire qui vénérait les restes de Buddha conservés dans de grands *stupa* monumentaux

36. *Vir. ill.* 31, 3.

37. *HE* 5, 10, 4.

38. C'est l'opinion de A. HARNACK, *Die Überlieferung und der Bestand der altchristlichen Literatur bis Eusebius*, Leipzig, 1893, p. 294.

39. *Ecl. proph.* 27.

une production littéraire. On ne doit pas refuser catégoriquement dans ce domaine une émulation, appliquée à l'exégèse de l'Écriture, entre l'élève et le maître. Il ne convient pas non plus de voir une opposition entre le devoir que se donne Clément de se remémorer par écrit les leçons qu'il a reçues de ces « hommes bienheureux et de mérite vraiment éminent », dont fait partie par excellence celui qu'il a trouvé en Égypte, et la célébration de leurs « paroles éclatantes et pleines de vie »[40]. Il n'est pas exclu qu'ils aient aussi écrit.

Clément a-t-il été seulement le disciple de Pantène ? Eusèbe, dans sa *Chronique*, à l'année 194, les présente tous deux comme les maîtres chrétiens alors éminents à Alexandrie[41]. Dans l'*Histoire ecclésiastique*, après avoir introduit Pantène à Alexandrie, il passe aussitôt à Clément, en écrivant qu'à cette époque « il était en réputation à Alexandrie en ce qu'il s'exerçait aussi aux divines Écritures »[42]. Cette chronologie est plausible. Elle fait durer l'activité de Pantène à Alexandrie pendant le règne de Commode (180-192) et un peu au-delà. Il doit être mort quand Clément rédige le livre I des *Stromates*, sous Septime Sévère (193-211). Une lettre d'Alexandre de Jérusalem déclarant à Origène lui conserver son amitié[43] pourrait confirmer la coexistence des deux maîtres :

> « C'était aussi la volonté de Dieu, comme tu sais, que notre amitié, qui remonte à nos Pères, demeure inviolable ou, plutôt, qu'elle devienne plus chaude et plus forte. Nous reconnaissons en effet pour Pères ces bienheureux qui nous ont précédés et auprès de qui nous serons sous peu : Seigneur Pantène vraiment bienheureux, saint Clément qui fut mon seigneur et m'a fait du bien, et tous ceux qui leur ressemblent ; par eux j'ai appris à te connaître, toi mon seigneur et frère en tout excellent[44]. »

---

40. *Strom.* I, 11, 1.
41. *Ad ann. 2210 Abr.*, GCS 20, 1911, p. 23 et GCS 47, 1956, p. 211.
42. *HE* 5, 10, 4-11, 1. Littéralement : « en ce qu'il s'exerçait avec (lui) », c'est-à-dire, semble-t-il, avec Pantène.
43. Datée de 233 par P. Nautin, *Origène*, p. 431 ; voir Id., *Lettres et écrivains chrétiens*, p. 129-132.
44. Eusèbe, *HE* 6, 14, 8-9 (trad. de P. Nautin, *ibid.*).

Alexandre a dû être un disciple de Clément, et peut-être de Pantène. À tout le moins il les associe, comme des maîtres dont l'enseignement et, pour Clément, certainement aussi les ouvrages, l'ont préparé à comprendre l'exégèse et la pensée d'Origène, comme appartenant au même univers intellectuel[45].

L'affirmation d'Eusèbe dans sa *Chronique* a été souvent rejetée, parce qu'on y a vu un élément de sa reconstitution de l'histoire du « didascalée », de l'école chrétienne d'Alexandrie. Il paraît légitime cependant de l'en séparer, à condition de ne pas admettre cette reconstitution dans son intégralité[46].

Clément et le « didascalée »

Le « didascalée des paroles sacrées » sort tout armé de la description qu'Eusèbe donne de l'enseignement chrétien à Alexandrie dès le temps de Pantène, voire avant lui. « Cependant », écrit-il en effet, « après de nombreuses belles actions, Pantène dirige finalement le didascalée d'Alexandrie, exposant de vive voix et par des écrits les trésors des dogmes divins »[47]. Cette image d'une école chrétienne qui serait une institution, pourvue d'un maître, à une époque pour laquelle on n'a de renseignements sur l'organisation de la communauté chrétienne d'Alexandrie, sous l'égide d'autorités appartenant à un courant différent des « gnostiques » comme Basilide ou Valentin, qu'à partir de l'apparition de la figure de Pantène, suscite des doutes. Elle a pourtant régné longtemps dans l'historiographie, jusqu'au XIXe siècle,

---

45. C'est l'interprétation de D. Wyrwa, « Religiöses Lernen… », p. 300, qui montre bien que ces propos d'Alexandre ne signifient pas qu'Origène aurait été son condisciple auprès de Clément.
46. Quant aux origines du christianisme en Égypte avant et après le désastre subi par le judaïsme alexandrin, elles restent obscures à bien des égards. Une présentation des documents disponibles, une analyse critique des hypothèses et des propositions plausibles sont faites par B. Pouderon, « "Jewish", "Christian" and "Gnostic". Groups in Alexandria during the 2nd Century. Between Approval and Expulsion », dans L. Arcari (dir.), *Beyond Conflicts. Cultural and Religious Cohabitations in Alexandria and Egypt between the 1st and the 6th Century CE*, Tübingen, 2017, p. 155-175.
47. *HE* 5, 10, 4.

et la reconstruction d'Eusèbe a encore pignon sur rue. Elle a servi aux uns à prouver l'influence de la philosophie grecque, voire de la pensée orientale, sur l'instauration d'une théologie chrétienne à Alexandrie, aux autres à attester la victoire d'une Église dotée dès la fin du IIe siècle d'une école fermement structurée pour conquérir et adapter la culture hellénique, dans un ordre spirituel nouveau[48]. Elle continue d'être utilisée, par commodité, avec le risque d'être prise au sérieux dans son extension la plus forte. Or, elle a été soumise à la critique et contestée avec justesse. On est parvenu à la conclusion qu'Eusèbe avait projeté sur une époque antérieure, celle de Pantène et de Clément, l'image aux contours plus assurés que fournissent les sources sur l'organisation d'un enseignement chrétien à Alexandrie au temps d'Origène[49].

Le scepticisme, cependant, est allé parfois trop loin, en niant tout lien entre un maître comme Pantène et une Église en train de se structurer. Était-il seulement « un spirituel qui menait une vie cachée et dont quelques âmes choisies allaient recueillir les avis, fruit de sa méditation des Écritures »[50] ? Sa situation a au moins changé pendant les années où Clément est devenu lui aussi un maître. Le disciple a définitivement inscrit Pantène, avec les autres « hommes… éminents » dont il a suivi les leçons, dans « la vraie tradition du bienheureux enseignement, issu tout droit des saints apôtres Pierre, Jacques, Jean et Paul, transmis de père en fils »[51]. Clément n'a pas inventé cette norme de la tradition apostolique. Pantène devait déjà se placer sous l'autorité de l'un des apôtres,

48. Voir A. LE BOULLUEC, « L'école d'Alexandrie. De quelques aventures d'un concept historiographique », dans *Alexandrina. Mélanges offerts à Claude Mondésert, s. j.*, Paris, 1987, p. 403-417.

49. Les analyses aiguës de G. BARDY, « Aux origines de l'école d'Alexandrie », *RevSR* 27, 1937, p. 65-90 ; « Pour l'histoire de l'école d'Alexandrie », *Vivre et Penser* 2, 1942, p. 80-109, restent précieuses ; voir aussi R. VAN DEN BROEK, « "The Christian School" of Alexandria in the Second and Third Centuries », dans J. W. DRIJVERS, A. A. MACDONALD (dir.), *Centers of Learning : Learning and Location in Pre-Modern Europe and the Near-East*, Leyde, 1995, p. 39-47 ; U. NEYMEYR, *Die christlichen Lehrer im zweiten Jahrhundert*, Leyde, 1989, p. 43-45.

50. Selon les termes de P. NAUTIN, *Lettres et écrivains chrétiens*, p. 39 ; ID., « Pantène », dans *Tome commémoratif du Millénaire de la Bibliothèque patriarcale d'Alexandrie*, Alexandrie, 1953, p. 145-152.

51. CLÉMENT, *Strom.* I, 1, 11, 3 ; cité par EUSÈBE, *HE* 5, 11, 5.

ou du groupe nommé par son élève. Mais surtout, à l'époque où Clément rédige les *Stromates*, il a déjà conçu un programme d'enseignement qui tient compte de la réalité d'une communauté chrétienne composée d'ensembles coordonnés, à partir de l'initiation baptismale jusqu'à la « gnose » authentique. Le progrès qui va du *Protreptique* aux *Stromates* et à leur suite en passant par le *Pédagogue* reflète ce plan et cette diversité structurée. Nous y reviendrons en traitant de ces œuvres. Ce qui fait la singularité de l'Église d'Alexandrie, à savoir l'émergence tardive du monoépiscopat, fait aussi l'originalité de la position de Clément, du moins au début de son enseignement, ni subordonnée à l'autorité d'un évêque, ni indépendante de l'institution ecclésiastique naissante. C'est cependant au cours de son séjour à Alexandrie que se détache parmi les clercs la figure de l'évêque, en la personne de Démétrios, le premier dont le rôle soit historiquement assuré, à partir de l'année 189[52]. Agrippinus et Julien ne sont que des noms dans la succession alléguée par Eusèbe[53]. Même si l'organisation ecclésiastique contemporaine n'est pas au centre des intérêts de Clément, l'Église est bien pour lui une communauté concrète, constituée de ceux que Dieu « a appelés[54] », qui ont été purifiés par le baptême[55], qui prennent part à l'« eucharistie » pour la sanctification de leur corps et de leur âme[56] ; elle est pourvue de « diacres », de « prêtres », d'« épiscopes »[57]. S'il donne une interprétation spirituelle des trois rangs, dans un ordre ascendant, comme « imitations de la gloire angélique », elle implique la référence à des réalités concrètes, exprimée par les expressions « avoir reçu l'imposition des mains », « être inscrit au *presbyterion* », « être honoré de la préséance »[58]. Quoique le terme « épiscopes (évêques) » soit employé au pluriel, la notion de « préséance » s'ouvre à la reconnaissance,

52. EUSÈBE, *Chron. ad annum* 189, GCS 47, p. 209 ; cf. *HE* 5, 22.
53. *HE* 5, 9 ; 5, 22.
54. *Paed.* I, 6, 27, 3.
55. *Paed.* I, 6, 32, 1.
56. *Paed.* II, 2, 20, 1.
57. *Paed.* III, 12, 97, 2 ; III, 11, 63, 1.
58. *Strom.* VI, 13, 106, 2-107, 3. La supériorité du « prêtre » est affirmée en *Strom.* VII, 3, 2 : son « soin » est d'améliorer les hommes par la direction morale, celui du « diacre » relève du « service » (voir U. NEYMEYR, « *Presbyteroi* bei Clemens von Alexandrien », *StP* 31, 1997, p. 493-496).

à l'intérieur du collège des prêtres, d'une dignité plus haute dévolue à l'un d'entre eux. Clément a vu Démétrios la revêtir.

La question se pose alors de savoir si Clément lui-même faisait partie du collège des prêtres d'Alexandrie, ce qui le distinguerait le plus nettement de Pantène et intégrerait davantage son enseignement dans l'Église en tant qu'institution.

Le seul témoignage externe qu'on invoque couramment pour dire que Clément était prêtre est une lettre d'Alexandre aux chrétiens d'Antioche, auxquels il recommande le porteur, « Clément, le bienheureux prêtre, homme vertueux et estimé, que vous connaissez vous aussi et que vous reconnaîtrez. Sa présence ici, selon la Providence et la surveillance du Maître, a fortifié et accru l'Église du Seigneur[59] ». Eusèbe a pensé qu'il s'agissait de Clément d'Alexandrie. Jérôme a repris cette identification[60]. Rufin ne l'a pas admise ; il a supposé que le porteur était un prêtre d'Antioche[61]. Il n'a guère été suivi. On a généralement accepté l'identification faite par Eusèbe[62]. Certains en ont conclu que Clément avait dû passer plusieurs années auprès d'Alexandre dans la région où celui-ci était évêque avant d'occuper le siège épiscopal de Jérusalem pour avoir eu le temps d'y « fortifier » et d'y « accroître » l'Église. Or, cette région était la Cappadoce[63]. Clément aurait gagné cette contrée dès les premières persécutions à Alexandrie au tout début du IIIe siècle. La lettre d'Alexandre aux Antiochiens

---

59. EUSÈBE, *HE* 6, 11, 6 (trad. de G. BARDY, SC 41, p. 102).

60. *Vir. ill.* 38, 5-6, traduisant et paraphrasant Eusèbe ; cf. 62, 4.

61. Il introduit ce détail dans sa traduction du passage de l'*Histoire ecclésiastique* d'EUSÈBE, 6, 11, 6 : « *Hanc autem epistulam indicat se per Clementem Antiochenae ecclesiae presbyterum transmisisse...* » (GCS IX, Leipzig, 1908, 2. Teil, p. 543, 23-24).

62. Les raisons en faveur de l'opinion contraire sont exposées par R. GOUNELLE, « Alexandre de Jérusalem », dans B. POUDERON (dir.), *Histoire de la littérature grecque chrétienne*, III, *De Clément d'Alexandrie à Eusèbe de Césarée*, Paris, 2017, p. 351.

63. Plus précisément Césarée de Cappadoce selon A. HARNACK, *Mission und Ausbreitung des Christentums in den ersten drei Jahrhunderten*, Leipzig, 1902⁴, t. II, p. 744, d'après GRÉGOIRE DE NYSSE, *Vit. Greg. Thaum.*, PG 46, 905 (GNO X, 1, p. 13, l. 3-6 HEIL), qui atteste l'existence à haute époque d'un évêché dans cette ville. EUSÈBE rapporte comment Alexandre est passé de la Cappadoce à Jérusalem (*HE* 6, 8, 7 ; 11, 1-3).

n'implique pas cependant qu'il soit encore en Cappadoce lorsqu'il l'écrit. Il y mentionne l'accès d'Asclépiade à l'épiscopat d'Antioche, qui date de 211[64], l'année où lui-même aurait été retenu à Jérusalem pour y devenir évêque en même temps que le vieux Narcisse, d'après Eusèbe. La lettre est en fait postérieure de plusieurs années à l'emprisonnement subi par Alexandre, confesseur de la foi, et son accession au siège épiscopal de Jérusalem n'est pas antérieure à 215[65]. Si Clément en est bien le porteur, ce n'est pas de Cappadoce qu'il vient, mais plutôt de Jérusalem. La question se pose alors de savoir s'il a été ordonné prêtre à Jérusalem ou, à une époque antérieure, à Alexandrie. On a fait valoir que ses relations conflictuelles avec Démétrios, sous-jacentes à ses critiques contre « la foule », dont l'évêque d'Alexandrie épousait les vues, et impliquées par le silence d'Origène qui, plus tard, se garderait de revendiquer l'autorité de Clément, à côté de celle de Pantène, dans sa lettre de défense, excluaient que Démétrios ait pu l'ordonner prêtre ; on a aussi souligné que rien ne permet de croire qu'il soit entré dans le *presbyterion* d'Alexandrie avant 189[66]. Même s'il n'est pas invraisemblable que l'opposition entre les deux hommes n'ait pas été immédiate et qu'une période de bonne entente l'ait précédée, on manque d'un témoignage externe sûr qui établirait que Clément était prêtre à Alexandrie[67]. D'autres arguments éventuellement probants sont donc à chercher dans ses propres œuvres.

---

64. EUSÈBE, *HE* 6, 11, 5 ; et *Chron.* p. 213 HELM.
65. P. NAUTIN, *Lettres et écrivains chrétiens*, p. 112-118, a rétabli la chronologie la plus plausible. Il a corrigé ainsi l'erreur consistant à supposer un séjour de Clément en Cappadoce dès 202, erreur largement diffusée depuis les conclusions de Th. ZAHN, *Forschungen zur Geschichte des NTl. Kanons und der altkirchlichen Literatur* 3. Teil, *Supplementum Clementinum*, Erlangen, 1884, p. 156-176, dont le travail reste par ailleurs fondamental (voir P. NAUTIN, *Lettres et écrivains chrétiens*, p. 138-141).
66. Ainsi D. WYRWA, « Religiöses Lernen... », p. 296, tirant les conséquences des analyses de P. NAUTIN, *Origène*, p. 54, et *Lettres et écrivains chrétiens*, p. 118.
67. La tradition ultérieure, quand elle qualifie Clément de « prêtre », doit dépendre de l'opinion remontant à Eusèbe : ainsi le PSEUDO-MAXIME (fr. 37 et 39 Stählin), le *Chronicon Paschale* (fr. 28 Stählin), les *Sacra parallela* (K. HOLL, éd., *Fragmente vornicänischen Kirchenväter*, TU 20, 2, Leipzig, 1901, 315 : certains manuscrits ont même un lemme faisant de Clément un « évêque d'Alexandrie » = fr. 67 STÄHLIN).

Un passage du *Pédagogue* est lui-même pomme de discorde à ce sujet. Clément y commente 1 Co 3, 2 : « Je vous ai donné à boire du lait… » Le texte des manuscrits comporte une incohérence : dans une disjonction, la forme verbale signifiant « nous sommes » est opposée à un tour dont le sujet est de nouveau « nous », sans verbe exprimé. Il a été corrigé de deux façons contraires. O. Stählin a voulu supprimer la première syllabe de ἐσμὲν, comme résultant d'une dittographie après la finale du mot précédent ποιμένες, « bergers », et a trouvé ainsi la particule μὲν à laquelle il fait correspondre le δὲ du second terme. D'autres suivent la correction de Johannes Arcerius[68], substituant ὑμεῖς, « vous », à ἡμεῖς, « nous »[69], en comprenant ainsi : « Comment donc ne pas supposer que l'Apôtre a parlé du lait des tout-petits dans le sens que voici : si, sur le modèle du bon berger, les chefs de l'Église sont les bergers et *vous* vous êtes les brebis, n'est-ce pas en gardant la cohérence du langage allégorique qu'il dit aussi que le Seigneur est le lait du troupeau (cf. 1 Co 9, 7)[70] ? » Ainsi établi, le texte met Clément du côté des « bergers », des prêtres. Cette correction a pour elle d'être en accord avec son insistance sur le rôle d'enseignant qu'il revendique souvent et avec la raison qu'il donne pour conclure son *Pédagogue* par un hymne au Christ : « Puisque le Pédagogue, en nous établissant dans l'Église, nous a lui-même confiés à lui, le Logos qui enseigne et qui surveille tout (cf. 1 P 2, 25), il serait bon, maintenant que nous en sommes là, d'acquitter au Seigneur notre dette de juste reconnaissance et de célébrer ses louanges d'une façon qui réponde

---

Il faut noter que ni Cyrille d'Alexandrie, ni Maxime dans ses opuscules authentiques, ni Jean Malalas ne nomment Clément « prêtre ».

68. Correction dont a tenu compte F. Sylburg dans son édition des œuvres de Clément de 1592.

69. D'autres confusions entre les deux pronoms sont attestées. A. Van Den Hoek, « The "Catechetical" School of Early Christian Alexandria and its Philonic Heritage », *HThR* 90, 1997, p. 59-87 (p. 78), signale *Strom.* IV, 2, 4, 1 ; 6, 33, 4 ; 12, 87, 4.

70. *Paed.* I, 6, 37, 3 (traduction, modifiée par la correction d'Arcerius, de M. Harl, SC 70, p. 179, qui adopte le texte de Stählin). M. Pujiula, *Körper und christliche Lebensweise. Clemens von Alexandrien und sein Paidagogos*, Berlin-New York, 2006, p. 111-112, récuse de tels indices avancés en faveur de la prêtrise de Clément.

à sa noble pédagogie[71]. » Un tel passage, ajouté à l'interprétation des rangs dans l'Église en *Stromates* VI, 13, 106-107 et à la fonction accordée au prêtre, si semblable au rôle volontiers assumé par Clément, la direction morale, en *Stromates* VII, 1, 3, 3, incite à lire le texte litigieux du livre I du *Pédagogue* en faveur d'une prêtrise exercée dès le séjour à Alexandrie[72].

Il est certain que l'activité enseignante de Clément se développait en liaison étroite avec l'Église d'Alexandrie et il n'est pas invraisemblable que son rôle de docteur et de directeur spirituel se soit confondu avec la charge de la prêtrise. Il reste qu'en un temps où les structures institutionnelles étaient à l'état naissant et où l'autorité d'un évêque monarchique ne s'était pas encore imposée sans partage, les responsabilités de Clément en matière de catéchèse[73] et d'instruction plus avancée pouvaient s'exercer assez librement. Il n'hésite pas à commenter, voire à approuver parfois, au moins partiellement, des écrits qui avaient cours dans les milieux chrétiens qu'il juge lui-même hétérodoxes. Une

71. *Paed.* III, 12, 101, 3 (trad. de C. MONDÉSERT et C. MATRAY, SC 158, p. 191, légèrement modifiée). Ce texte est mis en valeur par A. VAN DEN HOEK, « The "Catechetical" School... », p. 66. Le « nous », cependant, pourrait désigner non pas le seul Clément, mais aussi les destinataires, définitivement intégrés à l'Église au terme de cet enseignement.

72. Le premier à avoir mis en doute la prêtrise de Clément est H. KOCH, « War Klemens von Alexandrien ein Priester ? », *ZAW* 20, 1921, p. 43-48 (voir A. VAN DEN HOEK, « The "Catechetical" School... », p. 78, n. 96). Plus récemment R. VAN DEN BROEK, « The Christian "School" of Alexandria... », p. 43, met Clément au nombre des « didascales » qui auraient continué dans la chrétienté alexandrine du IIe siècle le rôle des rabbis et des anciens de la communauté juive, comme responsables de l'éducation religieuse, et qui auraient été des laïcs. Cette vision des choses se heurte à la difficulté de concevoir une continuité entre l'organisation du judaïsme au Ier siècle à Alexandrie et l'Église en train de se munir d'institutions à la fin du IIe siècle, après le désastre subi à la suite de la révolte des années 116-117, et alors que les représentants connus du christianisme sont d'abord des « gnostiques », puis des gens venus d'ailleurs, fortement hellénisés, comme Pantène et Clément.

73. Tout en rejetant les témoignages avancés pour faire de Clément un prêtre, D. WYRWA, « Religiöses Lernen... », p. 297-298, insiste sur l'enracinement de l'enseignement le plus haut du chantre de « la gnose véritable » dans la « catéchèse », au sens précis de la préparation au baptême, qu'il emploie explicitement (*Strom.* VI, 1, 1, 3 ; *Paed.* I, 3, 3 ; 6, 30, 2 ; 6, 36, 3-38, 1).

censure orthodoxe ne devait pas limiter la constitution d'une bibliothèque d'ouvrages chrétiens. L'abondance et la diversité des textes utilisés par Clément font en effet supposer l'existence d'une telle bibliothèque, les sources païennes étant, elles, disponibles en d'autres lieux de l'érudition alexandrine. Il est en outre probable qu'ait existé à Alexandrie, dans la deuxième moitié du IIe siècle, un *scriptorium* chrétien et qu'il ait produit le texte biblique de type alexandrin[74]. Un centre de copie de livres bibliques et d'écrits chrétiens[75], une bibliothèque chrétienne, l'un et l'autre liés à une Église dont l'organisation s'affermissait, ce sont les instruments institutionnels dont avait besoin l'activité de Clément, telle que la révèlent ses œuvres[76]. Le terme de « didascalée » employé par Eusèbe n'est pas impropre, tant qu'on ne conçoit pas cette école, contrairement à lui, pourvue d'une règle de succession[77], ni contrôlée par l'autorité d'un évêque.

Quant à la « tradition » dont se réclame Clément, elle n'est pas celle d'un maître indépendant, qui se distinguerait de celle de prêtres chargés de la catéchèse. Il la définit comme gouvernée par la « règle... ecclésiastique[78] », fondement de la doctrine scripturaire, qui exclut à la fois la conception hétérodoxe et une exégèse judaïsante : cette règle est « l'harmonie de la Loi et des Prophètes avec l'alliance [le Testament] transmise lors de la venue du Seigneur[79] ». Elle est opposée aux

---

74. C'est la conclusion de G. ZUNTZ, *The Texte of the Epistles. A Disquisition upon the Corpus Paulinum*, Londres, 1953, p. 273.
75. C. H. ROBERTS, *Manuscript, Society and Belief in Early Christian Egypt*, Oxford, 1979, p. 23, suggère de mettre en relation les plus anciens textes bibliques trouvés en Égypte, munis de signes critiques et d'apparat savant, avec l'école d'Alexandrie ; il est enclin aussi à rattacher à un *scriptorium* alexandrin le texte du *Contre les hérésies* d'Irénée d'où provient le fragment trouvé à Oxyrhyncos (*P. Oxy.* 3. 405), daté de la fin du IIe siècle ou du début du IIIe.
76. Cette hypothèse est solidement étayée par A. VAN DEN HOEK, « How Alexandrian Was Clement of Alexandria ? Reflections on Clement and his Alexandrian Background », *HeyJ* 31, 1990, p. 190-191.
77. Quand Clément parle de « successions », il désigne une tradition orale, de « gnose », qui « est venue jusqu'à un petit nombre, depuis les Apôtres, sans écriture » (*Strom.* VI, 7, 61, 3).
78. *Strom.* VII, 15, 90, 2.
79. *Strom.* VI, 15, 125, 3.

innovations des sectes, aux opinions fausses de maîtres humains[80]. Et l'ecclésiologie de Clément affirme la priorité de l'Église unique[81].

Sa conception de la prêtrise est cependant plus spirituelle qu'institutionnelle : « Un homme est réellement prêtre de l'Église et diacre véritable de la volonté de Dieu s'il fait et enseigne ce que dit le Seigneur. Il n'est pas choisi par un vote humain ni considéré comme juste parce qu'il est prêtre, mais il est mis au nombre des prêtres parce qu'il est juste[82]. » Ces réflexions correspondent à un état de l'Église où l'autorité peut être partagée entre docteurs et prêtres sans que des séparations strictes délimitent les fonctions. La situation a évolué dès que Démétrios est devenu le seul « épiscope ». De vives tensions sont manifestes dans les *Stromates* entre un Clément soucieux d'acclimater l'héritage grec et des chrétiens qui font dépendre l'identité de l'Église de la référence exclusive aux Écritures. Un courant puissant, ce que Clément appelle « la foule », ou « ceux du commun », a dû produire des changements institutionnels, dans le sens d'une répartition plus stricte des fonctions. On ne sait rien des relations entre Clément et

80. *Strom.* VII, 16, 103, 2-5.

81. « La véritable Église, réellement antique, est une, celle où sont inscrits ceux qui sont justes selon le dessein (divin) (cf. Rm 8, 28). Puisque Dieu est un, et un le Seigneur, pour cette raison ce qui est éminemment précieux mérite louange pour son unité, comme imitation du principe un. Or c'est bien à la nature de l'un qu'est associée l'Église une, elle qu'on s'évertue à découper en sectes multiples. Dans son existence donc et dans son concept, dans son principe et dans sa prééminence, nous disons qu'unique est l'antique et catholique Église, dans l'unité d'une foi (cf. Ep 4, 13) une, la foi conforme aux testaments qui lui sont propres, ou plutôt au testament unique en des temps différents, l'Église qui, par la volonté du Dieu un et par l'intermédiaire de l'unique Seigneur, réunit ceux qui ont déjà leur place assignée. Dieu les a en effet prédestinés (cf. Rm 8, 28 ; Ep 1, 5), sachant, dès avant la fondation du monde, qu'ils seraient justes (cf. Ep 1, 4). La prééminence de l'Église elle aussi, comme le principe de sa constitution, est conforme à la monade, car elle surpasse toutes les autres choses et n'a rien qui lui soit semblable ou égal » (*Strom.* VII, 16, 107, 3-6 ; trad. de A. LE BOULLUEC, SC 428, p. 321-323). Cette définition est typique du style de pensée et de composition de Clément, qui associe références philosophiques et allusions scripturaires, ici pythagoriciennes (méditation sur la monade) et pauliniennes.

82. *Strom.* VI, 13, 106, 2 ; trad. de P. DESCOURTIEUX, SC 446, p. 273. Cet enrôlement ici-bas présage l'inscription dans le *presbyterion* céleste, selon un progrès de « gloire » en « gloire », d'après 1 Co 15, 41 (*Strom.* VI, 13, 107, 2-3).

Démétrios, mais il est vraisemblable que l'activité enseignante de l'un, caractérisée par l'ouverture à la philosophie et aux expressions les plus raffinées de la *paideia* et, inéluctablement à cette époque, par une visée élitiste, ait été perçue comme incompatible avec la pastorale de l'autre, portée vers le plus grand nombre et s'assimilant aux modes d'action et de pensée d'autres Églises moins marquées par la révérence envers la culture grecque.

Clément après le séjour à Alexandrie

L'existence si probable d'une tension entre Clément et Démétrios, déjà évoquée, soulève une question, elle aussi fort débattue, concernant les causes pour lesquelles l'auteur des *Stromates* a quitté Alexandrie. Origène, tout jeune, se plaignait, d'après Eusèbe, qui se fonde sur une lettre autobiographique de son héros, de ce que « personne n'était préposé à la catéchèse, mais que tous avaient été chassés par la menace de la persécution »[83]. Ce constat, qui implique l'absence de Clément à Alexandrie en ces moments, paraît exprimé par le même Origène dans l'une des *Homélies sur les Psaumes* tout récemment retrouvées[84] : « Au temps de ma jeunesse, les hérésies fleurissaient, s'épanouissaient et l'on voyait beaucoup de gens s'y rassembler. Car tous ceux qui recherchaient avidement les savoirs du Christ, ne disposant pas dans l'Église de maîtres compétents, ressemblaient aux affamés qui en temps de disette mangent de la chair humaine : séparés de la parole saine, ils s'attachaient à n'importe quel discours et leurs écoles se constituaient[85]. »

La référence à la persécution dans le premier de ces deux témoignages fournit une indication chronologique. Il s'agit, plutôt que de la répression qui a sévi vers 202, alors que Laetus était gouverneur en Égypte, de l'époque où la persécution a repris, en 206, sous Subatianus

83. *HE* 6, 3, 1.

84. Sur les circonstances de cette découverte et sur ces homélies, voir notamment L. Perrone, « *Origenes redivivus* : la découverte des *Homélies sur les Psaumes* dans le *Cod. Gr.* 314 de Munich », *REAug* 59, 2013, p. 55-93.

85. *Homélie II sur Ps 77*, f. 233r (GCS, NF 19, p. 371, 15-372, 3).

Aquila[86]. Clément aurait pu alors être accueilli par une Église dont le chef était Alexandre, en Cappadoce. Mais, comme nous l'avons vu, ce séjour dans cette province est loin d'être assuré, même si l'on admet que le porteur de la lettre d'Alexandre aux Antiochiens, une décennie plus tard, est Clément. Le choix de Jérusalem serait plus vraisemblable. On placerait alors à Jérusalem, où Clément serait resté après l'arrivée d'Alexandre, la rédaction de l'ouvrage intitulé *Règle ecclésiastique*, ou *Contre les judaïsants*, dédié au nouvel évêque, comme nous l'apprend Eusèbe[87].

Les causes de son départ sont discutées. L'hypothèse qui a été longtemps la plus répandue, appuyée sur l'absence de catéchètes à Alexandrie dans ces années-là, est qu'il aurait fui la persécution. Ses considérations du livre IV des *Stromates* sur l'esquive en cas de persécution, préférable non seulement par égard pour soi-même, mais aussi pour éviter de forcer les persécuteurs à commettre des actes injustes, iraient dans ce sens[88]. Mais Clément ne réprouve que ceux qui provoquent les persécuteurs. D'autre part Alexandre, qui est connu pour être un confesseur de la foi, peu enclin à soutenir les tièdes, n'aurait sans doute pas exprimé plus tard à Origène sa vénération pour Clément si ce dernier avait fui en de telles circonstances[89]. L'autre explication, qui paraît plus plausible, est que son dissentiment avec l'évêque Démétrios l'aurait incité à quitter la ville[90]. Son départ aurait

86. P. Nautin, *Origène*, p. 36-45 et 415-416, a établi la chronologie des événements en soumettant à une critique minutieuse le récit fait par Eusèbe à partir de la lettre autobiographique où Origène évoquait sa jeunesse.

87. *HE* 6, 13, 3.

88. Voir *Strom.* IV, 10, 76-77, où Clément invoque Mt 10, 23 : « Toutes les fois qu'ils vous persécuteront dans cette ville, fuyez dans l'autre. » Il ne manque pas, au demeurant, de faire sincèrement l'éloge du martyre dans la plus grande partie de ce livre.

89. Ainsi P. Nautin, *Lettres*, p. 120, suggère-t-il à bon droit que l'envoi de la lettre d'Alexandre à l'Église d'Antinoé (Eusèbe, *HE* 6, 11, 3) n'est pas étranger aux reproches qui ont dû être faits par le parti des confesseurs à Démétrios pour abandon de poste pendant la persécution d'Aquila.

90. C'est la thèse formulée par P. Nautin, *Lettres et écrivains chrétiens*, p. 140 ; É. Junod, « Un écho d'une controverse autour de la pénitence », *RHPhR* 60, 1980, p. 160, se fonde en outre sur l'écrit *Quel riche sera sauvé ?* (42, 1-15) pour suggérer l'existence d'une dissension entre Clément et Démétrios à propos de la pénitence.

eu lieu alors entre 202 et 206, avant celui de l'évêque. En l'absence de témoignage direct sur un tel conflit, cette explication a cependant contre elle le risque de projeter sur une époque antérieure l'image de l'affrontement qui devait se produire trente ans plus tard entre Origène et Démétrios, selon un effet de miroir rétrospectif analogue à la représentation du « didascalée » chrétien d'Alexandrie au temps de Clément construite par Eusèbe sur le modèle d'une organisation ultérieure. On a aussi supposé que dans une période de persécution Clément, en quittant Alexandrie, n'aurait pas « fui » la persécution, mais aurait voulu s'éloigner davantage d'un parti de confesseurs faisant du martyre un moyen de s'affirmer comme les protagonistes dans la communauté, parti qui pouvait émaner du courant adverse auquel répond l'auteur des *Stromates*[91].

Quoi qu'il en soit, il apparaît que Clément n'a pas composé toutes ses œuvres à Alexandrie. Après 211, Jérusalem est le lieu le plus probable. La date de sa mort est inconnue. Le seul document qui puisse

---

D. Wyrwa, « Religiöses Lernen... », p. 299, n. 144, note que si la persécution avait été la cause, on se serait attendu à voir Clément revenir, après la menace, avec les autres personnalités de l'Église, ce qui ne s'est pas produit.

91. Hypothèse défendue par M. Rizzi, « Il martirio come pragmatica sociale in Clemente Alessandrino », *Adamantius* 9, 2003, p. 60-66 et « Martirio cristiano e protagonismo civico : rileggendo *Martyrdom & Rome* di G. W. Bowersock », dans C. Bearzot *et al.* (dir.), *Alle radici della comune casa europea*, 4 : *Modelli eroici dall'antichità alla cultura europea*, Rome, 2003, p. 317-340, et reprise par D. Dainese, *Clemente Alessandrino, Adumbrazioni*, Milan, 2014, p. 22-24. On s'étonne à juste titre qu'Origène ne nomme jamais Clément, alors qu'ils sont si proches à tant d'égards (voir A. Van Den Hoek, « Origen's Indebtedness to Clement of Alexandria », dans D. Heine, K. Torjesen [dir.], *Handbook of Origen*, Oxford University Press, à paraître). Il n'est même pas sûr qu'il soit le prédécesseur désigné comme l'auteur d'une exégèse de Mt 18, 20 rapportée par Origène ; l'interprétation donnée en *Strom.* III, 68, 1 ; 69, 4 ; 70, 4 n'est en effet pas exactement celle qui est discutée par lui en *CMt* XIV, 2 (p. 277, 30-278, 14). Certes, si Clément a quitté Alexandrie au tout début des années 200, le jeune « grammairien » a pu ne pas avoir de relation personnelle avec lui. Mais il mentionne plus tard Pantène dans sa lettre de défense à Alexandre. Peut-être est-ce par prudence, pour éviter d'aggraver encore le conflit avec ses détracteurs et Démétrios qu'il garde le silence sur Clément, à qui s'étaient opposés, à la fin du siècle précédent, les chrétiens d'Alexandrie opposés à l'ouverture à la philosophie et, avec eux, Démétrios probablement.

servir de repère est la lettre à Origène où Alexandre met Clément au nombre des « Pères », de « ces bienheureux qui nous ont précédés et auprès de qui nous serons sous peu[92] ». En 233, date de cette lettre, il est clair que Clément est mort depuis plusieurs années.

*

* *

Le *Protreptique*

« De la superstition grecque, je pense, nous avons donné assez d'exemples dans notre discours intitulé *Protreptique*, en développant à profusion l'enquête indispensable[93]. » Ce rappel de Clément au livre VII des *Stromates* prouve au moins que le *Protreptique* est antérieur. D'autre part, le prologue du livre VI renvoie au *Pédagogue* : « Le *Pédagogue*, que nous avons divisé en trois livres, a naguère présenté la conduite et la croissance depuis l'enfance, c'est-à-dire un comportement nourri par la foi à partir d'une catéchèse et préparant déjà ceux qui sont inscrits au nombre des hommes accomplis à avoir une âme exceptionnelle pour recevoir une science gnostique[94]. » Or, le début du *Pédagogue* a tout l'air de présenter cet ouvrage comme la suite du *Protreptique* : « Nous avons construit pour vous, mes enfants, une base de vérité : pour le temple sacré du grand Dieu, c'est le fondement solide de la connaissance, une belle exhortation (προτροπή), un désir de la vie éternelle qui s'obtient par l'obéissance conforme au Logos, et ce désir a pris racine dans le champ de l'intelligence[95]. » L'exorde continue dans le même sens : « Il y a dans l'être humain trois choses : les mœurs, les actions et les passions. Le Logos qui exhorte à la conversion (*protreptique*)

92. Eusèbe, *HE* 6, 14, 8-9.
93. *Strom.* VII, 4, 22, 3.
94. *Strom.* VI, 1, 1, 3.
95. *Paed.* I, 1,1, 1 (trad. de M. Harl, SC 70). H.-I. Marrou (p. 108) note que dans le *Laur.* V 24, l'un des trois manuscrits importants pour l'établissement du texte du *Pédagogue* (= F), cette phrase est placée avant le sommaire des chapitres du livre I, ce qui a poussé les anciens éditeurs (ainsi Potter) à en faire une sorte d'épilogue du *Protreptique*.

a pris en charge les mœurs : guide de la religion, il est sous-jacent à l'édifice de la foi comme une quille à celui d'un navire. À cause de lui nous sommes emplis de joie, nous délaissons nos anciennes croyances et nous rajeunissons en vue du salut[96]. » L'emploi du passé pour désigner cette exhortation du Logos divin dont l'auteur ose se faire l'interprète s'oppose au présent de l'œuvre nouvelle à composer : « Or donc, le guide céleste, le Logos, recevait le nom de “protreptique” lorsqu'il nous invitait au salut – ce nom est donné spécialement au Logos chargé de nous stimuler, le tout tirant son nom de la partie ; mais c'est l'ensemble de la religion qui est “protreptique” puisqu'elle fait naître dans l'intelligence qui est naturellement disposée à cela le désir de la vie pour maintenant et pour l'avenir. Mais maintenant c'est comme guérisseur et conseiller tout à la fois que, se succédant à lui-même, il conseille celui qu'il a d'abord converti (τὸν προτετραμμένον) et, notamment, il promet la guérison des passions qui sont en nous[97]. » Quelques lignes plus loin, Clément précise, en accord avec la fonction attribuée au Logos en tant qu'« il a pris en charge les mœurs » : « Le Pédagogue, lui, qui s'occupe de la vie pratique, nous a d'abord exhortés à établir en nous une bonne disposition morale (πρότερον μὲν εἰς διάθεσιν ἠθοποιίας προὐτρέψατο) ; et dès lors il invite à l'accomplissement des devoirs[98]. » Ce prologue incite donc à placer la rédaction du *Protreptique* avant la composition du *Pédagogue*, lequel est mentionné dans

96. *Paed.* I, 1, 1, 1.
97. *Paed.* I, 1, 1, 3-4.
98. *Paed.* I, 1, 2, 1. Le prologue du *Pédagogue* s'achève aussi par cette phrase significative : « Or donc, empressé de nous conduire à la perfection par la marche ascendante du salut, le Logos, qui est en tout l'ami des hommes, met en œuvre un beau programme bien fait pour nous donner une éducation efficace : il nous convertit d'abord (προτρέπων ἄνωθεν); ensuite il nous éduque comme un pédagogue (ἔπειτα παιδαγωγῶν); en dernier lieu, il nous enseigne » (I, 1, 3, 3). Il n'en reste pas moins que le rôle « protreptique » et la fonction de « pédagogue » du Logos sont étroitement liés, s'impliquent mutuellement, et que la distinction se fait entre ces deux qualifications, de l'ordre de la vie « pratique », et le titre de « didascale », qui relève de la vie théorétique, comme le souligne M. Rizzi, « The Literary Problem in Clement of Alexandria: A Reconsideration », *Adamantius* 17, 2011, p. 154-163, ce qui n'oblige pas cependant à rejeter la thèse généralement reçue, selon laquelle le début du *Pédagogue* fait bien allusion à un ouvrage précédent, le *Protreptique*.

les *Stromates*. Cette succession *Protreptique-Pédagogue*, qui incarne un projet littéraire et reflète un programme d'enseignement, est conforme à la relation étroite que Clément postule souvent entre l'efficacité de l'exhortation à la conversion et la nécessité qui s'ensuit de régenter, par des conseils, des avertissements et des règles, ceux qui ont été d'abord amenés à choisir un nouveau mode de vie, en abandonnant, par la conversion, leurs habitudes anciennes[99].

Le *Protreptique* est en effet un appel adressé aux « Grecs » : ils sont invités à se libérer de la religion traditionnelle et à accueillir la révélation de l'unique Logos divin. La nature apologétique du discours, à la fois blâme des rites grecs et éloge de la piété chrétienne, est patente. Le manuscrit principal qui l'a conservé, dont les autres témoins dépendent plus ou moins directement, le *Parisinus gr.* 451 (= P), a été surnommé à juste titre le *Codex Apologetarum*, en raison de son contenu. Commandé par Aréthas, archevêque de Césarée de Cappadoce, érudit et savant éditeur, ce qui lui a valu aussi l'appellation de *Codex d'Aréthas*, copié en 914 par le scribe Baanès, il contient après le *Protreptique* (f. 1-56) une petite partie du livre I (à partir de 96, 1) et les livres II et III du *Pédagogue*, une lettre et une *Exhortation* attribuées à Justin, la *Supplique* et le *Sur la résurrection* d'Athénagore, le *Contre Hiéroclès* d'Eusèbe de Césarée[100]. Les scholies introduites par

---

99. Le Père « ne cesse de nous exhorter, de nous gourmander, de nous éduquer, de nous aimer » (*Protr.* 10, 94, 1 ; cf. 9, 84, 1 ; *Strom.* I, 10, 46, 3). Dieu « exhorte seulement les uns, et accorde son concours aux autres, qui par eux-mêmes en sont devenus dignes » (*Strom.* VII, 7, 48, 2). Le pédagogue divin est déjà à l'œuvre dans l'appel à la conversion : « L'exhortation en vue du bien, le Pédagogue en use lorsqu'il dit par Salomon : "Humains, c'est vous que j'appelle ; je crie vers les enfants des hommes : écoutez-moi car je vais vous dire des choses importantes" (Pr 8, 4. 6) et la suite » (*Paed.* I, 10, 90, 1). Inversement, ses préceptes sont encore une exhortation à la conversion ; ainsi Clément voit-il dans les recommandations d'Ez 18, 4-9 « une esquisse de la vie chrétienne, une exhortation admirable à la vie heureuse, à la récompense d'une bonne vie, à la vie éternelle » (*Paed.* I, 10, 95, 2 ; cf. I, 11, 97, 1). Le gnostique à son tour, « qui a reçu de Dieu la capacité d'aider, sert les uns en composant leur attitude par l'accompagnement, les autres en les exhortant par la ressemblance, d'autres encore en les éduquant et en les instruisant par un ordre » (*Strom.* VI, 17, 161, 1).

100. Voir l'Introduction de O. STÄHLIN dans GCS I, p. XVI-XXIII. Le manuscrit comporte des corrections de la main d'Aréthas.

Baanès, dont l'origine remonte à un grammairien du ve siècle, montrent que le *Protreptique*, comme le *Pédagogue*, a été lu dans les écoles à époque ancienne[101], notamment pour ses informations sur les figures et les rites de la religion et de la mythologie grecque.

Insertion dans un genre littéraire et une tradition philosophique

Le *Protreptique* est défini comme « procatéchèse » à l'intention des « Grecs »[102]. Il s'agit donc d'un écrit qui n'a pas une fonction exclusivement apologétique, consistant à défendre et illustrer le christianisme, mais qui obéit à un projet missionnaire : le propos est de disposer les destinataires à accueillir la religion nouvelle et de leur inspirer le désir d'une instruction véritable, préparant au baptême[103]. Clément y applique au christianisme le genre littéraire de l'exhortation à se tourner vers la philosophie, vers l'amour de la sagesse[104].

101. GCS I, p. XXIII. Les scholies d'Aréthas lui-même sont plus nombreuses et d'un autre caractère, proprement exégétique. Les scholies du *Protreptique* sont éditées, d'après les manuscrits P et M (*Mutinensis* 126, x^e^-xie siècle) dans GCS I, p. 295-318.

102. *Protr.* 10, 96, 2. F. Jourdan, *Orphée et les chrétiens*, t. I, *Orphée, du repoussoir au préfigurateur du Christ. Réécriture d'un mythe à des fins protreptiques chez Clément d'Alexandrie*, Paris, Les Belles Lettres, 2010, p. 23. Le livre de F. Jourdan est fondamental pour l'étude du *Protreptique* de Clément.

103. A. Van Den Hoek, « Apologetic and Protreptic Discourse in Clement of Alexandria », dans *L'apologétique chrétienne gréco-latine à l'époque prénicéenne*, Entretiens sur l'Antiquité classique 51, Genève, 2005, p. 69-93, étudie les liens entre thèmes apologétiques et élément protreptique chez Clément, en montrant comment les premiers sont subordonnés au second. Elle analyse aussi le prologue du *Pédagogue* et rend compte d'une bibliographie fort utile. Sur les origines et le développement de l'apologétique chrétienne avant Clément, voir B. Pouderon, *Les Apologistes grecs du IIe siècle*, Paris, Cerf, 2005.

104. A. D. Nock, *Conversion. The Old and the New in Religion from Alexander the Great to Augustine of Hippo*, Oxford, 1933, présentait déjà la conversion au christianisme comme variante du motif philosophique de l'invitation à abandonner l'erreur pour embrasser la vertu. H.-I. Marrou, introduction au *Pédagogue*, SC 70, p. 12, situe ce motif lui-même à l'intérieur d'une émulation entre disciplines bien attestée au temps de Clément : « À l'époque hellénistique (et romaine), la compétition entre les formes parallèles de culture supérieure (oratoire, philosophique, médicale, ou, à Rome, juridique) et, à l'intérieur de chacune d'elles, entre les sectes rivales avait amené

Ce genre a une longue histoire, depuis Platon qui, dans l'*Euthydème*, a donné un tour aporétique à l'exhortation à la vertu : Socrate critique la pratique des sophistes, tout en montrant comment il conçoit une telle invitation (278d-282d) et en donnant par avance un condensé des thèmes destinés à nourrir ce discours, quand il traite du bon usage des biens, réservé à celui-là seul qui possède la sagesse[105]. L'*Antidosis* d'Isocrate en compose une autre image. Aristippe et Antisthène ont écrit des *Protreptiques*. Mais c'est celui d'Aristote qui a eu la plus forte influence[106]. L'argumentation de l'ouvrage, qui, lui, est perdu, a pu être reconstituée à partir des chapitres V à XII du *Protreptique* de Jamblique[107]. Elle est double, en ce qu'elle présente d'une part, sur le modèle du protreptique aux arts, la philosophie comme l'activité suprême, selon une visée scientifique et technique (VI et X), et d'autre part, comme conforme à la finalité de la nature de l'homme, selon une perspective téléologique (VII-IX ; XI-XII). Étant donné que Clément substitue au choix entre plusieurs arts, au profit de la philosophie, la décision qui doit faire passer de la religion grecque à la piété chrétienne, le premier argumentaire n'a guère de place dans son discours. Il prend seulement la forme du contraste entre la fausseté de l'une et

les chefs d'école à inaugurer leur enseignement par une sorte de leçon d'ouverture, véritable pamphlet publicitaire, dans laquelle ils "exhortaient" les disciples éventuels à adopter leur propre spécialité. » Il renvoie pour la documentation à son *Histoire de l'éducation dans l'Antiquité*, Paris, 1950, p. 257 sq.

105. PLATON, *Euth.* 278d-282d et 288d. Voir A.-J. FESTUGIÈRE, *Les Trois Protreptiques de Platon : Euthydème, Phédon, Épinomis*, Paris, 1973, p. 22-31.

106. Sur ce sujet, voir S. VAN DER MEEREN, « Le protreptique en philosophie : essai de définition d'un genre », *REG* 115, 2002, p. 591-621. Il est vraisemblable que Clément ait connu l'ouvrage d'Aristote : L. ALFONSI, « Motivi tradizionali del giovane Aristotele in Clemente Alessandrino e in Atenagora », *VigChr* 7, p. 129-142. F. JOURDAN, *Orphée...*, I, p. 33-65, situe l'écrit de Clément dans le développement du genre protreptique depuis Platon jusqu'à Épictète.

107. I. BYWATER en 1869 a pensé reconnaître dans l'ouvrage de Jamblique de longues citations de celui d'Aristote. Ces textes ont été introduits, traduits et commentés par S. VAN DER MEEREN, *Exhortation à la philosophie. Le dossier grec. Aristote*, Paris, 2011, qui préfère parler des *Exhortations aristotéliciennes* plutôt que du *Protreptique* d'Aristote, pour marquer la différence entre la mouture de Jamblique et l'original aristotélicien (p. XXII-XXXI). Nous lui empruntons les éléments qui nous ont semblé utiles pour éclairer le discours de Clément.

la perfection de l'autre. La science que déploie Clément consiste à accumuler avec une grande érudition toutes les preuves qui peuvent accabler « la coutume ancienne » dont il invite à se déprendre.

Les sources auxquelles Clément a puisé son information rendent sa documentation infiniment précieuse. L'un des exemples les plus frappants est son exposé critique sur les mystères, dont Orphée est présenté comme le poète et le fondateur, en *Protreptique* 2, 12-22. Il a utilisé un traité de la fin de la période hellénistique, fondé lui-même sur un poème orphique datant du IIIe siècle avant notre ère, comme le montrent les correspondances avec le contenu du *Papyrus de Gurov*, daté de 275 environ, l'un des nombreux témoins de la diffusion en Égypte sous les Ptolémées de rites orphiques en l'honneur de Dionysos. Ce poème rapportait les mythes étiologiques concernant les cultes d'Aphrodite, de la Mère, de Sabazios, de Dionysos, de Déméter, les expositions les plus étendues du mythe des Titans et de la version orphique du mythe éleusinien, complétée par des éléments rituels[108]. À cette source Clément a mêlé des interprétations qui remontent à Évhémère, dont on retrouve plus largement les thèses, utilisées à des fins polémiques, dans d'autres parties du *Protreptique*[109]. Un autre exemple est la notice sur Sarapis, qui comporte des renseignements de première importance sur le culte de ce dieu gréco-égyptien[110].

La dénonciation de cette « coutume », liée à l'invitation à s'en libérer, est un leitmotiv du *Protreptique*[111]. Dès l'ouverture, il accuse les « chanteurs » Amphion, Arion et Orphée d'avoir été « les premiers à

108. La démonstration a été faite par M. HERRERO DE JÁUREGUI, « Las fuentes de Clem. Alex. *Protr.* 2, 12-22: un tratado sobre los misterios y una teogonía órfica », *(E) RELFC* 75, 1, 2007, p. 389-416, et résumée par lui-même dans son livre *Orphism and Christianity in Late Antiquity*, Berlin-New York, 2010, p. 147-153. Il rapporte aussi (p. 152) au traité qui est la source de Clément les étymologies identifiant les « orgies » à la « colère » (ὀργή) et les « mystères » à la « souillure » (μύσος), en *Protr.* 2, 13, 1.
109. Là où Clément réduit les dieux des Grecs à de simples mortels (*Protr.* 2, 28-31 ; 34, 1 ; 37, 1. 4 ; 38, 1 ; 40, 1 ; 3, 44, 4-45, 5 ; 4, 49, 3 ; 54-55).
110. *Protr.* 4, 48, 1-6. Voir N. BELAYCHE, « Le possible "corps des dieux" : autour de Sarapis », dans A. PRESCENDI, V. VOLOKHINE (dir.), *Dans l'atelier de l'histoire des religions. Mélanges offerts à Philippe Borgeaud*, Genève, 2011, p. 227-250.
111. Voir L. LUGARESI, « "Fuggiamo la consuetudine". Pratiche sociali cristiane, rappresentazione e spettacoli in Clemente Alessandrino », *Adamantius* 7, 2003, p. 10-28.

bâtir une coutume absurde avec des morceaux de pierre et de bois, je veux dire des statues et des peintures, après avoir réduit à la dernière servitude, par leurs chants et leurs incantations, cette belle liberté, la seule réelle, des citoyens qui habitent sous le ciel ». Il répond longuement à l'objection : « Mais, dites-vous, il n'est pas raisonnable de changer une coutume que nos pères nous ont transmise », en parsemant son argumentation de sarcasmes contre « la coutume mauvaise, malsaine et impie », ce « poison pernicieux », associé à « la folie », la coutume qui emprisonne, qui condamne à mort[112]. « Car Dieu donne la vie, tandis que la coutume perverse, après le départ d'ici-bas, mêle au châtiment un vain repentir, et "même le faible d'esprit sait, pour l'avoir éprouvé", que la superstition perd, mais que la vraie piété sauve[113]. » Le thème de la supériorité de la philosophie par rapport aux autres arts et sciences n'apparaît plus que dans la condamnation de la sculpture et de la peinture mises au service de la fabrication des idoles, opposée à la glorification de la vraie piété. Si l'artiste donne forme à la terre en fabriquant des statues[114], qui sont censées figurer les dieux, il leur confère des apparences et des attitudes qui dénoncent les dispositions honteuses d'êtres qui ne sont en réalité que des démons[115]. L'art trompeur des sculpteurs de la pierre, des peintres, des artisans du bois et des poètes, qui n'égare que les insensés, pires que les singes[116], est interdit par « le prophète »[117]. Le seul « asile sacré » est « la sagesse divine », c'est-à-dire, comme l'indique le contexte, la divinisation du « créateur du monde », loin des temples faits de main d'homme, des statues qui les déparent, de l'impiété des magiciens qui « ont enrôlé

112. *Protr.* 1, 3, 1 ; 10, 89, 1. 2. 3.

113. *Protr.* 10, 90, 3, citant HÉSIODE, *Op.* 218. Au terme de son argumentation, Clément croit pouvoir s'adresser à ceux qu'il a convaincus comme à des gens que les coutumes héritées de leurs pères ne détournent plus de la vérité, puisqu'ils ont bénéficié de la « procatéchèse » (*Protr.* 10, 96, 2). Les incitations à bannir « l'habitude » se multiplient à la fin du *Protreptique* : 10, 99, 1. 3 ; 101, 1. 3 ; 109, 1. 3 ; 12, 118, 1.

114. *Protr.* 4, 56, 6.

115. *Protr.* 4, 57.

116. *Protr.* 4, 58, 1-2.

117. Moïse en l'occurrence, en Ex 20, 4 et Dt 5, 8 (*Protr.* 4, 62, 1).

des démons comme domestiques », des poètes comiques, dans leurs « drames satyriques »[118].

L'autre argumentaire propre au discours protreptique depuis Aristote, celui qui fait de la philosophie l'activité la plus conforme à la nature de l'homme[119], est plus explicite chez Clément lorsque, dans sa transposition religieuse, il présente la piété nouvelle comme en harmonie parfaite avec l'être véritable de l'homme. Cette piété, au demeurant, se fonde sur une conception philosophique partagée par Platon et Aristote. L'homme est une « plante céleste[120] ». « Il existait, depuis les temps anciens, une certaine alliance naturelle des hommes avec le ciel[121] ». Selon Aristote, dans son *Protreptique*, le philosophe est précisément le seul de tous les artisans « à vivre les yeux fixés sur la nature et sur le divin et, tel un bon pilote, après avoir amarré les principes de son existence aux réalités éternelles et permanentes, il reste ancré, et vit en s'en remettant à lui-même[122] ». Après une première attaque contre la superstition Clément justifie en ces termes un second assaut : « Voilà comment l'homme s'écarte de la vérité, sur des voies glissantes et dangereuses qui l'entraînent loin du ciel pour le précipiter dans l'abîme. Mais je veux vous montrer à nu ces dieux en personne, quels ils sont et s'ils existent, pour qu'enfin vous vous arrêtiez dans votre égarement et reveniez en courant vers le ciel[123]. » Au cœur de sa polémique contre les statues des dieux, à propos d'Antinoos, il proteste en s'adressant à l'homme en général : « Je reconnaîtrai la beauté en toi, quand tu auras gardé son image ; j'adorerai la beauté, quand il s'agira de celle qui est le véritable archétype des belles choses[124]. » Et un peu plus loin : « Pour nous, l'image [de la divinité] n'est pas sensible, faite de matière sensible, mais une chose intelligible. Dieu, le seul vrai Dieu, est

118. *Protr.* 4, 63, 5 ; 58, 3 ; 58, 4.
119. Voir S. Van der Meeren, *Exhortation à la philosophie*..., p. 161-163.
120. Platon, *Tim.* 90a (*Protr.* 2, 25, 4) ; image reprise dans la dernière partie du discours, en *Protr.* 10, 100, 3, pour souligner la finalité de l'homme, « connaître Dieu », et, par conséquent, être pieux.
121. *Protr.* 2, 25, 3.
122. Jamblique, *Protr.* X, citant (ou paraphrasant) Aristote ; trad. de S. Van der Meeren, *Exhortation à la philosophie*..., p. 131-132.
123. *Protr.* 2, 11, 1-24, 4 ; 27, 1.
124. *Protr.* 4, 49, 2.

intelligible et non sensible[125]. » Il réprimande les Grecs, qui ont parlé du « lieu supracéleste » et qui façonnent des dieux terrestres[126], ou « le chœur des philosophes » : « ils reconnaissent que l'homme est vraiment né pour la contemplation du ciel, mais ils adorent les phénomènes célestes[127] ». La vie théorétique vantée par les philosophes est ainsi dénaturée par la vénération des choses créées, non du Dieu créateur[128]. Le thème est repris dans l'exposé fait pour entraîner vers la conversion : « Qui, pouvant être citoyen du ciel, poursuit les ténèbres, quand il lui est permis de cultiver le paradis, de parcourir le ciel, de puiser à la source vivifiante et pure, en suivant à travers les airs la trace de la nuée lumineuse et, comme Élie, en contemplant la pluie qui apporte le salut[129] ? » Dorénavant les métaphores qui évoquent la vocation naturelle de l'homme par sa relation avec le ciel traduisent les énoncés grecs en images bibliques, elles-mêmes allégorisées : « Purifiez-vous vous-mêmes de la coutume, en vous aspergeant des gouttes de la vérité : il vous faut monter purs aux cieux. » Cette référence allusive à l'accueil du baptême est confirmée par la promesse de Lc 6, 20 (Mt 5, 3.10)[130]. « Comment donc monter aux cieux, dit-on ? La “voie”, c'est le Seigneur : voie “étroite”, mais qui “part des cieux”, étroite, mais qui conduit aux cieux ; voie étroite méprisée sur terre, voie large adorée dans les cieux[131]. » Les appels pressants se répètent : « Relevez la tête au-dessus de la terre vers l'éther ; regardez vers le ciel ». « Que l'Athénien suive les lois de Solon, l'Argien celles de Phoroneus, le Spartiate celles de Lycurgue ; mais si vous vous êtes inscrits comme appartenant à Dieu, que votre patrie soit le ciel et Dieu votre législateur[132]. » L'insistance sur cette fin céleste culmine dans la célébration

125. *Protr.* 4, 51, 6.
126. *Protr.* 4, 56, 4, avec allusion à PLATON, *Phaedr.* 247 c.
127. *Protr.* 4, 63, 4.
128. *Protr.* 4, 63, 1-3.
129. *Protr.* 10, 92, 3. On reconnaît ici des allusions à la fois au paradis de Gn 2, à la nuée de l'Exode, à la pluie d'Élie, et au *Phèdre* (246c), probablement aussi aux *Nuées* (v. 225) d'Aristophane ; voir la note de C. MONDÉSERT, SC 2 bis, p. 160.
130. *Protr.* 10, 99, 3. 4.
131. *Protr.* 10, 100, 1, qui associe Mt 7, 13-14 et Jn 3, 31. 13 à Jn 14, 6.
132. *Protr.* 10, 106 2 ; 108, 4 ; cf. 109, 1 : la comparaison avec la suavité des aliments et l'amertume des remèdes guérisseurs emprunte une formule à HOMÈRE, *Od.* 9, 27 :

de la venue, depuis le ciel, du Logos sauveur : « Oh ! merveille pleine de mystère ! Le Seigneur est étendu et l'homme s'est relevé ; celui qui était tombé du paradis reçoit une récompense encore plus grande de sa soumission, le ciel[133]. » Un résumé de la doctrine du salut opéré par le Logos, Fils de Dieu, est donné en ces termes : « C'est lui qui a changé le couchant en orient, la mort en vie par sa crucifixion, qui a arraché l'homme à la perdition pour l'attacher à l'éther[134] », l'éther qui est la résidence de Zeus chez Homère et Hésiode[135], et aussi l'élément apparenté à la part divine de l'âme humaine chez les néopythagoriciens du temps de Clément[136]. L'enseignement du Logos qui « divinise les hommes » est « céleste, "donnant des lois à leur intelligence et les inscrivant dans leur cœur" »[137]. La vie dans l'au-delà est représentée comme promise par « l'exhortation de la vérité » à « ceux qui s'en vont vers le ciel ». L'initiation ultime aux mystères du Logos éclaire le converti « pour contempler les cieux et Dieu »[138].

La transposition chrétienne du motif philosophique de l'accord entre la nature de l'homme et l'activité contemplative, muée en « respect envers Dieu[139] », est amorcée dès le début du *Protreptique*. « Microcosme », l'homme est, comme le macrocosme, l'instrument du Logos de Dieu pour célébrer Dieu. C'est que « le Seigneur, envoyant son souffle dans ce bel instrument qu'est l'homme, le fit à son image ;

« ainsi la coutume nous est agréable et nous flatte, bien qu'elle nous pousse à l'abîme, tandis que la vérité nous fait monter au ciel, "rude" au début, mais finalement "excellente nourrice pour les garçons" ».

133. *Protr.* 11, 111, 3 (cf. 112, 1).

134. *Protr.* 11, 114, 4.

135. Clément a trouvé un premier dévoilement de la vérité dans le regard d'Euripide tourné « vers l'éther » pour l'assimiler à « Dieu » : *Protr.* 7, 74, 1, retenant trois mots d'un fragment du « poète sur la scène » cité plus longuement en *Strom.* V, 14, 114, 1 (EURIPIDE, fr. 941 Nauck[2]) ; voir aussi *Protr.* 10, 106, 2. Hors de sa valeur métaphorique, l'éther, au-dessus de l'air, est une création de Dieu (*Paed.* III, 12, 100, 1).

136. Voir par exemple PHILOSTRATE, *V. Ap.* 3, 34.

137. *Protr.* 11, 114, 4, citant Jr 38, 33 LXX.

138. *Protr.* 11, 117, 3 ; 12, 120, 1. La métaphore des « mystères » empruntée à Platon et transposée dans le domaine de la révélation chrétienne est constante chez Clément : voir C. RIEDWEG, *Mysterionterminologie bei Plato, Philo und Klemens von Alexandrien*, Berlin-New York, 1987.

139. Selon le sens étymologique de θεοσέβεια.

car il est, lui aussi, instrument de Dieu, toute harmonie, accordé et saint, sagesse supraterrestre, Logos céleste[140] ». L'allégorie unit Gn 1, 26 et Gn 2, 7, autour de la substitution du Logos à David, pour faire de la vénération du Père la fonction essentielle de l'homme, au moyen d'une interprétation mystique d'une formule d'origine inconnue : « "Car tu es pour moi une cithare, une flûte et un temple" : une cithare par ton harmonie, une flûte par ton souffle, un temple par ta raison, en sorte que l'une vibre, l'autre respire, et celle-ci abrite le Seigneur[141]. » Plus loin, au milieu de l'énumération des erreurs sur la divinité, une pause consolante précise, à la suite de Ep 2, 3-5 : « Ainsi, nous qui étions autrefois les fils de l'iniquité, nous sommes aujourd'hui, par l'amour que le Logos porte aux hommes, les fils de Dieu[142]. » La promesse apaisante et persuasive fait progresser de la nature d'« image » du Logos à la condition de « fils de Dieu ». En tant qu'« image » cependant, l'homme est déjà destiné à rendre le plus bel hommage à la divinité, contrairement aux statues fabriquées par les artisans ou aux masques de la scène : « Nous sommes, nous, les porteurs de l'image de Dieu, dans cette statue vivante et douée de mouvement qu'est l'homme, une image qui habite avec nous, nous conseille, nous tient compagnie, demeure à notre foyer, partage nos sentiments, les ressent plus que nous ; nous sommes l'offrande faite à Dieu, pour le Christ[143]. » Clément adapte ici à son propos des emplois métaphoriques du terme ἄγαλμα, « statue », remontant à Platon, déjà exploités par les philosophes de l'époque hellénistique et romaine pour définir « l'homme divin », et repris par Philon d'Alexandrie, en lien avec le passage du *Timée* 90a-d sur le δαίμων présent en l'homme, lui-même « plante céleste »[144]. S'il évite

140. *Protr.* 1, 5, 3. 4.
141. *Protr.* 1, 5, 3.
142. *Protr.* 2, 27, 3.
143. *Protr.* 4, 59, 2.
144. Dans ce passage du *Protreptique* Clément est tributaire de la tradition philosophique et philonienne étudiée par M. HARL, « Socrate-Silène. Les emplois métaphoriques d'ἄγαλμα et le verbe ἀγαλματοφορέω : de Platon à Philon d'Alexandrie et aux Pères grecs », *SemClass* 2, 2009, p. 51-71, qui montre notamment comment « le nom de la statue cultuelle du polythéisme grec entre par ces emplois métaphoriques dans le lexique noble du "divin" présent en l'homme et a pu prendre place de façon notable dans le lexique de la théologie biblique de l'"image" de Dieu en l'homme »

le terme δαίμων, qu'il emploie au pluriel dans le *Protreptique* pour nier les « dieux » du polythéisme, il pare ici l'ἄγαλμα de la qualité de cet intellect qui, tant qu'il est exercé aux choses immortelles et divines, fait « participer l'homme à l'immortalité » : « celui qui rend sans cesse un culte au divin, gardant le démon qui habite avec lui bien entretenu, celui-là jouit nécessairement d'un bonheur singulier[145]. » On voit cependant une idée nouvelle se dessiner, qui accorde à une telle statue intérieure une sorte d'identité autonome, qui est d'un ordre qui dépasse celui de la nature[146]. Les exhortations ultérieures ont recours au thème fameux de l'assimilation au divin tiré du *Théétète* de Platon[147] et de nouveau au motif de l'homme véritable comme « statue animée », image du Logos, les deux étant solennellement orchestrés dans l'invitation finale, pour aboutir à la promesse proprement chrétienne de l'adoption filiale[148].

L'un des τόποι du discours protreptique est mis en relief dans la conclusion du chapitre VI de l'ouvrage de Jamblique, où l'on reconnaît la visée d'Aristote : « Il est donc démontré à la fois que la philosophie est possible, qu'elle est le plus grand bien et qu'elle est facile à acquérir : pour toutes ces raisons, il vaut donc la peine de s'y attacher avec ardeur[149]. » Il est présent aussi chez Clément : la vérité « n'est pas difficile d'accès, ni impossible à atteindre ; au contraire, elle est toute proche, elle habite en nous, comme le suggère le très sage Moïse : elle se trouve, dit-il, dans ces trois parties de notre être, "dans les mains, la bouche, et le cœur" (Dt 30, 14). C'est là un symbole authentique,

---

(p. 62 ; sur Clément et le *Protreptique*, voir p. 64). Comme nous l'avons vu, l'image de la « plante céleste » de *Timée* 90a est explicitement exploitée dans le *Protreptique* (2, 25, 4 ; 10, 100, 3).

145. PLATON, *Tim.* 90c.

146. Voir aussi *Protr.* 11, 115, 4 avec les expressions « la partie secrète de l'homme », « l'homme caché à l'intérieur ».

147. « La piété, pour assimiler autant qu'il est possible l'homme à Dieu, lui assigne un maître approprié : Dieu, qui seul peut imprimer en l'homme, suivant son mérite, la ressemblance divine » (*Protr.* 9, 86, 2 ; cf. *Theaet.* 176b).

148. *Protr.* 10, 98, 3-4 ; *Protr.* 12, 121, 1 ; 122, 3-4 ; voir M. HARL, *art. cit., p.* 64 ; *Protr.* 12, 123, 1.

149. Traduction de S. VAN DER MEEREN, *Exhortation à la philosophie...*, p. 120.

puisque la vérité ne se réalise qu'en trois étapes : la volonté, l'action et la parole[150] ».

Selon Aristote, la philosophie est le plus grand bien, la forme essentielle de la vie, la félicité véritable[151]. Il serait trop long de citer tous les passages du *Protreptique* de Clément où ces définitions sont appliquées à la θεοσέβεια. Elles sont liées aux arguments développés pour engager les auditeurs à choisir cette vie-là. Parmi les raisons invoquées, l'inconséquence qu'il y aurait à ne pas adhérer à un mode d'existence infiniment supérieur à la condition déterminée par la « coutume » et par les erreurs polythéistes est l'une des plus fréquentes[152]. Les *Exhortations aristotéliciennes* offrent un parallèle : ne serait-il pas honteux, alors qu'il serait permis de vivre comme dans les îles des Bienheureux, où, en l'absence de tout besoin, ne restent que la pensée et la contemplation, de s'en rendre incapable[153] ?

Remédier à cette inconséquence, c'est se décider pour la philosophie, selon Aristote, pour la « piété » (qui est aussi philosophie), selon Clément. Ainsi le discours protreptique appartient-il au genre délibératif[154]. Les moyens de la persuasion s'orientent vers le gain à escompter. Les *Exhortations aristotéliciennes*, après avoir montré que les autres arts ont besoin de la philosophie, affirment : « à l'évidence, bien que cette science soit spéculative, nous accomplissons pourtant d'innombrables actions en la prenant pour guide, choisissant telles choses et évitant telles autres, et, en somme, acquérant grâce à elle tous les biens[155] ». Les arguments de l'utilité et du bénéfice à escompter sont omniprésents dans le *Protreptique* de Clément, sous l'aspect nouveau, chrétien, du salut promis aux gens pieux, véritablement religieux. Parmi de nombreux passages, retenons celui-ci : « Parce qu'il

150. *Protr.* 10, 109, 2-3 (sous l'influence de Philon : voir SC 2 bis, p. 177).
151. Voir les démonstrations chez Jamblique, *Protr.* VII, XI, XII.
152. Par exemple *Protr.* 1, 3, 2 ; 6, 3 ; 7, 1-2 ; 9, 1 ; 2, 22, 7 ; 27, 1 ; 3, 44, 4 ; 45, 5 ; 4, 56, 6 ; 63, 4 ; 6, 67, 2 ; 7, 74, 7 ; 8, 80, 2-5 ; 9, 83, 1-3 ; 9, 86, 1-2 ; 88, 2 ; 10, 90, 3 ; 92, 3 (cité ci-dessus) ; 95, 4 ; 100, 2 ; 108, 1-3 ; 11, 115, 3 ; 12, 118, 4 ; 121, 3.
153. Jamblique, *Protr.* IX (trad. de S. Van der Meeren, *Exhortation à la philosophie…*, p. 161).
154. S. Van der Meeren, *Exhortation à la philosophie…*, p. 51.
155. Jamblique, *Protr.* X.

aime les hommes, le Seigneur les invite tous à "la connaissance intérieure de la vérité" (1 Tm 2, 4), lui qui envoie le Paraclet (cf. Jn 15, 26). En quoi consiste cette connaissance ? – À vivre religieusement, c'est la piété. "Et la piété sert à tout" selon Paul, "parce qu'elle a la promesse de la vie présente et de la vie future" (1 Tm 4, 8). Ô hommes, combien l'achèteriez-vous, le salut éternel, dites-le, s'il était mis en vente ? Même si on donne pour lui le Pactole tout entier, ce fabuleux fleuve d'or, on ne payera pas le prix équivalent du salut[156] ! » Et le discours relance constamment l'exhortation à choisir[157]. Ce sont même ses derniers mots : « Pour vous, il vous reste encore une dernière démarche : choisir ce qui vous est utile, le jugement ou la grâce ; je ne crois pas, quant à moi, qu'on puisse même hésiter sur ce qui des deux est préférable : en vérité, il n'est pas permis même de mettre en comparaison la vie et la perdition[158] ! »

L'une des grandes différences entre le *Protreptique* de Clément et les *Exhortations aristotéliciennes* est que l'activité suprême est la θεοσέβεια et que pour l'un celle-ci a pour fin le salut, alors que la vie théorétique, bien suprême, n'a pas de fin hors d'elle-même, selon

156. CLÉMENT, *Protr.* 9, 85, 3-4. Voir *Protr.* 1, 6, 2 ; 10, 90, 1 (la récompense du choix) ; 93, 3 (l'héritage qu'est « le trésor du salut ») ; 96, 3 (récompense : l'immortalité) ; 100, 3 (la piété, « viatique suffisant pour l'éternité ») ; 106, 2 (« il est magnifique, le remède de l'immortalité » ; cf. IGNACE, *Eph.* 20, 2) ; 107, 1 (« la récompense [...] est la vie auprès de Dieu ») ; 11, 115, 5 (« celui qui obéit au Père y gagne en tout »).
157. *Protr.* 1, 6, 3 ; 8, 1 ; 9, 1 ; 6, 68, 1-2 (Platon lui-même, apostrophé, est invité à chercher plus sérieusement) ; 9, 87, 3 ; 10, 93, 2 (« C'est un beau risque que de passer volontairement dans le camp de Dieu », avec réminiscence de PLATON, *Phaed.* 114d) ; 95, 1-4 (réponses de l'Écriture à la question du choix) ; 96, 1 (« je vais vous présenter à profusion des raisons persuasives au sujet du Logos ») ; 99, 4 (appel à opter pour Dieu) ; 107, 2 ; 109, 3 ; 11, 117, 1 (« Il vaut donc mieux et il est préférable de devenir à la fois l'imitateur et le serviteur du meilleur des êtres ») ; 117, 3 (« Pourquoi donc t'exhorté-je ? Parce que j'ai hâte que tu sois sauvé ») ; 12, 122, 2 (« La raison montre qu'il n'y a pas à hésiter sur ce qui vaut le mieux, d'être sensé ou d'être fou »).
158. *Protr.* 12, 123, 2. Cet ultimatum fait écho à l'appel qui est à placer à la fin des *Exhortations aristotéliciennes* (trad. de S. VAN DER MEEREN, *Exhortation à la philosophie...*, p. 234) : « Aussi faut-il philosopher, ou dire adieu à la vie et quitter le monde d'ici-bas puisque tout le reste semble bien n'être qu'un fatras de futilités et de sottises. »

Aristote[159]. Même un passage dont les termes sont assez proches du modèle antique s'oriente vers un autre sens, en raison des présupposés religieux : « Les autres conseils et principes sont misérables et ne s'appliquent qu'à des questions particulières : faut-il se marier, s'occuper de politique, avoir des enfants ? Seule la religion (θεοσέβεια) est une exhortation universelle (καθολικὴ... προτροπὴ), qui s'étend évidemment à l'existence entière, qui, en toute circonstance, en toute situation, la dirige vers son but le plus important, la vie ; or c'est en vue de ce but, de ce seul but, qu'il est nécessaire de vivre, pour vivre toujours[160]. » L'expansion de la métaphore de la conversion au-delà du domaine des écoles philosophiques auquel elle était limitée dans le monde grec et son entrée, singulièrement, en religion, est l'une des mutations les plus radicales produites par l'apologétique chrétienne, qui substitue à la compatibilité des cultes l'exclusivisme et l'obligation de renoncer à toute autre forme de rite et de croyance[161].

Le genre protreptique, par ailleurs, fait appel pour convertir aux opinions communes, aux proverbes et aux paroles des sages. Les exemples ne manquent pas dans les *Exhortations aristotéliciennes*[162]. On en trouve à profusion chez Clément. L'un d'eux au moins était déjà utilisé par Aristote, la comparaison de la vie inférieure avec les tortures infligées par les Tyrrhéniens à leurs prisonniers[163]. Ce procédé persuasif est aussi de règle dans les exhortations à exercer tel ou tel art. Ainsi est-il illustré chez un contemporain de Clément, Galien,

---

159. Voir JAMBLIQUE, *Protr.* IX, XI et S. VAN DER MEEREN, *Exhortation à la philosophie...*, p. 161 ; 179 ; 192-193.

160. *Protr.* 11, 113, 1. La suite prend un tour à l'évidence divergent, avec une définition de la « philosophie » attribuée aux « anciens », peut-être à Pantène selon Harnack, suivi par Stählin : « La philosophie, selon la parole des anciens, est une délibération prolongée, qui cherche à obtenir l'amour éternel de la sagesse » (SC 2 bis, p. 180, n. 3).

161. M. HERRERO DE JÁUREGUI, « La conversión como metáfora espacial: una propuesta de aproximación cognitiva al cambio cultural de la Antigüedad Tardia », *(I) RCR* 10, 2005, p. 63-84, a étudié ce changement en prenant pour principal exemple le *Protreptique* de Clément.

162. Voir JAMBLIQUE, *Protr.* VIII et S. VAN DER MEEREN, *Exhortation à la philosophie...*, p. 231-234.

163. CLÉMENT, *Protr.*, 1, 7, 4 et JAMBLIQUE, *Protr.* VIII, et S. VAN DER MEEREN, *Exhortation à la philosophie...*, p. 232.

dans son *Exhortation à l'étude de la médecine*. Anecdotes, citations de poètes et de philosophes, références aux mythes abondent dans la partie conservée de ce traité[164]. Un trait caractéristique du genre est le contraste dressé entre ce qui est à rejeter et ce qui est à rechercher. Galien compose une antithèse entre les fidèles de la Fortune, voués au malheur, et le chœur d'Hermès, symbole de la voie droite et du travail, qui assure des récompenses. La deuxième partie fustige l'art trompeur des athlètes, implicitement opposé à l'art de la médecine[165]. Le motif est esquissé par Aristote, quand il compare l'activité théorétique et les spectacles d'Olympie et des Dionysies : « il faut estimer davantage la contemplation de l'univers que tout ce qui nous paraît utile. Car assurément, on ne doit pas faire tant d'efforts pour aller contempler des hommes qui imitent des femmelettes et des esclaves ou qui combattent ou qui courent, et refuser de croire, à l'inverse, que l'on doit contempler la nature des êtres et la vérité, quand bien même cela ne nous rapporterait rien[166] ». C'est la structure tout entière du *Protreptique* de Clément qui est antithétique. Elle illustre un aspect complémentaire de l'exclusivisme chrétien : l'unicité revendiquée pour la religion nouvelle se crée un reflet dans ce qui est constitué comme son contraire, la variété des cultes traditionnels étant elle-même réduite à un ensemble globalisé, la « superstition (δεισιδαιμονία) », aux antipodes de la θεοσέβεια[167]. Au thrène du serpent s'oppose le chant des cigales pour le Dieu très sage (1, 1, 2), aux hymnes et au théâtre le chœur saint des Prophètes (1, 2, 1), aux voix des imposteurs le chant nouveau du Logos céleste (1, 2, 3-3, 2), au dragon tortionnaire le Sauveur (1, 7, 4), à la duperie des mystères et des cultes grecs la piété véritable (2, 11, 1-4, 63, 5), aux erreurs et aux approximations

164. V. Boudon, dans l'introduction de son édition du traité (CUF, 2000), montre en quoi c'est un exemple du genre protreptique (p. 3-8).
165. Galien, *Exhort.* III-V et IX-XIV. U. Neymeyr, « Der Protreptikos des Clemens und des Galen », *StP* 36, 2001, p. 445-448, a comparé cette méthode polémique à celle de Clément, en mettant en évidence le ton plus modéré de Galien. Il est certain que Clément a recours à toutes les armes de la rhétorique du blâme.
166. *Exhortations aristotéliciennes* dans Jamblique, *Protr.* VIII et S. Van der Meeren, *Exhortation à la philosophie*..., p. 162-163.
167. Voir M. Herrero de Jáuregui, « La conversión como metáfora espacial... », p. 74-78.

des philosophes et des poètes la vérité des chrétiens (5, 67, 1-7, 76, 6). La seconde partie, fondée sur « les écrits prophétiques », contraste avec la première, qui critique la religion de la « coutume », et ne cesse d'inviter à donner la victoire à la lumière du Logos dans le combat contre l'enténèbrement du polythéisme. Par là le discours relève de la rhétorique de la controverse, la réfutation, ou l'attaque, précédant la *pars construens*[168].

Le Protreptique et l'éloquence épidictique

Ce qui distingue à la fois formellement et thématiquement l'exhortation de Clément et les ouvrages du même genre d'Aristote et de Galien, c'est que son *Protreptique* a tout l'apparat de la grande éloquence, alors que le philosophe et le sage médecin s'en tiennent à l'argumentation logique[169]. À cet égard, son texte est un cas particulier de la connivence entre le genre délibératif et le genre épidictique[170]. Il est ainsi du côté des discours de Dion de Pruse, dit « Bouche d'or »[171]. Le recours aux figures des mythes, aux symboles trouvés chez les

168. Voir D. Dainese, « Il *Protrettico ai Greci* di Clemente di Alessandria », *Adamantius* 16, 2010, p. 256-285 (p. 265-270).

169. Encore que Galien ne dédaigne pas de composer quasiment un hymne à la gloire de l'homme dans le premier chapitre de son *Exhortation à l'étude de la médecine*.

170. Cette liaison est mise en valeur par L. Pernot, *La Rhétorique de l'éloge dans le monde gréco-romain*, t. 2, Paris 1993, p. 710-724 (La fonction parénétique et idéologique). Voir aussi S. Van der Meeren, *Exhortation à la philosophie...*, p. 51-53. T. Lechner, « Süße Lust der Logos. Die Vorrede zum *Protreptikos* des Clemens von Alexandria und die *prolaliai* der zweiten Sophistik », dans F. R. Prostmeister, H. E. Lona (dir.), *Logos der Vernunft – Logos des Glaubens*, Berlin-New York, 2010, p. 149-205, a montré, en développant l'analyse de M. Rizzi, *Ideologia e retorica negli* exordia *apologetici. Il problema dell'altro*, Milan, 1993, p. 172-188, que l'exorde du *Protreptique* (1, 1, 1-2, 4) de Clément obéit exactement aux règles de la *prolalia*, une forme de préambule créée par la seconde sophistique, à l'intérieur du genre épidictique (voir L. Pernot, *La Rhétorique de l'éloge...*, t. 2, p. 546-568) et illustre parfaitement la pratique rhétorique des orateurs publics de son temps.

171. L. Emmett, « Clement of Alexandria's *Protrepticus* and Dio Chrysostom's *Alexandrian Oratio* », *StP* 36, 2001, p. 409-414, a repéré les ressemblances entre Clément et Dion sur un point particulier, la façon de mettre en scène les trois musiciens Amphion, Arion et Orphée.

philosophes et les poètes, ou dans les Écritures, est au service du blâme et de l'éloge, les deux faces du genre épidictique. Le discours de Clément se prête d'autant plus au style de l'éloge qu'il invite non pas tant à exercer la sagesse qu'à accueillir la révélation venue d'un maître divin, le Logos, pour dissiper les ténèbres du mensonge et de l'ignorance. Dans le prologue, les exploits et la puissance du Logos sont vantés (1, 4-5), pour valoriser et authentifier sa promesse (1, 6, 13) ; sa glorieuse épiphanie est célébrée (1, 6, 5-7, 3), ses hauts faits sont rappelés (1, 8, 1-3). La louange reprend dans la seconde partie ; elle a pour objet « le chant de salut » de la Sibylle et des autres Prophètes (8, 77, 2-80, 5 ; 81, 3-4), et du Seigneur (1, 8, 81, 1) ; l'hymne au Logos divin évoque son triomphe (10, 110, 1-3), sur le ton de l'acclamation (9, 82, 2 ; 11, 111, 3 ; 114, 1-4 ; 117, 1), et magnifie ses « mystères » (12, 120, 1-4). Tantôt l'orateur invite son auditoire à écouter le « chant nouveau[172] », tantôt sa voix se confond avec lui[173] ; il entraîne aussi les destinataires dans l'hymne de louange, mimant ainsi la conversion elle-même[174]. L'éloge se fait même prière. L'alternance dans le dialogue entre le « je », le « tu » et le « vous » est en outre l'un des instruments rhétoriques de la persuasion.

En contraste, le blâme (ψόγος), qui est dans le genre épidictique le contraire de l'éloge, vise les chantres des mystères et des mythes grecs, les artisans de faux-semblants et d'idoles, les poètes et les philosophes, quand ils ne sont pas éclairés par des étincelles de la vérité[175]. L'invective prend dans le discours d'apparat chrétien une place dont l'extension ne peut avoir d'équivalent dans l'éloquence gréco-romaine de l'époque impériale. Elle s'en prend en effet précisément à l'un des sujets principaux de l'éloge, dans les cérémonies publiques et privées,

---

172. *Protr.* 1, 4, 4 ; 5, 2. 4 ; 6, 1-3 ; 7, 2-3 ; 8, 3 ; 10, 110, 1-3.

173. *Protr.* 1, 8, 4 ; 8, 81, 1 ; 12, 120, 2-5. Cette alternance est inhérente à l'inflexion que fait subir Clément au modèle protreptique, comme le souligne F. JOURDAN, *Orphée...*, I, p. 43 : en le christianisant, il permet à son lecteur d'atteindre déjà « l'objet de l'exhortation puisque celui-ci, le *Logos*, se donne lui-même au destinataire, étant tout à la fois l'énonciateur, l'énoncé et le but vers lequel tend tout le discours ».

174. *Protr.* 8, 78, 2 ; 84, 6 ; 9, 88, 2-3 (« une seule symphonie », « un seul chorège et instructeur, le Logos ») ; 11, 113, 4-5 ; 116, 3-4 ; 117, 4 ; 12, 121, 1-2.

175. *Protr.* 7, 74, 7.

à savoir les dieux et les cultes[176]. Clément multiplie les sarcasmes contre eux, pour inspirer la honte à leurs dévots et les attirer vers la religion nouvelle[177]. Les poètes tragiques du concours Lénéen, égarés par l'ivresse, sont à enfermer avec les satyres et le thiase des Ménades (1, 2, 2) ; les chantres anciens sont des imposteurs et des charlatans (3, 1 ; cf. 7, 4) ; la duperie des mystères et des rites divinatoires doit faire rougir (2, 11, 1-24, 4) ; un autre long développement attaque les erreurs sur les dieux, leur inconduite, le ridicule, l'obscénité ou la cruauté des cérémonies et des mythes (2, 25-3, 45, 5) ; les statues des dieux sont vilipendées (4, 46, 1-63, 5) ; les railleries contre la superstition se rencontrent chez les poètes comiques eux-mêmes (7, 75, 1). Les sarcasmes contre « les fabricants d'idoles et les adorateurs de pierres », opposés au Dieu Créateur, scandent encore les appels à se convertir (10, 96, 4 ; 97, 1-99, 2)[178]. Le Logos céleste vient libérer ceux que « le dragon, le tyran néfaste » a enchaînés dans la superstition, ce « trompeur qui entraîne à la mort dès l'origine Ève » (1, 7, 5. 6). Le mythe biblique supplante la légende grecque.

Car le trait commun à l'éloge et au blâme dans le *Protreptique* de Clément est l'insertion dans l'exhortation de récits et de descriptions qui font voir, comme au théâtre, les scènes à proscrire et les modèles à désirer, selon un art propre à l'éloquence de la seconde

176. L. PERNOT, *La rhétorique de l'éloge dans le monde gréco-romain*, t. 1, Paris, 1993, p. 481-490, parle de la « fausse symétrie de l'éloge et du blâme dans la théorie rhétorique » et souligne que même dans le cadre de l'opposition mécanique *enkômion/psogos*, le blâme des dieux est exclu : l'hymne n'a pas de contraire ; il renvoie à PHILODÈME, *Rhet.* I, 215 (col. XXXIV a, l. 1-7) ; PS.-ARISTIDE, *Rhet.* I, 160 ; EMPORIUS, p. 569, 30-31 Halm, et MÉNANDRE LE RHÉTEUR I, *Divis.* 331, 18 (p. 489, n. 51 et p. 483, n. 12).

177. Ainsi transforme-t-il en séduction diabolique le rituel orphico-dionysiaque lié aux jouets de Dionysos enfant : voir M. TORTORELLI, « Clemente Alessandrino e l'inganno dei Titani (Clem. Alex., *protr.* 2,17,2-18,2) », dans G. LUONGO (dir.), Amicorum Munera. *Studi in onore di Antonio V. Nazzaro*, Naples, 2016, p. 41-88.

178. Les sarcasmes de Clément fournissent cependant des renseignements précieux, par exemple sur le sens d'un dit d'Héraclite contre l'inconséquence des mythes phalliques en *Protr.* 2, 35, 5 : voir R. KOCH-PIETTRE, « Remonter d'une catabase burlesque à une *anodos* cosmique ; à partir du jeu de mots d'Héraclite (fr. 15 D.-K.) sur Hadès et *aidoia* », *Les Études classiques* 83, 2015, p. 281-298.

sophistique. Ainsi annonce-t-il qu'il va « faire paraître les dieux en scène, en personne, devant les spectateurs de la vérité » (2, 12, 1) ; il répète plus loin : « Mais je veux vous montrer à nu ces dieux en personne... » (2, 27, 1), pour présenter la vérité « enlevant à la foule des dieux ces masques horribles et effrayants » (2, 27, 5). Inversement, les louanges du Logos évoquent en des tableaux grandioses sa geste salvifique. Aux faux-semblants du théâtre, de l'illusion qui le caractérise, lui et le spectateur, s'oppose l'action dramatique, efficace, du Logos, perçue par exemple, en une transposition chrétienne du thème prestigieux du « théâtre du monde », dans son épiphanie, « quand il prit le masque de l'homme et se revêtit de chair, pour jouer le drame du salut de l'humanité »[179], ou décrite comme course céleste, après la manifestation terrestre, incitant à le suivre[180].

Les deux pôles du déplacement qu'est la conversion sont figurés dans le prologue par des montagnes antithétiques, l'Hélicon des Muses et le Cithéron des Ménades, points de départ, et « la sainte montagne de Dieu », Sion, lieu d'arrivée[181]. Les derniers appels à la conversion rivalisent avec la poésie des *Bacchantes* d'Euripide en imaginant les métamorphoses de Penthée et de Tirésias, non plus condamnés au sort tragique représentant le démembrement rituel sur le Cithéron pour l'un, la cécité pour l'autre, mais invités à contempler les mystères du Logos, et à monter non plus seulement à Jérusalem, mais jusqu'au

179. *Protr.* 10, 110, 2, et la suite, qui décrit l'œuvre de salut du Logos « sur toute la surface de la terre ». L. LUGARESI, « Canto del Logos, dramma soteriologico e conoscenza di fede in Clemente Alessandrino », dans R. RADICE, A. VALVO (dir.), *Del Logos dei Greci e dei Romani al Logos di Dio*, Milan, 2011, p. 243-276 (251-255), a révélé cette symétrie antithétique de la mascarade théâtrale et du « drame » du Logos et, de façon plus approfondie, dans son livre *Il teatro di Dio. Il problema degli spettacoli nel cristianesimo antico (II-IV secolo)*, *Supplementi Adamantius* – I, Brescia, 2008, p. 489-509.

180. *Protr.* 12, 121, 1-2 : allégorisation de l'entrée du Christ à Jérusalem, comme ascension glorieuse du Fils auprès du Père, qui conduit vers Dieu et la vie les êtres humains, répartis en deux groupes figurés par l'ânesse et l'ânon de Mt 21, 5.7, c'est-à-dire le peuple ancien et le nouveau.

181. *Protr.* 1, 2-3. Voir M. HERRERO DE JÁUREGUI, « La conversión como metáfora espacial... », p. 70-71.

ciel, avec le Christ[182]. Quant au chœur et au thiase de la tragédie, ils sont remplacés par les vierges musiciennes, les anges glorificateurs, les prophètes orateurs, les justes empressés de recevoir le Père, et la révélation du Seigneur « hiérophante » est substituée à l'initiation mortelle de Bacchos[183]. L'allégorisation des personnages du mythe grec sert à faire naître chez les destinataires le désir de l'illumination ultime, par l'incantation d'un art qui use des images, des évocations descriptives, des voix de louange propres au genre épidictique. D'autres échos entre la fin et le début du discours appartiennent au même procédé de persuasion. Ainsi deux scènes homériques contrastées sont-elles de part et d'autre mises en rapport avec le « chant » du Logos. Une allusion au geste d'Hélène usant d'un charme pour apaiser les convives permet d'appliquer le pouvoir de la drogue mélangée au vin du cratère au « chant nouveau, le chant des Lévites, "qui dissipe le chagrin et calme la colère, qui fait oublier tous les maux" »[184]. Inversement, « l'ode » séductrice des Sirènes, qui « a pour œuvre la mort », est opposée au « chant » qui est « l'hymne du roi de toutes choses » et que pourra entonner avec « les justes » le nouvel Ulysse, attaché non pas au mât de son navire, mais au bois de la croix, « délivré de toute la corruption »[185].

Mais la transformation d'un mythe qui mime et effectue rhétoriquement de la façon la plus insinuante la fonction de ce discours, qui est de faire passer de la séduction du chant grec à l'audition émerveillée du chant chrétien, a pour pivot le personnage d'Orphée[186]. Dès l'exorde, Clément fait d'Orphée le repoussoir du Christ-Logos, seule parole régénératrice. Le citharède devient un sophiste, voire un sorcier qui par sa musique et son chant asservit les hommes à une fausse conception du divin. Le réquisitoire retourne contre les adversaires

182. *Protr.* 12, 119, 3 ; 121, 1.

183. *Protr.* 12, 119, 2 ; 120, 1-2.

184. *Protr.* 1, 2, 4, citant *Od.* IV, 221.

185. *Protr.* 12, 118, 2. 4 ; 119, 2 ; les figures d'Ulysse et de Tirésias, converties, sont associées par cette allégorisation qui en fait les vecteurs de l'exhortation à fuir la « coutume » (12, 118, 1) et à se laisser éclairer par la lumière du Christ, qui « brille plus que le soleil » (12, 119, 3).

186. F. JOURDAN, *Orphée...*, I, analyse dans les moindres détails les procédés de cette transformation et commente de façon lumineuse la stratégie ainsi adoptée. Nous ne pouvons ici que donner un résumé de certaines de ses observations.

les critiques formulées contre la Bible et les accusations présentant le Christ comme un charlatan, tout en éliminant Orphée comme concurrent potentiel[187]. Une interprétation généralisante de légendes grecques, qui porte à son comble une tendance à l'unification amorcée dans l'orphisme lui-même[188], fait de lui le fondateur de tous les mystères ; Orphée n'est plus que l'initiateur de rites impudents et sacrilèges et le suppôt du Démon, alors que le Christ est le révélateur du seul vrai Mystère. Cependant, visant la conversion des destinataires, Clément retient d'Orphée des traits qui en font une préfiguration du Christ, une fois qu'il a été dépouillé de ses oripeaux sordides. Des procédés littéraires, qui consistent à reprendre les images et le vocabulaire utilisés par les Grecs pour évoquer Orphée, embellissent le discours et insinuent dans l'esprit des lecteurs, par le biais d'analogies et de métaphores, par la reconnaissance du familier dans l'inconnu donné à découvrir, la connivence persuasive[189]. L'appel ultime à la conversion du bacchant commence par cette intention : « Je te montrerai le Logos et les mystères du Logos, pour parler selon l'image qui t'appartient[190]. » Cette méthode rhétorique a un fondement théologique : selon Clément, le Logos est déjà présent dans la culture grecque. Les ressemblances et les contrastes, les unes suggérées, les autres imposés, aident à en repérer les traces et font partie des moyens requis pour provoquer l'adhésion. L'instrument est ainsi « une écriture de la métamorphose »[191], qui fait rétrospectivement du chant orphique le symbole du Christ-Logos[192],

187. F. JOURDAN, *Orphée...*, I, p. 140, tirant les conclusions de son chapitre (p. 85-139) intitulé « Orphée citharède *versus* le *Logos* incantatoire ».
188. Voir M. HERRERO DE JÁUREGUI, *Orphism and Christianity in Late Antiquity*, Berlin-New York, 2010, p. 21 et 152 et T. HALTON, « Clement's Lyre : A Broken String, a New Song », *Sec. Cent.*, 3, 1983, p. 177-199.
189. F. JOURDAN, *Orphée...*, I, p. 260, se fondant sur les conclusions de N. ZEEGERS-VANDER VORST, *Les citations des poètes grecs chez les Apologistes chrétiens du IIe siècle*, Louvain, 1972, p. 312-314, à propos de l'emploi des analogies chez Clément.
190. *Protr.* 12, 119, 1.
191. Selon l'expression de F. JOURDAN, *Orphée...*, I, p. 263.
192. F. JOURDAN, *Orphée...*, I, p. 264, note qu'il n'y a pas ici allégorie, qui laisserait les deux discours, sur Orphée et sur le Christ, exister séparément, mais symbole, au sens où le premier terme est censé conduire nécessairement au second, puisque sa

symbole en ce que l'appropriation chrétienne d'Orphée le rend indissociable de la Parole nouvelle, en tant qu'elle est sa fin.

L'analogie principale est celle du chant, qui court à travers tout le *Protreptique*. Le Logos est « le chant nouveau », nouveau par rapport à celui d'Orphée, « chant » en ce qu'il est parole psychagogique, « tout pénétré d'un charme persuasif, remède de douceur et de vérité » (1, 2, 4) ; « chant » éducateur, qui apprivoise les hommes en apaisant leurs passions, parachevant ainsi le pouvoir d'Orphée, limité aux pierres et aux bêtes sauvages[193] (1, 4, 1), selon une transposition de la légende qui mêle représentations néopythagoriciennes et thèmes bibliques (1, 4, 2-4)[194] ; chant de métamorphose et de régénération (1, 4, 4 ; 6, 1) ; chant démiurgique de l'ordonnancement du monde (1, 5, 1-2), selon une réécriture de Gn 1, 1-10 par le biais de la métaphore de l'harmonie musicale, empruntée au platonisme pythagorisant et à Philon d'Alexandrie[195] ; « chant » de louange, en ce qu'il substitue à la lyre d'Apollon et à la cithare d'Orphée les instruments animés que sont « l'Esprit saint », le monde harmonisé par le Souffle de la Parole – monde qui est « cet instrument à plusieurs voix » que le Logos « fait vibrer pour Dieu » –, le microcosme humain, parfaitement accordé, qui accompagne la louange du Logos lui-même, dirigeant la célébration cosmique de la gloire divine[196] ; chant révélateur, enfin, de la seule véritable divinité[197].

---

raison d'être en dépend, un sens du mot « symbole » défini par P. Ricœur, *Finitude et culpabilité* II, « La symbolique du mal », Paris, 1960, p. 22-24.

193. *Protr.* 1, 4, 1. Notons par ailleurs que Clément use plusieurs fois de la comparaison avec les animaux, un motif que le genre protreptique grec exploite, pour faire de l'activité intellectuelle ce par quoi l'homme, inférieur à certains égards par la force physique et les sensations, accomplit sa vraie nature (Jamblique, *Protr.* V, trad. de S. Van der Meeren, *Exhortation à la philosophie*..., p. 246-247 ; Galien, *Exhort.* : voir l'édition de V. Boudon, p. 30 ; cf. Clément, *Protr.* 2, 39, 4 ; 10, 100, 3 ; 108, 1 ; 12, 120, 3).

194. Voir l'analyse détaillée de F. Jourdan, *Orphée*..., I, p. 329-340.

195. Les textes de Philon sur ce thème sont réunis et commentés par M. Harl dans son introduction à son édition du *Quis divinarum rerum heres sit* (Les œuvres de Philon d'Alexandrie, 15, Paris, 1966, p. 69-72).

196. *Protr.* 1, 5, 3-4, texte interprété par F. Jourdan, *Orphée*..., I, p. 350-357.

197. *Protr.* 1, 10, 2-3 ; cf. 11, 113, 4, adresse de Clément au chanteur parfait : « Élève un hymne à Dieu ton Père, décris-le moi ; ton récit me sauvera, ton chant m'instruira. »

Un travail similaire de purification et de transposition est appliqué au Locrien Eunomos, étroitement associé par Clément à Orphée. Le chantre païen est censé honorer le serpent, figure du Diable pour le chrétien, mais la cigale dont les stridulations permettent au citharède de rétablir l'accord de son instrument, dont une corde s'est brisée, célèbre librement, en réalité, le « Dieu sage » (1, 1, 2-3). La réécriture du mythe fait du Logos le vainqueur du Serpent, décrit à la fin du *Protreptique* (11, 111, 7), et le chant de la cigale devient l'éloge spontané de Dieu, Eunomos étant ainsi converti en Logos qui chante un *Nomos* nouveau, c'est-à-dire une Loi nouvelle, par le moyen d'un jeu sur le mot νόμος, à la fois « mode » musical et « règle », ou « loi », un jeu qui s'appuie sur l'association grecque de *Logos* et de *Nomos* et sur la personnification biblique de la Loi comme Sagesse de Dieu[198].

Dans ce contexte, Clément a soin de recourir à la médiation de David, le psalmiste sacré, pour étayer scripturairement la préfiguration du « chant nouveau ». Il est ainsi le premier à introduire dans la littérature chrétienne une image orphique de David[199]. Le précédent de David autorise enfin Clément à endosser lui-même le rôle de nouvel Orphée, en liant sa propre parole au *Logos* conçu comme chantre et mystagogue : « Laissez-vous, du moins, guérir de votre sauvagerie par ces incantations et accueillez notre doux Logos... » (10, 106, 1). Dans ce passage les échos des motifs introduits dans l'exorde du *Protreptique* signalent que l'Orphée que Clément prend pour modèle est le Christ. Par la syllepse sur « notre » *Logos* (le Logos lui-même reconnu par tous

---

198. *Protr.* 1, 2, 3-4 ; voir le commentaire de F. JOURDAN, *Orphée*..., I, p. 310-324.

199. *Protr.* 1, 5, 3-4. F. JOURDAN, *Orphée*..., I, p. 367-373, résume le débat sur l'origine juive de l'image, hypothèse accrochée par certains à l'iconographie de Doura-Europos et à la mosaïque, beaucoup plus tardive, de Gaza, représentant le roi David jouant du *psalterion*, et elle ramène les ressemblances avec Orphée à la contrainte de stéréotypes d'atelier ; les arguments en faveur d'une priorité juive, délibérée, sont maintenus par J.-M. ROESSLI, « Imágines de Orfeo en el arte judio y cristiano », dans A. BERNABÉ, F. CASADESÚS (dir.), *Orfeo y la tradición órfica. Un reencuentro*, t. I, Madrid, 2008, p. 179-226 (p. 186). La transformation d'Orphée en David est étudiée comme exemple de l'effort fait pour intégrer à l'univers intellectuel grec « l'école » chrétienne, dans le partage d'un même symbolisme, par L. ARCARI, « Il 'canto nuovo' di Cristo, tra Davide a Orfeo (Clem. *Prot.* 1, 2, 5 ; Eus., *L. C.* 14, 5) », dans G. LUONGO (dir.), *Amicorum munera*..., p. 41-88.

les chrétiens, le discours des chrétiens et celui de Clément au premier chef), et par la paronomase entre ἥμερον (« doux ») et ἡμέτερον (« notre ») il fait passer dans son discours les qualités présentes dans le *Logos*[200]. Il finit par prêter à ses propres paroles, dans les derniers mots du discours, la capacité de « faire les hiérophantes » (12, 123, 2), c'est-à-dire de laisser entendre à travers elles le *Logos* des mystères chrétiens qui les inspire.

Parmi les raisons qui ont pu conduire Clément à choisir Orphée comme pivot de la métamorphose que doit produire le *Protreptique*, la moins importante n'est pas l'existence du poème judéo-hellénistique le *Discours sacré* attribué au chantre thrace, qui prône l'unicité de Dieu, « le seul roi immortel du monde », « né de lui-même », de qui « toutes choses sont nées »[201]. Retenons ici que la mention de cette forme de conversion d'Orphée intervient en un lieu crucial du *Protreptique*, au cœur du développement qui, après les attaques contre l'idolâtrie, les « orgies » païennes et les erreurs des philosophes (2, 11, 1-5, 66, 5), introduit les propos des Grecs par lesquels ils ont parfois « effleuré la vérité », parce que « tous les hommes, en général, ont reçu quelques gouttes émanant de la source divine, en particulier ceux qui passent du temps dans l'étude »[202]. Mettant alors en valeur les poètes, comme il convient à son propre chant, Clément ose déclarer : « l'hiérophante et poète thrace, Orphée, fils d'Oiagros, après avoir révélé les orgies des mystères et dit la théologie des idoles, entonne la palinodie de la vérité et, bien que tardivement, fait entendre la parole vraiment sacrée » (7, 74, 3). Les vers qu'il cite lui permettent de conclure : « C'est ainsi qu'Orphée comprit, avec le temps, qu'il s'était trompé » (7, 74, 5). Dorénavant la parole protreptique peut sans contrainte faire entendre le langage des mystères, désormais purifié de son contenu néfaste, pour initier

---

200. F. Jourdan, *Orphée...*, I, p. 375.

201. *Protr.* 7, 74, 4-5, citant les vers du poème. F. Jourdan, *Poème judéo-hellénistique attribué à Orphée. Production juive et réception chrétienne*, Paris, 2010, a donné une nouvelle édition, avec traduction et commentaire, des diverses rédactions du poème.

202. *Protr.* 6, 68, 2 ; cf. 70, 1 : parmi les « barbares », les Hébreux ont aidé Platon pour celles de ses lois qui sont conformes à la vérité et pour sa doctrine sur Dieu ; certains philosophes ont bénéficié de l'inspiration divine (6, 71, 1 ; 72, 5).

les auditeurs à la révélation du Logos[203]. La péroraison déploie en majesté les promesses de l'exorde. Le premier chapitre, en effet, christianise déjà le schéma éleusinien[204] ; les invitations ultimes à la conversion aux mystères du Logos commencent par cet appel : « Reçois le Christ, reçois la faculté de voir, reçois la lumière », qui développe ensuite les thèmes de l'illumination par le Logos et de la contemplation, « époptie » de « celui qui est réellement Dieu[205]. » Au seuil de l'ouvrage, Clément oppose le culte dionysiaque à la religion chrétienne (1, 1, 2-3) ; la dernière exhortation, adressée à Tirésias et à Penthée, use d'une transposition de la trame des *Bacchantes* d'Euripide pour inviter à prendre part au « chœur des anges autour du Dieu qui "n'a ni naissance ni mort", du seul Dieu véritable, tandis que le Logos de Dieu s'unira à nos hymnes[206] ». Le symbolisme baptismal et l'imagerie de l'Ap 14, 1-5 pour évoquer la communauté unie dans la louange, christianisent définitivement les voies de l'initiation.

La forme même du discours fait du *Protreptique* un chant, par la musique interne des effets sonores et rythmiques, les refrains et les variations sur un thème. Tous ces procédés de la prose d'art dans l'ouvrage ont été repérés et analysés[207]. L'exhortation prend le tour d'un poème en l'honneur du « chant nouveau » du Logos, qui est appelé à en surgir : « Élève un hymne à Dieu notre Père, décris-le

203. F. JOURDAN, *Orphée...*, p. 359, met en relief ce tournant décisif dans la composition du *Protreptique* ; de même M. HERRERO DE JÁUREGUI, *Orphism and Christianity in Late Antiquity*, p. 132.

204. *Protr.* 1, 10, 2-3, avec le commentaire de F. JOURDAN, *Orphée...*, p. 412-416.

205. *Protr.* 11, 113, 2-116, 5 ; cf. 12, 120, 1.

206. *Protr.* 12, 120, 2, avec citation de PLATON, *Tim.* 52A. Voir F. JOURDAN, *Orphée...*, p. 412-441, et F. MASSA, *Tra la vigna e la croce. Dioniso nei discorsi letterari e figurative cristiani (II-IV secolo)*, Stuttgart, 2014.

207. H. STENEKER, *Πείθους δημιουργία. Observations sur la fonction du style dans le* Protreptique *de Clément d'Alexandrie*, Nimègue, 1967. F. JOURDAN, *Orphée...*, p. 376-379, a synthétisé cette étude, en caractérisant à sa suite les divers jeux phoniques, les parallélismes qui créent un effet incantatoire, et le raffinement métrique, particulièrement remarquable dans l'exorde et la conclusion.

moi, ton récit me sauvera, ton chant m'instruira[208]. » On peut mettre en relation cette poétique persuasive avec ce que dit Clément du rôle protreptique du « Pédagogue » : il « a d'abord incité par l'exhortation à la disposition résultant du façonnement du caractère[209] ». Selon Damon, avant les développements pris par sa théorie chez Platon et Aristote et dans la tradition qui en dépend, à laquelle appartient Clément, c'est au « caractère » de l'âme qu'est transmise, à travers certains rythmes et certaines harmonies, selon un principe homéopathique, la vertu morale, l'ἦθος désignant alors une disposition psychologique sensible à la musique et susceptible de se modifier sous son action[210]. Lorsque Sextus Empiricus, contemporain de Clément, conteste cette théorie des « Pythagoriciens », c'est le verbe signifiant « façonner le caractère (ἠθοποιεῖν) » qu'il emploie pour en résumer une partie[211]. L'exorde du *Pédagogue*, rapproché de la fin du *Protreptique*, permet donc de dire que le Logos, « en tant qu'il s'occupe de la vie pratique », met l'âme, par son « chant nouveau », dans une disposition qui la rend apte à recevoir ses commandements et son message. Et la forme même du discours de Clément, relayant la parole divine, façonne le caractère de l'auditeur en affectant par sa musique la qualité de l'âme[212].

208. *Protr.* 11, 113, 4, après la citation de Ps 21, 23 : « J'annoncerai ton nom à mes frères ; en pleine assemblée, je te louerai. »

209. Traduction littérale de l'expression εἰς διάθεσιν ἠθοποιίας προὐτρέψατο en *Paed.* I, 1, 2, 1.

210. Voir F. Woerther, *L'Éthos aristotélicien. Genèse d'une notion rhétorique*, Paris, 2007, p. 55, qui traduit et commente le fragment conservé par Aristide Quintilien, *La Musique* II, 14 et D. Delattre, « Damon d'Athènes », dans R. Goulet (dir.), *Dictionnaire des philosophes antiques,* II, 1994, p. 600-607 (p. 605-606).

211. *Contre les musiciens (Contre les professeurs* VI), 30. Voir aussi A. Barker, *Psicomusicologia nella Gracia antica*, Naples, 2005, et A. Brancacci, *Musica e filosofia da Damone a Filodemo*, Florence, 2008.

212. L. Lugaresi, « Canto del Logos… », p. 248-251, a étudié la théorie de la psychagogie de la musique et du chant chez Clément (notamment dans le *Pédagogue* II, 40-44 et III, 80, 4) et en a indiqué l'application pratique dans le *Protreptique* ; il a aussi mis en lumière (p. 255-260) la tension vers la foi et la connaissance qui est la réponse de l'auditeur. Voir aussi C. H. Cosgrove, « Clement of Alexandria and Early Christian Music », *JECS* 14, 2006, p. 255-282. Par ailleurs, selon E. Calderon Dorda, « Aspectos teóricos y léxicos de la musica griega en Clemente de Alejandria », dans A. Martínez Fernandez *et al.* (dir.), *Ágalma: ofrendo desde la Filología Clásica*

L'orateur use des moyens nécessaires à la production des émotions requises[213].

Si les envolées lyriques abondent dans le *Protreptique*, les formules lapidaires ne manquent pas non plus, comme celle qui résume la polémique contre les cultes grecs : φόνοι καὶ τάφοι (« meurtres et tombeaux »)[214].

*

* *

Le *Pédagogue*

L'exorde de cet ouvrage et la réflexion sur le double rôle du Logos, protreptique puis pédagogique, dans la vie pratique, montrent que le *Pédagogue* est postérieur au *Protreptique*. Il est impossible d'en préciser la date. Les allusions au martyre sont trop générales pour qu'il faille absolument en placer la composition après les premières persécutions sous Septime Sévère à Alexandrie, en 202-203[215]. Les remarques sur le commerce de luxe s'accordent avec ce que l'on sait des importations de ce genre dans la grande cité et confirment la présence de Clément à Alexandrie à l'époque de la rédaction[216]. Quant aux éléments de chronologie interne, ils sont en faveur de l'antériorité du *Pédagogue* par rapport aux *Stromates*. Le prologue du livre VI des *Stromates* y renvoie explicitement. Un passage du livre V éclaire ce qui est dit

---

a Manuel García Teijeiro, Valladolid, 2014, p. 843-851, les observations théoriques de Clément et son riche lexique musical manifestent une ample connaissance de la *technê* musicale.

213. Le travail d'écrivain de Clément illustre à sa façon le déplacement par lequel Aristote a fait passer la notion d'*éthos* de l'éthique à la rhétorique, comme l'a montré de façon novatrice D. Woerther, *L'Éthos aristotélicien...*

214. *Protr.* 2, 19, 2. Formule mise en exergue par W. Burkert à son livre *Homo necans*.

215. En *Paed.* II, 62, 2 ; 73, 3 ; III, 44, 1. Voir M. Pujiula, *Körper...*, p. 21 et 61-62.

216. C'est la conclusion de M. Pujiula, *Körper...*, p. 31-39, au terme d'un examen attentif des passages litigieux sur les vins de luxe (*Paed.* II, 30, 1-2), les toiles fines (II, 115, 2) et les mets recherchés (II, 3, 2), que L. Früchtel avait opposés à P. J. Gussen, *Het leven in Alexandrië, volgens de cultuurhist. Gegevens in de Paedagogus*, Assen, 1954, dans sa recension (*Gnomon* 27, 1955, p. 606-608).

dans le *Pédagogue* de Mc 1, 7 ; Lc 3, 16 ; Jn 1, 27[217]. Les références aux *Stromates* qu'on a voulu y repérer ne peuvent être retenues[218]. Le *Protreptique* et le *Pédagogue* ont été écrits avant les *Stromates*, dont le premier livre est postérieur à 192, date de la mort de Commode, point final de sa chronologie en I, 21, 147, 4.

Les deux ouvrages sont transmis par les mêmes manuscrits, qui ont conservé aussi pour le *Pédagogue* des scholies marginales, rédigées pour la plupart par Aréthas[219]

Titre et plan du traité

Le titre de l'ouvrage évoque la figure du « pédagogue », littéralement « qui conduit l'enfant » (à l'école), en portant son bagage et en le protégeant contre les dangers de la rue, habituellement un esclave, souvent barbare d'origine, à l'époque classique. Son importance, au cours des siècles, s'était accrue et, au temps de Clément, il pouvait jouer auprès de son jeune maître, qu'il ne quittait pas, le rôle de répétiteur et remplir la fonction d'éducateur sur le plan moral[220]. Le choix de cette figure pour représenter l'action formatrice du Logos divin dans la vie pratique ne vient pas du répertoire biblique, ni directement de l'épître aux Galates de Paul (3, 24-25), mais de la tradition littéraire et philosophique grecque, qui distinguait la tâche du pédagogue

217. *Strom.* VI, 1, 1, 3 ; *Paed.* II, 117, 4 et *Strom.* V, 8, 5, 1-3 (M. PUJIULA, *Körper...*, p. 59).

218. M. PUJIULA, *Körper...*, p. 59-60, conclut que les renvois en *Paed.* III, 41, 3 à un « exposé sur le mariage », en *Paed.* II, 94, 1 à son écrit *Sur la continence*, en *Paed.* II, 52, 2 à des considérations plus approfondies sur les mots désignant les parties honteuses, ne se réfèrent pas aux livres III et IV des *Stromates*, mais soit à d'autres développements du *Pédagogue*, soit à des écrits perdus (contre C. HEUSSI, « Die Stromateis des Clemens Alexandrinus und ihr Verhältnis zum Protreptikos und Paedagogos », *ZWTh* 45, 1902, p. 465-512, suivi par O. Stählin dans l'introduction à sa traduction allemande des *Stromates*, p. 33-34). Voir aussi A. MÉHAT, *Étude sur les « Stromates » de Clément d'Alexandrie*, Paris, 1966, p. 51-53.

219. Éditées par O. STÄHLIN, *Clemens Alexandrinus*, I, p. 319-339.

220. H.-I. MARROU, dans son introduction au *Pédagogue* (SC 70, p. 7-21), a montré la pertinence du titre dans le contexte culturel et social de l'époque et le développement du thème tout au long de l'ouvrage.

de celle du maître, du « didascale », dans l'instruction visant, elle, la vie théorétique. C'est par une transposition ingénieuse que Clément applique l'image au Christ, le Logos qui guérit les passions et qui donne des règles pour l'action[221]. Il insère cette thérapie individuelle dans le « programme » ou l'« économie » générale du Logos, selon « la marche ascendante du salut »[222].

La division en trois livres remonte à Clément lui-même, qui la mentionne dans le prologue du livre VI des *Stromates*. Deux grands ensembles apparaissent cependant à première lecture, qui correspondent à deux manières distinctes de traiter le thème principal : le livre I développe un discours théologique sur la « pédagogie » du Logos et une réflexion sur les dispositions spirituelles et la conduite qui résultent de la relation à la fois accordée, d'une part, et recherchée, de l'autre, entre l'élève et le précepteur divin. Il s'achève par une distinction entre le respect des règles de la vie commune – qu'on pourrait dire profane –, « bien connues de la multitude », et les « devoirs », selon une terminologie expressément stoïcienne transposée dans une conception chrétienne, qui se concrétisent en « un ensemble d'actions conformes au Logos, la mise en pratique sans défaillance des enseignements du Logos ». L'adhésion à ces « maximes divines » est orientée vers « la vie éternelle » et elle doit être confortée par le déchiffrement des Écritures[223]. Or, l'ouvrage prend un nouveau départ au livre II. Les chapitres successifs donnent des conseils pratiques sur la façon de vivre, sur le manger, le boire, le sommeil, la vie sexuelle, l'ameublement, le vêtement, la toilette et tout ce qui relève du comportement en société. La différence est claire entre le contenu des livres II et III et les méditations du livre I.

Un examen attentif de la transition entre les deux parties repère cependant la cohérence que Clément a voulu donner à son ouvrage.

221. *Paed.* I, 1, 1, 2. 4 ; 3, 1 ; 2, 6, 1 (voir les notes de H.-I. MARROU).
222. *Paed.* I, 1, 3, 3. M. RIZZI, « The Literary Problem... », p. 156, rappelle que le terme οἰκονομία est emprunté à Irénée et renvoie à la théologie de l'histoire fondée sur la succession entre Ancien et Nouveau Testament et sur les leçons à tirer des exemples des anciens (*Paed.* I, 1, 2, 1).
223. *Paed.* I, 13, 102, 3-103, 2. « Profane » pourrait être un équivalent de ἐθνικόν en 103, 2 (voir les notes 3 et 5 de H.-I. MARROU, SC 70, p. 294-295).

Le prologue du livre II commence par la mention du « but » visé, assurément le dévoilement de la pédagogie divine, comme l'indique l'insistance sur la nécessité de recourir aux textes des Écritures, en accord avec les derniers mots du livre I. La même harmonie apparaît dans l'intention de choisir ces textes « en vue de ce qui est utile à la vie » : c'est le passage de la vie profane à « ce que doit être dans toute sa vie celui qu'on appelle un chrétien », selon le programme rappelé à la fin du livre I[224]. Elle est aussitôt explicitement revendiquée dans l'exorde du livre II : « C'est donc avec le souci des justes proportions de notre traité que nous avons à parler du comportement de chacun d'entre nous à l'égard de son propre corps, ou plutôt de la façon dont il doit le diriger[225]. » Les « justes proportions », la συμμετρία de l'ouvrage, sont à prendre en deux sens. Il s'agit d'abord de l'équilibre littéraire entre les parties et de la structure d'un écrit composé d'une suite d'unités thématiques, selon la signification qu'on peut donner à κεφαλαιωδῶς ὑπογραπτέον dans la première phrase. Clément vise aussi la cohérence de son traité, celle qu'il redéfinit dans les phrases suivantes en revenant sur la liaison nécessaire entre « la conduite du corps », la « connaissance exacte de ce qui se passe dans l'homme selon les lois de la nature », et la purification tant de l'âme que du corps, liaison qui gouverne tous les conseils donnés dans les livres II et III[226]. Ces considérations font écho à l'un des propos conclusifs du livre I : « Le comportement du chrétien, c'est l'activité d'une âme accordée au Logos, activité accomplie avec un jugement intelligent et le désir de la vérité, par le moyen du corps, qui est l'allié naturel et le compagnon de combat de l'âme[227]. » Cette conjonction est affirmée encore par la formule qui sert de transition entre le rappel initial du « but » de l'ouvrage et le souci des « justes proportions » : « Or, nous devons

224. Voir *Paed.* I, 13, 102, 4 et II, 1, 1, 1.
225. *Paed.* II, 1, 1, 2.
226. La mise en évidence de cette liaison dans le *Pédagogue* et de ses conséquences, à la fois le souci du corps et la crainte du corps, est l'un des principaux apports des analyses de M. Pujiula, *Körper...*, p. 116-344.
227. *Paed.* I, 13, 102, 3 (trad. de M. Harl), à comparer à *Paed.* II, 1, 1, 2-3.

commencer par nous et par la façon dont il nous faut être ajusté[228]. » En s'efforçant de rendre harmonieux le corps de son texte, l'auteur pourra produire l'accord entre le métier d'écrivain, l'une des activités de la vie humaine, et son devoir spirituel d'interprète de la pédagogie divine unifiante. Son art reflètera ainsi la relation à maintenir entre le comportement réglé dans le monde d'ici-bas et le modèle de « la vie heureuse de là-haut[229] », incessamment visé.

La continuité entre les livres II et III est assurée par la présence de part et d'autre du thème de la vraie beauté. La volonté de conférer unité et cohérence thématique à l'ensemble est manifeste dans la longue récapitulation qui clôt le livre III, sur le genre de vie le meilleur, celui qui est conforme à la pédagogie du Logos divin. Cette reprise des thèmes principaux de l'ouvrage a peut-être même été faite en deux étapes, les chapitres 11 et 12, comme si Clément avait voulu renforcer par un nouveau développement sur le même sujet, dans le chapitre 12, en insistant davantage sur l'enseignement des Écritures, « les justes proportions » de son traité[230]. Une prière de demande adressée au Logos parachève à la fin de l'ouvrage les méditations du livre I ; elle se transforme en louange[231], pour introduire l'hymne ultime qui célèbre le Christ sauveur.

Clément utilise le terme σύνταγμα pour désigner le *Pédagogue*, alors qu'il qualifie d'ὑπόμνημα (au pluriel) les *Stromates*. Ce choix peut être éclairé par l'usage des écoles philosophiques attesté plus tard : les néoplatoniciens distinguent le σύνταγμα, le traité parfaitement achevé, qui a pleine autorité, de l'ὑπόμνημα, qui a l'allure de documents personnels, préparatoires[232]. C'est à cet ouvrage ainsi nommé

---

228. *Paed.* II, 1, 1, 1. Le sens n'est pas : « … et dire comment nous devons précisément ordonner notre vie » (SC 108, p. 11). L'auteur parle de sa tâche, et non de la morale générale.
229. *Paed.* I, 13, 103, 2.
230. Comme le note H.-I. MARROU (SC 158, p. 162, n. 1), la souscription que présentent les manuscrits à la fin du chapitre 11 (« De Clément, sur la vraie beauté, livre 3 ») semble marquer la conclusion d'une première rédaction du livre III.
231. *Paed.* III, 12, 101, 1 (« Sois miséricordieux pour tes petits enfants, Pédagogue… ») et 101, 2 (« Que la nuit, que le jour, jusqu'au jour final, nous chantions nos louanges… »).
232. Voir P. HOFFMANN, « La problématique du titre des œuvres d'Aristote selon les commentateurs grecs. Quelques exemples », dans J.-C. FREDOUILLE,

qu'il assigne la tâche de décrire κεφαλαιωδῶς « quel doit être dans toute sa vie celui qu'on appelle chrétien ». On peut traduire l'adverbe ainsi : « par unités thématiques ». Dans le prologue du livre II, qui évoque la structure de l'ouvrage, son harmonie, il a aussi un sens littéraire, référé aux exposés sur les points principaux, avec la valeur de « sommaires » que prend alors le mot κεφάλαια, d'où dérive une troisième signification, « le chapitre », « la section »[233]. L'adverbe κεφαλαιωδῶς recouvre ici aisément le premier et le troisième sens. Il en va de même dans le prologue du livre VII des *Stromates*, où il s'agit de « décrire le christianisme par unités thématiques[234] ».

Puisque le *Pédagogue* est un *syntagma*, un traité rigoureusement composé, ses sections doivent se distinguer les unes des autres et s'enchaîner logiquement[235]. Sa structure est claire en effet. Le livre I est composé de quatre ensembles : le premier, après l'exorde sur les trois fonctions adaptées aux éléments constitutifs de l'être humain que le Logos assume, démontre que la direction du Pédagogue est nécessaire, qu'elle procède de l'amour, de la « philanthropie » divine, et qu'elle vise tant les femmes que les hommes (chapitres 2 à 4). Le second définit, à travers le commentaire de nombreux témoignages scripturaires, et en polémiquant contre les gnostiques, la qualité de ceux

---

M.-O. Goulet-Cazé, Ph. Hoffmann, P. Petitmengin (dir.), *Titres et articulations du texte dans les œuvres antiques*, Paris, 1997, p. 75-103. Clément qualifie aussi le *Pédagogue* de *syntagma* en III, 8, 45, 2, avec le souci de ne pas l'allonger indûment par de nouvelles réflexions sur l'utilité des exemples pour un bon enseignement.

233. Ces trois sens du mot et leurs implications réciproques sont analysés, avec de nombreux exemples, par M.-O. Goulet-Cazé, « L'arrière-plan scolaire de la *Vie de Plotin* », dans L. Brisson, M.-O. Goulet-Cazé, R. Goulet, D. O'Brien, *Porphyre : La* Vie de Plotin, I, Paris, 1982, p. 229-327 (p. 317-320). Voir aussi P. Géhin, « Les collections de *kephalaia* monastiques. Naissance d'un genre entre création originale, plagiat et florilège », dans A. Rigo, en collaboration avec P. Ermilov et M. Trizio (dir.), *The Minor Genres of Byzantine Theological Literature*, Turnhout, 2013, p. 1-50 (p. 8-12).

234. *Strom.* VII, 1, 1, 3 avec le même verbe ; une traduction plus littérale serait « selon les points principaux », qui présente l'inconvénient d'effacer la référence à une forme littéraire ; en VII, 10, 58, 1 l'adverbe signifie plutôt « sous forme récapitulative ».

235. Dans les *Églogues Prophétiques* (27, 2), c'est seulement parce que le « genre du traité composé » n'est pas de même nature que le « genre de l'enseignement du maître » que les « presbytres », selon Clément, étaient réfractaires à l'écrit.

qui sont les « enfants » ainsi conduits par le Logos (chapitres 5 et 6)[236]. La suite (chapitres 7 à 10) détaille les divers aspects de la pédagogie divine, de la dissuasion à la persuasion, des menaces et des châtiments aux encouragements, non sans traiter, contre les mêmes adversaires, de la question : comment concilier la bonté et la sévérité de Dieu. Le quatrième ensemble est une exhortation à suivre le Logos pédagogue (chapitres 11 à 13)[237]. Le livre I comporte des passages lyriques, dans la veine du *Protreptique*, par exemple les éléments d'un hymne à la joie (1, 1. 3 ; 6, 5. 6), d'un hymne à l'amour (7, 1 ; 8, 2 ; 9, 3)[238].

Les recommandations pratiques des livres II et III se répartissent entre trois moments, repas, nuit, jour[239], c'est-à-dire manger (II, 1) et boire (II, 2), régime alimentaire et mobilier de la maison (II, 3), attitude au banquet et comportement en société – à l'égard de la musique et des chants (II, 4), contrôle du rire (II, 5), des railleries et propos grossiers (II, 6-7), rejet des parfums et des couronnes (II, 8) –, puis sommeil et relations sexuelles (II, 9-10). Le troisième moment est introduit par une tripartition des avis du Logos qui, au niveau de la vie pratique, se substitue à celle qui a été définie en I, 1, 1, 1-2, 1. Cette pause marque la fin des recommandations concernant la procréation, indiquées par le titre donné dans les manuscrits au chapitre 10, et le début d'une autre série, qui commence au lever, le matin[240]. Il réunit successivement les conseils sur l'habillement (II, 10bis) et sur les chaussures (II, 11), puis sur les ornements et les bijoux (II, 12), et, après une méditation concernant la beauté véritable, organisée autour d'une tripartition

236. Dans le prologue du *Strom.* VI (1, 1, 3) Clément écrit : « Le *Pédagogue*, que nous avons divisé en trois livres, a naguère présenté la conduite et la croissance depuis l'enfance, c'est-à-dire un comportement nourri par la foi à partir d'une catéchèse et préparant déjà ceux qui sont inscrits au nombre des hommes accomplis à avoir une âme exceptionnelle pour recevoir une science gnostique. »

237. M. Harl a précisé le plan de ce livre I (SC 70, p. 98-100).

238. Voir A. M. Grosso, « Clemente Alessandrino : il cristiano come l'uomo che sa sorridere », *Quaderni del dipartimento di filologia, linguistica e tradizione classica « Augusto Rostagni »*, 17, 2001, p. 219-242 (p. 220-235).

239. II, 1, 1, 4-8, 76, 5 ; II, 9, 77, 1-10, 101, 1 ; II, 10, 102, 2-III, 10, 52, 2 (M. Pujiula, *Körper...*, p. 41).

240. C'est pourquoi H.-I. Marrou, dans son introduction (SC 70, p. 44), insère un chapitre 10bis en *Paed. 2,* 102, 2.

nouvelle, celle de l'âme (III, 1), sur les fards et les soins du corps (III, 2-3), sur la domesticité et les mondanités (III, 4), sur les bains (III, 5 et 9) et les exercices physiques (III, 10). Des intrusions décorent cette succession : des exposés sur la vraie richesse du chrétien (III, 6), sur sa frugalité (III, 7), et un développement sur la nécessité pédagogique des exemples (III, 8). Un plan général clair, certes, mais d'une extrême complexité dans la mise en œuvre : non pas maladresse, mais effet d'un art concerté, chatoiement d'une composition subtile dont les fruits sont infiniment multiples dans l'Antiquité, depuis Platon jusqu'aux écrivains de la Seconde Sophistique[241]. À cette recherche de la *variatio* appartient aussi l'association de l'exigence de précision des termes et du goût pour les synonymes et les équivalences[242].

La clarté du plan et les remarques de Clément qui signalent ses digressions apparentes, les retours au sujet principal, les répétitions, permettent d'identifier les divers exposés. Peut-on pour autant trouver dans l'adverbe κεφαλαιωδῶς une allusion au second sens de κεφάλαιον, « sommaire », sous la forme d'une courte phrase prenant le tour d'un intertitre ? Le *Pédagogue* est le seul ouvrage de Clément dont les manuscrits répartissent la matière en « chapitres » dont le contenu est désigné par des titres. La rédaction toute différente d'un écrit comme les *Stromates* eût résisté à un tel découpage, de même que le *Protreptique*, en raison de son éloquence lyrique, ou le discours *Quel riche sera sauvé ?*, à cause de son caractère exégétique. En d'autres termes, Clément aurait-il pu concevoir lui-même des intertitres pour le *Pédagogue*, en tant que *syntagma*, et s'y référer par l'adverbe en question ? Certes, des historiens comme Diodore de Sicile et Denys d'Halicarnasse offrent en tête du livre un sommaire de son contenu,

---

241. Comme le souligne H.-I. MARROU (SC 70, p. 45-46).

242. E. TENGBLAD, *Syntaktisch-stilistische Beiträge zur Kritik und Exegese des Clemens von Alexandrien*, Lund, 1932 a analysé ce phénomène de style. Voir les remarques de M. HARL dans SC 70, p. 102-103. Sur l'atticisme de Clément, voir J. SCHAM, *Der Optativgebrauch bei Klemens von Alexandrien in seiner sprach-und stilgeschichtlichen Bedeutung*, Paderborn, 1913, et H. MOSSBACHER, *Präpositionen und Präpositionsädverbien unter besonderer Berücksichtigung der Infinitivkonstruktionen bei Klemens von Alexandrien*, Erlangen, 1931.

sous la forme de courtes phrases, innovant ainsi par rapport à Polybe[243]. Mais cette pratique paraît limitée au genre historique. Du côté latin, un palimpseste du IVe siècle donne des fragments de *capitula* initiaux d'Aulu-Gelle, mais ce document est exceptionnel[244]. En définitive, un exemple tel que l'absence de division en deux exposés munis de titres correspondant à deux contenus fort différents dans le chapitre 10 du livre III du *Pédagogue* et le sens que Clément donne ailleurs à l'adverbe κεφαλαιωδῶς rendent peu plausible l'attribution des intertitres à l'auteur ; ils sont plutôt dus à l'intervention d'un savant copiste postérieur[245].

Les destinataires

Tant le niveau d'instruction que suppose la compréhension d'un ouvrage farci de références à la littérature hellénique et aux philosophes que le rang social qu'impliquent les remontrances contre le luxe indiquent que le *Pédagogue* s'adresse à des Alexandrins aisés. Ce fait a été maintes fois souligné[246], comme a été exploitée la documentation sur le commerce, l'artisanat, la vie quotidienne à la maison, dans les rues, aux thermes, sur les structures sociales, sur les relations

243. Voir J. IRIGOIN, « Titres, sous-titres et sommaires dans les œuvres des historiens grecs du Ier siècle avant J.-C. au Ve siècle après J.-C. », dans J.-C. FREDOUILLE *et al.*, *Titres et articulations du texte dans les œuvres antiques*, p. 127-134 (p. 130). Les historiens chrétiens des IVe et Ve siècles, Eusèbe de Césarée et Théodoret, « coulent leur œuvre dans le moule élaboré par leurs devanciers » (J. IRIGOIN, « Titres... », p. 131).
244. P. PETITMENGIN, « *Capitula* païens et chrétiens », dans J.-C. FREDOUILLE *et al.*, *Titres...*, p. 491-507 (p. 497-498) signale le caractère exceptionnel de ce document.
245. Même dans les intertitres présents dans les manuscrits pour les chapitres 11 et 12 du *Pédagogue*, l'adjectif κεφαλαιώδης, qualifiant ἐπιδρομή, « résumé », ne peut signifier « sommaire », qui serait redondant ; le sens est encore « qui concerne l'essentiel d'un thème ».
246. On rappellera les pages d'H.-I. MARROU sur le traité comme document pour l'histoire de la culture (SC 70, p. 66-86) et pour l'histoire des mœurs (p. 86-91), qui font aussi la part, comme ses notes tout au long du texte, de l'amplification et de la généralisation rhétorique dans la satire. M. PUJIULA, *Körper...*, p. 94-102, a réuni tous les signes indiquant le statut social élevé des destinataires et répondu aux objections qu'on pourrait tirer de certains passages, comme *Paed. 2,* 11, 117, 2 donnant l'exemple du soldat.

conjugales[247]. Dans les livres II et III Clément se fait le porte-parole d'un projet complexe de *politeia* chrétienne qui investit tous les aspects de la vie privée et publique, selon une révision de la *politeia* traditionnelle. Il importe ici surtout de retenir les marques de la distinction qui doivent signaler la qualité imposée comme exemplaire, en accord avec le raffinement dont fait preuve l'auteur. Le *Pédagogue* à cet égard est à situer parmi les nombreux écrits de l'époque traitant de physiognomonie, de morale et d'hygiène, dont la multiplication signifie que la transmission de l'*habitus* des élites ne se fait plus automatiquement, tandis que la centralisation impériale crée des offices révocables, dépendant de la faveur du prince, phénomène qui nourrit l'intérêt pour les comportements susceptibles de manifester une certaine supériorité[248]. Le *Pédagogue* peut ainsi être qualifié, en partie du moins, de manuel de l'étiquette pour les chrétiens aisés d'Alexandrie[249]. Clément, tout en se situant, avec ses lecteurs, du côté des « enfants » à éduquer, réussit cependant à établir, sous la figure du père, une relation d'autorité avec eux[250]. Il se fait par là admettre par des adultes comme guide du savoir-vivre en société sans froisser leur susceptibilité. Et il rééduque plus qu'il n'éduque. Il prend ses destinataires dans le cadre des activités et des coutumes quotidiennes qui s'offrent à des gens des classes sociales favorisées, pour réorienter leur comportement vers le modèle de l'« honnête homme » (εὐσχήμων), opposé à la grossièreté des riches du commun, vers l'idéal classique du καλοκἀγαθός, qui se traduit

247. H.-I. Marrou a utilisé dans ses notes le travail de P. J. G. Gussen, *Het leven in Alexandrië...* Voir aussi A. Jakab, *Ecclesia alexandrina. Évolution sociale et institutionnelle du christianisme alexandrin (IIe et IIIe siècle)*, Berne, 2001, et M. Pujiula, *Körper...*

248. A. Monaci-Castagno, « L'arte sottile della distinzione : Il *Pedagogo* di Clemente Alessandrino », *Adamantius* 9, 2003, p. 29-37, tirant les conclusions (p. 29) de l'ouvrage de M. W. Gleason, *Making Men. Sophists and Self-Presentation in Ancient Rome*, Princeton, 1995.

249. M. W. Gleason, *Making Men...*, p. 68, n. 67, cité par A. Monaci-Castagno, « L'arte sottile della distinzione... ».

250. D. K. Buell, *Making Christians : Clement of Alexandria and the Rhetoric of Legitimacy*, Princeton, 1999, a mis en évidence le rôle des métaphores de la parenté pour donner force à la fonction d'éducateur et de formateur dans le *Pédagogue* et pour « naturaliser » en quelque sorte le discours persuasif.

par le contrôle de soi dans les manières de table, les manifestations de joie, l'économie de la voix, dans la retenue au banquet, dans le souci constant de la mesure, de la simplicité, de la dignité, dans le soin d'éviter ce qui altère les traits naturels de l'apparence physique. Clément veut rendre les chrétiens auxquels il s'adresse capables de rivaliser avec l'élite citadine de tradition plus ancienne et non chrétienne, à laquelle il a pu lui-même s'intégrer[251].

Cet idéal est refiguré par la transposition de toutes les qualités de la distinction sociale ainsi revendiquée dans la perfection chrétienne de la vraie beauté (III, 1)[252] et de la richesse authentique (III, 6), le bien vivre étant constamment subordonné au régime de la vie éternelle, caractérisé et promis par les Écritures. Car c'est effectivement à des chrétiens que parle Clément. Lorsque, pour compléter le témoignage des Écritures par l'autorité de la sagesse grecque, il cite des extraits des *Oracles sibyllins* comme des vers appartenant à « votre poésie », il ne caractérise pas ses lecteurs comme des païens, mais il les renvoie à leur culture passée, dans ce qu'elle a de bon[253]. S'agit-il de catéchumènes ou de nouveaux baptisés, qui ont été « régénérés » et « illuminés »[254] ? Il y a autant de passages dans le *Pédagogue* allant dans l'un ou l'autre sens. On ne peut y voir ni la rédaction d'un enseignement oral professé par Clément au long d'une préparation au baptême, qui, précise-t-il, durait trois ans[255], ni un commentaire des usages liturgiques de la communauté et du contenu de la foi destiné à des chrétiens confirmés. L'abondance des conseils relatifs à la vie pratique et à la conversion

---

251. Voir la démonstration d'A. MONACI-CASTAGNO, « L'arte sottile della distinzione... », p. 33-37.
252. L'innovation apportée par Clément (et par Tertullien) dans le regard sur le corps, dont la visibilité est attirée dans la sphère éthique, est mise en lumière par V. NERI, « Valori estetici e valori etici dell'apparenza del corpo nel Pedagogo di Clemente Alessandrino. Alle origini dell'etica cristiana dell'εἶδος », *Adamantius* 9, 2003, p. 38-59.
253. M. PUJIULA, *Körper...*, p. 85 ; 87 ; 89. Clément ne doute pas de l'authenticité des livres IV et V des *Oracles sibyllins* d'où sont extraits ces vers, alors que ce sont des produits du judaïsme hellénisé.
254. *Paed.* I, 6, 25, 1 (allusions à 1 P 1, 3. 23 et Ep 1, 18, Hb 6, 4 ; 10, 32) ; I, 6, 26, 1-2.
255. *Strom.* II, 18, 96, 2.

morale correspond à l'objet de la catéchèse, tel qu'il se manifeste dans d'autres documents de cette époque. Mais de nombreux développements, par exemple la réfutation des gnostiques et des encratites, ou l'approfondissement doctrinal de normes chrétiennes, dépassent le cadre du catéchuménat. C'est la mise en œuvre littéraire qui explique cette dualité : l'ouvrage a pour origine l'instruction prébaptismale, mais sa composition extrêmement soignée vise un lectorat plus large[256].

La satire

On voit souvent dans les livres II et III, qui traitent des usages de la vie courante et ridiculisent les travers et tous les excès, l'influence du genre de la « diatribe »[257]. C'est en fait un terme commode et abusif pour évoquer un enseignement de philosophie populaire de l'époque hellénistique et romaine, et son emploi est en outre contestable pour désigner un genre littéraire. Le concept n'est qu'une construction de la philologie moderne, notamment allemande, de la fin du dix-neuvième siècle. Le mot grec, en dehors de ses acceptions communes se référant à l'« occupation du temps », a valeur descriptive, pour évoquer de façon vague l'école ou l'activité pédagogique d'un maître dans ses rapports avec ses disciples ou son auditoire. Tout au plus, dans le domaine littéraire, s'applique-t-il aux écrits produits dans le cadre de

256. M. PUJIULA, *Körper...*, p. 84-94, a analysé les textes invoqués par les tenants de l'une et l'autre thèse, pour conclure qu'aucune des deux ne s'impose absolument et qu'il faut tenir compte du travail littéraire de Clément et de sa finalité. F. AMSELGRUBER, *« Ulme stützt Weinstock ». Literarisierung kirchlicher Verkündigung auf der Basis paganer Formen bei Clemens von Alexandrien*, Orbis antiquus 47, Aschendorff Verlag, Münster, 2015, tout en accumulant les signes manifestant que le « Sitz im leben » originel du *Pédagogue* est le catéchuménat (p. 163-218), explique l'extension de la « pédagogie » par la mise en œuvre littéraire, qui vient transformer les genres de discours propres à la préparation catéchétique par leur intégration aux formes « païennes » de la littérature parénétique (p. 218-248).

257. H.-I. MARROU en a exposé les traits principaux dans son Introduction (SC 70, p. 83-91), tout en rappelant le « caractère très souple » du genre diatribique (p. 83), en tant qu'auteur plus que tout autre expert en la matière (voir son article « Diatribe, II. Christliche », *RAC* 3, 1957, c. 997-1009, où, précise-t-il, il a cherché « à endiguer l'inflation menaçante de la diatribe, qui finissait par devenir une "manie" »).

cette activité pédagogique, sans se rapporter à la forme précise ou à la méthode retenue[258]. L'idée d'une philosophie populaire s'exprimant dans une diatribe « cynico-stoïcienne » est elle-même discutable. C'est plutôt à la tradition socratique qu'il convient de se référer. L'emploi du terme peut se défendre aujourd'hui à condition de le réserver aux ouvrages qui avaient leur origine dans l'école philosophique ou bien qui imitaient le style du discours scolaire, avec des formes et des degrés différents de composition littéraire[259]. Le trait commun serait la persistance de la relation entre le maître et son public, réelle ou fictive, sans que l'école ait nécessairement un cadre institutionnel. « Les deux catégories principales de l'aspect dialogique étaient l'appel à l'interlocuteur et les objections de l'interlocuteur. Épictète, Musonius, Dion, Plutarque, Maxime et probablement Télès et Sénèque s'envisageaient eux-mêmes comme des tenants de la méthode d'enquête et de discussion de Socrate qui visait à la transformation ou à la conversion de l'individu[260]. » Cette redéfinition du concept moderne a l'avantage de s'appuyer sur le sens ancien du terme « diatribe » et de s'ouvrir à la diversité des expressions littéraires possibles. Elle peut convenir au *Pédagogue* de Clément dans la mesure où cet ouvrage, mieux que tout autre, suppose chez l'auteur l'intention de transformer les destinataires au moyen des remontrances et des conseils d'un éducateur. Elle s'en éloigne du fait que la figure rhétorique de l'interlocuteur fictif, formulant des objections à réfuter, est absente[261].

C'est surtout sur le plan thématique que le *Pédagogue* a des ressemblances très fortes avec les ouvrages de l'époque qui sont réunis couramment sous les espèces artificielles de la « diatribe » et qui ont pour objet la critique et le redressement des mœurs. On a pu dresser

---

258. P. P. FUENTES GONZÁLEZ, *Les Diatribes de Télès. Introduction, texte revu, traduction et commentaire des fragments*, Paris, 1998, p. 44-78, étudie de façon exhaustive la formation de ce concept moderne, à partir des restes de l'œuvre de Télès et de ses devanciers, Bion principalement, jusqu'aux efforts, différents, de STOWERS en 1981 et de SCHMELLER en 1987 pour contrôler la *diatribomania* (selon le mot de Th. SINKO en 1916 dans *Eos* 21, p. 21) et délimiter la pertinence et l'utilité du terme.
259. P. P. FUENTES GONZÁLEZ, *Les Diatribes de Télès...*, p. 51.
260. S. K. STOWERS, *The Diatribe and Paul's Letter to the Romans*, Chico, 1981, p. 77, cité et traduit par P. P. FUENTES GONZÁLEZ, *Les Diatribes de Télès...*, p. 51.
261. Absence remarquée par M. PUJIULA, *Körper...*, p. 42.

un catalogue des thèmes de cette prédication morale et en retrouver un bon nombre dans le traité de Clément[262]. La satire du luxe est particulièrement importante[263]. Des rencontres littérales avec Musonius Rufus, le maître d'Épictète et de Dion de Pruse, montrent que Clément connaissait ses doctrines, telles du moins qu'elles étaient transmises indirectement, par un disciple, un certain Lucius[264]. Un thème commun remarquable est l'idée que la philosophie, comme accomplissement concret du mode de vie vertueux, concerne autant les femmes que les hommes.

La satire colore littérairement une grande partie du *Pédagogue*. On ne peut mieux dire que son savant et spirituel annotateur, Henri-Irénée Marrou : « Le *Pédagogue* [...] utilise volontiers les mots truculents et imagés des comiques pour rehausser de couleurs vives les tableaux satiriques dont s'étoffent ses analyses morales ; il leur a emprunté ces énumérations, gonflées de vocables de toute espèce, choisis ou forgés pour leur cocasserie et dont l'accumulation produit un effet irrésistible. [...] Il y en a tant qu'on finit par ne plus savoir si tel passage d'un ton comique incontestable est emprunté à quelque comédie, perdue pour nous, ou si, à force de les mettre en œuvre, Clément n'a pas lui-même saisi la manière des Comiques et rédigé là quelque tirade satirique d'un tour original ; voici un mot forgé, ἀνθρωπογναφεῖον, "machine-à-laver-les-hommes" (pour désigner les thermes): est-ce la

262. H.-I. Marrou (Introduction, SC 70, p. 85-86) a composé une liste de rapprochements, à partir des 94 *topoi* de A. Oltramare, *Les Origines de la diatribe romaine*, Genève, 1926.

263. R. Bernhardt, *Luxuskritik und Aufwandsbeschränkungen in der griechischen Welt*, Stuttgart, 2003, p. 199-226, se fonde largement sur le *Pédagogue* (voir M. Pujiula, *Körper...*, p. 44).

264. Les fragments des *Diatribes*, tirées par Lucius de son enseignement oral, se trouvent chez Stobée. Sur la personnalité, l'enseignement et l'influence de Musonius, voir l'article de M.-O. Goulet-Cazé, *Musonius Rufus*, dans R. Goulet (dir.), *Dictionnaire des philosophes antiques,* IV, Paris, 2005, p. 555-572 (bibliographie sur les parallèles repérés avec Clément, p. 572). M. Pujiula, *Körper...*, p. 44-49, critique les hypothèses de P. Wendland (de 1886 et 1895) cherchant à reconstituer à partir du *Pédagogue* un ouvrage perdu de Musonius, tout en reconnaissant l'abondance des ressemblances, celles par exemple que récapitule H.-I. Marrou (SC 70, p. 52).

création d'un Comique ou un "à la manière de" dont Clément serait l'auteur (III, 46, 4)[265] ? »

Les railleries ont recours à des procédés d'écriture multiples : accumulation de termes tantôt familiers, tantôt rares, recherche de synonymes, métaphores, comparaisons, antithèses, jeux sur les mots, étymologies artificielles, formules imagées ou adages qui résument les attaques, invectives. Il faudrait citer une grande partie des livres II et III pour en donner des exemples, qu'il s'agisse de ridiculiser les raffinements culinaires et la gourmandise (II, 1, 2, 2-3, 2 ; 7, 4-5 ; 11, 2-12, 1 ; 9, 81, 1), de fustiger l'ivrognerie (II, 2, 25, 4-26,3), le luxe de la vaisselle et du mobilier (II, 3, 35 1-3 ; 9, 77, 1), les trémoussements des danses sur des rythmes débilitants (II, 4, 40, 2 ; 41, 2-3 ; 44, 5), les excès du rire et de la bouffonnerie (II, 5, 46, 3), les propos obscènes (II, 6, 49-52)[266], l'abus des parfums (II, 8, 64, 4-5 ; 69, 4-5), l'assoupissement (II, 9, 81, 5), la lubricité (II, 10, 86, 1-2 ; 97, 3), le maquillage (II, 10bis, 104, 1), les tissus précieux, les teintures et l'ostentation (II, 10bis, 107, 3-109, 2 ; 113, 2 ; 114, 4-115, 5), le dévergondage imprimé dans certaines chaussures (II, 11, 116, 1), la futilité des bijoux (II, 12, 118, 1-4 ; 122, 1-125, 1), la coquetterie des femmes parées (III, 2, 4, 1-9, 1 ; 11, 1-2) et des hommes dépravés (III, 3,15, 1-16, 3 ; 17, 3-18, 1 ; 23, 3-5), l'abondance du personnel de maison (III, 4, 26, 1-3), le recours aux litières, propices aux manœuvres séductrices (III, 4, 27, 2-30, 4), ou de dénoncer la recherche de la promiscuité dans les bains (III, 31, 1-33, 1). Ces descriptions sarcastiques sont entrecoupées de réprimandes et de conseils, avant d'être complétées dans la seconde partie du livre III par des exposés qui développent ces avis, tout en faisant digression[267], sur la vraie richesse, sur la frugalité, sur les exemples utiles offerts tant par les écrits et les usages des Grecs que par les Écritures (III, 6, 34, 1-36, 3 ; 7, 37, 1-40, 3 ; 8, 41,

265. SC 70, p. 82-83.

266. Sur ce sujet, voir J. F. HULTIN, *The Ethics of Obscene Speech in Early Chritianity and Its Environment*, Leyde-Boston, 2008. Clément distingue nettement « l'usage indécent des mots », associé à la débauche, et la désignation des organes, licite (II, 6, 52, 2 et 10, 85, 3-4 ; 87, 1-2 ; 93, 1-2 ; 94, 4). Cette absence de réserve rappelle l'attitude cynique (M. PUJIULA, *Körper...*, p. 279).

267. Soulignée par CLÉMENT en *Paed.* III, 9, 46, 1

1-45, 2)[268], exposés qui préparent les deux longs chapitres sur le meilleur genre de vie (11 et 12).

Dans les développements satiriques, la verve corrosive n'a rien à envier à celle d'un Lucien, ni par sa force, ni par son réalisme, ni par l'abondance des références littéraires sous-jacentes, de même que, du côté latin, à la vigueur d'un Juvénal.

Clément sait aussi produire l'émotion persuasive, par des exclamations indignées qui viennent conclure des exagérations généralisantes. Ainsi commence-t-il en ces termes un tableau repoussant de la dépravation des mœurs : « Aujourd'hui, le dérèglement de la vie atteint un tel point que l'iniquité foisonne et que la débauche sous toutes ses formes submerge les villes et y est devenue la loi... », avant de construire une série de lamentations mêlées d'ironie : « Ô spectacle pitoyable ! Ô mœurs innommables !... Hélas ! quelle grave anarchie !... Voilà ce que permet la sagesse des lois »[269]. L'invective contre l'inconduite peut prendre l'ampleur d'une allégorie morale : le manteau de Pâris dans des vers d'Euripide introduit une vision de la guerre de Troie figurant le désastre infligé à toute la terre par les méfaits de la parure, et même étendu jusqu'au ciel, par le rappel du mythe biblique de la chute des anges, « qui avaient dédaigné la beauté de Dieu pour une beauté éphémère[270] ».

La double référence

Les critiques, les admonestations et les encouragements obéissent constamment à un principe de composition consistant à juxtaposer, voire à entremêler, les références à deux ensembles littéraires, ceux de la culture grecque et des Écritures, en trouvant dans le premier préparation ou confirmation du second. Lorsque la différence est marquée, c'est plus souvent pour retenir un progrès révélé par le discours de la Bible que

---

268. Satires et enseignements de Clément dans ces domaines sont commentés, comparés aux réflexions des philosophes et aux modes de vie de son temps, sous les deux aspects de la valorisation de la santé du corps et de la crainte du corps, par M. PUJIULA, *Körper...*, p. 153-236 et 237-334.

269. *Paed.* III, 3, 21, 2-22, 1 (trad. de C. MONDÉSERT et Ch. MATRAY, SC 158).

270. *Paed.* III, 2, 13, 1-14, 2, citant EURIPIDE, *Iph. A.* 71-77, puis HOMÈRE, *Il.* XX, 59-60.

pour signifier un contraste. Il est impossible de donner de ce « système » une idée complète. Il produit le corps du texte du *Pédagogue*[271], de même que l'entrelacs des morales d'origine platonicienne, aristotélicienne, stoïcienne, ou cynique parfois, et de la « pédagogie » tirée des Écritures fait éclore la doctrine prônée par Clément, et que les préceptes de diététique et d'hygiène médicale soutiennent, comme chez les philosophes de son temps, les incitations à l'équilibre et à la simplicité trouvées dans l'Ancien et le Nouveau Testament[272]. Retenons seulement deux illustrations contraires de la mise en œuvre de ce principe qui en manifestent les limites. La première ravale au rang de tour métaphorique, développé en allégorie, un passage des Écritures, ainsi placé au même niveau rhétorique qu'une formule empruntée à un poète. La différence entre les deux registres tend à s'effacer. Un exemple, parmi d'autres, en est fourni par le recours aux Proverbes (23, 21) dans la diatribe contre l'ivresse : « C'est, dit le texte, de haillons que s'habillera celui qui s'enivre, et son ivresse le couvrira de confusion à cause de ceux qui l'épient. Or, les fenêtres du pécheur, ce sont les déchirures de son enveloppe charnelle, dégâts causés par une vie voluptueuse : c'est par là qu'on peut voir, à l'intérieur, l'état honteux de son âme, le péché, qui ne rendra pas facile le sauvetage d'une étoffe, tiraillée en tous sens et pourrie par beaucoup de désirs ; cette déchirure empêche de le sauver[273]. » Dans le même contexte, c'est ensuite un emprunt à des poètes qui introduit une image nouvelle, celle du naufrage, utilisée elle aussi, par un commentaire cette fois riche en termes poétiques, pour faire redouter la perte dont l'ivresse est la cause[274].

---

271. H.-I. Marrou parle à juste titre de « système » et donne un certain nombre d'exemples (SC 70, p. 49).

272. Voir l'introduction de H.-I. Marrou, SC 70, p. 46-61, et les comparaisons minutieuses menées par M. Pujiula, *Körper...*, entre, par exemple, les vues de Clément sur la santé du corps et celles de Plutarque, notamment dans les *De tuenda sanitate praecepta* (p. 130-132 ; 174-178 ; 184-185 ; 188-190), ou les rencontres qu'il repère avec Galien en matière d'hygiène.

273. *Paed.* II, 2, 27, 2-3.

274. *Paed.* II, 2, 28, 2-3. Le lien entre les deux images est assuré par des paroles du Pédagogue divin, en Pr 23, 33-34 : « ta bouche parlera de travers, et tu seras comme un homme couché en pleine mer, ou comme un pilote dans une grande tempête » (*Paed.* II, 2, 28, 1).

La seconde illustration, au contraire, confère au texte scripturaire ou au rite chrétien pleine autonomie. Ainsi oppose-t-il les « agapes » profanes à l'« agape » chrétienne, pour célébrer celle-ci en équivoquant sur le mot ἀγάπη, dans les sens d'« amour » et de « repas liturgique »[275]. Ou bien il délivre un enseignement d'une grande densité théologique, anthropologique et biblique sur le rituel eucharistique tel qu'il est pratiqué dans la communauté d'Alexandrie[276]. Cet exemple appartient aux développements du *Pédagogue* qui outrepassent le discours du Logos « pédagogue » en faisant des incursions dans l'enseignement du « Didascale », celui dont Clément dit dans le prologue qu'« il n'est pas pour maintenant », car il vient après la conversion de la vie pratique : « De même que pour les malades du corps on a besoin du médecin, pour ceux dont l'âme est faible il faut un pédagogue, pour qu'il guérisse nos passions : nous irons ensuite au maître ("didascale") qui nous guidera, en préparant notre âme à devenir pure pour accueillir la connaissance, et en la rendant capable de recevoir la révélation du Logos[277]. » Une seule fois dans le *Pédagogue*, après une interprétation du couronnement d'épines de Jésus greffée sur la critique de l'usage des couronnes dans les banquets, Clément reconnaît que ses indications sur le « sens mystique » de l'événement sont étrangères au programme du traité : « Mais j'ai passé les limites de la manière du Pédagogue, et je suis entré sur le terrain du Didascale[278]. » Ce genre d'incursion, parfois réduite à un bref aperçu, encore énigmatique, se produit pourtant ailleurs. Nous venons de le voir, à propos des éléments eucharistiques. L'exégèse du jeu d'Isaac avec Rébecca, un « mystère » contemplé par le roi, fait passer aussi au niveau supérieur quand elle introduit le rôle du Christ[279]. Le long chapitre 6 du livre I sur l'illumination du baptême

---

275. *Paed.* II, 1, 4, 3-5, 4 ; 7, 1 ; 16, 4 ; 7, 53, 3.

276. *Paed.* II, 2, 19, 3-20, 1. Voir P. DRUILLE, « Los elementos de la Eucaristía en el *Pedagogo* de Clemente de Alejandría », *RHE* 109, 2014, p. 535-563.

277. *Paed.* I, 1, 2,1. 3 ; cf. I, 3, 8, 3 ; 10, 92, 3 ; III, 12, 87, 1 ; 97, 3.

278. *Paed.* II, 8, 76, 1. L'expression « sens mystique », qui renvoie à la terminologie de l'initiation mystérique, se trouve en II, 8, 75, 1.

279. *Paed.* I, 5, 22, 2-23, 2, sur Gn 26, 8 (*Paed.* I, 5, 21, 3 : « le mystère du jeu »). Voir A. DINAN, « The Mystery of Play: Clement of Alexandria's Appropriation of Philo in *Paedagogus* (1.5.21.3-22.1) », *The Studia Philonica Annual* 19, 2007, p. 59-80.

et la réfutation paradoxale des « amateurs de disputes »[280] soutenant que les noms d'« enfants » et de « tout-petits » désignent symboliquement l'enseignement des connaissances élémentaires, ne cesse de jeter des regards rapides vers ce qui est objet de contemplation. Il en va de même pour les commentaires singuliers sur l'onction à Béthanie[281] et pour le symbolisme scripturaire de la perle et des pierres précieuses[282]. Clément fait participer ces escapades hors des chemins balisés par les instructions sur la vie pratique à l'art de sa composition. Il le dit expressément après avoir brièvement inséré dans un exposé sur la frugalité une exégèse allégorique du poisson pris par Pierre sur l'ordre du Seigneur et du statère qu'il y trouvera : « Le statère comporte bien encore quelques autres explications, qui ne nous sont pas inconnues, mais ce n'est pas le moment opportun d'un commentaire exhaustif. Il suffit de ce rappel, puisque nous profitons pour traiter notre sujet des fleurs qui ne font pas dans notre discours une tache discordante, et c'est ainsi que nous avons déjà souvent procédé, détournant vers une question pressante la source qui est si précieuse pour arroser les plantes du Logos[283]. » Le « rappel » succinct de l'interprétation spirituelle reste en accord avec le projet initial du Pédagogue tant qu'il n'égare pas l'attention loin des règles exigées par la vie pratique, mais la « source » spirituelle doit embellir les recommandations morales en les faisant fleurir à un niveau plus élevé, celui de la connaissance contemplative. Sur le plan littéraire, ces brèves échappées sont conçues comme des ornements. Après avoir, dans le dernier chapitre du livre III, rassemblé des prescriptions des Écritures définissant les caractères de la vie des chrétiens, Clément peut évoquer la pleine floraison des esquisses colorant çà et là la prairie de son texte, gouvernée désormais par le Logos en tant que Didascale et source de l'interprétation des « paroles saintes » : « Beaucoup de ces prescriptions sont formulées en termes

280. *Paed.* I, 6, 25, 1, ceux dont Clément dit : « Je m'étonne parfois d'entendre certaines personnes se donner audacieusement les noms de "parfaits" et de "gnostiques"... » (I, 6, 52, 2).

281. *Paed.* II, 8, 61, 2-63, 5.

282. *Paed.* II, 12, 118, 5, faisant allusion à Mt 13, 45-46, et II, 12, 119, 1-2, à partir de Ap 21, 18-21.

283. *Paed.* II, 1, 14, 2 (Mt 17, 27).

voilés, beaucoup aussi en paraboles, mais ceux qui les lisent peuvent en tirer profit. Cependant, il ne m'appartient pas, dit le Pédagogue, d'enseigner aussi cela, mais nous avons besoin du Didascale pour l'explication de ces paroles saintes, et c'est vers lui que nous devons diriger nos pas. C'est bien le moment, d'une part pour moi, d'arrêter là ma pédagogie et, d'autre part pour vous, d'écouter le Didascale. Celui-ci vous accueille avec l'acquis d'une bonne formation, et il va vous enseigner et vous expliquer les oracles. L'école, c'est l'Église qui est ici, et le fiancé, c'est l'unique Didascale, volonté bonne d'un Père bon, sagesse authentique, sainteté, objet de la gnose[284]. » L'ouverture vers la connaissance la plus haute prend un tour lyrique, en proclamant les titres du Logos, et introduit les prières et les louanges sur lesquelles s'achèvent le *Pédagogue*.

L'hymne au Christ

L'hymne final reprend une dernière fois le thème central du *Pédagogue* : le Logos divin comme éducateur des petits enfants que sont les chrétiens. On a parfois douté de son authenticité, parce qu'il est absent dans le codex d'Aréthas. Mais il est présent dans les copies les plus importantes du *Paris. gr.* 451, un manuscrit de Modène du xe ou du xie siècle (*Mut. graec.* III D 7, n° 126) et un manuscrit de Florence du xiie siècle (*Laur. graec.* V 24). En outre il apparaît que deux feuillets au moins manquent dans le quaternion du *Paris. graec.* 451 qui donne la fin du *Pédagogue*[285]. Clément introduit l'hymne par les derniers mots de son traité. C'est une composition originale, qui associe dans l'expression de la louange les termes empruntés à la langue poétique

284. *Paed.* III, 12, 97, 3-98, 1. La mention des « énigmes » (« en termes voilés ») et des « paraboles » vient de Ps 48, 5 et 77, 2 ainsi que de Pr 1, 6.

285. Voir O. STÄHLIN, *Clemens Alexandrinus,* I, p. XVII-XVIII. Les deux manuscrits donnent aussi un second hymne, en l'honneur du « Pédagogue » (Stählin, I, p. 339-340 : texte ; p. XXV et XXVIII : introduction), dont l'auteur est peut-être ARÉTHAS (O. STÄHLIN, *Clemens von Alexandreia, Mahnrede an die Heiden. Der Erzieher*, BKV 2/7, Munich, 1934, p. 26).

du grec classique et les mots et les images bibliques[286]. L'hymne peut être analysé comme un ensemble équilibré de sept « systèmes », ou couplets inégaux, de vers anapestiques, alternant litanies et prières, avant une exhortation au chant et un élargissement. Les temps marqués permettent de repérer au moins deux équilibres strophiques différents[287].

Dès la fin du XVIe siècle, l'hymne a été édité avec les poèmes de Grégoire de Nazianze, puis dans des anthologies[288]. Il est entré dans le courant principal de l'hymnodie chrétienne au milieu du XIXe siècle avec le Mouvement d'Oxford et la traduction poétique en 1849 de Henry Martyn Dexter, connue sous le titre « Shepherd of Tender Youth ». Il figure dans des douzaines d'hymnaires anglophones, accompagné de mélodies composées par divers musiciens, d'origine tchèque, allemande, italienne, anglaise, états-unienne, et remontant jusqu'au XVIIe siècle[289]. Cette production se développe encore aujourd'hui. L'Antiquité ne lui avait pas fait de place dans la liturgie, mais son imagerie, en particulier la figure du Bon Pasteur, est bien présente dans les fresques et les mosaïques de l'art chrétien des IIIe et IVe siècles[290].

*

* *

286. La coexistence de ces deux registres et la correspondance entre la thématique de l'hymne et les œuvres de Clément sont étudiées par H.-I. MARROU, *Clément. Le Pédagogue* III (SC 158), p. 192-203, et par A. VAN DEN HOEK, « "Hymn of the Holy Clement to Christ the Saviour". Clement of Alexandria, *Pedagogue* III 101, 4 », dans M. HAVRDA, V. HUŠEK, J. PLÁTOVÁ, *The Seventh Book of the* Stromateis, Leyde-Boston, 2012, p. 315-322.

287. L'établissement du texte et l'analyse métrique détaillée sont donnés par J. IRIGOIN et H.-I. MARROU, « Note additionnelle », SC 158, p. 204-207.

288. Voir O. STÄHLIN, *Clemens Alexandrinus*, I, p. LXXVI.

289. L'histoire de ces recueils est retracée, avec reproduction des mélodies, par J. SCHATKIN HETTRICK, « *Musical Settings of Clement's "Hymn to Christ the Saviour"* », dans M. HAVRDA, V. HUŠEK, J. PLÁTOVÁ, *The Seventh Book of the* Stromateis, p. 323-339.

290. Voir A. VAN DEN HOEK, « Hymn... », p. 317, et M. DULAEY, « *Des forêts de symboles* ». *L'initiation chrétienne et la Bible (Ier-VIe siècle)*, Paris, 2001, p. 61-83.

Quel riche sera sauvé ?

Eusèbe de Césarée rapporte dans son *Histoire ecclésiastique* (3, 23, 5-19) un récit concernant l'apôtre Jean qu'il a trouvé, dit-il, dans l'ouvrage de Clément intitulé *Quel riche est sauvé ?*[291]. Ce titre, inspiré de Mc 10, 26, figure aussi dans la liste qu'il donne des écrits de Clément (*HE* 6, 13, 3), après le *Protreptique* et le *Pédagogue*[292]. L'histoire édifiante de l'apôtre Jean obtenant par le baptême des larmes la conversion et la pénitence d'un jeune homme qu'il avait baptisé et qui était devenu chef de brigands, a été largement diffusée grâce à la citation faite par Eusèbe[293].

L'*editio princeps* de Michele Ghislieri (Lyon, 1623) transcrit le *Vaticanus graecus* 623, du XVIe siècle (achevé en mars 1551), sous le titre « Homélie 28 ». La division en quarante-deux chapitres est due à Ghislieri. À la fin seulement du XIXe siècle un témoin plus sûr a été identifié, un manuscrit de l'Escorial (*Scorialensis* Ω III 19), qui est le modèle du *Vaticanus* et qui date du XIe ou du XIIe siècle. Il a été utilisé par Percy Mordaunt Barnard[294], puis par Otto Stählin[295]. L'ouvrage se lit à la fin du manuscrit, après les *Homélies sur Jérémie* d'Origène[296]. Le titre « homélie » est en réalité la *subscriptio* de la dernière homélie

291. Le titre français *Quel riche sera sauvé ?* est la traduction du titre latin *Quis dives salvetur ?* (abrégé : *QDS*), courant depuis l'édition de H. OLSHAUSEN (Königsberg, 1831), au lieu du précédent : *Quis dives salutem consequi possit ?*, adaptation de la trad. de Jérôme : *Quisnam dives ille sit qui salvetur ?* Le futur du titre devenu courant en français est une façon de rendre le subjonctif du tour interrogatif du titre latin.

292. L'ouvrage est mentionné aussi par JÉRÔME, *Vir. ill.* 38. Photius connaissait des copies qui en faisaient le huitième livre des *Stromates*, d'autres qui lui donnaient le titre de *Huitième Stromate* (*Bibl.* codex 111, 89b).

293. C. NARDI, dans *Clément d'Alexandrie. « Quel riche sera sauvé ? »*, SC 537, 2011, p. 61-62. La référence explicite à l'ouvrage de Clément est souvent faite dans les sources secondaires.

294. Dans *Texts and Studies* V/2, Cambridge, 1897, p. 1-37.

295. *Clemens Alexandrinus*, III, p. 135-191 (I, p. XLII-XLV : notice sur les manuscrits).

296. Sur l'histoire du texte, voir P. NAUTIN, *Origène. Homélies sur Jérémie*, SC 232, p. 15-99.

d'Origène[297]. Le *Scorialensis* est endommagé : il manque des lettres en *QDS* 1, 2-4 ; 3, 1. 6. Une lacune en *QDS* 42, 8-14 a pu être comblée en grande partie grâce à un fragment arménien *De paenitentia*[298].

Un passage concernant Mt 7, 14 fournit peut-être un élément de datation relative : « L'histoire du chameau qui devance le riche sur un chemin étroit et resserré doit donc avoir une signification plus haute, à découvrir comme un enseignement caché du Sauveur dans l'*Explication des principes et de la théologie*[299]. » Si Clément fait allusion à une œuvre qu'il a effectivement écrite, celle-ci serait probablement contemporaine de la composition des *Stromates*[300]. Il pourrait en aller de même pour le *Quel riche sera sauvé ?*.

Par ailleurs, le fait que le milieu social visé par l'ouvrage est le même que dans le *Pédagogue* incite à penser qu'il a été rédigé alors que Clément était encore à Alexandrie. Le propos est en effet de rassurer quelque peu les riches qui risquent d'être troublés et découragés par la parole : « Un chameau entrera par le trou de l'aiguille plus facilement qu'un riche dans le royaume de Dieu » (Mc 10, 25). C'est la première œuvre de la littérature chrétienne qui traite expressément du rapport de la richesse avec les exigences évangéliques et avec l'eschatologie[301]. Le prologue s'oppose aux « discours louangeurs » qui, en flattant les gens opulents, les enfoncent dans la fange et les accablent du fardeau

---

297. C. Nardi, SC 537, p. 58.

298. A. Recheis, « Das Fragment "De paenitentia" : ein Teil der klementinischen Schrift "Quis dives salvetur" », *Traditio* 9, 1953, p. 419-420. Voir C. Nardi, dans SC 537, p. 63-64 et p. 220.

299. *QDS* 26, 8 (trad. de P. Descourtieux, SC 537, p. 171, et n. 3).

300. Voir P. Nautin, « La fin des *Stromates* et les *Hypotyposes* de Clément d'Alexandrie », *VigChr* 30, 1976, p. 268-302 (p. 292-293). Clément semble annoncer dans le prologue du Livre IV la rédaction d'un tel ouvrage (*Strom.* IV, 1, 2, 1.2 ; 3, 2). Il serait alors postérieur à ce livre. Étant donné cependant que tous les autres renvois de Clément à un exposé *Des Principes* sont des promesses d'en composer un, on pourrait considérer celui du *QDS* lui aussi comme désignant l'un des sujets à traiter dans un tel exposé, en projet.

301. Voir A. van den Hoek, « Widening the Eye of the Needle: Reflections on Wealth and Poverty in the Works of Clement of Alexandria », dans S. R. Holman (dir.), *Wealth and Poverty in Early Christian Church and Society*, Grand Rapids, 2008, p. 67-75.

de l'orgueil. Pour les repousser, il emprunte précisément à l'éloquence d'apparat les tours qui lui confèrent sa solennité, contrastes, variations sur les images, expressions paradoxales, formules proverbiales, dans une seule phrase de grande ampleur qui prend l'allure d'une admonestation. Il exige au contraire de l'orateur le secours à apporter aux riches, avec l'aide de la prière, en une sorte de *captatio benevolentiae* qui est en même temps une promesse de réconfort (*QDS* 1). L'exorde décrit ensuite la difficulté, telle qu'elle affecte des baptisés, et reparle de la charge d'expliquer qui incombe aux « frères » de ces riches (2-3) et au devoir de les exhorter à l'effort, devoir qui s'accomplit concrètement dès ce prologue par la comparaison avec les athlètes dont la victoire est transposée en ascension vers l'au-delà, sur un ton lyrique digne du *Protreptique* (*QDS* 3). L'introduction cite enfin la péricope de l'évangile de Marc (10, 17-31), entre deux recommandations concernant la saine explication de l'épisode du riche et le devoir de rechercher le sens caché des paroles du Seigneur (*QDS* 4-5)[302].

L'exorde ne s'adresse pas directement aux riches, mais donne des conseils sur la façon d'atténuer le désarroi de ces « frères » quand on leur oppose une lecture littérale, que Clément qualifie de « puérile », du texte évangélique[303]. *Quel riche sera sauvé ?* est donc plus qu'un sermon rédigé. Il est destiné à des maîtres qui doivent se faire les directeurs de conscience de chrétiens aisés ; le développement principal est un modèle de discours proposé à de tels guides[304]. Il reste que l'écrit porte les traces d'homélies peut-être effectivement prononcées. Si la péricope est recopiée intégralement, alors qu'une homélie l'aurait commentée par fragments, sa présence est un souvenir probable d'un cadre liturgique. La doxologie finale évoque aussi ce contexte

302. Voir l'introduction de C. Nardi et P. Descourtieux, SC 537, p. 28 (et p. 16-18 : plan de l'ouvrage). Le texte de Mc cité par Clément diffère en de nombreux points du texte courant : voir M. Mees, *Die Zitate aus dem Neuen Testament bei Clemens von Alexandrien*, Bari, 1970, I, p. 59-62 ; II, p. 62-64.

303. *QDS* 4, 3 ; cf. 18, 1 : « Par conséquent, la phrase sur les riches qui entreront difficilement dans le royaume doit être écoutée de manière intelligente et non grossière, simpliste ou matérielle, car ce n'est pas ainsi qu'elle a été prononcée » (trad. de P. Descourtieux, SC 537, p. 145).

304. Voir U. Neymeyr, *Die christlichen Lehrer im zweiten Jahrhundert : ihre Lehrtätigkeit, ihr Selbstverständnis und ihre Geschichte*, Leyde, 1989, p. 79-84.

(*QDS* 42, 20). Les hésitations entre un commentaire général de Mc 10, 17-31 et une application limitée à la condition des riches (*QDS* 26, 1), ainsi que quelques redites, font penser à la réunion de plusieurs discours réélaborés[305].

Le corps de l'écrit a lui-même une structure ordonnée, en deux parties suivies d'une ample conclusion sur le repentir, qui est offert comme espérance nouvelle au riche qui n'aurait pas encore acquis les dispositions requises ni choisi l'altruisme nécessaire pour un bon usage de la richesse. Les deux parties n'expliquent pas la totalité des versets dans le détail de leur formulation, mais développent les thèmes retenus par Clément : l'accueil de la question posée à Jésus et la nature de son enseignement, orientée par la bonté de Dieu, le respect de la Loi et les conditions de l'accès à la Vie, don supérieur (*QDS* 6-9) ; la décision libre en faveur du détachement intérieur, le bon usage de l'argent, la richesse en vertus accordée à la pauvreté dans l'Esprit (*QDS* 10-19) ; la fuite du riche (Mc 10, 22), l'inquiétude des apôtres (Mc 10, 24), la réponse de Jésus (Mc 10, 27), qui est censée inciter « à faire violence à Dieu et à s'emparer de la vie qui vient de lui[306] », la parole de Pierre (Mc 10, 28) et le renoncement véritable, tel qu'il est signifié par les mots très durs de Jésus en Mc 10, 29-30, réorientés de nouveau vers la purification intérieure (*QDS* 20-25). La citation de Mc 10, 31 (« les premiers seront les derniers et les derniers seront les premiers ») permet la reprise des encouragements dispensés dans cette première partie et l'appel à espérer (*QDS* 26, 1-27, 2).

La seconde partie prend un nouveau départ. Elle place en effet l'examen de la question sous le signe des deux plus grands commandements, qui ne font qu'un, l'amour de Dieu et l'amour du prochain, d'après Mt 22, 37-39, et qui sont absents de la péricope de l'homme riche (*QDS* 27, 3 ; 28, 1). L'histoire du bon samaritain (Lc 10, 29-37) est appliquée à la guérison accomplie par le Christ et la pratique du bien, avec sa récompense, est pensée comme la réponse qu'il reçoit lui-même, à travers Mt 25, 34-40 (*QDS* 27, 3-31, 6). « Une telle générosité n'appartient véritablement qu'à Dieu » (31, 9), elle s'exerce sans

305. Voir SC 537, p. 15-16, les remarques de C. NARDI et P. DESCOURTIEUX.

306. *QDS* 21, 3, se référant à Mt 11, 12.

discrimination (31, 7-33, 6). Les pauvres qui en sont les bénéficiaires sont les amis les plus sûrs, en tant qu'intercesseurs auprès du Seigneur (34, 1-35, 2). Elle fait entrer dans « les mystères de l'amour » divin (36, 1-38, 3).

La conclusion renouvelle encore la réponse à la question posée, en lien avec les réflexions sur l'amour. Cette fois, c'est la discipline de la pénitence dans l'Église qui est abordée avec la générosité la plus grande, pour l'époque, afin de rassurer le riche pécheur, à l'imitation de la longanimité de Dieu, en ce que la possibilité de la pénitence salvatrice après le baptême est affirmée, et c'est un récit qui illustre cette doctrine[307]. Il convient ici seulement de remarquer l'art avec lequel l'épisode est inséré discrètement dans l'ouvrage : le brigand au secours duquel se hâte l'apôtre Jean a enfreint, lui, contrairement au riche, les commandements énoncés en Mc 10, 19. L'histoire, « qui n'est pas inventée, mais qui rapporte un fait réel » (*QDS* 42, 1), complète, en quelque sorte, le récit évangélique du bon samaritain commenté au début de la seconde partie (28, 2-29, 4). Prise en elle-même, l'anecdote est à la fois le paradigme de toutes les histoires « utiles à l'âme » qui se multiplieront plus tard pour l'édification des fidèles et le noyau d'un roman, avec les rencontres improbables, les voyages, les retournements de situation, les dialogues enfiévrés, la vivacité des émotions, surprise du gardien négligent, désespoir du criminel, angoisse du saint poursuivant, malgré son grand âge, son protégé devenu chef de brigands et assassin pour le contraindre, en s'offrant en caution pour lui, à accepter de se considérer baptisé une seconde fois, par les larmes du repentir.

L'agencement de l'ouvrage est habile. La fin fait écho au début, sur le thème de la vie éternelle, dont l'expression ponctue le discours sous des formes diverses et de tonalité également vibrante[308]. Des exhortations pressantes et des exclamations de louange ont la force entraînante des plus belles pages du *Protreptique* et du *Pédagogue*[309].

---

307. Voir É. Junod, « Un écho d'une controverse autour de la pénitence : l'histoire de l'apôtre Jean et du chef des brigands chez Clément d'Alexandrie (*Quis dives salvetur ?* 42, 1-15) », *RHPhR* 60, 1980, p. 153-160.
308. *QDS* 3, 6 et 42, 16-18 ; cf. 16, 3 ; 20, 2 ; 31, 9 ; 38, 3.
309. *QDS* 32 ; 40, 5 ; 5, 4 ; 35, 2.

Les contrastes, allant jusqu'au paradoxe[310], servent la persuasion. L'insertion de discours à l'intérieur du discours ravive l'attention[311]. Le procédé de l'accumulation de tours identiques souligne le propos[312]. Une mise en scène de « procès judiciaire » éclaire la décision à prendre[313]. Les images de la navigation et de la voie courent à travers tout l'ouvrage[314], ainsi que des comparaisons multiples, qui viennent tant des Écritures que de la tradition proverbiale ou philosophique[315].

Quel est le niveau de l'enseignement délivré dans *Quel riche sera sauvé ?* Le caractère du discours et le thème traité, lié à la vie pratique, font penser aux instructions du « Pédagogue ». Les destinataires cependant ne sont plus seulement de nouveaux baptisés, mais des chrétiens assez avancés pour être capables d'orienter les recherches sur le message évangélique vers la connaissance de Dieu et la vie théorétique.

---

310. Ainsi le motif de « la seule belle forme de violence » tiré de Mt 11, 12 en *QDS* 21, 3.

311. *QDS* 19, 3-5 ; 23, 2-4 (cette fois des paroles prêtées au Seigneur lui-même).

312. Par exemple *QDS* 3, 6 ; 10, 3 ; 24, 1 ; 29, 2 ; 34, 2 ; 39, 6.

313. *QDS* 23 : les droits de deux « pères », le géniteur naturel et le Sauveur qui a régénéré celui qui était destiné à mourir, sont mis en conflit par Mc 10, 29-30.

314. Respectivement *QDS* 8, 5 ; 26, 2 ; 34, 3 ; 36, 1 ; 41, 1 et 1, 3 ; 2, 2 ; 16, 2 (cf. Jn 14, 6) ; 38, 1.

315. Les « athlètes » (*QDS* 3, 3-6) ; la fortune comme « outil » (14, 1-3) ; les « filets du monde » (17, 1) ; le Seigneur comme « miroir » de l'âme (21, 7) ; les « piqûres » des passions (25, 4) ; le « feu » et la « guerre », à l'intérieur et à l'extérieur (25, 6) ; la course de chars (26, 6) ; le Sauveur comme médecin (29, 3-4 ; cf. 34, 3 ; 40, 4) ; le monde comme « école commune » (33, 6) ; voir les notes de P. DESCOURTIEUX sur tous ces passages dans SC 537. Une analyse très fine de la composition de l'*opusculum* conduit F. AMSELGRUBER (*« Ulme stützt Weinstock »*...) à repérer un plan plus complexe. Trois parties reflètent un substrat ecclésial : 4-27, 1 correspond à la prédication protreptique, sous forme homilétique, 27-36 à la fonction pédagogique visant les catéchumènes, et 37-42 à l'enseignement du « Didascale », de nature « époptique » (p. 112-127). L'élaboration littéraire de ces trois parties construit un rapport dialectique entre des éléments fondamentaux de la prédication et de la liturgie ecclésiales (lecture de l'Évangile, florilèges scripturaires, enseignement des « deux voies », traditions relatives aux Apôtres) et le recours à des structures littéraires grecques, comme l'insertion d'un récit (mythe) conclusif, le produit final apparaissant sous les traits des « discussions » (διαλέξεις) bien représentées chez les philosophes cyniques et stoïciens de l'époque (p. 158-162). Quant à l'introduction (1-4, 1), elle développe la prière précédant la lecture liturgique en prologue de discours épidictique paradoxal (p. 56-66).

L'exégèse de la péricope Mc 10, 17-31 prétend indiquer, au-delà de la lettre, le « sens caché », « le secret de l'intention du Sauveur »[316]. Le contenu ainsi découvert embrasse certains des thèmes les plus importants de la « gnose » selon Clément, « l'immortalité véritable », « l'incorruptibilité », l'évangile comme « don de la vie éternelle »[317]. Parmi les passages où est formulé l'enseignement le plus profond, on peut retenir le développement très dense sur l'apparence corporelle, et le trésor intérieur, ou la représentation de la divinité qui inclut le symbolisme de la féminité en raison de la fécondité de l'amour[318]. On perçoit aussi des affinités avec la gnose valentinienne, que Clément critique tout en rivalisant avec elle[319]. L'un des textes les plus singuliers à cet égard évoque la destinée mystique de « la semence » élue, c'est-à-dire les spirituels, à la fois « image et ressemblance de Dieu » et son « enfant authentique », en des termes qui font écho à des conceptions propres à Théodote, commenté et critiqué ailleurs par le même Clément[320]. Et toute la réflexion qui convertit le regard de la richesse visible à la richesse intérieure se situe au-delà de la fonction protreptique et pédagogique du Logos ; elle relève du Didascale, qui a pour charge « d'exposer et de révéler les vérités doctrinales[321] ». La forme, cependant, de l'éloquence épidictique, et les circonstances de la communication, même si elles sont fictives au moment de la composition finale, font appartenir le *Quel riche sera sauvé ?* aux œuvres de Clément qu'on pourrait appeler exotériques[322].

---

316. *QDS* 5, 1-4 ; cf. 12, 1.
317. *QDS* 6, 1. 2 ; cf. 7, 1. 3 ; voir A. Le Boulluec, « La lettre sur l'"Évangile secret" de Marc et le *Quis dives salvetur ?* de Clément d'Alexandrie », *Apocrypha* 7, 1996, p. 27-41.
318. *QDS* 33, 6-34, 1 et 37, 1-2. Voir C. Nardi, « Il seme eletto e la maternità di Dio nel *Quis dives salvetur* di Clemente Alessandrino », *Prometheus* 11, 1987, p. 271-286.
319. Voir l'Introduction de C. Nardi et P. Descourtieux, SC 537, p. 37-40.
320. *QDS* 36, 1-3 ; cf. *Excerpt. Theod.* 1, 1-2 ; 26, 1 ; 28 ; 35, 2 ; 38, 3 ; 42, 2 ; 53, 5 ; 59, 1.
321. *Paed.* I, 1, 2, 1.
322. M. Rizzi, « The Literary Problem… », p. 159-162, a raison de réunir dans le même ensemble rhétorique le *Protreptique*, le *Pédagogue* et le *Quis dives salvetur ?*, mais l'auditoire visé par ce dernier discours est plus restreint et le propos sort plusieurs fois du domaine de l'éthique.

*

* *

Les *Stromates*

Le nom de Clément est resté attaché à cet ouvrage. Il est souvent appelé à l'époque byzantine « le *Stromateus* »[323]. La tradition directe du texte est cependant très mince. Il ne subsiste que dans deux manuscrits, l'un de la bibliothèque des Médicis, le *Laurentianus* V 3, du XIe siècle, le second, le *Parisinus Suppl. Graec.* 250, du XVIe siècle, étant une copie du premier[324].

L'hypothèse de la trilogie

L'une des questions qui divisent la critique est la relation éventuelle des *Stromates* avec la distinction faite dans le prologue du *Pédagogue* entre les trois rôles du Logos, « protreptique », « pédagogue », « didascale ». Comme les deux premiers sont étroitement liés et que d'autres critères encore permettent de les associer à deux écrits conservés de Clément, on a voulu trouver aussi un ouvrage correspondant au troisième. Le seul candidat possible, compte tenu de l'état de la tradition manuscrite, était l'ensemble des *Stromates*. Ainsi s'est constituée la thèse de la trilogie *Protreptique*, *Pédagogue*, *Stromates*, tirée notamment de ces mots de Clément dans l'exorde du *Pédagogue* (1, 1, 3, 3) : « Or donc, empressé de nous conduire à la perfection pour la marche ascendante du salut, le Logos, qui est en tout l'ami des hommes, met en œuvre un beau programme bien fait pour nous donner une éducation efficace : il nous convertit d'abord ; ensuite il nous éduque comme un

323. Ainsi le qualifient par exemple Maxime le Confesseur, Jean Moschos, Aréthas, les *Sacra parallela* de Jean Damascène (voir les fr. 6, 30, 35, 37, 40, 45, 47, 48, 59, 66 Stählin). Pallade, au début du Ve siècle, le faisait déjà (*Hist. Laus.* 60).

324. Voir O. STÄHLIN, *Clemens Alexandrinus*, I, p. XXXIX-XLII. La division en chapitres remonte à LOWTH, dans l'édition de POTTER (1715), en paragraphes à l'édition de KLOTZ (1831-1834) et en sous-paragraphes à celle de STÄHLIN (1905, 1939^2).

pédagogue ; en dernier lieu, il nous enseigne. » Cette thèse, qui voit dans les *Stromates* le *Didascale* que Clément aurait projeté d'écrire[325], a été contestée pour la première fois par Eugène de Faye dans son livre paru en 1898[326], qui a insisté surtout sur le caractère non systématique des *Stromates* pour récuser une telle vue des choses. Il serait vain de retracer l'histoire du débat[327]. Il suffit de rappeler brièvement les arguments avancés depuis un demi-siècle (et un peu plus)[328].

En faveur de la trilogie, ou du triptyque, on a fait valoir, puisque le souci de Clément était de mettre la vérité à l'abri des écervelés et des « sophistes » en semant çà et là des graines de doctrine et en feignant de passer d'un sujet à l'autre sans les approfondir, qu'il se faisait l'interprète du « Didascale » à l'intention des lecteurs capables de parcourir

325. On se fonde aussi sur *Paed.* I, 3, 8, 2 : « Quant à l'autre genre de paroles, celui qui consiste à enseigner, c'est un genre évidemment dépouillé, spirituel et s'en tenant à une grande précision : il concerne la contemplation. Pour l'instant, nous le laissons de côté » (trad. de M. HARL, SC 70, p. 125), et sur *Paed.* III, 12, 97, 3 : au moment où Clément clôt son ouvrage, en renvoyant aux prescriptions des « livres saints », il précise que le Didascale doit prendre le relais du Pédagogue (« nous avons besoin du Didascale pour l'explication de ces paroles saintes, et c'est vers lui que nous devons diriger nos pas ») (trad. de C. MONDÉSERT et Ch. MATRAY, SC 158, p. 183).

326. E. DE FAYE, *Clément d'Alexandrie : Étude sur les rapports du Christianisme et de la philosophie grecque au IIe siècle*, Paris, 1898, p. 45, 78-111, 126-148.

327. C. MONDÉSERT l'a fait de façon claire dans son introduction au livre I des *Stromates* (SC 30, 1949, p. 11-22) ; voir aussi E. F. OSBORN, *The Philosophy of Clement of Alexandria*, Cambridge, 1957, p. 5-7 ; A. MÉHAT, *Étude sur les « Stromates » de Clément d'Alexandrie*, Paris, 1966, p. 15-41 ; E. F. OSBORN, *Clement of Alexandria*, Cambridge, 2005, p. 7-16. Les protagonistes de la controverse dans la première moitié du XXe siècle ont été P. WENDLAND, dans sa recension de l'ouvrage d'E. de Faye (*ThLZ* 23, 1898, p. 653ss.) ; C. HEUSSI en 1902, dans *ZWTh* 45, p. 465-512 ; P. COLLOMP en 1913, dans *RPh* 37, p. 11-46 ; R. B. TOLLINTON, en 1914 (*Clement of Alexandria : A Study of Christian Liberalism*, Londres) ; W. BOUSSET en 1915 (*Jüdisch-Christliche Schulbetrieb in Alexandria und Rom*, Göttingen) ; F. PRAT en 1925, dans *RechSR* 15, p. 234-257 ; J. MUNCK en 1933 (*Untersuchungen über Klemens von Alexandria*, Stuttgart) ; G. LAZZATI en 1939 (*Introduzione allo studio di Clemente Alessandrino*, Milan) ; M. POHLENZ en 1943 (*Klemens von Alexandrien und sein hellenisches Christentum*, Göttingen) ; F. QUATEMBER en 1946 (*Die christliche Lebenshaltung des Clemens Alexandrinus nach seinem Pädagogus*, Vienne).

328. Aperçu détaillé chez A. C. ITTER, *Esoteric Teaching in the* Stromateis *of Clement of Alexandria*, VigChr Suppl. 97, Leyde, Brill, 2009, p. 16-31.

son labyrinthe à la recherche du sens et de s'exercer à la compréhension de réponses plurielles[329]. On a souligné aussi qu'au début du livre I des *Stromates* Clément posait les conditions requises pour que l'écrit fît passer l'enseignement, lequel venait de ses maîtres, et qu'il choisissait ainsi une forme différente du discours philosophique traditionnel ; qu'enfin les *Stromates* suivaient le programme du « Didascale », en discutant les opinions des philosophes et des hétérodoxes et en conduisant vers la gnose véritable[330]. On a en outre rappelé que Clément savait composer avec ordre, dans le *Protreptique* et le *Pédagogue*, et que même dans les *Stromates* il imposait souvent à ses développements un plan préétabli, en accord avec l'ἀκολουθία, la suite logique de la vérité[331] ; que les *Stromates*, d'autre part, n'avaient pas pour fin de fournir une explication claire et complète des doctrines, mais de mettre sur la voie le chercheur persévérant[332] ; qu'ils sont même composés de manière à enseigner à différents niveaux à la fois, à la façon du style symbolique des Écritures, non sans insérer par endroits des allusions aux leçons les plus hautes[333]. Toutes ces considérations prennent légitimement au sérieux la méthode retenue par Clément, au lieu d'en faire un moyen de déguiser lacunes et imperfections ou de juger sévèrement ce qui dans les *Stromates* ne serait que désordre et notes partielles, à opposer à un projet différé dont les actes seraient aujourd'hui absents[334].

---

329. E. F. OSBORN, *Clement...*, 1957, p. 7-8.

330. E. F. OSBORN, « Teaching and Writing in the First Chapter of the *Stromateis* of Clement of Alexandria », *JThS* 10, 1959, p. 335-343.

331. A. MÉHAT, *Étude sur les « Stromates »...*, p. 36-40, citant *Strom.* I, 1, 15, 2 ; 13, 57, 3-4 ; 28, 179, 4 ; VII, 10, 59, 7 ; 15, 91, 7 ; 16, 103, 1 ; p. 89-95 ; p. 489.

332. Voir *Strom.* VII, 14, 88, 4 et E. L. FORTIN, « Clement and the Esoteric Tradition », *StP* 9, 1966, p. 41-56.

333. J. L. KOVACS, « Divine Pedagogy and the Gnostic Teacher According to Clement of Alexandria », *JECS* 9/1, 2001, p. 3-25 ; « Concealment and Gnostic Exegesis: Clement of Alexandria's Interpretation of the Tabernacle », *StP* 33, 1999, p. 414-437 ; A. LE BOULLUEC, « Pour qui, pourquoi, comment ? Les "Stromates" de Clément d'Alexandrie », dans J.-D. DUBOIS, B. ROUSSEL (dir.), *Entrer en matière. Les prologues*, Paris, 1997, p. 23-36.

334. J. FERGUSON, *Clement of Alexandria*, New York, 1974, p. 106. S. R. C. LILLA, *Clement of Alexandria: A Study in Christian Platonism and Gnosticism*, Oxford, 1971, p. 189, considère que Clément envisageait de traiter à fond de cosmologie et de théologie dans ce qui devait probablement être le *Didascale*.

Aussi n'ont-elles pas besoin de la thèse de la trilogie, prise au sens strict. On peut fort bien admettre que les *Stromates* ne sont pas le *Didascale* que ferait attendre le prologue du *Pédagogue*[335], et même que le « Didascale » n'a jamais existé comme ouvrage[336], compte tenu des idées de Clément sur le langage crypté du « Maître », à l'image des Écritures, tout en acceptant qu'il ait effectivement disséminé la « gnose » au creux des *Stromates*.

L'un des arguments avancés contre la thèse de la trilogie est que les *Stromates* ne traitent pas directement de la physique ni de la théologie (réservées à la suite promise par Clément au début des livres II et IV), mais que leur programme explicite appartient à l'éthique. Dans ce domaine, on remarque une différence importante entre le *Pédagogue*, d'une part, et les *Stromates*, d'autre part. La description des fonctions du « pédagogue » divin, usant d'images et donnant des préceptes, fait écho, non sans quelques transformations, à des modèles philosophiques, académiciens et stoïciens, présents chez Philon de Larissa, Eudore et Sénèque. Le *Pédagogue* développe ces deux modes de l'éthique pratique. Les *Stromates*, eux, déploient l'éthique théorique, qui traite de sujets comme les vertus et le bien ultime et qui concerne les « dogmes » (*Strom.* II, 1, 1, 1), selon un progrès par rapport à l'éthique pratique analogue à la gradation exposée par Sénèque (*Lettes à Lucilius* 94 et 95), d'après les réflexions de Posidonius. La continuité et la progression entre le *Pédagogue* et les *Stromates* apparaît particulièrement dans le programme de *Strom.* II, 2, 4, 1-8, 4, qui fait passer de la simple éducation pratique au niveau supérieur de l'enseignement, lequel donne accès à l'éthique proprement chrétienne, à « l'essaim des vertus de

335. Une autre idée dont la nécessité ne s'impose pas non plus, à savoir que Clément aurait changé d'avis et substitué les *Stromates* au *Didaskalikos*, a été proposée par O. Stählin, et a été reprise récemment par R. FEULNER, *Clemens von Alexandrien. Sein Leben, Werk und philosophisch-theologisches Denken*, Francfort-sur-le-Main, 2006, p. 38-47.

336. Voir les remarques critiques de M. RIZZI, « The Literary Problem… », p. 154-163. Quant à F. AMSELBRUGER (« *Ulme stützt Weinstock* »…, p. 92-111), il invoque des arguments nouveaux qui renvoient à l'enseignement sur la triple fonction du seul et même Logos divin, pour montrer que le proème du *Pédagogue* n'annonce pas une trilogie d'écrits.

la vérité » comme condition de la connaissance et des recherches et révélations en physique et en théologie[337].

Le titre

Eusèbe de Césarée[338], Photius[339] et Clément lui-même[340] emploient le terme στρωματεύς dans le titre de l'ouvrage. Le suffixe est celui d'un nom d'agent masculin, mais le mot peut désigner en grec, à peu près comme le neutre στρῶμα, dont il est un dérivé, une couverture de lit ou un tapis, voire une tapisserie[341]. C'est le sens retenu par Eusèbe : « Dans les *Stromates* donc, il ne fait pas seulement une tapisserie (κατάστρωσιν) de l'Écriture divine, mais il rappelle aussi des doctrines empruntées aux Grecs... ». La texture et l'aspect de tapisseries bariolées servent à expliquer le style des *Stromates* dans le prologue du livre IV (2, 4, 1). Les autres images employées par Clément pour éclairer son titre montrent bien aussi qu'il voulait par là signifier la bigarrure de son ouvrage. « Abondante évidemment est la semence féconde sous peu de volume des doctrines que contient la présente composition, "comme toute l'herbe du champ", dit l'Écriture. Voilà pourquoi ces *Tapisseries* de notes portent un titre tout à fait approprié selon cette antique et exquise offrande dont Sophocle écrit : "Il y avait une touffe de laine, une libation, du fruit de la vigne, une grappe de

---

337. Les sources philosophiques et l'adaptation opérée par Clément, dans l'analyse des rapports entre les deux œuvres, sont explorées da façon approfondie par M. HAVRDA, « Two Projects of Christian Ethics: Clement, *Paed.* I, 1 and *Strom.* II, 2, 4-6 », *Vig. Chr.* (à paraître), qui ajoute aux témoignages de Philon, Eudore et Sénèque celui de STRABON, *Géographie* I, 2, 3.

338. *HE* 6, 13, 1. 4. 5.

339. *Bibl.* codex 109, et codex 111.

340. *Strom.* I, 28, 182, 3 ; III, 18, 110, 3 ; IV, 2, 6, 2 ; 7, 1 ; V, 14, 141, 4.

341. L'hypothèse d'A. MÉHAT, *Étude sur les « Stromates »*..., p. 98, selon laquelle le mot masculin désignerait l'esclave qui étendrait les couvertures sur les lits et préparerait la décoration pour le banquet, n'est pas nécessaire. Elle conviendrait plutôt au nom *Strômateus* donné parfois par les anciens à Clément lui-même. Même si les cas sont rares, des substantifs de cette formation peuvent exprimer le lieu (A. MEILLET, J. VENDRYES, *Traité de grammaire comparée des langues classiques*, Paris, 1960, p. 398). L'étude du titre de l'ouvrage, par A. Méhat, est au demeurant fondamentale (p. 96-114).

raisin soigneusement mise en réserve ; et il y avait toutes sortes de fruits mêlés à des grains d'orge, le suc gras de l'olive et le très complexe objet que façonne avec la cire l'abeille dorée"[342]. » Le commentaire illustre donc la multiplicité des doctrines en germe dans l'ouvrage et leur grande variété. Des vers de Timoclès et d'un poète inconnu sont invoqués ensuite dans le même sens. La conclusion du passage mérite d'être citée, car elle indique au lecteur avisé le mode d'emploi des *Stromates* : « Il faut donc, à diverses reprises, comme avec le van, secouer d'ici et là et lancer en l'air ce mélange de graines pour recueillir le froment. » Un tri est à faire pour extraire de cette πολυμιγία, ce « riche mélange », la connaissance. Le maniement paradoxal de deux métaphores, la semence et le battage, fait passer de la fécondité multiple de l'auteur à la récolte sélective du lecteur, par le truchement de références poétiques à des rituels de semailles, évoquant la fertilité et l'abondance[343]. Au lecteur de repérer, dans l'agencement des nombreuses « doctrines » produites dans les *Stromates*, le « froment » de la gnose. La présence de l'abeille dans les vers de Sophocle cités par Clément renvoie à la métaphore « l'abeille de Sicile » désignant son maître de prédilection et au thème ancien de la « variété », de la ποικιλία caractéristique des arts dans la poésie ancienne, qui amenait Pindare à comparer ses hymnes à l'abeille[344]. Des comparaisons du même registre apparaissent ailleurs[345].

La diversité et la méthode à suivre pour comprendre l'ouvrage sont aussi figurées par la comparaison qui clôt le livre VII : « Les *Stromates* ne ressemblent pas à ces jardins bien ordonnés, où les plants sont disposés en rangées pour le plaisir de l'œil, mais plutôt à une montagne ombragée, couverte de cyprès et de platanes, de laurier et de lierre, plantée aussi de pommiers, d'oliviers et de figuiers, où sont mêlés à dessein les arbres fruitiers et les arbres improductifs, à cause des audacieux qui dérobent et volent les fruits : de même mon écrit veut échapper aux regards. C'est au cultivateur qu'il reviendra de prendre là des marcottes

---

342. *Strom.* IV, 2, 6, 1-3, citant Jb 5, 25, puis un fragment du *Polyide* de Sophocle (trad. de C. MONDÉSERT, SC 463, p. 65, légèrement modifiée).
343. *Strom.* IV, 2, 7, 1-4 (voir les notes de A. VAN DEN HOEK, SC 463, p. 65-67).
344. PINDARE, *Pyth.* 10, 53-54 ; voir J. H. WASZINK, *Biene und Honig*..., p. 14.
345. *Strom.* I, 1, 18, 1 ; 12, 56, 3 ; VII, 18, 110, 4.

et de les transplanter, pour créer un beau jardin et un bois délicieux. Les *Stromates* ne visent donc pas à l'élégance de la disposition ni du style, puisqu'ils refusent, délibérément, d'être grecs par l'expression, mais ils procèdent sans être vus, en évitant d'être clairs, à l'ensemencement des doctrines ; ils veulent en effet rendre les lecteurs, s'il s'en trouve de tels, amis de l'effort et aptes à la découverte. Les appâts sont nombreux et variés, selon la diversité des poissons »[346]. Clément situe lui-même ses *Stromates* dans le genre littéraire des mélanges, en les rapprochant d'écrits dont les titres attestent cette appartenance : « Les fleurs multicolores parsemées dans la prairie et les arbres fruitiers plantés dans le jardin ne sont pas répartis selon la diversité de leurs espèces : ainsi certains auteurs ont-ils composé des anthologies variées, des recueils érudits nommés *Prairies*, *Montagnes aux cent détours*, *Rayons de miel* et *Manteaux*[347]. » Divers auteurs énumèrent des ouvrages de ce genre, par exemple Aulu-Gelle dans la préface de ses *Nuits Attiques* vers 150, qui mentionne aussi le titre *Stromates*[348]. Le « catalogue de Lamprias » des œuvres de Plutarque comporte des *Stromates historiques et poétiques*, qui sont perdus. Eusèbe cite comme venant des *Stromates* de Plutarque un exposé d'un contenu tout autre, sur les divergences des philosophes grecs à propos des principes[349]. Les écrits symposiaques, les propos de table, sont apparentés à ce genre des mélanges variés. Si l'on y fait entrer l'*Histoire de toute sorte* du sophiste érudit Favorinos d'Arles[350], le maître d'Aulu-Gelle,

---

346. *Strom.* VII, 18, 111, 1-3 (trad. de A. LE BOULLUEC, SC 428, p. 331).
347. *Strom.* VI, 1, 2, 1 (P. DESCOURTIEUX, SC 446, p. 60, traduit par *Montagnes aux cent détours* le titre *Hélicons*, du nom de la montagne de Béotie, qui évoque une spirale, ἕλιξ). Les *Rayons de miel* évoquent l'abeille « travailleuse » de Pr 6, 8a LXX, mentionnée en *Strom.* I, 6, 33, 6, qui rappelle l'image qualifiant le maître de Clément en *Strom.* I, 1, 11, 2 (voir D.-M. D'HAMONVILLE, *Les Proverbes*, Paris, 2000, p. 193).
348. A. MÉHAT, *Étude sur les « Stromates »*..., p. 99-104, a donné un inventaire de cette littérature. Plus tard, l'ascète Antonios (XIe-XIIe siècle) intitulera *Melissa* (l'*Abeille*) les fruits de ses lectures.
349. *PE* I, 7, 16, introduisant l'extrait I, 8, 1-12. On considère que ce développement doxographique n'est pas en fait de Plutarque.
350. Sur cette encyclopédie, voir E. AMATO, *Favorinos d'Arles*, dans *Œuvres*, t. III, *Fragments*, CUF, Paris, 2010, p. 257-283. J. GABRIELSSON, *Über die Quellen des Clemens Alexandrinus*, I, Uppsala, 1906 ; II, *Zur genaueren Prüfung*

on ne peut en exclure les *Deipnosophistes* d'Athénée, contemporain de Clément, échanges infinis entre savants banqueteurs, qui par l'écriture ont quelque ressemblance avec les *Stromates* de notre auteur, si l'on excepte l'occultation du sens revendiquée par ce dernier[351].

Le terme *Stromates* n'est qu'une partie du titre ; la forme complète est donnée par Eusèbe de Césarée et par Photius : *Stromates de mémoires gnostiques selon la vraie philosophie*[352]. Elle est attestée par Clément lui-même[353]. Le mot ὑπόμνημα peut désigner des écrits de nature très diverse. Il convient ici d'en restreindre la portée à des écrits liés aux relations avec des maîtres et de le traduire par « mémoire », en raison des commentaires de Clément, qui joue sur la relation avec μνήμη : « Cet ouvrage n'est pas un écrit artistement composé pour l'ostentation mais un trésor de mémoires (ὑπομνημάτων) pour ma vieillesse, un remède à l'oubli, une image sans recherche et une peinture de ces paroles lumineuses et douées d'âme que j'ai été jugé digne d'écouter, et venant d'hommes bienheureux et réellement honorables[354]. » Il ajoute un peu plus loin : « Une telle esquisse, je le crois, est le propre d'une

---

der Favorinushypothese, Uppsala, 1909, avait fait de l'*Histoire de toute sorte* de Favorinos la source principale de Clément pour l'histoire de la philosophie, la mythologie, l'archéologie, l'histoire littéraire, l'histoire naturelle, les chronologies et les citations poétiques : thèse aberrante réfutée notamment par M. Pohlenz dans *ThLZ* 32, 1907, p. 718-720 et par O. Stählin dans *BPW* 28, 1908, p. 387-399 (E. Amato, *Favorinos d'Arles*, p. 266-268). C. Schubert, A. Weiss, « Die Hypomnemata bei Plutarch und Clemens: ein Textmining-gestützter Vergleich der Arbeitweise zweier "Sophisten" », *Hermes* 143, 2015, p. 447-471, confirment, par l'analyse de l'agencement des citations dans les *Stromates* de Clément et les *Moralia* de Plutarque, que les deux ensembles reflètent une pratique culturelle de la seconde sophistique. Quant à leur conclusion, qui fait appartenir les *Stromates* au genre encyclopédique, plutôt qu'à celui des mélanges variés, elle ne tient pas compte des réflexions de Clément lui-même sur ce qu'il entend par « Stromates » et par « Hypomnemata ».

351. Si l'on compare sa méthode à celle d'Athénée, telle que la décrit C. Jacob, *The Web of Athenaeus*, translated by S. F. Johnson, *HSt* 61, Washington, 2013.

352. Eusèbe, *HE* 6, 13, 1 ; Photius, *Bibl.* codex 111.

353. *Strom.* I, 28, 182, 3 ; III, 18, 110, 3 ; VI, 1, 1, 1.

354. *Strom.* I, 1, 11, 1. Ces propos précèdent la liste des maîtres que Clément a écoutés au cours de ses voyages. Ils sont pleins de réminiscences du *Phèdre* de Platon (276 d ; 274 e).

âme qui aspire à garder la tradition bienheureuse et à l'empêcher de s'échapper », avant de développer, avec un art de l'expression et un sens des nuances qui démentent sa prétention à la simplicité, l'utilité d'une telle mémorisation par l'écrit. Le mieux est de lui laisser la parole : « Je sais bien quelle est la faiblesse de ce recueil de mémoires, comparé à cet esprit rempli de grâce que j'ai été jugé digne d'entendre, mais il pourra être une image qui ranimera le souvenir du modèle chez quiconque aura été frappé du thyrse sacré. Car il est dit : "Parle à un sage, il deviendra plus sage" (Pr 9, 9) et "Celui qui a recevra plus encore" (Mt 13, 12). Il ne promet pas une explication suffisante des secrets, tant s'en faut ! il veut seulement en raviver le souvenir, soit que nous les ayons oubliés, soit pour éviter l'oubli. Bien des choses, je ne le sais que trop, nous ont échappé à la longue, pour n'avoir pas été écrites. Aussi pour soulager la faiblesse de ma mémoire, je me fais un aide-mémoire salutaire : c'est un arrangement composé d'éléments thématiques, et j'use par nécessité d'une telle présentation. Il y a des choses dont je n'ai même pas gardé souvenir – car immense était la puissance de ces hommes bienheureux – ; d'autres qui, pour n'avoir pas été notées, se sont maintenant enfuies avec le temps. Mais celles qui, restées dans ma pensée, étaient en train de se flétrir et de s'éteindre – car un tel office n'est pas facile pour ceux qui n'y ont pas été confirmés –, je veux en raviver la flamme par des mémoires. Je tiens à en laisser certaines de côté, choisies en connaissance de cause, par crainte d'écrire ce que je me suis gardé de dire ; non par avarice – c'est interdit –, mais je redouterais de voir mes lecteurs trébucher pour avoir compris de travers et d'avoir ainsi, comme dit le proverbe, "tendu un sabre à un enfant". Car "il n'est pas possible que les écrits ne tombent dans le domaine public"[355], même s'ils restent inédits de mon fait [...][356]. Il y a aussi des choses que mon écrit n'indiquera qu'indirectement (αἰνίξεται) ; il insistera sur les unes, il mentionnera

355. Adage tiré de la *Lettre* II attribuée à Platon (314 c), lié à la règle de l'arcane dans le néopythagorisme.
356. Clément reprend là les remarques de Platon dans le *Phèdre* (275 d-e, 276 d) sur les faiblesses de l'écrit.

seulement les autres, il tâchera de parler sans en avoir l'air, de révéler en cachant, de montrer en gardant le silence[357]. »

Retenons d'abord les remarques sur la forme littéraire des *Stromates*. C'est « l'arrangement composé de *kephalaia* », c'est-à-dire, comme on le voit constamment dans l'ouvrage, l'enchaînement de séries de propositions et de formules qui sont soit des citations, soit des paraphrases ou allusions, et qui constituent elles-mêmes, en tant qu'éléments thématiques, des unités complexes[358], le tout obéissant à une logique démonstrative relevant de l'ἔνδειξις, de l'« indication »[359]. Dans un passage parallèle sur la définition des *Stromates*, Clément écrit : « Nos notes [...] seront [...] des tapis bariolés [...], désignant (μηνύοντα) une chose dans l'enchaînement des discussions, et en indiquant (ἐνδεικνύμενα) une autre[360]. » Si les verbes μηνύειν et ἐνδείκνυσθαι sont parfois synonymes chez lui, il arrive cependant que le second appartienne à des passages qui traitent du sens implicite ou figuré[361]. Clément connaît aussi le concept de « signe

357. *Strom.* I, 1, 14, 1-15, 1 (traduction, légèrement modifiée, de M. CASTER, SC 30). Voir les commentaires d'A. MÉHAT, *Étude sur les « Stromates »...*, p. 110 ; 115-116 ; 125-128. J. L. KOVACS, « "To exhibit silently": What Clement of Alexandria leaves unsaid in his *Protreptikos* », *Eastern Theological Journal* 3, 2017, p. 257-287, montre que les *Stromates* mettent en cause, au profit de valeurs plus hautes, la crainte du jugement et l'espoir de la récompense, invoqués en vue de la conversion dans le *Protreptique*, et relève cependant des traces de l'autre silence, de celui « qui cache », c'est-à-dire qui voile et révèle tout à la fois, dès le premier ouvrage, à propos de la connaissance de Dieu ou de la divinisation (ainsi en *Protr.* 10, 100, 2-3 ; 12, 118, 4), anticipant un enseignement qui sera donné plus clairement à un stade plus avancé de l'initiation (p. 275-283, dans la ligne des remarques de E. ALBANO, *I silenzi delle Sacre Scritture. Limiti e possibilità di rivelazione del Logos negli scritti di Filone, Clemente e Origene*, Rome, 2014, p. 223-231).

358. Cette composition de *kephalaia* est étudiée de façon approfondie par A. MÉHAT, *Étude sur les « Stromates »...*, p. 179-279 et *« Kephalaia ». Recherches sur les matériaux des Stromates de Clément d'Alexandrie et leur utilisation* (thèse complémentaire de Paris-Sorbonne, 1966).

359. Voir L. ROBERTS, « The Literary Form of the Stromateis », *SecCent* 1, 1981, p. 211-222.

360. *Strom.* IV 2, 4, 1.

361. *Paed.* I, 10, 92, 2 ; II, 5, 46, 1 ; 47, 2 ; 10, 105, 3 ; III, 1, 3, 3 ; 2, 9, 2 (en parallèle avec αἰνίττεσθαι) ; *Strom.* I, 5, 29, 5 ; V, 4, 23, 1 ; VII, 18, 109, 6).

indicatif » – par exemple la fumée indiquant le feu, un bon teint et un pouls régulier la santé[362] – qui intervient aussi bien en médecine qu'en logique[363]. Dans tous ces emplois ἐνδείκνυσθαι désigne une manière de conduire vers le sens qui passe par un raisonnement, à partir d'indices. Sans appartenir déjà, comme chez Proclus[364] et d'autres néoplatoniciens, au vocabulaire de l'expression symbolique, il semble que ἐνδείκνυσθαι oriente davantage que μηνύειν chez Clément vers les méthodes d'interprétation, voire de décryptage. Ici μηνύειν pourrait donner le sens premier (une image prise en elle-même, par exemple) et ἐνδείκνυσθαι le sens second (la valeur métaphorique de l'image). On en dirait autant de la distinction entre l'énoncé d'une citation, poétique ou philosophique, voire scripturaire, et la valeur qu'elle prend dans le nouveau contexte créé par l'auteur.

Le mot « mémoires » évoque donc le désir de préserver les enseignements des maîtres et la forme de « tapisseries » caractérise l'entrelacs des motifs. Mais ces *Stromates* auront des lecteurs, de deux sortes : les uns, « ceux qui n'ont pas été confirmés[365] », ne franchiront pas l'écran du désordre apparent, la surface du texte, les autres, les chercheurs, percevront l'enchaînement et découvriront les semences de gnose reçues des maîtres « bienheureux » – car le titre complet qualifie ces « mémoires » de « gnostiques » : « Reprenant librement les souvenirs qui nous revenaient en mémoire, sans en retailler l'ordre ou l'expression, mais en les disséminant dans un soigneux désordre, nos *Stromates* ont adopté une présentation variée, à la manière d'une prairie. Dès lors, ainsi conçus, ils peuvent ranimer le feu de ma mémoire (ὑπομνήματα... ζώπυρα) et, pour le familier de la connaissance qui vient à les rencontrer, la recherche deviendra utile et profitable, mais non sans transpiration. En effet, s'il est juste de faire un effort pour se nourrir, on doit en faire un plus grand encore pour avoir la connaissance, quand on cherche

362. *Paed.* III, 11, 55, 1.
363. *Strom.* VIII, 3, 6, 1 ; voir M. Havrda, « Galenus Christianus ? The Doctrine of Demonstration in *Stromata* VIII and the Question of its Source », *VigChr* 65, 2011, p. 343-375 (p. 370, n. 113).
364. *Theol. Plat.* I, 4 ; 18 ; 28 (éd. Saffrey-Westerink, p. 18, 25-19, 6 ; 19, 23-20, 5 ; 21, 7 ; 88, 6 ; 121, 3).
365. *Strom.* I, 1, 14, 3.

à parvenir au salut éternel et bienheureux par le chemin étroit et resserré (Mt 7, 14), qui est véritablement celui du Seigneur[366]. » La comparaison de la « prairie » pour décrire l'ouvrage est aussitôt remplacée par la métaphore de l'aventure proprement mystique du déchiffrement attendu du lecteur, qui rejoint la quête de l'auteur, et qui le fait pénétrer dans l'enseignement du Christ, par la métaphore du « jardin », donc, cette substitution marquant le passage à un nouvel ordre, spirituel : « Notre connaissance et notre jardin spirituel, c'est notre Sauveur lui-même, en qui nous sommes transplantés : nous avons été déplacés et replantés dans la bonne terre, après avoir quitté la vie ancienne, et le changement d'implantation produit une abondance de fruits. Le Seigneur est donc la lumière (Jn 1, 4) et la connaissance véritable, lui en qui nous avons été déplacés[367]. » Clément assigne ainsi au travail d'écriture et à l'effort de lecture la fonction qui pour lui est la plus haute qui soit, l'accès à un sens qui est donné par le Christ.

Le titre comporte aussi la mention « selon la vraie philosophie ». Sans pénétrer dans une matière qui a fait l'objet de plusieurs livres, il suffit ici de rappeler que Clément entend par là la philosophie fondée « sur la tradition divine » (*Strom.* I, 52, 2), « la philosophie selon le Christ » (*Strom.* VI, 67, 1), qui parachève « la philosophie barbare », « la philosophie selon Moïse » (*Strom.* I, 99, 1, II, 5, 1 ; V, 56, 2-3 ; VI, 67, 1-2 ; VIII, 1, 2). Elle réclame savoir et étude. Elle culmine dans la « gnose ». Les écrits et les doctrines des philosophes grecs sont à la fois des instruments heuristiques et des approximations à critiquer et à dépasser, par la référence constante aux Écritures. Tout au long des *Stromates* court le motif de la maîtrise de soi, qui doit beaucoup à la théorie des vertus selon le moyen platonisme. La théologie elle-même se sert de la métaphysique platonicienne. Ainsi repère-t-on comme des anticipations de notions plotiniennes dans un exposé fameux, très condensé, mêlant allusions scripturaires et réminiscences philosophiques, sur le Fils en tant qu'« unité » (*Strom.* IV, 156, 1-2). Quant

---

366. *Strom.* VI, 1, 2, 1-3 (voir les notes de P. Descourtieux à sa traduction, SC 446, p. 60-61).

367. *Strom.* VI, 1, 2, 4. Cette transplantation (cf. Rm 11, 17) correspond à la quatrième sorte de greffe décrite en *Strom.* VI, 15, 119, 4-120, 2.

à la dialectique, elle est transposée dans la méthode d'exégèse spirituelle des Écritures[368].

La question de l'ésotérisme

La logique de l'« indication (ἔνδειξις) » peut renvoyer à la tradition platonicienne dérivant de la *Lettre* VII, où il est dit que « l'entreprise » d'écrire sur les sujets qui font la matière de la vie philosophique n'est pas « une bonne chose pour l'humanité, si ce n'est pour un petit nombre, tous ceux à qui une brève indication suffit pour trouver eux-mêmes ce qu'il en est[369] ». Une telle interprétation du passage est en accord avec ce que dit Clément de ses *Stromates*. Elle fait écho aux références explicites à la *Lettre* II attribuée à Platon et à ce qu'il appelle « la grande lettre », en particulier au développement sur l'accès à la connaissance de Dieu dans le livre V où les paroles : « Cela, on ne peut absolument pas l'exprimer comme l'objet des autres sciences, mais quand on a beaucoup fréquenté la réalité elle-même, qu'on a vécu avec elle, soudain une lumière allumée comme à une flamme jaillissante naît dans l'âme, une lumière qui se nourrit désormais elle-même[370] », sont associées à une vision de l'*Apocalypse de Sophonie*. Cette association, si on l'approfondit, et si on la met en rapport avec l'autre allusion au même passage de la *Lettre* de Platon dans le livre V, est elle-même porteuse d'un enseignement gnostique sur la contemplation du « Très haut ». Si l'on prend au sérieux les réflexions de Clément sur la forme des *Stromates* et sur les précautions à prendre pour mettre par écrit la « tradition » reçue des apôtres et transmise oralement par ses maîtres, par exemple dans le prologue du livre I[371], il faut admettre que le lecteur

368. Une présentation synthétique, avec bibliographie, est fournie par M. HAVRDA, « Clement of Alexandria », dans M. EDWARDS (dir.), *The Routledge Companion to Early Chritian Philosophy*, Abingdon, Routlege, à paraître.
369. PLATON, *Epist.* VII, 341 d-e. Le sens « indication », ici, pour ἔνδειξις est plus conforme à cette tradition que « démonstration » (terme choisi par L. BRISSON, *Platon, Lettres*, Paris, 1987, p. 226, n. 129, d'après l'autre emploi du mot par Platon, en *Leg.* XII, 999 b).
370. PLATON, *Epist.* VII, 341 c 6-d 2, en *Strom.* V, 11, 77, 1 ; cf. V, 10, 66, 3.
371. Voir A. LE BOULLUEC, « Pour qui, pourquoi, comment ?... ».

doit être attentif, au-delà de ce qui est dit de façon obvie, à tous les détails du texte et aux relations entre des éléments thématiques (les κεφάλαια), plus ou moins proches[372]. Clément a l'audace de revendiquer pour modèle de sa façon d'écrire et de composer l'Écriture elle-même, telle qu'il la conçoit, délibérément énigmatique et symbolique. Parmi de nombreux passages, celui-ci, commentant Isaïe 8, 1-2, est fort explicite : « Le prophète Isaïe, de son côté, reçoit l'ordre de prendre un livre nouveau et d'y écrire quelques mots. L'Esprit prophétise ainsi que viendra plus tard, grâce à l'exégèse des Écritures, la connaissance sainte qui, à ce moment-là, ne se trouve pas encore écrite parce qu'elle n'est pas encore connue : au commencement, en effet, elle n'avait été dite qu'à ceux qui pouvaient comprendre. C'est précisément lorsque le Sauveur l'enseigne aux Apôtres que la tradition non écrite de ce qui est écrit nous parvient à nous aussi aujourd'hui, inscrite par la puissance de Dieu sur des cœurs[373] rendus nouveaux par le renouvellement du livre[374]. »

Un lecteur d'aujourd'hui peut encore s'ingénier à repérer des traces d'un enseignement que Clément aurait appelé « gnostique ». On se limitera à deux exemples. En *Strom.* IV, 25, 160, 2, la parole de Mt 18, 3 : « Si vous ne changez pas et ne devenez comme des

---

372. E. L. FORTIN, « Clement and the Esoteric Tradition », *StP* 9, 1966, p. 41-56, a mis en valeur cette façon d'écrire ésotérique de Clément, sans pour autant reprendre une idée qui a été en vogue du XVIIe au XIXe siècle, selon laquelle aurait existé dans l'Église une tradition orale secrète. A. C. ITTER, *Esoteric Teaching...*, a décelé nombres de doctrines relevant du Didascale dans les *Stromates* en suivant la démarche symboliste de Clément ; dans l'effort de restaurer l'harmonie de l'ensemble à partir du désordre apparent des parties, il a construit un modèle numérique, fondé sur diverses interprétations du Tabernacle et de la fête du Grand Pardon, et accroché aux chiffres 3, 10 et 8, qui fait de ce qui reste du livre VIII le sommet de l'initiation (commençant par l'entrée dans le christianisme, le *Protreptique*, puis la purification, le *Pédagogue*, et aboutissant aux sept phases préparatoires, les sept premiers livres des *Stromates*). Cette construction (*ibid.*, p. 33-77), qui donne une forme extrême à l'hypothèse de la trilogie, se heurte notamment aux objections venant de la nature de ce qui tient lieu dans la tradition manuscrite de livre VIII des *Stromates* (voir la recension de M. HAVRDA, *Adamantius* 18, 2012, p. 573-579 et les notes critiques de S. R. C. LILLA, *Augustinianum* 50, 2010, p. 577-591).

373. Cf. 2 Co 3, 3.

374. *Strom.* VI, 15, 131, 4-5.

enfants » est appliquée à « la pureté de corps et la sainteté de l'âme », qui montrent alors « que Dieu nous veut tels qu'il nous a fait naître de la matrice, l'eau ». Cette interprétation subtile, qui se réfère sans doute implicitement à Jn 3, 3-4[375], vient compléter le commentaire aussi ingénieux de *Strom.* III, 12, 88, 1 : dans l'eau du baptême de régénération il y a un autre ensemencement que dans la création, celui du Père, objet de la gnose. On pourrait broder longuement sur le sens de ces images ainsi appariées. Un second exemple, où la part de la fantaisie serait peut-être plus grande, illustrerait la puissance de l'intertextualité produite par l'écriture de Clément. Au *Stromate* VII, dans le cadre du débat sur la piété avec les philosophes, qui prolonge celui de Socrate avec Euthyphron dans le dialogue de Platon sur ce thème[376], la « douceur » est l'une des vertus qui sont « offrande agréée auprès de Dieu, car l'Écriture dit que le cœur sans orgueil pourvu de science droite est apanage total de Dieu »[377]. La « *douceur* », on le voit, est le propre d'un « cœur *sans orgueil* (*atuphos*)». Or Clément a substitué cette expression à la formule « cœur brisé » de la Septante (Ps 59, 19). Une allusion à un autre dialogue de Platon est ici plausible, précisément au passage du *Phèdre* où Socrate, à la recherche de lui-même, préfèrerait être « un animal plus *doux* et plus simple » que Typhon, un animal qui participerait, « de nature, à une destinée divine où n'entrent point les fumées de l'*orgueil* », selon l'étymologie Typhon-*typhos*[378]. C'est un Socrate qui donne congé aux fables[379] : aussi serait-il « pourvu de science droite », celle qu'il poursuit, sur la piété, dans l'*Eutyphron*. La conversion des philosophes, recherchée dans la première partie du *Stromate* VII, serait ainsi indirectement symbolisée

375. Voir la note, *ad loc.*, de A. VAN DEN HOEK, SC 463, p. 323.
376. Voir T. ALEKNIENÉ, « La piété véritable. De l'*Euthyphron* de Platon à la piété gnostique dans le livre 7 des *Stromates* de Clément d'Alexandrie », *VigChr* 60, 2006, p. 447-460.
377. *Strom.* VII, 3, 13, 4-14, 1.
378. PLATON, *Phaedr.* 230 a.
379. PLATON, *Phaedr.* 229 b-230 a, à propos de l'explication de la légende de la nymphe Orithye.

par la caractérisation nouvelle de Socrate, suggérant les dispositions nécessaires pour l'accès à la doctrine exacte sur Dieu[380].

Si l'on s'en tient aux citations explicites des philosophes, des présocratiques aux contemporains de Clément, surabondantes dans les *Stromates*, on constate qu'elles jouent un rôle majeur dans l'élaboration et du texte écrit et de la production indirecte et voilée du sens[381].

Le symbolisme[382]

Dans le cadre d'une histoire de la littérature, on doit limiter l'examen à quelques aspects : Comment le repérage dans la Bible du « genre symbolique » se situe-t-il par rapport aux théories et aux pratiques des interprètes des poètes ? Quelle forme prend la Bible construite par la visée de Clément ? Y a-t-il des éléments autres que le texte scripturaire qui interviennent dans son exégèse ?

Clément emploie trois fois l'expression τὸ συμβολικὸν εἶδος en des lieux cruciaux des *Stromates*, lorsqu'il récapitule son programme[383]. La formule se trouve chez Plutarque, dans son traité *Les Daidala*

380. Voir A. Le Boulluec, « Comment Clément applique-t-il dans le Stromate VII, à l'intention des philosophes, la méthode définie dans le prologue (1-3) ? », dans M. Havrda, V. Hušek, *J.* Plátová, *The Seventh* Book of the Stromateis, Leyde, 2012, p. 39-62 (p. 48-54).

381. A. Van Den Hoek, « Techniques of Quotation in Clement of Alexandria: A View of Ancient Literary Working Methods », *VigChr* 50, 1996, p. 223-243, a situé la méthode de Clément par rapport aux coutumes des autres écrivains grecs.

382. L'ouvrage de C. Mondésert, *Clément d'Alexandrie. Introduction à l'étude de sa pensée religieuse à partir de l'Écriture*, Paris 1944, reste fondamental, comme celui d'A. Méhat. Plus récemment, U. Schneider, *Theologie als christliche Philosophie*, Berlin-New York, 1999, p. 153-160, a retracé l'histoire des débats de plus d'un demi-siècle sur le symbolisme mis en œuvre par l'auteur des *Stromates*. Toute la deuxième partie de l'ouvrage (p. 124-192) est consacrée à la doctrine scripturaire de Clément. Un bilan des recherches sur le sujet et des réflexions nouvelles sont fournis par J. L. Kovacs, « Clement as Scriptural Exegete… ».

383. *Strom.* II, 1, 1, 2 ; cf. IV, 1, 1, 2 ; VI, 2, 4, 2. J'ai développé ailleurs plus longuement ce thème : A. Le Boulluec, « L'interprétation de la Bible et le "genre symbolique"… ».

de Platées[384]. Elle associe dans une forme à déchiffrer actes religieux et mythes. Cette double extension se retrouve chez Clément. Elle est illustrée par l'emploi massif, dans ses interprétations, du mot σύμβολον, beaucoup plus fréquent que ἀλληγορία. « Symbole » peut en effet s'appliquer aussi bien à des paroles, des récits, qu'à des actes ou à des objets. Un autre trait commun à Clément et à Plutarque est la réunion des Grecs et des Barbares (en l'occurrence Phrygiens et Égyptiens) dans le recours au « genre symbolique »[385]. À ces considérations fait écho le passage où Clément précise qu'il doit compléter son exposé du livre V des *Stromates* : « En effet, nous avons établi que le genre symbolique était ancien et qu'il avait été utilisé non seulement par nos prophètes, mais aussi par la plupart des Grecs d'autrefois et par un nombre non négligeable d'autres auteurs chez les Barbares païens »[386]. Il ajoute aussitôt qu'il faudrait traiter des « mystères ». Plutarque lui aussi en fait un élément essentiel du « genre symbolique ».

Il serait vain d'exposer ici comment la φυσιολογία et, en sa plus fine pointe, la θεολογία, atteintes par l'interprétation des symboles selon Clément, relèvent d'une réflexion bien ancrée dans la philosophie grecque des débuts de l'époque impériale, notamment chez Plutarque[387]. Retenons ici deux aspects seulement, pour marquer les différences : d'une part la référence aux Barbares, de l'autre l'identité de l'instance productrice de la symbolisation.

Clément compose en un siècle où depuis longtemps s'est manifesté l'engouement pour les « sagesses barbares » que les conquêtes d'Alexandre avaient stimulé. Plus près de lui, les promoteurs du « genre symbolique » les ont intégrées à leur programme, comme l'a fait Cornutus au temps de Néron dans son *Abrégé des traditions de*

---

384. Des extraits en sont conservés par Eusèbe, *PE* III, 1 ; texte commenté par J. Pépin, *Mythe et allégorie. Les origines grecques et les contestations judéo-chrétiennes*, Paris, 1976, p. 184-188.

385. *PE* III, 1, 1.

386. *Strom.* VI, 2, 4, 2, trad. de P. Descourtieux, SC 446, p. 65.

387. L. Rizzerio, *Clemente di Alessandria e la « φυσιολογία veramente gnostica ». Saggio sulle origini e le implicazioni di un'epistemologia e di un'ontologia « cristiane »*, Louvain, 1996, l'a montré à profusion. Les importants travaux d'Ilaria Ramelli sur les allégoristes fournissent tous les éléments d'une comparaison fructueuse.

la théologie grecque[388]. On sait par ailleurs quel expert en mythologie comparée était Plutarque.

L'innovation de Clément consiste à multiplier les exemples d'« occultation » (ἐπίκρυψις) du sens chez les peuples non grecs, pour exalter « la philosophie barbare » et pour justifier, aux yeux des Grecs habitués à vanter l'antiquité des pratiques symboliques chez les étrangers, la recherche des « mystères » cachés dans la Loi et les Prophètes, dans les paroles de la Bible et dans les faits et les rites qu'elle contient[389]. Il tient la balance égale entre les Barbares, tout en exploitant les traditions sur les emprunts des Grecs, à seule fin de placer aux origines les « Hébreux », dont la « philosophie » se trouve parée de la plus haute antiquité et de la primauté. Son argumentation, qui présente comme universelle la coutume pour les « théologiens » d'occulter « les principes des choses » et de transmettre la vérité « par des énigmes et des symboles, par des allégories et des métaphores et autres semblables figures »[390], étend la documentation au-delà de la sphère proprement religieuse, de manière à étoffer la preuve en faveur de l'« occultation ». Il reste que la plupart des exemples choisis concernent la φυσιολογία, en ses deux ensembles, la cosmologie et la théologie, et les dispositions requises pour accéder à la connaissance de leurs objets.

L'important développement de Clément sur la diffusion antique de la « philosophie » chez les nations barbares et, plus tard, chez les Grecs, comporte cette assertion capitale : de toutes ces nations « la plus ancienne de beaucoup est le peuple des Juifs, et la philosophie qui chez eux a été mise par écrit a commencé avant la philosophie des Grecs : Philon le Pythagoricien l'a abondamment démontré, de même qu'Aristobule le Péripatéticien et beaucoup d'autres, dont je ne vais pas

---

388. Cornutus, *Epit.* 17, 26 ; 21 ; 28, 54. Ilaria Ramelli met en relief à juste titre l'intérêt de Cornutus pour la mythologie comparée, qui pourrait s'inscrire dans la tradition remontant à Posidonius : *Anneo Cornuto. Compendio di teologia greca*, a cura di I. Ramelli, Milan, 2003, p. 343 ; cf. p. 96.

389. Voir A. Le Boulluec, « La rencontre entre l'hellénisme et la "philosophie barbare" selon Clément d'Alexandrie », dans Id., *Alexandrie antique et chrétienne...*, p. 77-89.

390. *Strom.* V, 4, 21, 4.

m'attarder à donner les noms[391] ». La forme écrite qu'a prise la philosophie chez les Juifs est bien entendu la Bible. En attribuant l'assertion à ses prédécesseurs juifs dont il légitime la compétence philosophique aux yeux des Grecs en les faisant appartenir à des écoles bien connues, Clément authentifie et valorise l'héritage, qu'il revendique pour les chrétiens, du peuple détenteur de la philosophie la plus ancienne[392].

Quant à la transmission diversifiée de la connaissance, elle suppose un maître originel, qu'il faut chercher plus haut que les anges et que les archanges[393]. Ce didascale est « le Fils premier-né »[394]. L'auteur de la symbolisation propre à l'Écriture est le Monogène lui-même. L'intention du cryptage est divine. Chaque fois que Clément proclame : « L'Écriture dit », il a conscience d'introduire la parole du Logos[395]. En tant que commentateur, il se range ainsi du côté des allégoristes qui attribuent aux poètes, à Homère en particulier, le propos d'occulter la sagesse, de la réserver aux gens studieux et intelligents en la revêtant de tropes, de métaphores, d'allégories, d'énigmes. Telle était la

391. *Strom.* I, 15, 72, 4 ; voir D. T. Runia, « Why does Clement of Alexandria call Philo the Pythagorean? », dans Id., *Philo and the Church Fathers. A Collection of Papers*, Leyde, 1995, p. 54-76. J. Otto, « Philo, Judaeus ? A Re-Evaluation of why Clement calls Philo "The Pythagorean" », *StPhA* 25, 2013, p. 115-138, tout en montrant avec précision comment le recours à Philon appartient à l'apologétique usant du pythagorisme, va trop loin en suggérant que Clément ignorait peut-être que Philon était juif. On ne peut la suivre non plus quand elle suppose que les œuvres de Philon seraient parvenues jusqu'à lui par le même canal que celles de Numénius, c'est-à-dire par un lectorat grec, et non directement depuis la communauté juive d'Alexandrie. Notons en outre que Clément a beau qualifier Aristobule de « Péripatéticien » dans le même passage, il sait qu'il est juif (*Strom.* V, 14, 97, 7 implique une référence à 2 M 1, 10, où Aristobule est dit venir « de la tribu des prêtres consacrés » ; dans la citation faite en *Strom.* I, 22, 150, 1-3, Aristobule parle de « notre législation », des « Hébreux nos concitoyens », de « nos » idées que Pythagore a fait passer dans son « élaboration doctrinale »).

392. Voir A. Le Boulluec, « L'identité chrétienne en auto-définition chez Clément d'Alexandrie », dans Id., *Alexandrie antique et chrétienne...*, p. 91-110.

393. *Strom.* VI, 7, 57, 2-58, 1.

394. *Strom.* VI, 7, 58, 2-3.

395. « Dieu lui-même », écrit Clément en *Strom.* V, 13, 84, 3, « par son Fils, a proclamé les Écritures ».

position des premiers à avoir prôné ce genre d'exégèse, pour justifier Homère contre les détracteurs de sa théologie, comme Théagène de Rhégium, et pour deviner chez le poète un enseignement éthique ou physique, comme Anaxagore et son école[396]. Cette vue se retrouve dans le commentaire du poème orphique révélé par le *Papyrus de Derveni*, avec le terme αἴνιγμα[397], abondamment utilisé par Clément[398]. L'auteur du poème sacré est de même le sujet de σημαίνει, « il veut signaler »[399]. C'est avec cette conception orphique du dévoilement que Clément est en plein accord, de même qu'avec l'interprétation mystérique des mythes qui à son époque était marquée par l'exégèse symbolique des néopythagoriciens[400], dont la présence est fortement attestée dans son œuvre[401].

La similitude avec Cornutus apparaît aussi pour le second aspect, l'identification de l'instance productrice de la symbolisation. Cornutus et les stoïciens du début de l'époque impériale ont rejoint sur ce point les autres allégoristes, qui reconnaissent aux poètes à la fois le savoir

---

396. Voir J. Pépin, *Mythe et allégorie*, p. 97-101.
397. Col. VII, 5-8 ; voir la trad. de F. Jourdan, *Le Papyrus de Derveni*, Paris, 2003, p. 7, et celle de I. Ramelli, *Allegoristi dell'età classica*, p. 904-905, qui tient compte des éditions plus récentes du texte.
398. A. Dinan, « αἴνιγμα in the Works of Clement of Alexandria », *StP* 46, 2010, p. 175-180, a rappelé les antécédents de cet emploi massif et mis en lumière la diversité des applications qu'il reçoit chez Clément.
399. Col 16, 7.
400. Rappelons par exemple les propos de Plutarque, affirmant que Pythagore « imita la manière symbolique et mystérieuse » des prêtres égyptiens « en incorporant sa doctrine dans des énigmes » (*Is.* 10, 354e, cité par L. Brisson, *Introduction à la philosophie du mythe*, I, *Sauver les mythes*, Paris, 1986, 2005[2], p. 91).
401. À commencer par l'interprétation des « symboles » pythagoriciens, en *Strom.* V, 5, 27-30. Dans le seul livre V des *Stromates* la documentation est abondante : 8, 45, 2 (Androcyde le pythagoricien, sur les « lettres éphésiennes ») ; 47, 1 ; 50, 1 ; 13, 88, 1 ; 14, 99, 3 (à travers Aristobule) ; 100, 6 (Épicharme « pythagoricien ») ; 102, 2 (Pindare « pythagoricien ») ; 115, 4 ; 133, 1 (Théaridas) ; 139, 1 ; peut-être 8, 46, 2-5. La symbolique des nombres y est aussi bien exploitée : *Strom.* V, 6, 34, 4-6 ; 35, 6-7 ; 36, 3 ; 37, 1 ; 38, 4 ; 14, 93, 4 ; 107, 1-108, 1. La bibliographie sur Clément et le pythagorisme est composée par C. Macris, « Pythagore de Samos (Compléments) », dans R. Goulet (dir.), *Dictionnaire des philosophes antiques*, VII, Paris, 2018, p. 1161 (voir aussi p. 1139-1140, sur Philon d'Alexandrie)

et l'intention de l'exprimer à mots couverts[402]. Clément, en voyant dans l'Écriture « cryptée » l'intervention du Logos divin, pousse à l'extrême la tendance qui se manifeste tant chez les stoïciens Cornutus et Chérémon que chez les interprètes plus éclectiques comme le Ps.-Héraclite des *Questions homériques* ou le Ps.-Plutarque de *La Vie et la poésie d'Homère*.

Les objets du symbolisme scripturaire sont pour Clément à la fois des paroles et des rites. « Il serait trop long », écrit-il, « de parcourir tous les prophètes et toute la Loi pour rassembler tout ce qui s'y trouve dit par énigmes ; car presque toute l'Écriture présente ainsi ses oracles. Mais à l'adresse de celui qui possède l'intelligence il suffit, à mon avis, pour la démonstration de notre sujet, d'exposer un petit nombre d'exemples »[403]. Mentionnons simplement un cas particulier : le recours au symbolisme est nécessaire chaque fois que l'énoncé à commenter risque, pris à la lettre, de donner une idée indigne de la notion de Dieu telle que la culture philosophique et la foi chrétienne de Clément la constituent. C'est l'application d'un critère général retenu par les théoriciens et praticiens de l'allégorie, selon lequel « le déclenchement de la lecture allégorique procède [...] du caractère inacceptable du premier niveau de sens[404] ».

Les Anciens ne limitaient pas l'interprétation symbolique aux paroles, orales ou écrites. On retrouve chez Clément cette ampleur du champ symbolique, tant à propos des Grecs que des Barbares[405]. Lorsqu'il passe à l'Écriture, pour y constater la quasi-omniprésence de

---

402. Sur ces sujets, on se reportera à l'examen approfondi de I. Ramelli dans son introduction à l'*Abrégé* de Cornutus et à son « Saggio integrativo. Breve storia dell'allegoresi del mito » dans *Anneo Cornuto, Compendio di teologia greca*, Milan, 2003, p. 421-549.

403. *Strom.* V, 6, 32, 1 ; cf. V, 9, 56, 1.

404. P. Chiron, « Aspects rhétoriques et grammaticaux de l'interprétation allégorique d'Homère », dans G. Dahan, R. Goulet (dir.), *Allégorie des poètes. Allégorie des philosophes*, Paris, 2005, p. 35-58 (p. 55) ; cf. J. Pépin, « À propos de l'exégèse allégorique : l'absurdité, signe de l'allégorie », *StP* 1, 1957, p. 395-413 ; M. Harl, « Pointes antignostiques d'Origène : le questionnement impie des Écritures », dans R. Van den Broek, M. J. Vermaseren (dir.), *Studies in Gnosticism and Hellenistic Religions presented to Gilles Quispel*, Leyde, 1981, p. 205-217.

405. *Strom.* V, 5, 31, 5 ; 7, 41, 2-43, 3 (symboles égyptiens) ; V, 8, 44, 2-4 (scythes).

l'« occultation », il consacre de même un long exposé à la signification des éléments du sanctuaire des Hébreux, des vêtements du grand prêtre et du rituel de son entrée dans le saint des saints[406].

Quelle forme donne alors à la Bible le symbolisme de Clément ? En lisant cette exégèse proposée dans le livre V des *Stromates*, on constate que l'enseignement cosmologique et théologique tiré allégoriquement des textes de l'Ancien Testament à la suite de Philon est complété par une instruction chrétienne résultant de la mise en relation de ces textes avec des formules du Nouveau Testament ou avec l'événement de la venue du Christ. Il suffit ici de désigner quel est « le pôle d'attraction » de l'enquête : la méditation sur « l'économie selon la chair » et sur l'imitation gnostique du Christ, développée enfin sans partage[407], après avoir été disséminée sous la forme de ce qui apparaît comme des digressions[408].

Une relation d'accomplissement, par le dévoilement, s'établit entre l'Ancien Testament et le Nouveau. Très souvent Clément précise ou éclaire des paroles de l'Ancien Testament par des paroles du Nouveau. Il arrive même que des citations d'un Prophète soient mises sur le même plan que des expressions des Grecs et que les unes et les autres soient parachevées par un extrait du Nouveau Testament[409]. Partout dans les œuvres de Clément se tissent les liens entre la Loi et les Prophètes, l'Ancien Testament, et l'Évangile et les Apôtres, le Nouveau Testament, selon un symbolisme qui oriente la quête du sens de l'un vers l'autre. La règle opposée aux « hérétiques » vaut au premier chef pour la représentation et l'interprétation des Écritures, pour la Bible de Clément : « La connaissance du Fils et du Père conforme à la règle gnostique, du moins à la vraie, est l'appréhension et le discernement

---

406. L'interprétation de Clément fait partie des documents étudiés par D. Stökl ben Ezra dans son livre *The Impact of Yom Kippur on Early Christianity. The Day of Atonement from Second Temple Judaism to the Fifth Century*, Tübingen, 2003.
407. *Strom.* V, 6, 38, 6-40, 4.
408. La structure de ce développement a été parfaitement mise en lumière A. Van Den Hoek, *Clement of Alexandria and his Use of Philo ...*, dont nous reprenons les conclusions (p. 146-147).
409. Par exemple *Strom.* V, 11, 74, 5-75, 4 ; 12, 78, 3-79, 1.

de la vérité à travers la vérité (cf. Jn 14, 6-7)[410] » ; on pourrait gloser ainsi : « de la vérité » qu'est le sens caché « à travers la vérité » qu'est la révélation du Fils. La formulation la plus instructive apparaît au livre VI des *Stromates*, introduite par Pr 8, 9 : « Mais "tout est droit au regard de ceux qui comprennent", affirme l'Écriture, c'est-à-dire de tous ceux qui reçoivent et conservent fidèlement une explication des Écritures mise en lumière par Lui-même. Or, la règle de l'Église, c'est l'accord à l'unisson de la Loi et des Prophètes avec le Testament transmis lors de la venue du Seigneur[411]. »

Cette harmonie orientée vers le Christ, vers l'événement de sa venue, ne fait pas pour autant échapper le Nouveau Testament, qui parle de cette venue, à la loi de l'ἐπίκρυψις ni au « genre symbolique ». Le style de la « parabole », propre à l'Ancien Testament d'après Pr 1, 5-6[412], caractérise au plus haut point la parole du Seigneur[413]. La cohérence du sens à chercher dans les Écritures est en accord avec l'unité de la forme de son discours, voulue par le Sauveur lui-même. Clément l'affirme en se référant à Mt 13, 34 (« Il a tout dit en paraboles et ne leur disait rien sans parabole »). La cause de l'occultation reste toujours la même : la vérité ne peut être proclamée devant la foule sans précaution ; l'accès à la connaissance exige une initiation et des dispositions pures[414].

Des normes institutionnelles, cependant, la « règle » et la « tradition » qui dépendent de la révélation et de l'enseignement du Sauveur, viennent canaliser l'exubérance du symbolisme des Écritures

---

410. *Strom.* V, 1, 1, 4 ; commentaire dans SC 279, p. 15-16 ; cf. *Strom.* VII, 16, 94, 5.
411. *Strom.* VI, 15, 125, 2-3 ; cf. 11, 88, 5 ; 15, 124, 5 ; 18, 165, 1. U. SCHNEIDER, *Theologie als christliche Philosophie*, p. 172-192, a montré l'importance décisive pour Clément de l'autorité de Mt 13 parmi les justifications, tirées de l'Ancien et du Nouveau Testament, du recours au « genre symbolique ».
412. Cité en *Strom.* II, 2, 7, 1-2 ; V, 10, 63, 6 ; voir surtout *Strom.* VI, 15, 130, 1-2.
413. Ainsi que tous les écrits du Nouveau Testament. J. L. KOVACS, « Clement of Alexandria and Valentinian Exegesis in the *Excerpta ex Theodoto* », *StP* 41, 2006, p. 187-200, en a donné un bel exemple à propos de la manière dont Clément a été stimulé par les interprétations valentiniennes de l'image du « corps du Christ ».
414. *Strom.* VI, 15, 124, 6 ; cf. *Strom.* V, 12, 80, 4-7, citant 1 Co 2, 6-7 ; Col 2, 2-3 ; Mt 13, 11 ; Mt 13, 35, reprenant Ps 77, 2.

et réduire la prolifération du sens. Il en va encore ainsi pour les rites qui structurent la communauté de l'Église, comme le baptême.

Si l'on compare la théorie du symbolisme chez Clément à celle de ses contemporains « grecs », on constate qu'il pousse à l'extrême deux des tendances qui caractérisent la conception des allégoristes et qui la distinguent de la codification des rhéteurs : l'effacement de l'ornement et la prépondérance du sens second[415]. Les considérations paradoxales de Clément sur le sujet sont bien connues. Il utilise la définition rhétorique du « trope » pour congédier « le parler grec », réduit à l'artifice : « Le trope est en effet une expression qui opère un passage du sens propre à celui qui ne l'est pas, pour un effet artistique et pour l'agrément du style inhérent au discours ». Il oppose aux « changements constitués par les tropes », qui « composent de propos délibéré les cryptages, vers un sens dérivé », et à « l'écart voulu par rapport à l'usage normal », la « parabole », l'une des formes de « la prophétie », qui procède inversement : c'est en effet « un discours qui mène l'homme intelligent à partir de quelque chose qui n'est pas le propre mais qui ressemble au propre, jusqu'à ce qui est vrai et propre, ou bien, comme le disent certains, c'est une expression qui fait comprendre efficacement les choses dites au sens propre au moyen d'autres ». Si ces deux définitions dépendent de la rhétorique scolaire, le coup de force de Clément est de distinguer le style de l'Écriture de celui des Grecs en forgeant un contraste entre la parabole biblique et le trope ornemental et d'introduire le « propre » qui, par un jeu sur le mot κύριος, sous-entend la référence au « Seigneur (Κύριος) » et au passage d'un monde à un autre monde[416]. Telle est l'orientation foncièrement christologique de l'exégèse de Clément. Certes, on pourrait discerner, dans le détail de sa pratique, le recours implicite aux autres

415. P. Chiron a mis en relief les différences entre les fins recherchées par les prescripteurs que sont les rhéteurs et les praticiens de l'interprétation allégorique, en se fondant sur le Pseudo-Héraclite, complété par Cornutus et par le Pseudo-Plutarque : « Aspects rhétoriques et grammaticaux de l'interprétation allégorique d'Homère », dans G. Dahan, R. Goulet (dir.), *Allégorie des poètes..., p. 35*-58.

416. *Strom.* VI, 15, 129, 2-3 ; 126, 4 ; 126, 3 ; voir A. Le Boulluec, « Clément d'Alexandrie et la conversion du "parler grec" », dans Id., *Alexandrie antique et chrétienne...*, p. 61-76.

tropes qui régentent les opérations complexes de la signification symbolique[417]. Le souci esthétique n'est pas absent non plus de sa réflexion sur la polysémie du texte biblique, comme l'indique une comparaison justifiant l'ἐπίκρυψις : « Tout ce qui se montre à travers un voile fait apparaître la vérité plus grande et plus auguste, comme ces fruits qui transparaissent sous l'eau, ou ces formes sous des voiles qui leur associent la beauté d'autres reflets[418]. » Mais l'intérêt de Clément pour le « genre symbolique » vise avant tout l'accès à la connaissance des réalités qu'ouvre « le Seigneur » à travers les Écritures, une expérience intellectuelle et spirituelle dont la puissance est figurée par l'application à la venue du Christ du trope par excellence du transfert de sens ou de la conversion, la métaphore : « Le style des Écritures est effectivement de l'ordre de la parabole, car le Seigneur, qui n'était pas du monde[419], est pourtant venu chez les hommes comme étant du monde. Il a porté sur lui toute la vertu et voulait, par la connaissance, élever l'homme, qui vit dans le monde, jusqu'aux réalités intelligibles et premières, en le faisant passer d'un monde à un autre monde ; aussi a-t-il eu recours précisément à l'écriture métaphorique[420]. »

Plan général de l'ouvrage

Cette description superficielle n'a pas d'autre ambition que d'indiquer les sujets abordés dans les différents livres.

Le livre I commence par un long prologue qui justifie la décision d'écrire, en dépit des réserves exprimées par Platon dans le *Phèdre*, et qui définit les règles de composition requises pour en atténuer les

417. Comme le fait P. CHIRON, « Aspects rhétoriques et grammaticaux... », *p.* 50-55, en examinant l'exégèse d'Homère chez le Pseudo-Héraclite.

418. *Strom.* V, 9, 56, 5 ; voir A. LE BOULLUEC, « Voile et ornement : le texte et l'addition des sens selon Clément d'Alexandrie », dans ID., *Alexandrie...*, p. 387-399 et 487-488.

419. Cf. Jn 1, 9, 8, 23 ; 12, 46 ; 17, 14. 16 ; 18, 36 ; J. M. TSERMOULAS, *Die Bildersprache des Klemens von Alexandrien*, Le Caire, 1934, a dressé le catalogue de ses images.

420. *Strom.* VI, 126, 3, avec le jeu, difficile à rendre, entre « Seigneur (Κύριος) » et κύρια (« propres »), traduit ici par « premières ».

risques (1, 1-10 et 1, 11-18)[421]. Une transition, sur l'utilité de la philosophie et les dangers de la divulgation, introduit la première partie de la recherche concernant la nature et l'origine de la vraie sagesse (2, 19-21). Cette première partie comporte d'abord une section systématique (2, 22-12, 56), qui oppose à la sophistique (3, 22-24) la sagesse authentique (4, 25-5, 32), pour aboutir à des considérations sur l'ambivalence de l'instruction et de l'érudition (6, 33-7, 38) ; un nouvel exposé critique vise la sophistique (8, 39-42) ; il est suivi d'une valorisation de la dialectique (9, 43-10, 47, 1), puis de réflexions sur la dualité de la parole, bienfaisante ou maléfique, et sur les différences entre la sagesse commune et l'enseignement du Fils (10, 47, 2-11, 54). Une transition, qui revient sur la forme des *Stromates*, agencée pour éviter les dangers de la divulgation (12, 55-56), fait passer à une section historique, introduite par un exposé sur la philosophie à la fois une et multiple (13, 57-58). À un parcours de l'histoire de la philosophie grecque (14, 59-65) succède la mise en lumière de l'origine barbare de la philosophie (15, 66-73) et l'antériorité des Barbares dans la découverte de tous les arts et techniques, par rapport aux inventeurs grecs (16, 74, 1-80, 4). Une transition distingue trois jugements sur la philosophie grecque : pour les uns, elle n'atteint qu'obscurément et partiellement la vérité ; pour d'autres, elle procède du diable ; selon d'autres encore, elle a été transmise par des puissances déchues. Quoi qu'il en soit, elle a un rôle propédeutique (16, 80, 5-6). Vient alors la seconde partie, elle-même composée à son tour d'une section systématique qui présente et discute l'hypothèse du larcin des Grecs[422], à partir de l'interprétation allégorique de Jn 10, 8, puis qui donne à la philosophie le rôle de cause coopérante, ou adjuvante (17, 81-20, 100),

421. La présente analyse suit l'étude de C. Termini, « Il profilo letterario delle sezioni storiographiche nel primo libro degli *Stromati* di Clemente Alessandrino », *SMSR* 60, 1994, p. 219-242. Un plan détaillé est fourni par C. Mondésert (SC 30, p. 28-37). Le tout début du prologue est perdu.

422. Voir D. Ridings, *The Attic Moses. The Dependency Theme in Some Early Christian Writers*, Göteborg, 1995 (p. 18-139 et 231-238), et G. Aragione, « L'amor proprio dei Greci e la ricerca del vero maestro. Clemente d'Alessandria (*Stromati* VI, 2, 5-27) », dans A. Frey, R. Gounelle (dir.), *Poussières de christianisme et de judaïsme antiques*, Prahins-Lausanne, 2007, p. 41-59.

et d'une nouvelle section historique : chronologies comparées de l'histoire hébraïque et de l'histoire grecque (21, 101-131) ; excursus sur les Prophètes (21, 132-136, 2) ; récapitulation des diverses chronologies, jusqu'à la naissance de Jésus (21, 136, 3-147).

L'alternance des deux perspectives, systématique et historique, sur les rapports entre philosophie grecque et sagesse d'origine divine des Hébreux et des chrétiens, est le fruit d'une *variatio* stylistique. Elle met en lumière l'ambivalence de la philosophie grecque dans les sections systématiques et sa dérivation depuis une sagesse barbare, plus ancienne, hébraïque précisément. Les sections historiques, qui exploitent l'historiographie hellénistique[423], ont un rôle démonstratif. Une analyse plus fine de la structure concentrique de la première manifesterait la prépondérance, en matière de sagesse, de la priorité des Hébreux et, par association, des chrétiens, qui reste le thème principal de la seconde, chronographique[424].

Quant à la dernière partie, amorcée dès I, 16, 79, 5 par une allusion à l'antiquité de Moïse, et introduite par l'insistance sur l'inspiration des Septante, traducteurs des Écritures en grec (22, 148-150), elle vient couronner et parachever la démonstration par l'étude de la biographie de Moïse, de ses exploits (évoqués notamment par *l'Exagôgè* d'Ézéchiel le Tragique) et de ses titres, qui fait de lui le condensé de la sagesse universelle, tout en substituant à l'idéologie « royale » de Philon, source essentielle, la conception du Christ comme vrai médiateur (23, 151-29, 182).

Le livre II commence par le rappel du larcin des Grecs et le projet de réfuter leur prétention et de les amener à discerner, grâce au déchiffrement des Écritures, caractérisées par « le genre symbolique », la vérité

---

423. Voir R. MORTLEY, « The Past in Clement of Alexandria. A Study of an Attempt to Define Christianity in Socio-Cultural Terms », dans E. P. SANDERS (dir.), *The Shaping of Christianity in the Second and Third Centuries*, Londres, 1980, p. 186-200 ; A. J. DROGE, *Homer or Moses ? Early Christian Interpretations of the History of Culture*, Tübingen, 1989.

424. Cette analyse est faite par C. TERMINI, « Il profilo letterario... », p. 225-235. M. WALLRAFF, « The Beginnings of Christian Universal History. From Tatian to Julius Africanus », *ZAC* 14, 2010, p. 540-555 (p. 547-550), a montré la dépendance de Clément envers la chronographie juive et ses innovations par rapport à ses devanciers chrétiens, Tatien et Théophile d'Antioche.

sur « l'essaim des vertus »[425]. Un programme de sagesse est à trouver dans le livre des Proverbes et conduit à des définitions de l'une de ces vertus, la foi, proposées tant par Héraclite que par les Prophètes (2, 4-9). La critique de la foi telle que la conçoivent Basilide et Valentin amène à la définir comme critère de la connaissance, à partir de références scripturaires et philosophiques (3, 10-4, 19). Une digression (5, 20-22) renoue avec le modèle de Moïse développé à la fin du livre précédent et laisse place à de nouvelles réflexions sur la foi, à l'aide des philosophes et de l'Écriture, sur la correspondance entre l'appel divin et la réception de la parole, sur les rapports de la foi avec le repentir, l'espérance, l'amour, la connaissance, la crainte (5, 23-6, 31). À propos de la crainte de Dieu, « début de la sagesse » selon Pr 1, 7, un débat s'engage avec Basilide, Valentin et Marcion sur la loi, pour conclure que la crainte conduit au repentir et à l'espérance, laquelle guide jusqu'à l'amour, ce qui introduit le thème de l'implication réciproque des vertus (6, 32-9, 45). Les recherches suivantes examinent les relations entre foi et gnose (10, 46-12, 55) et les différences entre les actes involontaires et les fautes volontaires (13, 56-17, 77), ce qui conduit à une évaluation de l'éthique grecque et à la valorisation de ses sources mosaïques, lesquelles permettent au gnostique de mettre en œuvre la maîtrise parfaite des passions, loin des théories des basilidiens et de Valentin sur les passions « adventices » (18, 78-20, 117, 4). Par contraste, l'abandon de certains (hérétiques et philosophes) à la volupté entraîne de longs développements sur les doctrines de la fin et du bonheur, dont les plus belles ont pour origine les Écritures (20, 117, 5-22, 136). Au passage sont évoqués le martyre (20, 125), sujet qui sera traité au livre IV, et le mariage (20, 118, 7), introduit sous la rubrique volupté, et abordé sous cet aspect en 23, 137, 1, avant d'être étudié au contraire au regard de ses fins et de ses lois selon les philosophes, puis d'après les commandements de la Loi (23, 137-147). La dernière phrase : « Qu'ici se termine notre second *Stromate*, en raison de la longueur et du nombre des *kephalaia* » (147, 5), indique sans doute que Clément a dû passer à un nouveau rouleau pour poursuivre l'enquête sur ce sujet.

---

425. Cf. PLATON, *Men.* 72 a (*Strom.* II, 1, 1, 1).

Le livre III est tout entier consacré aux thèmes liés au mariage. La part de la polémique y est grande. Après une critique des disciples de Basilide (III, 1, 1-4, 3), Clément s'en prend à la doctrine d'Épiphane et des disciples de Carpocrate sur la communauté des femmes (2, 5-11). Il attaque ensuite l'attitude toute contraire des marcionites et leur encratisme, en faisant de leur pessimisme un emprunt, doublé d'un contresens, aux philosophes grecs (Héraclite, Empédocle, Platon) et aux poètes (Euripide tout particulièrement), abondamment cités (3, 12-25). Un premier bilan réitère le contraste entre ces deux conceptions opposées des hérétiques et introduit la réfutation d'autres sectes considérées comme licencieuses, ceux qui se réclament à tort de Nicolas, ceux qui parlent de « communauté mystique », ou les disciples de Prodicos, ou encore les Antitactes (4, 26-39). Clément formule alors clairement son programme : répondre aux adversaires « en répartissant toutes les hérésies en deux classes. En effet, ou bien elles enseignent de vivre dans l'indifférence morale, ou bien, forçant le ton, elles proclament la continence par impiété et par esprit de haine » (5, 40, 1). Cette alternance gouverne les discussions suivantes : la licence est incompatible avec la vie spirituelle, l'encratisme extrême est contraire à l'Évangile et à la gratitude envers le Créateur, la « communauté dissolue » de Carpocrate n'a rien de commun avec la société voulue par le Christ (5, 40, 2-56, 3). Au passage Clément introduit (6, 45, 3) le témoignage de l'*Évangile des Égyptiens*, dont l'exégèse tient une place importante dans l'ensemble de la controverse[426]. Il distingue aussi de la continence chrétienne celle des athlètes (6, 50, 4-51, 1), ce qui appelle pour complément le repérage des différences entre elle et la simple lutte des philosophes contre les désirs (7, 57, 1-59, 2) ; le témoignage de Valentin, cette fois, est invoqué à l'appui de la saine doctrine (7, 59, 3), tandis que l'encratisme hétérodoxe est comparé à la continence des Indiens (7, 59, 4-60, 4). L'autorité de Paul est utilisée contre les licencieux (8, 61-62). Les autres, les ennemis de la création, interprètent de façon erronée l'*Évangile des Égyptiens* et

---

426. Voir A. Le Boulluec, « De l'*Évangile des Égyptiens* à l'*Évangile selon Thomas* en passant par Jules Cassien et Clément d'Alexandrie », dans Id., *Alexandrie antique et chrétienne...*, p. 287-306.

l'Apôtre. Les deux tendances opposées allèguent de vains prétextes (8, 61-9, 67). La parole de Mt 18, 20 sur les « deux ou trois » réunis au nom du Christ, correctement comprise, réfute les hétérodoxes (10, 68-70). La Loi et l'Apôtre s'accordent sur le précepte de la continence (11, 71-78). Clément déploie plus largement sa méthode consistant à réfuter les thèses adverses (contre Tatien notamment, cité en 2, 81, 1-2) par l'exégèse de passages scripturaires (12, 79-90), ce qui lui permet de conforter sa propre doctrine. Cette stratégie vise ensuite un autre Encratite, Jules Cassien (13, 91-14,95), avant de prendre un tour plus général (15, 96-16, 101). Après un résumé de la thèse que Clément défend : naissance, procréation, existence des corps sont bonnes parce que Dieu les a voulues (17, 102-104), la fin rappelle les deux excès qui se font jour à propos du mariage et de la continence et conclut successivement contre les encratites et contre les licencieux (18, 105-110). Le livre III, comme le livre VII, a une structure relativement claire.

Le préambule du livre IV annonce d'abord son sujet principal, le martyre, avec la précision : « il faut philosopher, qu'on soit esclave ou libre, homme ou femme » ; il présente aussi un programme qui envisage la suite de l'ouvrage, au-delà de l'éthique, jusqu'à la théologie et la contemplation époptique, et redéfinit le genre littéraire des *Stromates* et son utilité ; des réflexions sur la relation entre la vie et la mort et la recherche du bien et de la vérité introduisent le thème du livre (1, 1-3, 12)[427]. Clément situe le martyre dans la ligne de l'*apatheia* philosophique, confirmée par des références scripturaires, et distingue deux groupes, ceux qui fuient le martyre et ceux qui s'y précipitent pour trouver la mort (4, 13-18). Le vrai martyre est présenté, en des termes stoïciens, comme une expression du détachement à l'égard de la douleur, de la pauvreté et de la richesse (5, 19-24). Une méditation sur les béatitudes de Mt 5, 10 et Lc 6, 22 approfondit la conception chrétienne du martyre (6, 25-41). En mêlant le langage paulinien et la terminologie stoïcienne, et en prenant des exemples chez les Grecs de résistance aux tortures et à la souffrance, l'association de la triade paulinienne foi, espérance, amour et de l'idéal stoïcien de l'impassibilité

427. Un plan commenté du livre IV est fourni par A. VAN DEN HOEK (SC 463, p. 9-33).

fait apparaître le but de la perfection gnostique en des temps de péril (7, 42-55). L'héroïsme chrétien n'a rien à envier au courage, masculin et féminin lui aussi, dont parlent les traditions des Grecs, et il efface les assujettissements sociaux. C'est un texte d'Épicure qui rappelle que la liberté de la vie philosophique n'a pas d'âge (8, 56-69). Suivent des développements polémiques, contre le valentinien Héracléon et son jugement sur la confession de foi en public (9, 70-75), puis contre l'acte de se livrer volontairement, ce qui entraîne des réflexions sur la responsabilité des juges et sur le problème de l'absence d'intervention divine (10, 76-80), contre les idées sur le martyre prêtées à Basilide (12, 81-88), contre la doctrine de Valentin, qui est censé réserver à ses disciples le royaume supérieur (13, 89-94). Des extraits du sermon sur la Montagne à propos de la persécution ramènent de nouveau l'attention sur la perfection du gnostique véritable (14, 95-16, 104). Des citations de *I Clément* élargissent la réflexion au-delà du martyre en introduisant des exemples de figures fameuses de l'Ancien Testament qui représentent diverses vertus et le thème de l'exemplarité féminine, tant biblique que grecque, est repris, pour renouer finalement avec le sujet du livre précédent, le mariage (17, 105-20, 129). Les sections suivantes du livre IV (21, 130-25, 162) sont d'une complexité trop grande, sur le plan anthropologique et théologique, pour être indiquées en quelques mots. Elles contiennent certaines des réflexions les plus neuves et les plus approfondies de Clément sur les voies de l'assimilation à Dieu, fondées sur la tradition platonicienne relue à travers les symboles trouvés dans les Écritures. La dernière section réunit en un bouquet final ses pensées sur la liaison entre l'âme et le corps, sur la bonté de Dieu créateur et sur la liberté de choix, orientée vers la cité céleste (26, 163-172).

On peut distinguer dans le livre V quatre exposés d'ampleur inégale. Clément trace d'abord les voies de la saine recherche, contre la sophistique des hétérodoxes et des disputeurs incroyants, tout en esquissant les thèmes développés par la suite (1, 1-3, 18)[428]. Le projet de persuader

428. Un repérage de ces amorces et des correspondances entre les parties du livre V est proposé par A. Le Boulluec (SC 278, p. 9-13). Sur le livre V en général, voir M. Havrda, « Some Observations on Clement of Alexandria, *Stromata*, Book Five », *VigChr* 64, 2010, p. 1-30.

les Grecs en parlant leur langue sert de transition (3, 18, 5-4, 19, 2). La seconde partie traite du « genre symbolique », conformément à la promesse faite dans le prologue du livre IV (1, 1, 2). L'universalité de ce langage « crypté » pour formuler les doctrines importantes est illustrée par des exemples pris aux Grecs et aux Barbares, puis, au centre, au récit biblique concernant le Temple et le grand prêtre, avant le recours à l'*Épître de Barnabé* et à Philon fournissant d'autres « symboles » bibliques, eux-mêmes transformés par la manifestation du Christ (4, 19, 3-9, 57, 1). La troisième partie fonde l'ésotérisme sur la pratique des écoles philosophiques et sur l'enseignement de l'Apôtre, ainsi que sur les rites de purification des mystes grecs, des lévites hébreux et du baptême chrétien, selon une initiation dont l'objet, la connaissance de Dieu, échappe à toute prise[429] et a besoin de la présence de l'Esprit (9, 57, 2-13, 88, 5). Le quatrième exposé illustre, à grand renfort de citations et de comparaisons, tirées en partie de dossiers appartenant à l'apologétique juive[430], le thème du « larcin » des Grecs[431], autour de sujets récurrents : le discours sur Dieu, créateur, premier principe, incorporel, l'enseignement sur l'au-delà, la représentation du monde et des êtres intermédiaires, anges et démons, la doctrine sur l'homme et sa perfection (14, 89-141).

Le prologue du livre VI annonce l'achèvement du discours éthique et le projet, accompli au livre VII, de montrer aux philosophes que seul le gnostique est vraiment pieux, avant de répondre aux objections tant des Grecs que des Barbares contre la venue du Seigneur (VI, 1, 1). Clément rappelle quel est le style des *Stromates* et redéfinit ce qu'est la forme authentique de la gnose (2, 1-3, 3). Il tient d'abord à compléter l'exposé de la dernière partie du livre V en montrant, au moyen d'une documentation abondante, que les Grecs, non contents d'avoir multiplié les emprunts aux Écritures, se sont aussi copiés mutuellement

---

429. Voir H. F. Hägg, *Clement of Alexandria and the Beginnings of Christian Apophaticism*, Oxford, 2006.

430. L'analyse de W. Bousset, *Jüdisch-christlicher Schulbetrieb in Alexandria und Rom*, Göttingen, 1915, p. 155-271, reste, malgré ses excès, la base de toute recherche sur les sources de Clément (voir SC 278, p. 16-18).

431. Annoncé au début du livre II (1, 1, 1), après avoir été introduit en I, 17, 81, 1-4.

(2, 4-27)[432]. Quant aux miracles rapportés par les Grecs, ils s'inspirent des prodiges de la Bible (3, 28-34). Ils ont aussi fait des emprunts aux Barbares, Égyptiens et Indiens (4, 35-38). La deuxième partie (5, 39, 1-7, 59, 4) a pour thèmes l'universalité du salut et la philosophie véritable. Les Grecs et les Juifs, de manières différentes, ne rendent pas à Dieu le culte parfait, que seule révèle l'alliance nouvelle. La philosophie est cependant un don de Dieu aux Grecs. L'annonce du salut est universelle et elle a été faite même aux enfers (5, 39, 1-6, 52, 2). La sagesse véritable est dans les Écritures. Même Valentin et Isidore, fils de Basilide, l'affirment (6, 52, 3-53, 5). La vraie philosophie est la synthèse de ce qu'il y a de meilleur dans les écoles et elle se caractérise par l'absence de vanité personnelle et par le choix du Christ pour maître (7, 54-59). La troisième partie (7, 60-161) compose le portrait du gnostique. C'est l'une des pièces maîtresses des *Stromates* pour la connaissance des doctrines de Clément. L'enquête fait alterner les recherches sur les savoirs utiles pour le gnostique et la description de ses qualités : purifié et contemplatif (7, 60-8, 64), il peut tirer parti de la philosophie, qui est l'alliance donnée aux Grecs (8, 65-70) ; libéré des passions (9, 71, 1-78, 1), il sait user des sciences comme chemins vers la vérité (9, 78, 2-11, 95, 3). La vertu du gnostique, comme le montre le cas d'Adam, implique libre choix et responsabilité. Son allégresse est « une joie de la pensée (εὐφροσύνη) », sa richesse tient dans ses bonnes actions. Ici intervient une réflexion sur la vie conjugale qui complète l'exposé du livre III sur le mariage, puis une méditation sur la prière qui préfigure celle du livre VII. Quant à la justice du gnostique, elle a pour modèles Abraham et Moïse (11, 95, 4-12, 104, 1). La perfection du gnostique fait de lui un nouvel apôtre, un prêtre véritable ; il est appelé à l'assimilation à Dieu (12, 104, 2-14, 108, 1). L'enquête aborde la représentation des diverses demeures dans l'au-delà (14, 108, 2-114, 3). Un retour sur l'intelligence et l'action du gnostique introduit la section capitale sur sa capacité de comprendre les Écritures, illustrée d'abord par la théorie du symbolisme chrétien (14, 114, 4-15, 132, 5), puis par un exemple d'interprétation du Décalogue (16, 133-148). Le

432. P. DESCOURTIEUX (SC 446, p. 13-28) a donné une analyse détaillée de la composition littéraire du livre et en a présenté les thèmes principaux (p. 28-37).

portrait du gnostique s'achève dans ce livre par un nouveau plaidoyer pour la recherche de la sagesse véritable, au-delà des illusions de la philosophe grecque, qui est cependant un don de Dieu. Le gnostique est alors défini comme celui qui est capable d'aider autrui par la transmission de la vérité, pratique et théorique (17, 149-161). La fin du livre reprend la plupart des thèmes tissés dans ce *Stromate*, et insiste sur l'histoire du salut, l'expansion de la parole du Maître dans toute la terre habitée, la résistance aux persécutions et la beauté de la voix des prophètes de Dieu (18, 162, 1-168, 3). Clément conclut brièvement qu'il a effectivement « façonné une sculpture du gnostique », un portrait moral, et il ajoute : « La qualité de sa science spéculative dans les questions de physique sera mise en évidence plus loin, lorsque nous commencerons à traiter de la création du monde » ; promesse qui n'est pas encore tenue dans le livre suivant.

La répartition du livre VII en grands ensembles est claire, même si l'écriture est fidèle au style des *Stromates*[433]. Le premier développement, annoncé dans le prologue, répond à l'accusation d'athéisme portée contre les chrétiens et présente, à l'intention des philosophes, à partir de leur propre culture, le culte rendu à Dieu par le gnostique comme la seule forme de piété véritable (1, 1, 1-9, 54, 4). Il comprend des exposés théologiques (1, 3-2, 12), une valorisation de la religion chrétienne passant par la critique de la superstition grecque, raillée déjà par les comiques et par les philosophes, selon une tactique déjà exploitée dans le *Protreptique*, la suite des réflexions sur l'activité du gnostique, cette fois plus spécialement dans ses relations avec Dieu, ce qui conduit à un véritable traité sur la prière (7, 35, 1-49, 8)[434]. Le gnostique n'apparaît plus seulement comme la « sculpture » modelée par le discours de l'auteur, mais il est « statue animée du Seigneur » (9, 52, 3). Le second développement décrit la vertu parfaite du gnostique, conforme à sa piété, et sa conduite à l'égard d'autrui, en accord avec la pureté de son amour pour Dieu (10, 55-14, 88). C'est l'aboutissement des évocations antérieures, dans le livre, de l'ascension jusqu'à

433. Voir l'introduction d'A. Le Boulluec, SC 428, p. 9-22.
434. Voir A. Le Boulluec, « Les réflexions de Clément sur la prière et le traité d'Origène », dans Id., *Alexandrie antique et chrétienne...*, p. 153-165.

la plus haute demeure, et de la transposition de thèmes philosophiques, platoniciens et stoïciens. L'idée de l'accord avec la volonté de Dieu, qui va jusqu'à l'intériorisation du plan divin par l'âme contemplative, anime toute cette partie. La troisième s'efforce de résoudre les difficultés suscitées par l'existence des divisions dans le christianisme et combat les « hérésies » (15, 89, 1-110 3)[435]. La conclusion affirme que « le lieu éthique » a été parcouru[436], tout en rappelant que le genre littéraire des *Stromates* a permis de semer « les étincelles des doctrines de la gnose véritable ». La dernière phrase fait attendre une suite, d'un tour nouveau : « Après le septième *Stromate* que nous avons donné ici, nous exposerons la suite en prenant un nouveau départ » (18, 111, 4).

Le problème du Stromate VIII

Eusèbe de Césarée et Photius connaissaient huit livres de *Stromates*[437]. Le *Laurentianus* contient, après le livre VII, de nouveaux développements sous le titre « huitième *Stromate* ». Les textes ainsi réunis sont cependant d'un tout autre caractère : à l'exception des deux premières pages, qui sont rédigées dans le style des *Stromates*, qui reposent sur des textes scripturaires et qui correspondent au goût de la recherche constamment affirmé par Clément, le premier ensemble juxtapose des développements techniques relevant de la méthode rationnelle d'investigation, où l'on a repéré l'alliance des logiques aristotélicienne et stoïcienne, et quasiment dénués de références chrétiennes. Ensuite figurent des *Abrégés des écrits de Théodote et de la doctrine dite orientale au temps de Valentin*, enfin les *Églogues prophétiques*, textes où l'on discerne mieux le style et la pensée de Clément, mais qui n'ont rien de commun avec le premier ensemble. La documentation antique est elle-même troublante : Acace de Césarée, le disciple et successeur d'Eusèbe, cite un passage que l'on peut lire maintenant dans les *Églogues prophétiques*, mais qu'il dit venir du

435. On trouvera un commentaire détaillé de cette partie dans A. LE BOULLUEC, *La Notion d'hérésie...*, II, p. 361-438.

436. Programme annoncé en *Strom.* 1, 1, 15, 2 et précisé en IV, 1, 1, 2 et 3, 4 (cf. VI, 1, 1, 1 ; IV, 25, 162, 2).

437. EUSÈBE, *HE* 6, 13, 1-2 ; PHOTIUS, *Bibl.* codex 111.

livre VIII des *Stromates*. Photius, au IXᵉ siècle, connaît des manuscrits qui, pour le livre VIII, ont la souscription *Quel riche sera sauvé ?*, désignant un ouvrage distinct, bien connu par ailleurs. Ces bizarreries ont donné lieu, quand on n'a pas admis que le texte conservé par le *Laurentianus* pût être le livre VIII des *Stromates*, à deux hypothèses apparentées : il s'agirait soit de notes de Clément, rassemblées en vue de ses ouvrages ultérieurs et publiées par lui-même ou par son entourage, soit de notes de cours prises par Clément auprès de Pantène[438]. Une autre explication consiste à voir dans ces développements disparates la main d'un excerpteur, qui aurait taillé dans la suite des sept livres des *Stromates*, effectivement projetée par Clément, suite qui aurait comporté, outre un huitième livre, les huit livres des *Hypotyposes* connus d'Eusèbe et de Photius. Ce travail de sélection serait antérieur à Acace, voire à Eusèbe[439].

Si l'on s'en tient au traité technique de la démonstration constituant le livre VIII dans l'édition courante, on peut objecter à cette explication qu'il correspond fort mal au programme qu'envisageait Clément, à savoir, après l'achèvement du discours éthique, soit la section apologétique, soit la théorie des « principes ». Un exposé aussi technique et privé de support scripturaire et de doctrine chrétienne n'a pas sa place dans un livre composé à la manière des *Stromates*, quand bien même il s'agirait d'extraits. En outre, l'argument pour rejeter l'hypothèse de notes préparatoires rédigées par Clément et publiées par des disciples, selon lequel les anciens répugnaient à éditer des textes privés ou inchoatifs, se heurte à des exemples d'écrits publiés à l'insu ou contre la volonté des auteurs[440]. Notons que Clément lui-même ajoutait à l'adage

438. Ces deux hypothèses sont rappelées par M. CAMBE, *Avenir solaire et angélique des justes. Le psaume 19 (18) commenté par Clément d'Alexandrie*, Cahiers de Biblia Patristica 10, Strasbourg, 2009, p. 11-12. La seconde, défendue par W. ERNST (1910), P. COLLOMP (1913) et surtout W. BOUSSET (1915), n'a plus aucun crédit.

439. Cette explication nouvelle a été magistralement argumentée par P. NAUTIN, « La fin des *Stromates* et les *Hypotyposes* de Clément d'Alexandrie », *VigChr* 30, 1976, p. 268-302, qui parcourt, en les critiquant, les recherches antérieures et qui se fonde sur les divers programmes annoncés par Clément dans les prologues des livres I, II, IV et VI des *Stromates*.

440. Ainsi Galien se plaint-il de savoir que certains de ses écrits réservés à ses amis et élèves ont été publiés *(Sur l'ordre de ses propres livres I*, 2. 5. 11 ; II, 23.

tiré de la *Lettre* II attribuée à Platon : « Il n'est pas possible que les écrits ne tombent dans le domaine public », la remarque personnelle : « même s'ils restent inédits de mon fait[441]. » Il était donc conscient du fait que d'autres pouvaient publier ses « mémoires », même sous une forme de notes non composées.

Dans le cas du *Stromate* VIII désigné ainsi dans l'édition de référence des œuvres de Clément, l'examen attentif du contenu du texte, des intertitres introduits dans le manuscrit et la comparaison systématique avec les passages parallèles des *Stromates* où les arguments techniques du manuel sont mis en œuvre, incitent à retenir l'hypothèse de notes préparatoires comme la plus vraisemblable, et donc à considérer qu'elles sont antérieures aux sept premiers livres conservés[442]. Si au temps de Photius circulaient des exemplaires où figurait le *QDS* à la place de ce qui passait pour être le *Stromate* VIII, c'est que des copistes disposaient de modèles où l'on avait déjà substitué au texte originel d'autres écrits de Clément, ainsi ces notes faites d'après un manuel de logique, un processus qui a pu commencer même avant Eusèbe.

Les notes du *Laurentianus* comportent une note marginale entrée dans le texte, « Contre les Pyrrhoniens » (avant 15, 2-16, 3), et un titre, signifiant « Les méthodes et principes des enquêtes consistent en ceci » (avant 17, 1), repris comme souscription à la fin de l'ensemble, avant les *Extraits de Théodote*.

Quelle peut être la source de Clément ? La comparaison avec la méthode de démonstration de Galien et avec ce qu'il dit de son traité

25 ; *Sur ses propres livres*, Prologue, 5-12) ; voir le commentaire à son édition de V. BOUDON-MILLOT, *Galien*, I, CUF, Paris, 2007, *ad. loc.*, et T. DORANDI, *Le Stylet et la Tablette. Dans le secret des auteurs antiques*, Paris, 2000, p. 77-83, qui donne aussi le témoignage du mathématicien Apollonios de Pergé (IIIe-IIe s. av. J.-C.) sur la circulation de rédactions imparfaites de certains de ses traités.

441. *Strom.* I, 1, 14, 4.

442. Ces conclusions sont élaborées de la façon la plus convaincante par M. HAVRDA, dans son introduction à sa traduction commentée du manuel de logique, précédé d'une ébauche de rédaction personnelle de Clément : *The So-Called Eighth* Stromateus *by Clemens of Alexandria*..., ouvrage qui donne aussi le texte grec, révisé.

perdu sur le sujet rend plus que plausible la proposition de voir dans son *De la démonstration* l'écrit dont Clément a retenu une grande partie[443].

*

* *

Les *Hypotyposes* et autres œuvres

Les Hypotyposes

De cet ouvrage perdu, en huit livres selon Eusèbe et Photius, il ne reste en guise de fragments explicitement rapportés à lui que les citations faites par Eusèbe, Jean Moschos, Photius et les brefs extraits de la chaîne sur les épîtres pauliniennes du pseudo-Oecumenius[444]. Eusèbe y a glané des informations sur les Apôtres et sur les écrits du Nouveau Testament, comme Jean Moschos. Deux notes, l'une sur le nombre des anges en Tb 12, 13, l'autre sur l'attribution par Clément à Luc du *Dialogue de Jason et Papiscus*[445], issues des *Hypotyposes*, figurent dans les scholies à Denys l'Aréopagite.

On a récemment douté de l'existence des *Hypotyposes* comme écrit séparé portant ce titre : Clément aurait divisé son œuvre en deux grands ensembles, l'un destiné à un public large, *Protreptique*, *Pédagogue*, *Quel riche sera sauvé ?*, l'autre restreint à son activité scolaire. Les prologues des livres I, II, IV et VI, ainsi que la promesse faite au livre VII (14, 89, 1), montrent qu'il envisageait d'organiser en un seul tout un programme littéraire développé selon le modèle triple, logique, éthique, (méta)physique. Le témoignage de Photius prouve que

---

443. Telles sont la découverte et la thèse fortement étayée de M. Havrda, « Galenus Christianus? The Doctrine of Demonstration in *Stromata* VIII and the Question of Its Source », *VigChr* 65, 2011, p. 343-375, et confirmée dans son ouvrage mentionné ci-dessus.

444. Tous sont édités par O. Stählin, *Clemens Alexandrinus*, III, p. 195-202, ainsi qu'une glose sur la guérison du lépreux en Mt 8, 2-4 (et parallèles) dans un manuscrit des évangiles, le *Vatic. Graec.* 354 (p. 199).

445. Voir H. Tolley, « Clement of Alexandria's reference to Luke the Evangelist as author of *Jason and Papiscus* », *JThS* 63, 2012, p. 523-532.

la tradition manuscrite a bifurqué très tôt à la fin du livre VII. Le texte originel du livre VIII a pu se perdre dès la fin du IIIe siècle, lors de la transcription des rouleaux au codex, en même temps que se produisait la division en deux groupes. Un scribe, lisant les passages où Clément définit ses *Stromates* comme « présentation (*hypotypose*-esquisse) de mémoires[446] », aurait donné le titre d'*Esquisses* au second groupe. Eusèbe aurait conclu de la formule finale du livre VII qu'un livre des *Stromates* avait été perdu, sans comprendre que le même ouvrage, composé en fait de quinze livres, continuait dans ce qu'il prenait pour un écrit différent en huit livres, censément les *Hypotyposes*[447].

Cette proposition a le mérite d'éclairer les obscurités de la transmission de ce qui tient lieu actuellement de livre VIII des *Stromates*. Attribuer à un scribe la décision de nommer *Hypotyposes* le second groupe de livres, relevant, eux, de la « physiologie », au sens que donne Clément à ce terme (et de la logique ?), ce n'est cependant ni vraisemblable, ni nécessaire à l'hypothèse. Étant donné que les développements qui suivent le prétendu livre VIII des *Stromates* dans le *Laurentianus* y sont donnés sous des titres que ne mentionne pas Eusèbe et qu'aucun des ouvrages aujourd'hui perdus qu'il signale ne pouvait en fournir le contenu, on est enclin à en faire des parties des *Hypotyposes*[448], d'autant que d'autres raisons vont dans ce sens.

---

446. *Strom.* I, 1, 16, 1 ; VI, 1, 2, 1.

447. M. RIZZI, « The End of *Stromateis* VII and Clement's Literary Project », dans M. HAVRDA *et al.* (dir.), *The Seventh Book of the* Stromateis, Leyde, 2012, p. 299-311. Cette reconstruction des faits, tout en contestant les conclusions de Pierre Nautin, suit la piste ouverte par son étude novatrice.

448. Selon l'une des suggestions de P. NAUTIN, « La fin des *Stromates*... ». Une solution nouvelle a été proposée par G. CHIAPPARINI, « "Nuovi" frammenti delle *Ipotiposi* di Clemente Alessandrino... ». L'examen critique de toutes les recherches et hypothèses antérieures et l'étude minutieuse du manuscrit L et des témoignages antiques l'amènent à confirmer que les *ET*, les *EP* et ce qu'on nomme le livre VIII des *Stromates* sont les restes des *Hypotyposes*, continuation des *Stromates*. Il conclut que ceux-ci ne comptaient que sept livres et qu'il y avait huit livres d'*Hypotyposes*. Un rameau ancien de la tradition manuscrite aurait réparti la matière en trois pentades, selon une coutume attestée dans le cas des historiens (cinq livres par codex). Le témoin donnant les livres VI et VII des *Stromates* et les trois premiers livres des *Hypotyposes* se serait perdu. Un autre rameau aurait transmis *Strom.* VI et VII, suivis des textes résultant du travail de l'excerpteur, qui aurait disposé encore d'un codex contenant

Le témoignage de Photius en effet offre des éléments favorables à cette hypothèse. Il dit tout d'abord que ces *Esquisses* « traitent de certaines paroles de l'Ancien et du Nouveau Testament dont l'auteur donne une exégèse et une interprétation selon certains thèmes[449] ». Pour conclure son compte rendu de lecture, il précise : « Son but d'ensemble apparaît de donner des interprétations de la Genèse, de l'Exode, des Psaumes, des Épîtres du divin Paul, des Épîtres catholiques et de l'Ecclésiaste. » Les *Extraits de Théodote* et les *Églogues prophétiques* correspondent à cette description. Pour finir, il ajoute : « Il a été, comme il le dit lui-même, le disciple de Pantène. » Or, les *Églogues prophétiques* (56, 2) citent Pantène.

Par ailleurs, Photius condamne pour impiété certains des propos des *Hypotyposes*. Il formule huit accusations. Clément y aurait professé l'existence d'une matière éternelle et l'éternité des idées ; ravalé le Fils au rang de créature ; tenu des propos absurdes sur les métempsychoses et sur l'existence de nombreux mondes antérieurs à Adam ; blasphémé sur la manière dont Ève est issue d'Adam ; divagué en songe sur les unions des anges avec les femmes ; considéré l'incarnation du Verbe comme illusoire ; eu l'idée monstrueuse de deux Verbes du Père. Si l'on tient compte du gouffre dogmatique qui sépare Photius de Clément et de la méfiance du patriarche de Constantinople pour l'exégèse allégorique, il est possible de trouver dans les *Stromates* des suggestions, des hésitations, des commentaires symboliques qui pouvaient, sept siècles plus tard, donner prise à de tels griefs. Le plus intéressant, ici, est de

---

la troisième pentade (*Hypotyposes* IV à VIII), textes considérés comme formant tous ensemble un huitième *Stromate*. La démonstration, qui ne peut être reprise ici de façon détaillée, est très convaincante. Une objection tient à la nature des exposés techniques constituant ce que les modernes appellent le *Stromate* VIII : comment des développements dans lesquels Clément intervient si peu auraient-ils appartenu à un ouvrage achevé de l'auteur ? Pour cette partie de la suite des *Stromates*, on est ramené à la conclusion de M. Havrda, qui redonne vigueur à la thèse des notes préparatoires. Une conciliation serait possible si l'on admettait que l'excerpteur ait associé à des extraits des *Hypotyposes* un document remontant à Clément lui-même, mais diffusé sans son aval.

449. Photius, *Bibl.* codex 109. L'expression « selon certains thèmes (κεφαλαιωδῶς) » est à éclairer par ce qu'il dit des *Stromates* (codex 111) : « Ici également, il juxtapose ses thèmes (κεφάλαια) de façon clairsemée et sans ordre ».

constater que les *Extraits de Théodote* offrent les meilleurs termes de comparaison pour plusieurs d'entre eux (la théologie du Logos et de l'Incarnation, la transmigration des âmes, la naissance d'Ève)[450].

Quant au titre *Hypotyposes*, bien connu dans la littérature grecque savante[451], on a coutume de le rapprocher d'expressions d'Aristote signalant qu'avant de traiter à fond des notions, le philosophe va simplement les décrire. La traduction reçue, pour *Hypotyposes*, est *Esquisses*. Ainsi Sextus Empiricus, contemporain de Clément, a composé des *Hypotyposes pyrrhoniennes*[452]. Lorsque Sextus emploie le mot et les termes de la même famille à propos de cet ouvrage, il insiste sur la brièveté, pour la forme, et la généralité, pour le contenu. La concision propre aux « Hypotyposes » n'exclut pas cependant la profondeur de la pensée[453]. Pour Clément, en outre, la brièveté est un procédé de l'occultation fait pour inciter les chercheurs à pénétrer jusqu'aux doctrines essentielles[454]. On peut ajouter la référence à la figure de pensée que les rhéteurs nomment « hypotypose » et que Quintilien, à leur suite, définit ainsi : « une représentation des faits proposée en termes si expressifs que l'on croit voir plutôt qu'entendre »[455], figure sous-jacente aux emplois du mot dans le *Pédagogue*, quand Clément

---

450. L'enquête est menée de manière systématique et exhaustive par P. ASHWIN-SIEJKOWSKI, *Clement of Alexandria on Trial. The Evidence of « Heresy » from Photius' Bibliotheca*, Leyde, 2010. Sur le fragment des *Hypotyposes* cité par Photius pour étayer l'accusation de professer deux Verbes, voir aussi F. JOURDAN, « Le Logos de Clément soumis à la question », *REAug* 56, 2010, p. 135-172.

451. Dans l'Alexandrie chrétienne, après Clément, Théognoste composera aussi des *Hypotyposes* (voir G. ANESI, « La notizia di Fozio sulle Hypotyposeis di Teognosto », *Augustinianum* 21, 1981, p. 491-516), dont l'organisation était cependant plus systématique.

452. Galien est l'auteur d'une *Esquisse de la démarche empirique*, qu'il signale dans *Sur ses propres livres*, I, 5 ; cf. XII, 2 (voir V. BOUDON-MILLOT, *Galien* I, CUF, Paris, 2007, p. 179), et dont subsiste la traduction latine faite par Nicolas de Reggio en 1341 (traduction française par C. DALIMIER, J.-P. LEVET, P. PELLEGRIN, *Galien, Traités philosophiques et logiques*, Paris, 1988, p. 95-126).

453. Voir la comparaison entre *Pyrrhonikai Hypotyposeis* II-III et *Adversus Mathematicos* VII-XI menée par K. JANÁČEK, *Prolegomena to Sextus Empiricus*, 1948, p. 62 sq.

454. Ainsi *Strom.* V, 8, 46, 1 ; 9, 56, 2.

455. QUINTILIEN, *Inst.* IX, 2, 40.

voit dans les paroles de Jésus, des apôtres, ou des Écritures, ou dans les images de la Bible, une « vive représentation » de la vie parfaite, ou de telle ou telle attitude morale[456]. Utilisé comme titre par Clément, le mot peut évoquer le texte écrit comme une forme douée d'un pouvoir suggestif, qui montre, en raccourci, l'enseignement à atteindre, ou à retrouver[457]. Le témoignage de Photius sur l'originalité du contenu, la visée exégétique et la correspondance entre les extraits présents dans le *Laurentianus* après le « Stromate VIII » et les programmes de Clément annonçant son intention d'exposer « la physique réellement gnostique » incitent à identifier ces extraits comme des restes des *Hypotyposes*[458].

Si l'on pouvait ajouter foi au récit de Louis d'Antraigues dans ses *Mémoires sur la Turquie*, disant avoir vu au Monastère de Saint-Macaire (dans le Wadi Natrum), en 1779, une copie des *Hypotyposes*, « rassemblées dans un grand volume in folio de parchemin couvert en bois et garni de plaques de losanges », contenant « 208 feuilles », on aimerait croire que le manuscrit reste caché dans un endroit inconnu d'Égypte. Mais le caractère de cet aventurier, expert en supercheries, invite à la prudence[459].

---

456. *Paed.* I, 12, 98, 1 ; II, 10, 112, 1 ; I, 5, 14, 3 ; 7, 54, 1 ; 10, 95, 2, en lien probablement avec 1 Tm 1, 16.
457. Sur tout cela, voir A. LE BOULLUEC, « Extraits d'œuvres de Clément d'Alexandrie. La transmission et le sens de leurs titres », dans J.-C. FREDOUILLE, M.-O. GOULET-CAZÉ, PH. HOFFMANN, P. PETITMENGIN (dir.), *Titres et articulations du texte dans les œuvres antiques*, Paris, 1997, p. 287-300 (p. 295-299). Il faut en outre noter que dans le prologue du *Stromate* IV annonçant la suite des *Stromates*, Clément lui donne le tour de l'« abrégé » : Après l'achèvement de l'exposé éthique, « nous indiquerons sous la forme de chapitres quel avantage les Grecs ont retiré de la philosophie étrangère. Après cette esquisse, on présentera en abrégé un exposé des Écritures, à la fois contre les Grecs et contre les Juifs » (*Strom.* IV, 1, 2-3).
458. Comme le propose P. NAUTIN, « La fin des *Stromates*... ».
459. Sur ce témoignage, voir C. DUCKWORTH, E. OSBORN, dans *JThS* 36, 1985, p. 68, et E. OSBORN, « Clement's Hypotyposeis: Macarius Revisited », *SecCent* 7, 1989, p. 233-235.

Les Adumbrationes

Ce texte latin se compose de notes exégétiques sur la première épître de Pierre, sur celle de Jude et sur la première et la deuxième épître de Jean. Il est transmis par trois manuscrits, le *Codex Laudunensis* 96, du IXe siècle (L), le *Berolinensis latinus* 45, du XIIIe siècle (M), et le *Vaticanus latinus* 6154, du XVIe siècle (V). Le second est apparenté au premier[460]. Le *Vaticanus* comporte une précision importante : *Ex opere Clementis Alexandrini, cuius titulus est pery hipothypotyposeon, de scriptionibus adumbratis*. Sous cette forme fautive, on reconnaît le titre *Hypotyposes*, traduit en latin par *scriptiones adumbratae*, « rédactions esquissées[461] », ce qui correspond à la mention du *Berolinensis* : *Incipiunt adumbrationes Clementis Alexandrini in epistolas canonicas*, où *adumbrationes*, « esquisses », est la traduction exacte de « Hypotyposes ». On retrouve donc là le titre, transmis par Eusèbe et par Photius, de l'ouvrage de Clément. C'est Cassiodore qui fit traduire au VIe siècle ces commentaires du grec en latin pour les moines de son *Vivarium*. Il rapporte dans ses *Institutiones divinarum et saecularium litterarum* qu'il a trouvé dans un manuscrit ces explications en grec de certaines parties des Lettres « canoniques », faites par « le prêtre Clément d'Alexandrie, nommé aussi *Stromateus* ». Il précise : « Beaucoup d'observations sont subtiles, mais d'autres manquent de prudence. Nous les avons fait traduire en latin en sorte que la doctrine, une fois éliminées quelques erreurs, puisse être reçue en toute sécurité[462]. » Ces précisions concordent avec les mentions du titre données

---

460. O. STÄHLIN, *Clemens Alexandrinus* I, p. XLV-XLVI. Quelques bribes en subsistent aussi dans la chaîne latine sur les Épîtres catholiques du *Codex Laurentianus* XVII 11. Le texte des *Adumbrationes* est édité par O. Stählin dans le t. III, p. 203-215. Une traduction italienne, avec le texte de Stählin, une ample introduction et des notes, ont été données par D. DAINESE, *Clemente Alessandrino, Adombrazioni*, Letture cristiane del primo millenio 51, Milan, 2014.

461. Le latin ne désigne pas des Écritures (sacrées) pourvues d'esquisses (de commentaire) (D. DAINESE, *Adombrazioni*, p. 35), mais décalque la translittération du titre erroné Περὶ ὑποτυπόσεων (au lieu de Ὑποτυπώσεις).

462. *Inst.* I, 8, 1-4.

par les manuscrits. Photius devait de son côté s'offusquer de certaines idées impies émises dans les *Hypotyposes* et noter qu'elles traitaient, parmi d'autres textes des Écritures, des épîtres « catholiques »[463]. Un parallèle entre les *Adumbrationes* et un fragment des *Hypotyposes*, cité par Eusèbe, sur l'origine de l'évangile de Marc s'ajoute aux indices précédents pour faire penser que cette traduction latine est un reflet, déformé et abrégé par le souci d'orthodoxie de Cassiodore, des commentaires de Clément sur 1 P, sur Jude et sur 1 et 2 Jn dans les *Hypotyposes*[464]. C'est probablement un texte déjà extrait d'un florilège d'écrits exégétiques sur les épîtres dites « catholiques » que Cassiodore a connu, et certainement pas les *Hypotyposes* elles-mêmes. Rien dans la documentation n'implique par ailleurs l'existence d'une œuvre de Clément, distincte des *Hypotyposes*, dans laquelle il aurait aussi donné des exégèses de ces épîtres[465].

Ces quatre *Adumbrationes* sont des suites de notes exégétiques selon l'ordre des versets des épîtres commentées et elles sont dépourvues d'introduction générale à l'étude de chacune d'entre elles. Les références à des auditeurs ou lecteurs sont de même absentes[466]. Les remarques ont beau être très brèves, elles abordent cependant des thèmes chers à Clément, comme le progrès de l'âme menant jusqu'à l'égalité avec les anges, le rôle de l'Esprit, l'action salvifique des puissances de Dieu, les relations entre la foi, la connaissance et l'amour,

463. Comme Eusèbe, *HE* 6, 14, 1.
464. Comparer *Ad.* I, 5, 13 p. 206, 17-21 et Eusèbe, *HE* 6, 14, 6. Les divergences entre cette citation littérale faite par Eusèbe et la version de l'origine de Mc, attribuée aussi à Clément, et précisément au livre VI des *Hypotyposes*, donnée en *HE* 2, 15, 1-2, s'expliquent par le fait que dans ce passage-ci Eusèbe ne cite pas textuellement les paroles de Clément et qu'il tient compte aussi du témoignage de Papias. L'absence de toute remarque sur le jugement de Pierre (différent dans les deux passages d'Eusèbe) peut venir d'une omission délibérée du traducteur latin en *Ad.* I, 5, 13. Il paraît difficile de conclure à partir de ces documents que les *Adumbrationes* sont indépendantes des *Hypotyposes*, comme le fait D. Dainese, *Adombrazioni*, p. 38-41 et p. 162-163.
465. Quant aux rapprochements entre les passages des *Stromates* annonçant un traité *Sur les principes* et *Ad.* III, 3, 2, 7. 14 faits par D. Dainese, *Adombrazioni*, p. 91-99, ils offrent une base trop ténue pour échafauder l'hypothèse considérant les *Adumbrationes* comme partie d'un ouvrage d'exégèse préparant la rédaction d'un tel traité.
466. Sur ces traits caractéristiques, voir D. Dainese, *Adombrazioni*, p. 36-37.

et probablement la polémique contre Marcion[467]. Des références à des textes considérés plus tard comme non canoniques, l'*Assomption de Moïse* et les *Actes de Jean*, font aussi l'intérêt de ces « esquisses »[468].

Elles n'ont pas été totalement expurgées par Cassiodore. Au début des notes sur 1 Jn est rapportée l'opinion d'un « presbytre » selon lequel « le principe de la génération n'est pas séparé du principe du créateur », ce qui, interprété comme assimilant la génération du Fils à une création, peut être un reflet des passages des *Hypotyposes* qui conduisirent Photius à accuser Clément d'y faire du Fils une créature. Le commentaire, ensuite, de 1 Jn 1, 1b, fondé sur des « traditions » rapportant que la main de Jean n'avait rencontré aucune résistance en touchant le corps de Jésus, risquait d'encourir le grief de docétisme, formulé aussi par Photius[469]. Deux exemples qui resserrent les liens entre les *Adumbrationes* et les *Hypotyposes*. L'angélologie de cette traduction latine porte en outre la trace de conceptions exposées dans l'ouvrage original, utilisant notamment des écrits apocryphes comme *l'Assomption de Moïse,* qui pouvaient offusquer un Byzantin orthodoxe du IXe siècle.

Fragments « d'origine incertaine »

Une bonne partie des fragments présentés dans l'édition de référence comme « d'origine incertaine »[470] provient vraisemblablement des *Hypotyposes*[471]. La chose paraît sûre pour les extraits donnés par les chaînes exégétiques sur le Nouveau Testament. Un nouveau fragment

---

467. Thèmes repérés et situés dans leur contexte philosophique et théologique par D. DAINESE, *Adombrazioni*, p. 44-55 ; 55-59 ; 94-97.

468. En *Ad.* II, 9 (cf. III, 2, 1) et III, 1, 1 respectivement ; voir D. DAINESE, *Adombrazioni*, p. 63-68 et 180, n. 10.

469. Ces passages sont commentés par P. ASHWIN-SIEJKOWSKI, *Clement of Alexandria on Trial...*, p. 84-88 et 95-103.

470. O. STÄHLIN, L. FRÜCHTEL, U. TREU, *Clemens Alexandrinus*, III, p. 224-230 (fr. 48-74). L'étude critique des sources est faite p. XXVI-XXX.

471. J. PLÁTOVÁ, « Bemerkungen zu den *Hypotyposen*-Fragmenten des Clemens Alexandrinus », *StP* 46, 2010, p. 181-187, dresse un bilan de la recherche sur le sujet et sur les fragments déjà considérés comme venant des *Hypotyposes*.

a été trouvé dans un évangéliaire de la Laurentienne[472]. Des remarques sur la « religion chrétienne » comme « science », qui a son propre langage, comme la rhétorique et la médecine, sont bien dans la veine des classifications de Clément[473]. Anastase le Sinaïte cite dans l'un de ses écrits *Contre les monothélètes* comme extrait des *Stromates* de Clément un passage exploité par l'adversaire nestorien. L'éditeur d'Anastase, constatant que ce texte est absent des *Stromates* conservés, le range parmi les *spuria.* Un examen attentif de ce témoignage conduit cependant à ne pas exclure l'authenticité du fragment[474].

Parmi les passages qui ne traitent pas directement de l'Écriture, les informations que Cyrille d'Alexandrie dit tenir de Clément sur l'*Histoire* de Sanchuniathon sont intéressantes en ce qu'elles complètent le panorama clémentin des cultures « barbares »[475]. Elles pouvaient trouver place dans une partie des *Hypotyposes* correspondant au programme annoncé au début du livre IV des *Stromates* : recenser les opinions

---

472. F. Di Benedetto, « Un nuovo frammento delle *Ipotiposi* di Clemente Alessandrino », *Sileno* 9, 1983, p. 75-82 : une scholie sur Mt 11, 11 remontant peut-être à l'enseignement de Pantène. Il révèle cinq autres fragments, dont l'authenticité doit encore être contrôlée (J. Plátová, « Bemerkungen... », p. 182-183).
473. Fr. 68 = *Sacra Parallela* 317 Holl.
474. S. Morlet (« Un fragment méconnu des *Stromates* [de Clément ou d'Origène ?] chez Anastase le Sinaïte », dans D. Cuny, G. Bady [dir.], *Les polémiques religieuses du Ier au IVe siècle de notre ère. Hommage à Bernard Pouderon*, Paris, 2019 p. 329-345) n'exclut pas totalement l'authenticité du fragment, qui pourrait venir d'un livre perdu des *Stromates* ou des *Hypotyposes.* Il note cependant que la teneur du passage ne correspond pas à la doctrine de Clément sur la relation entre Dieu et le monde et en trouve plutôt des échos chez Origène, dont les propres *Stromates* pourraient être la source d'Anastase. Voici la traduction par S. Morlet de l'argument prêté au nestorien : « Et comment, en tant que Dieu, remplit-il le ciel et la terre (cf. Jr 23, 24) ? Cela, précisément, le sage Clément l'interprète dans les *Stromates* quand il dit : "De même que l'âme remplit le corps de façon essentielle, de même Dieu remplit et vivifie ce qui est dans les cieux, le ciel et la terre de façon essentielle" » (texte grec dans K.-H. Uthemann, *Anastasii Sinaitae Opuscula adversus Monotheletas*, Turnhout-Louvain, 1985, 6, 1, l. 25-28).
475. Fr. 51 = Cyrille, *Adv. Jul.* VI, PG 76, 813. Contre l'opinion de O. Stählin, enclin à douter du témoignage de Cyrille, L. Früchtel (*ZNW* 36, 1937, p. 88-90) penche pour l'authenticité du fragment.

des Barbares (avec celles des Grecs) sur les « principes »[476]. Il en va de même pour l'une des références à Clément de Jean Malalas, sur un savant syrien qui aurait « écrit en lettres phéniciennes la philosophie des nombres », posé l'existence de « principes incorporels » et enseigné la transmigration des âmes[477]. Quant aux autres fragments tirés de la *Chronique* de Jean Malalas, qui concernent les Apôtres, le Christ et des rois de Judée, ils traitent de sujets analogues à ceux des citations faites par Eusèbe des *Hypotyposes*[478].

Les Extraits de Théodote

Dans le *Laurentianus*, les développements qu'on a coutume d'intituler *Extraits de Théodote* sont nettement séparés de l'ensemble appelé « Stromate VIII ». Après celui-ci, en effet, au folio 361^r, la ligne 14 est occupée par le même dessin ornemental (une frise de traits verticaux incurvés, séparés, à intervalles réguliers, par des courbes longitudinales, avec, à chaque extrémité, un fleuron en forme de lierre) que celui qui sépare, au f. 144, l. 14, la fin du livre III du titre du *Stromate* IV, ou qui marque la fin du livre VI, au milieu d'une page, f. 296r. Là paraît bien commencer un nouvel ensemble, inséré lui aussi à cet endroit par un copiste comme une suite des *Stromates* et composé à partir d'un autre ouvrage que les *Stromates*, les *Hypotyposes* en l'occurrence, par un excerpteur antique. Le titre complet est « Abrégés des écrits de Théodote et de la doctrine appelée orientale, de l'époque de Valentin ». Ce titre n'est pas exact, étant donné que les extraits de Théodote sont accompagnés de commentaires critiques et d'interprétations personnelles de Clément[479]. On peut cependant concevoir qu'un lecteur ait

476. *Strom.* IV, 1, 2, 1.

477. Fr. 72 = JEAN MALALAS, *Chron.* X, 2 (H. THURN, éd., *Ioannis Malalae Chronographia*, Berlin, 2000, p. 174).

478. Il nomme une fois (fr. 73) Clément « chronographe », sans doute à cause des exposés de chronologie du livre I des *Stromates*.

479. Par ailleurs, il faut écrire « Abrégés des écrits de Théodote... » et non pas « Résumés, tirés des idées de Théodote... », comme je l'ai fait (« Extraits d'œuvres... », p. 111), en suivant P. NAUTIN, « La fin des *Stromates*... », p. 273, n. 17. G. CHIAPPARINI, « "Nuovi" frammenti... », p. 235, propose une autre traduction du titre : « Abrégés utiles extraits des œuvres de Théodote et de l'école dite orientale

été intéressé d'abord par les propos du valentinien et nommé sa sélection d'après ce nom, étant donné, au demeurant, que les citations du maître gnostique gouvernent l'organisation des développements. Quant au caractère d'« abrégés », il peut venir d'une expression de Clément lui-même, qui l'utilise couramment dans les *Stromates* pour désigner soit la forme de raccourci d'un exposé, soit « une sorte de paraphrase très brève et cursive » d'un passage scripturaire[480]. S'il convient de parler de « sélection » opérée par un lecteur, voire par un disciple de Clément, plutôt que de notes préparatoires de Clément lui-même, suivant une opinion longtemps majoritaire, c'est que, d'une part, ces « abrégés » et leur interprétation critique ont une substance exégétique et théologique dont l'élaboration est infiniment supérieure à celle de travaux préparatoires et, d'autre part, qu'ils présentent des obscurités et des ruptures impliquant l'existence de lacunes. Il semble en outre que les sources gnostiques ne se limitent pas à un écrit de Théodote, mais que l'ouvrage originel ait traité tour à tour, et parfois en même temps, de documents différents[481]. L'intervention de l'excerpteur a dû se produire très tôt. En effet, la mention d'une « école dite orientale » chez les valentiniens appartient à une répartition hérésiologique ancienne, proche de l'époque de Clément, qui ne s'est pas maintenue dans les traités polémiques postérieurs à l'*Elenchos* attribué à Hippolyte[482].

des disciples de Valentin ». Il interprète l'abréviation mêlant les lettres *chi* X et *rho* P présente dans le manuscrit L après le nom de Valentin comme représentant non pas χρόνους (« les temps », « l'époque »), mais χρήσιμοι (« utiles »), portant sur ἐπιτομαί (« abrégés »), selon un autre sens attesté du sigle (il renvoie à L. TRAUBE, *Nomina sacra. Versuch einer Geschichte der christlichen Kürzung*, Munich, 1907, réimpr. 1967, p. 115-116). Mais il n'est pas possible que l'article pluriel suivi seulement du génitif du nom du maître désigne « les disciples de Valentin ». Une solution serait d'introduire une légère correction, en traduisant ainsi : « Abrégés utiles extraits de l'œuvre de Théodote et de l'école dite orientale chez les valentiniens », le même nom pouvant désigner aussi bien le maître Valentin qu'un valentinien (voir par exemple Épiphane, *Panarion* 31, titre de la notice contre les valentiniens).

480. *Strom.* I, 1, 1, 2. 3 ; 2, 2 ; V, 1, 1, 1 ; VII, 9, 54, 2 et *Strom.* VII, 14, 84, 4.

481. Ces traits de l'ensemble sont mis en évidence et commentés par F. SAGNARD dans son ample introduction et dans les notes de son édition et de sa traduction (SC 23).

482. Le modèle emprunté à l'hérésiographie grecque est celui qui distinguait la « succession ionienne » et la « succession italique » à l'origine de la philosophie (Diogène Laërce I, 13, probablement d'après Sotion d'Alexandrie). Il est attesté

Il est exclu de présenter ici le contenu des *Extraits de Théodote*. Il faudrait le situer non seulement par rapport à l'exposé d'Irénée sur la gnose de Ptolémée, mais aussi dans le cadre des informations apportées sur la théologie valentinienne par les textes de Nag Hammadi, une entreprise qui est du ressort des connaisseurs de cette littérature[483]. On se limitera à des indications sommaires sur les passages de Clément lui-même, tels que les analyses des chercheurs modernes les ont identifiés[484]. Un premier groupe, autour du noyau 4, 8 et 19-20, est un commentaire du prologue johannique associé à l'épisode de la Transfiguration. Le passage sur les appelés et les élus, qui fait figure d'intrus dans la continuité du développement, est cependant apparenté

---

dans l'*Elenchos* du PSEUDO-HIPPOLYTE (VI, 35, 5-7) et, de façon plus vague, chez TERTULLIEN (*Val.* 11, 2). J.-D. DUBOIS, « La sotériologie valentinienne du *Traité Tripartite* (NH 1, 5) », dans L. PAINCHAUD, A. PASQUIER (dir.), *Les Textes de Nag Hammadi et le problème de leur classification*, Québec, 1995, p. 221-232, a montré le caractère arbitraire de cette distinction.

483. Voir J.-D. DUBOIS, « La redécouverte des gnostiques antiques », dans B. POUDERON et E. NORELLI (dir.), *Histoire de la littérature grecque chrétienne*, II, *De Paul Apôtre à Irénée de Lyon*, Paris, 2013, p. 763-809 (2e éd. p. 665-702). F. SAGNARD, SC 28, p. 28-49, propose, en distinguant quatre sections, une étude précise de la doctrine valentinienne des extraits de Théodote, du même niveau que son grand livre sur les témoignages patristiques *La Gnose valentinienne et le témoignage de saint Irénée*, Paris, 1947.

484. L'analyse du texte et la distinction entre ce qui revient à Théodote et aux valentiniens et la part de Clément proposés par F. SAGNARD, *Clément d'Alexandrie, Extraits de Théodote*, SC 23, Paris, 1948, ont longtemps fait autorité. L'ouvrage de G. CHIAPPARINI, *Clemente di Alessandria. Estratti da Teodoto : frammenti delle perdute Ipotiposi*, Introduzione, testo, traduzione e commento, « Letture cristiane del primo millenio », Milan, 2019 (tiré de sa thèse de doctorat, Università Cattolica del Sacro Cuore, 2016) les modifient considérablement : il distingue treize fragments, résultant d'une sélection opérée par un lecteur du IIIe siècle dans diverses parties des *Hypotyposes*. Ces fragments conservent, en dépit du travail de sélection, la teneur des « abrégés » de Clément, lesquels réélaboraient les documents hétérodoxes en mêlant aux textes cités ou paraphrasés des considérations nouvelles, approfondissant les doctrines en cause, et des remarques polémiques de réfutation. Théodote est le témoin d'un débat avec des valentiniens, concernant la christologie et la sotériologie, qui sont aussi au centre des intérêts de Clément dans les développements des *Hypotyposes* ainsi découpés (voir la présentation détaillée de la thèse de Giuliano Chiapparini par M. V. CERUTTI dans *Adamantius* 23, 2017, p. 525-528).

à ce groupe par sa thématique ; il en va de même pour la méditation mystique sur l'entrée du grand prêtre dans le Saint des Saints (27), qui complète avec une certaine audace le commentaire donné au livre V des *Stromates*[485]. Il est impossible de voir dans ce développement des notes préparatoires[486]. Un deuxième groupe (10-15) décrit, à partir de l'âme humaine, une hiérarchie ascendante, dont les degrés successifs sont les anges, les archanges, les « Protoctistes », le Fils (Logos ou Monogène), le Père, et sonde les métaphores bibliques et les images anthropomorphiques évoquant la « forme » du Fils et ses relations avec les autres êtres de la hiérarchie.

Un regain d'intérêt pour les *Extraits de Théodote* et pour les *Églogues prophétiques* a récemment renouvelé la connaissance de l'herméneutique et de la théologie de Clément, en y découvrant le reflet de thèmes de l'apocalyptique juive et chrétienne et l'influence plus nette du dialogue avec la gnose valentinienne[487], au point de faire naître « l'autre Clément », dont les traits sont repérés aussi dans le *Protreptique*, le *Pédagogue*, le *Quel riche sera sauvé ?* et les *Stromates*[488]. Une attention plus scrupuleuse portée à la méthode exégétique à l'œuvre dans les

485. F. SAGNARD, SC 28, p. 220-223, compare les deux textes, *Strom.* V, 6, 32, 1-40, 4 et *ET* 27, en tenant compte du travail sur le modèle philonien.

486. Pour s'assurer que les *Extraits de Théodote* ne sont pas des notes préparatoires, à la différence du « Stromate VIII », il faudrait mener une comparaison systématique de leur contenu avec le reste des œuvres conservées de Clément.

487. Ainsi J. L. KOVACS, « Clement of Alexandria and Valentinian Exgesis in the *Excerpta ex Theodoto* », *StP* 41, 2006, p. 187-200, a-t-elle montré comment les réflexions de Clément sur l'Église « corps du Christ » dans *ET* 1, 3 ; 13, 1-5 ; 17, 1. 2-3 ont été stimulées par l'exégèse valentinienne de textes néo-testamentaires.

488. Renouveau animé principalement par B. G. BUCUR, *Angelomorphic Pneumatology. Clement of Alexandria and Other Early Christian Witnesses*, Leyde-Boston, 2009, à partir de l'étude « séminale » de C. OEYEN, « Eine frühchristliche Engelpneumatologie bei Klemens von Alexandrien », *IKZ* 55-56, 1965-1966, p. 102-120 et 27-47 (voir B. G. BUCUR, « Revisiting Christian Oeyen. "The Other Clement" on Father, Son, and the Angelomorphic Spirit », *VigChr* 61, 2007, p. 381-413, et aussi M. RECINOVÁ, « Clement's Angelological Doctrines: Between Jewish Models and Philosophic-Religious Streams of Late Antiquity », dans M. HAVRDA *et al.* (dir.), *The Seventh Book of the* Stromateis, p. 93-111). Dans une autre perspective, D. STÖKL BEN EZRA, *The Impact of Yom Kippur on Early Christianity. The Day of Atonement from the Second Temple to the Fifth Century*, Tübingen, 2003, a étudié les vestiges de la liturgie du

Extraits de Théodote a permis aussi de mieux apprécier sa cohérence, ainsi à propos de l'interprétation de la Transfiguration (4-5)[489].

Les Églogues prophétiques

La section qui suit les *Extraits de Théodote* dans le *Laurentianus* est intitulée Ἐκ τῶν προφητικῶν ἐκλογαί, ce qu'on peut traduire : « Sélections (tirées) des (écrits) prophétiques ». On peut rapprocher le titre de la partie de son *Introduction universelle élémentaire* qu'Eusèbe a nommée « Choix de prophéties (Προφητικαὶ ἐκλογαί) sur le Christ » et qui fait appel non seulement aux « prophètes » au sens restreint, mais à l'ensemble de l'Ancien Testament, selon l'usage commun des Pères des premiers siècles. Le modèle plus ancien est l'ouvrage de Méliton, dont Eusèbe cite le proème : la composition répond au désir du destinataire d'avoir « des extraits de la Loi et des Prophètes au sujet du Sauveur et de toute notre foi »[490]. La différence est que les divers exposés venant de Clément n'obéissent pas à l'ordre systématique d'un florilège de textes « prophétiques » choisis, interprétés et organisés selon un enseignement sur le Christ et la foi, comme l'œuvre d'Eusèbe et, d'après ce que celui-ci en a conservé, comme les six livres d'*Eclogae* de Méliton[491]. Les citations scripturaires sont prétexte à développements sur des sujets très divers, selon une thématique chrétienne, certes, mais sous la forme de recherches, apparentée à l'allure des *Stromates*. La traduction *Églogues (prophétiques)* correspond à ce caractère de pièces choisies[492].

La question qui se pose est de savoir si ce titre est de Clément, ou plutôt s'il désigne un ouvrage autonome. Si l'on y voit une allusion à l'enseignement du maître, « véritable abeille de Sicile », qui « butinait

Temple dans les lectures allégoriques de Clément, proches de celles des gnostiques valentiniens et de celles d'Origène.

489. C. Scholten, « Ein unerkannter Quaestioneskommentar (*Exc. Theod.* 4F) und die Deutung der Verklärung Christi in frühchristlichen Texten », *VigChr* 57, 2003, p. 389-410.

490. Cité par Eusèbe, *HE* 4, 26, 13.

491. Voir A. Le Boulluec, « Extraits d'œuvres de Clément... ».

492. C'est le parti pris par M. Cambe, *Avenir solaire*...

les fleurs de la prairie prophétique et apostolique », on peut le croire, et imaginer qu'Eusèbe, dans son prologue à ses *Eclogae propheticae*, s'en souvient, quand il compare son travail à celui de l'abeille, à travers la citation des Proverbes, 6, 8ac (LXX)[493]. Deux objections se présentent, cependant. Tout d'abord, ni Eusèbe, ni aucun autre auteur ancien ne cite un tel titre parmi les œuvres de Clément. Ensuite, les exposés ne sont pas tous dominés par l'exégèse de telle ou telle parole « prophétique », et des ruptures interviennent souvent. On serait alors tenté d'y voir un ensemble de notes préparatoires de Clément, selon l'hypothèse qui a longtemps prévalu[494]. Mais la rédaction de la plupart des « églogues » est très soignée, dans un style digne des œuvres conservées intégralement et avec des raffinements spéculatifs d'un niveau au moins égal, par exemple dans le développement qui entoure la mention d'une règle exégétique de Pantène (56). En outre, les sujets abordés relèvent le plus souvent de la partie supérieure de la « physique », l'« époptie » promise au vrai gnostique, au terme d'une ascension spirituelle. Enfin, il n'y a pas de redondance entre ces *Églogues* et les œuvres conservées de Clément, ce qu'on attendrait s'il s'agissait de notes préparatoires. Ainsi le choix fait par les « presbytres » de ne pas écrire, sous prétexte que « le genre du traité composé » n'est pas le même que « le genre de l'enseignement » du maître, n'est pas expliqué comme dans le livre I des *Stromates*[495]. Ces traits orientent vers une autre solution : on disposerait d'une sélection de passages tirés des *Hypotyposes*[496]. Il n'est pas exclu pour autant que Clément, pour introduire un nouvel ensemble d'exégèses, ait utilisé dans cet ouvrage l'expression dont l'excerpteur a tiré le titre des extraits.

493. PG 22, 1024 B.

494. Elle est maintenue par C. NARDI, *Clemente Alessandrino. Estratti profetici*, Florence, 1985.

495. *EP* 27.

496. C'est la thèse de P. NAUTIN, « La fin des *Stromates*... ». Comme dans le cas des *ET*, cette thèse devrait être mise à l'épreuve d'une comparaison systématique avec les autres écrits de Clément, selon la voie ouverte par P. Nautin, ce que fait précisément M. CAMBE, *Avenir solaire...*, pour les extraits 51-63. G. CHIAPPARINI, *Clemente di AlessandriA. Estratti da Teodoto ...*, confirme l'appartenance originelle des *Églogues prophétiques* aux *Hypotyposes* par leur rapport étroit avec les *Extraits de Théodote* (sur le plan thématique, stylistique, lexical et formel).

L'allure parfois fragmentaire, les sauts soudains d'un sujet à un autre, ne réduisent pas les *Églogues prophétiques* à une collection désordonnée. Trois sections se dessinent : une première est centrée sur la protologie biblique et la régénération baptismale (1-8) ; une seconde, moins articulée, traite de la vie chrétienne et du gnostique, ainsi que du jugement (9-50) ; la troisième se donne comme un commentaire du Psaume 18 (LXX), qui montre comment les croyants sont appelés à gravir les échelons angéliques, jusqu'à la proximité immédiate du Fils (51-65)[497]. La cohérence de cette dernière partie en fait un témoin précieux de l'exégèse psalmique de Clément[498].

*

* *

Les œuvres perdues

Eusèbe connaissait de Clément un traité *Sur la Pâque* dans lequel il avait mis par écrit, à la demande pressante de ses « compagnons », les traditions qu'il avait entendues « des anciens presbytres » et où il avait mentionné, entre autres, Irénée et Méliton[499], dont l'écrit sur le sujet l'avait incité à composer le sien[500]. La citation la plus longue se trouve dans le *Chronicon Paschale*. Elle donne un sens symbolique à l'inscription du calendrier de la Passion dans le cadre de la Pâque juive et comprend Mt 26, 28 comme signifiant que Jésus proclame

---

497. Division repérée par M. CAMBE, *Avenir solaire...*, p. 14-16. C. NARDI, *Estratti...*, p. 28-33, a tendance à exagérer la continuité logique sous-jacente aux extraits (voir M. Cambe, *ibid.*).
498. C'est la matière de l'étude approfondie de M. CAMBE, *Avenir solaire...*, qui donne en outre des indications éclairantes sur le travail de l'abréviateur (p. 163-179) et sur les intérêts qui ont guidé sa sélection : la composante angélique de l'anthropologie chrétienne, avec le thème des Protoctistes, les traditions hénochiennes et pétriniennes (*Kérygme de Pierre* et *Apcalypse de Pierre*, écrit que Clément, au dire d'Eusèbe, *HE* 6, 14, 1, avait expliqué dans les *Hypotyposes*), les personnalités remarquables et leurs doctrines (Héracléon : 25, 1 ; Pythagore sur l'imposition des noms : 32 ; Tatien : 38-39 ; Hermogène et Pantène : 56, 2).
499. EUSÈBE, *HE* 6, 13, 9.
500. D'après EUSÈBE, *HE* 4, 26, 4.

qu'il est lui-même la Pâque, l'agneau de Dieu, « conduit à l'immolation » (Is 53, 7), et fait coïncider la Résurrection avec l'offrande de la première gerbe (Lv 23, 10-11)[501]. Les fragments transmis par les *Sacra parallela* sont trop succincts et divers pour donner une idée précise du traité. Une glose marginale du Codex von der Goltz signale qu'Irénée, Origène et Clément s'accordent sur la leçon « Quiconque défait Jésus » en 1 Jn 4, 3 (au lieu de « Quiconque ne confesse pas Jésus »)[502]. Nicéphore de Constantinople a retenu un passage pour le mettre au service de la vénération des icônes[503].

Eusèbe pouvait lire aussi un écrit intitulé *Régle ecclésiastique, contre les judaïsants*, que Clément avait dédié à l'évêque Alexandre de Jérusalem[504]. Nicéphore en a intégré à son florilège de témoignages des Pères pour la défense des images un assez long extrait, rapprochant 3 R 8, 27 LXX et 1 P 2, 5, sur le « temple » à la fois charnel et céleste du Seigneur, « fils de David ».

Les *Sacra parallela* ont conservé quelques bribes de *Lettres* de Clément.

Pallade d'Hélénopolis a connu pendant son exil à Antinoé en Thébaïde, vers 410, une moniale qui possédait « un écrit de Clément, l'auteur des *Stromates*, sur le prophète Amos ». Sachant qu'elle allait mourir, elle avait demandé à sa mère de remettre cet ouvrage « à l'évêque exilé ». Pallade n'en dit pas plus. Il est le seul témoin de l'existence de cet écrit[505].

Un dernier titre est transmis par Eusèbe : *Exhortation à l'endurance, aux nouveaux baptisés*[506]. Il évoque un contexte de persécution et date vraisemblablement de la fin du séjour de Clément à Alexandrie. Aucun extrait n'en subsiste. Une série de « Recommandations », attribuées à Clément dans un manuscrit de l'Escorial datant de 1360, dont quelques lignes éveillent des échos lointains de passages du *Pédagogue*

501. Fr. 28 Stählin.
502. Fr. 35 Stählin.
503. Fr. 33 Stählin = *Refut.* = PG 100, 416.
504. Eusèbe, *HE* 6, 13, 3 ; cf. Jérôme, *Vir. ill.* 38 ; Photius, *Bibl.* codex 111.
505. Pallade, *Hist. laus.* 60.
506. Eusèbe, *HE* 6, 13, 3.

et des *Stromates*[507], ne peut venir de cet écrit. Elle a circulé aussi sous les noms de Grégoire de Nazianze, de Macaire et de Maxime le Confesseur[508]. Il s'agit en fait de la métaphrase en prose d'un poème qui a toutes chances d'être de Grégoire de Nazianze[509].

Clément lui-même fait allusion dans ses œuvres conservées à des exposés qu'il a le projet de rédiger. La seule mention d'un traité *Des Principes* qui pourrait correspondre à un écrit effectivement composé est celle du *Quel riche sera sauvé ?* (26, 8)[510]. Elle est elle-même ambiguë. La formulation n'implique pas nécessairement l'existence d'un tel écrit. Il ne faut pas exclure cependant que dans les *Hypotyposes* le sujet ait été traité. Il en va de même pour l'exposé « De la résurrection » annoncé dans le *Pédagogue*[511], et pour les développements « De la prophétie » et « De l'âme »[512].

Quelques fragments censés provenir d'un traité *De la Providence* de Clément, ignoré d'Eusèbe et de Photius, sont inauthentiques : attestés tardivement, dans des recueils de définitions philosophico-théologiques, et dans des opuscules attribués à Maxime le Confesseur, ils consistent, à l'exception d'une citation faite par Anastase le Sinaïte, sur Gn 1, 28, en définitions, dont certaines seulement peuvent remonter à Clément ; une partie du vocabulaire de ces fragments lui est étrangère[513].

507. Texte découvert par M. Barnard, qui en avait fait un extrait de l'*Exhortation à l'endurance* = fr. 44 Stählin.
508. U. Treu, dans *Clemens Alexandrinus*, III, p. XXXVIII, souligne que ce fait rend l'authenticité clémentine fort douteuse.
509. P. Van Deun, « Maxime le Confesseur. Œuvres » (*Dubia et spuria* 19, 32), dans C. G. Conticello (dir.), *La Théologie byzantine*, I/1, Turnhout, 2015, p. 418-419.
510. Les autres références sont *Strom.* III, 13, 1 ; 21, 2 ; IV, 2, 1 ; V, 140, 3 ; VI, 4, 2 ; cf. IV, 91, 1. Elles renvoient à des développements que Clément promet à ses lecteurs.
511. *Paed.* I, 47, 1 et II, 104, 3.
512. Respectivement *Strom.* 1, 158, 1 ; IV, 2, 2 ; 93, 1 ; V, 88, 4 et *Strom.* II, 113, 2 ; III, 13, 3 ; V, 88, 4. Voir aussi, pour ces renvois et d'autres analogues, O. Stählin, *Clemens Alexandrinus*, III, p. XXV-XXVI.
513. K.-H. Uthemann, « Die "Philosophischen Kapitel" des Anastasius I von Antiochien », *OCP* 46, 1980, p. 306-366 (p. 333-335), a signalé dans le Codex *Patmensis* 263, du xe siècle, d'autres définitions attribuées à Clément, dont plusieurs se retrouvent dans le recueil pseudo-clémentin intitulé *De la Providence* : voir S.-P. Bergjan, « Clement of Alexandria on God's Providence and the Gnostic's Life

Il reste que des fragments authentiques de Clément sont sans doute encore à découvrir dans des florilèges byzantins[514].

Il faut dire quelques mots du long fragment d'une « Lettre sur un "Évangile secret" de Marc » attribuée à Clément. Le texte a été découvert au monastère de Saint-Sabas à l'été 1958, copié sur une édition des *Lettres* d'Ignace d'Antioche datant du XVIIIe siècle[515]. Il n'existe de ce document que des photographies : celles de l'inventeur, qu'il a publiées avec son édition en 1973, et celles qui ont été prises plus tard par le bibliothécaire du Patriarcat de Jérusalem, qui avait reçu le livre par la suite et qui en avait détaché les pages où avait été copiée la « Lettre »[516]. Ces pages restent depuis inaccessibles. Ce texte a donné lieu à d'abondantes publications et à des controverses infinies : les uns dénoncent une supercherie, les autres prennent parti pour l'authenticité et utilisent la « Lettre » pour reconstituer l'histoire de la rédaction de l'évangile de Marc, voire de l'ensemble des évangiles[517]. De très sérieuses objections incitent pourtant à le considérer comme un faux : au-delà des circonstances de sa découverte, puis de son occultation, elles sont fondées sur des anachronismes concernant la situation ecclésiastique à Alexandrie au temps de Clément et sur l'histoire de la transmission

---

Choice: the Concept of *Pronoia* in the *Stromateis*, Book VII », dans M. HAVRDA *et al.* (dir.), *The Seventh Book of the* Stromateis, p. 63-92 (p. 90-92).

514. Ainsi S. IHM, « Die Zitate des Clemens Alexandrinus im "Maximus"-Florilegium: Beispiele zur Textkonstitution », *RHT* 31, 2011, p. 128-145, a trouvé dans une recension des *loci communes* attribués à tort à Maxime deux extraits qui peuvent être utiles pour l'édition de passages du *Pédagogue* et des *Stromates*. Elle note que les auteurs de florilèges ont souvent puisé chez Clément.

515. L'inventeur est le savant Morton Smith, connaisseur érudit du judaïsme ancien et du Nouveau Testament, tenant de thèses parfois aventureuses ; il a voulu par exemple imposer la figure d'un Jésus « magicien ». Il a édité le texte, avec un très ample commentaire : M. SMITH, *Clement of Alexandria and a Secret Gospel of Mark*, Cambridge (Ma), 1973.

516. C. W. HEDRICK, « Secret Mark: New Photographs, New Witnesses », *The Fourth R* 13, 5, 2000, Westar Institute, p. 3-11 ; 14-16.

517. Cette opposition est illustrée notamment par les deux livres publiés en 2005, l'un de Stephen C. CARLSON (qui instruit avec maestria le procès pour faux), l'autre de Scott G. BROWN (voir ma recension des deux ouvrages dans *Apocrypha* 19, 2008, p. 308-313).

des textes[518]. D'autres arguments sont tirés de l'accumulation de tournures « clémentines » et des coïncidences confondantes, d'une part entre l'épisode de la rencontre nocturne du jeune homme avec Jésus selon l'évangile secret et les versets énigmatiques de Mc 14, 51-52[519], et d'autre part entre la partie de cet évangile dont Clément est censé recommander de dissimuler l'existence et sa dénonciation des carpocratiens licencieux dans le livre III des *Stromates*. La « Lettre » a les qualités littéraires d'un excellent pastiche. Il est prudent de ne pas y avoir recours pour éclairer l'histoire du christianisme alexandrin ou des écrits du Nouveau Testament tant qu'une analyse paléographique du document lui-même n'aura pas été faite et que l'encre du manuscrit n'aura pas été datée.

*

* *

Conclusion

En guise de brève conclusion, on notera que Clément a su adapter à sa visée apologétique, à son propos didactique et à sa mystagogie des genres littéraires grecs, qu'il a ainsi transformés. Interprète de la Septante, il a hellénisé la signification de la Bible en y introduisant constamment, à l'exemple de Philon, les références à la philosophie grecque et en pratiquant la lecture allégorique. À l'écoute du « chant nouveau » du Logos, il a soumis son interprétation à la révélation évangélique. Ce faisant, il est l'un des premiers à faire authentiquement œuvre de théologien chrétien, alliant le questionnement philosophique et la recherche du sens de

518. A. MARTIN, « À propos de la lettre attribuée à Clément d'Alexandrie sur l'évangile secret de Marc », dans L. PAINCHAUD, P.-H. POIRIER, *L'*Évangile selon Thomas *et les textes de Nag Hammadi. Traditions et convergences*, Québec, 2007, p. 308-313.

519. D'après l'évangile secret, Jésus a ressuscité un jeune homme à Béthanie. « Six jours après, Jésus lui donna un ordre et, le soir venu, le jeune homme vient auprès de lui, le corps vêtu seulement d'un drap de lin. Et il resta avec lui cette nuit-là. Car Jésus lui enseignait le mystère du royaume de Dieu ». « Clément » ajoute : « Mais *"nu contre nu" et le reste*, dont tu m'as parlé dans ta lettre, ne s'y trouve pas. »

la Bible[520]. Il est toutefois aussi peu satisfaisant de voir dans l'exposé de sa doctrine une hellénisation du christianisme que d'y trouver une christianisation de l'hellénisme. En ouvrant l'un à l'autre, il a opéré des déplacements décisifs, d'ordre épistémologique et culturel. Il subordonne les critères de vérité à la parole dite divine, tandis qu'il cherche à éclairer cette parole par le recours aux règles de l'analyse logique et rhétorique des Grecs. La notion de « philosophie barbare » fait sortir l'hellénisme de ses frontières et de ses nostalgies. Chez le contemporain Athénée et ses « deipnosophistes », que l'érudition, les lectures foisonnantes, les jeux sur les mots, les enchaînements de citations apparentent à l'auteur des *Stromates*, les efforts destinés à perpétuer l'univers culturel et linguistique du monde grec au moyen des échanges du banquet, lieu de l'anamnèse et de la sociabilité, produisent un miroir où apparaissent les travers d'une civilisation hédoniste : la parade est alors de dénoncer l'imitation des Barbares et de critiquer les coutumes contraires à un passé idéalisé. La boulimie érudite finit par manifester l'inquiétude d'une élite pour son avenir et pour son identité culturelle[521]. Rien de tel chez Clément. La conversion qu'il prétend opérer des manières d'écrire et de penser des Grecs, la circulation du sens animée par les emprunts aux traditions étrangères et le truchement primordial du langage biblique s'accompagnent d'une vision optimiste de l'avenir. Celle-ci est indissociable de la « fin » nouvelle, qui colore le genre de vie prôné par une philosophie du détachement et une théologie de la transcendance, le *telos* de la joie. Clément, ou « le chrétien comme l'homme qui sait sourire »[522].

---

520. U. Schneider, *Theologie als christliche Philosophie...*, p. 1-14, a dressé le bilan critique des jugements émis depuis la fin du XIXe siècle, marqués par les controverses sur le platonisme des Pères remontant au XVIe siècle, qui ont reproché à la doctrine de Clément de rompre avec l'Écriture, voire de la falsifier en l'hellénisant et en usant de l'allégorie (à commencer par les ouvrages de H. Kutter en 1897 en Allemagne et d'E. de Faye en 1898 en France). Il rejoint tous ceux qui, depuis le milieu du XXe siècle (avec C. Mondésert, W. Völker, J. Daniélou), se sont efforcés, selon des voies diverses, de prendre au sérieux Clément comme théologien de l'Écriture (p. 15-39).
521. Je simplifie ici à l'excès les réflexions de Ch. Jacob, *The Web of Athenaeus*, p. 113-120.
522. A. M. Grosso, « Clemente Alessandrino : il cristiano come l'uomo che sa sorridere », et Ead., « Alcune osservazzioni sul tema della gioia negli *Stromati*, nel *QDS* e nei *Fragmenta* di Clemente d'Alessandria », *Adamantius* 12, 2006, p. 225-238.

*
* *

Bibliographie

ÉDITIONS ET TRADUCTIONS

Clemens Alexandrinus, éd. O. STÄHLIN :

I, *Protrepticus* und *Paedagogus*, GCS 12, Leipzig, 1905, 1936², 1972³ (édition revue par U. TREU).

II, *Stromata* I-VI, GCS 15, Leipzig, 1906, 1939², Berlin, 1960³ (édition revue par L. FRÜCHTEL), 1985⁴ (édition complétée par U. TREU).

III, *Stromata* VII-VIII, *Excerpta ex Theodoto*, *Eclogae Propheticae*, *Quis dives salvetur*, *Fragmente*, GCS 17, Leipzig, 1909, Berlin, 1970² (édition revue par L. FRÜCHTEL et U. TREU).

IV, *Register*, I, GCS 39, 1, Leipzig, 1936, Berlin, 1980² (édition revue par U. TREU) ; II (Wort-und Sachregister), GCS 39, 2-3, Leipzig, 1936.

Dans la collection des Sources chrétiennes

Protreptique

Introduction, traduction et notes de C. MONDÉSERT (avec la collaboration de A. PLASSART pour le texte grec), SC 2 bis, Paris, Cerf, 1949².

Pédagogue

Livre I : texte grec, Introduction et notes de H.-I. MARROU, traduction de M. HARL, SC 70, Paris, Cerf, 1960.

Livre II : texte grec, trad. de C. MONDÉSERT, notes de H.-I. MARROU, SC 108, Paris, Cerf, 1965.

Livre III : texte grec, trad. de C. MONDÉSERT et Ch. MATRAY, notes de H.-I. MARROU, SC 158, Paris, Cerf, 1970.

Stromates

Livre I : texte grec, Introduction et notes de C. Mondésert, traduction de P. Caster, SC 30, Paris, Cerf, 1951.

Livre II : texte grec, Introduction, traduction et notes de C. Mondésert et P. Camelot, SC 38, Paris, Cerf, 1954.

Livre IV : texte grec, Introduction et notes de A. Van Den Hoek, traduction de C. Mondésert, SC 463, Paris, Cerf, 2001.

Livre V : texte grec, Introduction de A. Le Boulluec, traduction de P. Voulet, SC 278, Paris, Cerf, 1981, 2009[2] ; Commentaire de A. Le Boulluec, SC 279, Paris, Cerf, 1981, 2009[2].

Livre VI : texte grec, Introduction, traduction et notes de P. Descourtieux, SC 446, Paris, Cerf, 1999.

Livre VII : texte grec, Introduction, traduction et notes de A. Le Boulluec, SC 428, Paris, Cerf, 1997.

(Livre III : A., Le Boulluec et P. Descourtieux ont remis à l'Institut des Sources chrétiennes en mai 2019 l'édition du texte grec de ce livre et le commentaire, avec la traduction de C. Mondésert et de M. Caster).

Quel riche sera sauvé ?

Texte grec, Introduction, notes et index de C. Nardi et P. Descourtieux, trad. de P. Descourtieux, SC 537, Paris, Cerf, 2011.

Extraits de Théodote

Texte grec, introduction, traduction et notes de F. Sagnard, SC 23, Paris, Cerf, 1948 (édition et traduction commentée, par G. Chiapparini, à paraître en 2019).

Dainese D., *Clemente Alessandrino, Adumbrazioni*, Milan, Paoline Edizioni, 2014.

Merino Rodríguez M., *Extractos de Teódoto: Éclogas proféticas? Qué rico se salva? Fragmentos*, Madrid, Editorial Ciudad Nueva, 2010.

Nardi C., *Clemente Alessandrino, Estratti profetici*, Florence, Nardini, 1985.

Pini G., *Clemente Alessandrino, Gli Stromati. Note di vera filosofia*, Milan, Paoline, 2006[2] (1985[1]) (trad. italienne, avec annotation).

BIBLIOGRAPHIE RÉCENTE

VAN DEN HOEK A., « *Stromateis* Book VII in the Light of Recent Scholarship. Approaches and Perspectives (with Bibliography) », dans M. Havrda, V. Hušek, J. Plátová (dir.), *The Seventh Book of the* Stromateis. *Proceedings of the Colloquium on Clement of Alexandria (Olomouc, October 21-23, 2010)*, VigChrSupp 117, Leyde-Boston, Brill, 2012, p. 3-36.

ÉTUDES

ALEKNIENÉ T., « La piété véritable. De l'*Euthyphron* de Platon à la piété gnostique dans le livre 7 des *Stromates* de Clément d'Alexandrie », *VigChr* 60, 2006, p. 447-460.

ALEXANDRE M., « Héritages juifs dans la première littérature chrétienne », dans B. Pouderon, E. Norelli (dir.), *Histoire de la littérature grecque chrétienne* II, *De Paul apôtre à Irénée de Lyon*, Paris, Cerf, 2013, p. 91-261.

ALFONSI L., « Motivi tradizionali del giovane Aristotele in Clemente Alessandrino e in Atenagora », *VigChr* 7, p. 129-142.

AMSELGRUBER F., *« Ulme stützt Weinstock ». Literarisierung kirchlicher Verkündigung auf der Basis paganer Formen bei Clemens von Alexandrien*, Orbis antiquus 47, Aschendorff Verlag, Münster, 2015.

ANESI G., « La notizia di Fozio sulle Hypotyposeis di Teognosto », *Augustinianum* 21, 1981, p. 491-516.

ARAGIONE G., « L'amor proprio dei Greci e la ricerca del vero maestro. Clemente d'Alessandria (*Stromati* VI, 2, 5-27) », dans A. Frey, R. Gounelle (dir.), *Poussières de christianisme et de judaïsme antiques. Études réunies en l'honneur de Jean-Daniel Kaestli et Éric Junod,* Prahins-Lausanne, Éd. du Zèbre, 2007, p. 41-59.

ASHWIN-SIEJKOWSKI P., *Clement of Alexandria on Trial. The Evidence of "Heresy" from Photius' Bibliotheca*, VigChrSuppl 101, Leyde, Brill, 2010.

BARDY G., « Aux origines de l'école d'Alexandrie », *RSR* 27, 1937, p. 65-90.

BARDY G., « Pour l'histoire de l'école d'Alexandrie », *Vivre et Penser* 2, 1942, p. 80-109.

BELAYCHE N., « Le possible "corps des dieux" : autour de Sarapis », dans A. Prescendi, V. Volokhine (dir.), *Dans le laboratoire de l'historien des religions. Mélanges offerts à Philippe Borgeaud*, Genève, Labor et Fides, 2011, p. 227-250.

BERGJAN S.-P., « Clement of Alexandria on God's Providence and the Gnostic's Life Choice : the Concept of *Pronoia* in the *Stromateis*, Book VII », dans M. Havrda *et al.* (dir.), *The Seventh Book of the* Stromateis, Leyde, Brill, 2012, p. 63-92.

BERNHARDT R., *Luxuskritik und Aufwandsbeschränkungen in der griechischen Welt*, Stuttgart, Steiner, 2003.

BOUSSET W., *Jüdisch-Christlicher Schulbetrieb in Alexandria und Rom*, Göttingen, Vandenhoeck und Ruprecht, 1915 (repr. Hildesheim, Olms, 1975).

BRANCACCI A., *Musica e filosofia da Damone a Filodemo*, Florence, L. S. Olschki, 2008.

BUCUR B. G., *Angelomorphic Pneumatology. Clement of Alexandria and Other Early Christian Witnesses*, Leyde-Boston, Brill, 2009.

BUELL D. K., *Making Christians : Clement of Alexandria and the Rhetoric of Legitimacy*, Princeton, Princeton University Press, 1999.

BURKERT W., *Les cultes à mystères dans l'Antiquité*, trad. de l'anglais par A.-Ph. Segonds, Paris, Les Belles Lettres, 2003.

CAMBE M., *Avenir solaire et angélique des justes. Le psaume 19 (18) commenté par Clément d'Alexandrie*, Cahiers de Biblia Patristica 10, Strasbourg, 2009.

V. ČERNUŠKOVÁ, J. L. KOVACS, J. PLÁTOVÁ, V. HUŠEK (dir.), *Clement's Biblical Exegesis. Proceedings of the Second Colloquium on Clement of Alexandria*, VigChrSupp 139, Leyde, Brill, 2017.

CHIAPPARINI G., « "Nuovi" frammenti delle *Ipotiposi* de Clemente Alessandrino. *Excerpta ex Theodoto, Eclogae Propheticae* e il resto del cosiddetto libro VIII degli *Stromati* », *Aevum* 90, 2016, p. 205-238.

CHIRON P., « Aspects rhétoriques et grammaticaux de l'interprétation allégorique d'Homère », dans G. Dahan et R. Goulet (dir.), *Allégorie des poètes. Allégorie des philosophes*, Paris, Vrin, 2005, p. 35-58.

CHRZANOVSKI L., « Alexandrie ou la ville qui a bravé les confins du monde connu », dans Ch. Méla, F. Möri (dir.), avec S. H. Aufrère, G. Dorival, A. Le Boulluec, *Alexandrie la divine*, Éd. de La Baconnière, Genève, 2014, p. 282-289.

COSGROVE C. H., « Clement of Alexandria and Early Christian Music », *JECS* 14, 2006, p. 255-282.

DAINESE D., « Il *Protrettico ai Greci* di Clemente di Alessandria », *Adamantius* 16, 2010, p. 256-285.

DI BENEDETTO F., « Un nuovo frammento delle *Ipotiposi* di Clemente Alessandrino », *Sileno* 9, 1983, p. 75-82.

DIHLE A., *Antike und Orient. Gesammelte Aufsätze*, éd. par V. Pöschl et H. Petersmann, Heidelberg, C. Winter, 1984.

DINAN A., « Αἴνιγμα in the Works of Clement of Alexandria », *StP* 46, 2010, p. 175-180.

DORANDI T., *Le stylet et la tablette. Dans le secret des auteurs antiques*, Paris, Les Belles Lettres, 2000.

DROGE A. J., *Homer or Moses ? Early Christian Interpretations of the History of Culture*, Tübingen, J. C. B. Mohr (P. Siebeck), 1989.

DRUILLE P., « Los elementos de la Eucaristía en el *Pedagogo* de Clemente de Alejandría », *RHE* 109, 2014, p. 535-563.

DUBOIS J.-D, « La redécouverte des gnostiques antiques », dans B. Pouderon, E. Norelli (dir.), *Histoire de la littérature grecque chrétienne*, t. 2, *De Paul apôtre à Irénée de Lyon*, Paris, Cerf, 2013, p. 763-809 (2016[2], p. 665-702).

DUBOIS J.-D., « La sotériologie valentinienne du *Traité Tripartite* (NH 1, 5) », dans L. Painchaud, A. Pasquier, *Les Textes de Nag Hammadi et le problème de leur classification : Actes du colloque tenu à Québec, 15-19 septembre 1993*, BCNH, Études, 3, Québec, Presses de l'Université Laval, 1995, p. 221-232.

DUCŒUR G., « Le Buddha à l'École d'Alexandrie, à propos de *Stromates* 1.15.71.6 », dans *Inde-Grèce : regards et influences* (= *DHA* suppl. 3), 2010, p. 79-91.

DUCŒUR G., « Clément d'Alexandrie et les *Semnoi* de Taprobane. Remarques sur *Stromates* 3.7.60.3-4 », *RHR* 235, 2018, p. 379-414.

EMMETT L., « Clement of Alexandria's *Protrepticus* and Dio Chrysostom's *Alexandrian Oratio* », *StP* 36, 2001, p. 409-414.

FAYE DE E., *Clément d'Alexandrie. Étude sur les rapports du Christianisme et de la philosophie grecque au IIe siècle*, Paris, E. Leroux, 1898.

FERGUSON J., *Clement of Alexandria*, New York, Twayne, 1974.

FESTUGIÈRE A.-J., *Les Trois Protreptiques de Platon : Euthydème, Phédon, Épinomis*, Paris, Vrin, 1973.

FEULNER R., *Clemens von Alexandrien. Sein Leben, Werk und philosophisch-theologisches Denken*, Francfort-sur-le-Main, Peter Lang, 2006.

FORTIN E. L., « Clement and the Esoteric Tradition », *StP* 9, 1966, p. 41-56.

FUENTES GONZÁLEZ P. P., *Les diatribes de Télès. Introduction, texte revu, traduction et commentaire des fragments*, Paris, Vrin, 1998.

Gabrielsson J., *Über die Quellen des Clemens Alexandrinus*, I, Uppsala, 1906 ; II, *Zur genaueren Prüfung der Favorinushypothese*, Uppsala, K. W. Appelbergs, 1909.

Géhin P., « Les collections de *kephalaia* monastiques. Naissance d'un genre entre création originale, plagiat et florilège », dans A. Rigo, en collaboration avec P. Ermilov et M. Trizio (dir.), *The Minor Genres of Byzantine Theological Literature*, Byzantios 8, Turnhout, Brepols, 2013, p. 1-50.

Goulet-Cazé M.-O., « L'arrière-plan scolaire de la *Vie de Plotin* », dans L. Brisson, M.-O. Goulet-Cazé, R. Goulet, D. O'Brien (dir.), *Porphyre : La* Vie de Plotin, I, Paris, Vrin, 1982, p. 229-327.

Goulet-Cazé M.-O., « Musonius Rufus », dans R. Goulet (dir.), *DPhA* t. IV, Paris, 2005, p. 555-572.

Grosso A. M., « Alcune osservazzioni sul tema della gioia negli *Stromati*, nel *QDS* e nei *Fragmenta* di Clemente d'Alessandria », *Adamantius* 12, 2006, p. 225-238.

Grosso A. M., « Clemente Alessandrino : il cristiano come l'uomo che sa sorridere », *Quaderni del dipartimento di filologia, linguistica e tradizione classica « Augusto Rostagni »*, 17, 2001, p. 219-242.

Gussen P. J., *Het leven in Alexandrië, volgens de cultuurhist. Gegevens in de Paedagogus*, Assen, Van Gorcum – Hak & Prakke, 1955.

Hadot I., *Arts libéraux et philosophie dans la pensée antique*, Collection des Études augustiniennes – Série « Antiquité », 107, Paris, 1984.

Hägg H. F., *Clement of Alexandria and the Beginnings of Christian Apophaticism*, Oxford, Oxford University Press, 2006.

Harl M., « Pointes antignostiques d'Origène : le questionnement impie des Écritures », dans R. Van den Broek, M. J. Vermaseren (dir.), *Studies in Gnosticism and Hellenistic Religions presented to Gilles Quispel*, Leyde, Brill, 1981, p. 205-217 = Ead., *Le Déchiffrement du sens*, Paris, Collection des Études augustiniennes, 1993, p. 137-149.

Harl M., « Socrate-Silène. Les emplois métaphoriques d'ἄγαλμα et le verbe ἀγαλματοφορέω : de Platon à Philon d'Alexandrie et aux Pères grecs », *Semitica et classica* 2, 2009, p. 51-71.

Harnack von A., *Die Überlieferung und der Bestand der altchristlichen Literatur bis Eusebius*, Leipzig, J.C. Hinrichs'sche Buchhandlung, 1893 ; Leipzig, Hinrichs, 1958[2].

HARNACK VON A., *Mission und Ausbreitung des Christentums in den ersten drei Jahrhunderten*, Leipzig, Hinrichs, 1902[4] (trad. fr. *Mission et expansion du christianisme aux trois premiers siècles*, Paris, Cerf, 2004).

HAVRDA M., « Categories in "Stromata" VIII », *Elenchos* 33, 2012, p. 197-225.

HAVRDA M., « Galenus Christianus? The Doctrine of Demonstration in *Stromata* VIII and the Question of its Source », *VigChr* 65, 2011, p. 343-375.

HAVRDA M., « Some Observations on Clement of Alexandria, *Stromata*, Book Five », *VigChr* 64, 2010, p. 1-30.

HAVRDA M., HUŠEK V., PLÁTOVÁ J. (dir.), *The Seventh Book of the* Stromateis. *Proceedings of the Colloquium on Clement of Alexandria (Olomouc, October 21-23, 2010)*, VigChrSupp 117, Leyde-Boston, Brill, 2012.

HAVRDA M., *The So-Called Eighth* Stromateus *by Clemens of AlexandriA. Early Christian Reception of Greek Scientific Methodology*, Philosophia Antiqua 144, Leyde-Boston, Brill, 2016.

HERRERO DE JÁUREGUI M., « La conversión como metáfora espacial: una propuesta de aproximación cognitiva al cambio cultural de la Antigüedad Tardia » *(I), RCR* 10, 2005, p. 63-84.

HERRERO DE JÁUREGUI M., « Las fuentes de Clem. Alex. *Protr.* 2, 12-22 : un tratado sobre los misterios y una teogonía órfica », *Emerita (ERELFC)* 75, 1, 2007, p. 389-416.

HERRERO DE JÁUREGUI M., *Orphism and Christianity in Late Antiquity*, Berlin-New York, De Gruyter, 2010.

HEUSSI C., « Die Stromateis des Clemens Alexandrinus und ihr Verhältnis zum Protreptikos und Paedagogos », *ZWTh* 45, 1902, p. 465-512.

HOFFMANN P., « La problématique du titre des œuvres d'Aristote selon les commentateurs grecs. Quelques exemples », dans J.-C. Fredouille, M.-O. Goulet-Cazé, P. Hoffmann, P. Petitmengin (dir.), *Titres et articulations du texte dans les œuvres antiques*, Collection des Études augustiniennes, Série Antiquité – 152, Paris, 1997, p. 75-103.

HULTIN J. F., *The Ethics of Obscene Speech in Early Chritianity and its Environment*, SNT 128, Leyde-Boston, Brill, 2008.

IHM S., « Die Zitate des Clemens Alexandrinus im "Maximus"-Florilegium : Beispiele zur Textkonstitution », *RHT* 31, 2011, p. 128-145.

IRIGOIN J., « Titres, sous-titres et sommaires dans les œuvres des historiens grecs du Ier siècle avant J.-C. au ve siècle après J.-C. », dans J.-C. Fredouille *et al.*, *Titres et articulations du texte dans les œuvres antiques*, Paris, Études augustiniennes, 1997, p. 127-134.

ITTER A.C., *Esoteric Teaching in the* Stromateis *of Clement of Alexandria*, VigChrSuppl 97, Leyde, Brill, 2009.

JACOB C., *The Web of Athenaeus*, translated by S. F. Johnson, HSt 61, Washington, Center for Hellenic Studies, 2013.

JAKAB A., *Ecclesia alexandrina. Évolution sociale et institutionnelle du christianisme alexandrin (IIe et IIIe siècle)*, Berne, Lang, 2001 ; 2004[2].

JOURDAN F., « Le Logos de Clément soumis à la question », *REAug* 56, 2010, p. 135-172.

JOURDAN F., *Orphée et les chrétiens*, t. I, *Orphée, du repoussoir au préfigurateur du Christ. Réécriture d'un mythe à des fins protreptiques chez Clément d'Alexandrie*, Paris, Les Belles Lettres, 2010.

JOURDAN F., *Poème judéo-hellénistique attribué à Orphée. Production juive et réception chrétienne*, Paris, Les Belles Lettres, 2010.

JULLIEN C. et JULLIEN F., *Apôtres des confins. Processus missionnaires chrétiens dans l'Empire iranien*, Res Orientales XV, Bures-sur-Yvette, 2002.

JUNOD É., « Un écho d'une controverse autour de la pénitence : l'histoire de l'apôtre Jean et du chef des brigands chez Clément d'Alexandrie (*Quis dives salvetur ?* 42, 1-15) », *RHPhR* 60, 1980, p. 153-160.

KLIBENGAJTIS T., « "Die Wahrheit ist wie die Biene". Die Wahrheitsmetaphorik des Clemens von Alexandrien », *EThL* 80, 2004, p. 60-75.

KOCH H., « War Klemens von Alexandrien ein Priester ? », *ZAW* 20, 1921, p. 43-48.

KOVACKS J. L., « Clement as Scriptural Exegete : Overview and History of Research », Introduction à V. Černušková, J. L. Kovacs, J. Plátová (dir.), *Clement's Biblical Exegesis. Proceedings of the Second Colloquium on Clement of Alexandria (Olomouc, May 29-31, 2014)*, VigChrSupp 139, Leyde-Boston, Brill, 2016, p. 1-37.

KOVACS J. L., « Clement of Alexandria and Valentinian Exegesis in the *Excerpta ex Theodoto* », *StP* 41, 2006, p. 187-200.

KOVACS J. L., « Concealment and Gnostic Exegesis : Clement of Alexandria's Interpretation of the Tabernacle », *StP* 33, 1999, p. 414-437.

KOVACS J. L., « Divine Pedagogy and the Gnostic Teacher according to Clement of Alexandria », *JECS* 9, 1, 2001, p. 3-25.

LAZZATI G., *Introduzione allo studio di Clemente Alessandrino*, Milan, Vita e Pensiero, 1939.

LE BOULLUEC A., « Clément d'Alexandrie et la conversion du "parler grec" », dans ID., *Alexandrie antique et chrétienne*, p. 61-76.

LE BOULLUEC A., « De l'*Évangile des Égyptiens* à l'*Évangile selon Thomas* en passant par Jules Cassien et Clément d'Alexandrie », dans ID., *Alexandrie antique et chrétienne*, p. 287-306.

LE BOULLUEC A., « Extraits d'œuvres de Clément d'Alexandrie. La transmission et le sens de leurs titres », dans J.-C. Fredouille, M.-O. Goulet-Cazé, Ph. Hoffmann, P. Petitmengin (dir.), *Titres et articulations du texte dans les œuvres antiques*, Paris, Études augustiniennes, 1997, p. 287-300 (p. 295-299) (= ID., *Alexandrie antique et chrétienne*, p. 125-138).

LE BOULLUEC A., « L'école d'Alexandrie. De quelques aventures d'un concept historiographique », dans *Alexandrina. Mélanges offerts à Claude Mondésert, s. j.*, Paris, Cerf, 1987, p. 403-417 (= ID., *Alexandrie antique et chrétienne,* p. 13-26).

LE BOULLUEC A., « L'identité chrétienne en autodéfinition chez Clément d'Alexandrie », dans ID., *Alexandrie antique et chrétienne*, p. 91-110.

LE BOULLUEC A., « La lettre sur l'"Évangile secret" de Marc et le *Quis dives salvetur ?* de Clément d'Alexandrie », *Apocrypha* 7, 1996, p. 27-41 (= ID., *Alexandrie antique et chrétienne*, p. 323-334).

LE BOULLUEC A., « La rencontre entre l'hellénisme et la "philosophie barbare" selon Clément d'Alexandrie », dans ID., *Alexandrie antique et chrétienne,* p. 77-89.

LE BOULLUEC A., « Les réflexions de Clément sur la prière et le traité d'Origène », dans ID., *Alexandrie antique et chrétienne*, p. 153-165.

LE BOULLUEC A., « Pantainos (Pantène) », dans R. Goulet (dir.), *DPhA* Va, Paris, Éd. du CNRS, 2012, p. 141-144.

LE BOULLUEC A., « Pour qui, pourquoi, comment ? Les "Stromates" de Clément d'Alexandrie », dans J.-D. Dubois, B. Roussel (dir.), *Entrer en matière. Les prologues*, Paris, 1997, p. 23-36 (= ID., *Alexandrie antique et chrétienne*, p. 111-123).

LE BOULLUEC A., « Voile et ornement : le texte et l'addition des sens selon Clément d'Alexandrie », dans ID., *Alexandrie antique et chrétienne*, p. 387-399.

LE BOULLUEC A., *Alexandrie antique et chrétienne. Clément et Origène*, Collection des Études augustiniennes – Série « Antiquité », 178, Paris, 2012[2].

LE BOULLUEC Alain, « L'interprétation de la Bible et le "genre symbolique" selon Clément d'Alexandrie », dans V. Černušková *et al.* (dir.), *Clement's Biblical Exegesis*, p. 55-79.

LECHNER T., « Süße Lust der Logos. Die Vorrede zum *Protreptikos* des Clemens von Alexandria und die *prolaliai* der zweiten Sophistik », dans F. R. Prostmeister, H. E. Lona (dir.), *Logos der Vernunft – Logos des Glaubens*, Berlin-New York, De Gruyter, 2010, p. 149-205.

LILLA S. R. C., *Clement of Alexandria: A Study in Christian Platonism and Gnosticism*, Oxford, Oxford University Press, 1971.

LUGARESI L., « "Fuggiamo la consuetudine". Pratiche sociali cristiane, rappresentazione e spettacoli in Clemente Alessandrino », *Adamantius* 7, 2003, p. 10-28.

LUGARESI L., « Canto del Logos, dramma soteriologico e conoscenza di fede in Clemente Alessandrino », dans R. Radice, A. Valvo (dir.), *Del Logos dei Greci e dei Romani al Logos di Dio*, Milan, V & P, 2011, p. 243-276.

LUGARESI L., *Il teatro di Dio. Il problema degli spettacoli nel cristianesimo antico (II-IV secolo)*, Supplementi Adamantius – I, Brescia, Morcelliana, 2008.

MARROU H.-I., « Diatribe, II. Christliche », *RAC* 3, 1957, c. 997-1009.

MARROU H.-I., *Histoire de l'éducation dans l'Antiquité*, Paris, Seuil, 1948[1].

MARTIN A., « À propos de la lettre attribuée à Clément d'Alexandrie sur l'évangile secret de Marc », dans L. Painchaud, P.-H. Poirier (dir.), *L'*Évangile selon Thomas *et les textes de Nag Hammadi. Traditions et convergences*, Québec, Presses de l'université Laval, 2007, p. 308-313.

MEES M., *Die Zitate aus dem Neuen Testament bei Clemens von Alexandrien*, Bari, Istituto di Letteratura Cristiana Antica, 1970.

MÉHAT A., *Étude sur les « Stromates » de Clément d'Alexandrie*, Paris, Seuil, 1966.

MONACI-CASTAGNO A., « L'arte sottile della distinzione: Il *Pedagogo* di Clemente Alessandrino », *Adamantius* 9, 2003, p. 29-37.

MONDÉSERT C., *Clément d'Alexandrie. Introduction à l'étude de sa pensée religieuse à partir de l'Écriture*, Paris, Montaigne, 1944.

MORLET S., « Un fragment méconnu des *Stromates* [de Clément ou d'Origène ?] chez Anastase le Sinaïte », dans D. CUNY, G. BADY (dir.), *Les polémiques religieuses du Ier au IVe siècle de notre ère. Hommage à Bernard Pouderon*, Paris, Beauchesne, 2019, p. 329-345.

MORTLEY R., « The Past in Clement of Alexandria. A Study of an Attempt to Define Christianity in Socio-Cultural Terms », dans E. P. Sanders (dir.), *The Shaping of Christianity in the Second and Third Centuries*, Londres, SCM Press 1980, p. 186-200.

MOSSBACHER H., *Präpositionen und Präpositionsädverbien unter besonderer Berücksichtigung der Infinitivkonstruktionen bei Klemens von Alexandrien*, Erlangen, Krahl, 1931.

MUNCK J., *Untersuchungen über Klemens von Alexandria*, Stuttgart, W. Kohlhammer, 1933.

NARDI C., « Il seme eletto e la maternità di Dio nel *Quis dives salvetur* di Clemente Alessandrino », *Prometheus* 11, 1987, p. 271-286.

NAUTIN P., « La fin des *Stromates* et les *Hypotyposes* de Clément d'Alexandrie », *VigChr* 30, 1976, p. 268-302.

NAUTIN P., « Pantène », dans *Tome commémoratif du Millénaire de la Bibliothèque patriarcale d'Alexandrie*, Alexandrie, 1953, p. 145-152.

NAUTIN P., *Lettres et écrivains chrétiens des IIe et IIIe siècles*, Paris, Cerf, 1961.

NAUTIN P., *Origène. Sa vie et son œuvre*, Paris, Beauchesne, 1977.

NERI V., « Valori estetici e valori etici dell'apparenza del corpo nel Pedagogo di Clemente Alessandrino. Alle origini dell'etica cristiana dell'εἶδος », *Adamantius* 9, 2003, p. 38-59.

NEYMEYR N., *Die christlichen Lehrer im zweiten Jahrhundert : ihre Lehrtätigkeit, ihr Selbstverständnis und ihre Geschichte*, VigChrSuppl 4, Leyde, Brill, 1989.

NEYMEYR N., « Der Protreptikos des Clemens und des Galen », *StP* 36, 2001, p. 445-448.

NEYMEYR N., « *Presbyteroi* bei Clemens von Alexandrien », *StP* 31, 1997, p. 493-496.

NOCK A.D., *Conversion. The Old and New in Religion from Alexander the Great to Augustine of Hippo*, Oxford, Oxford University Press, 1933.

OEYEN C., « Eine frühchristliche Engelpneumatologie bei Klemens von Alexandrien », *IKZ* 55-56, 1965-1966, p. 102-120 et 27-47.

OLTRAMARE A., *Les origines de la diatribe romaine*, Genève, Imprimeries populaires, 1926.

OSBORN E. F., *Clement of Alexandria*, Cambridge, Cambridge University Press, 2005.

OSBORN E. F., « Clement's Hypotyposeis : Macarius revisited », *SecCent* 7, 1989, p. 233-235.

OSBORN E. F., « Teaching and Writing in the First Chapter of the *Stromateis* of Clement of Alexandria », *JThS* 10, 1959, p. 335-343.

OSBORN E. F., *The Philosophy of Clement of Alexandria*, Cambridge, Cambridge University Press, 1957.

PÉPIN J., « À propos de l'exégèse allégorique : l'absurdité, signe de l'allégorie », *StP* 1, 1957, p. 395-413.

PÉPIN J., *Mythe et allégorie. Les origines grecques et les contestations judéo-chrétiennes*, Paris, Études augustiniennes, 1976[2].

PERNOT L., *La Rhétorique de l'éloge dans le monde gréco-romain*, Collection des Études augustiniennes – Série Antiquité, 137 et 138, Paris, 1993.

PETITMENGIN P., « *Capitula* païens et chrétiens », dans J.-C. Fredouille, M.-O. Goulet-Cazé, p. Hoffmann, p. Petitmengin (dir.), *Titres et articulations du texte dans les œuvres antiques*, Collection des Études augustiniennes, Série Antiquité – 152, Paris, 1997, p. 491-507.

PLÁTOVÁ J., « Bemerkungen zu den *Hypotyposen*-Fragmenten des Clemens Alexandrinus », *StP* 46, 2010, p. 181-187.

POHLENZ M., *Klemens von Alexandrien und sein hellenisches Christentum*, Göttingen, Vandenhoeck & Ruprecht, 1943.

POUDERON B., *La genèse du roman pseudo-clémentin. Études littéraires et historiques*, Collection de la Revue des Études Juives 53, Paris-Louvain, Peeters, 2012.

POUDERON B., *Les Apologistes grecs du IIe siècle*, Paris, Cerf, 2005.

PUJIULA M., *Körper und christliche Lebensweise. Clemens von Alexandrien und sein Paidagogos*, Berlin-New York, De Gruyter, 2006.

QUATEMBER F., *Die christliche Lebenshaltung des Clemens Alexandrinus nach seinem Pädagogus*, Vienne, Herder, 1946.

RAMELLI I. (dir.), *Anneo Cornuto. Compendio di teologia greca*, Milan, Bompiani, 2003.

RAMELLI I., *Allegoristi dell'età classica*, Milan, Bompiani, 2007.

RECHEIS A., « Das Fragment "De paenitentia" : ein Teil der klementinischen Schrift "Quis dives salvetur" », *Traditio* 9, 1953, p. 419-420.

RECINOVÁ M., « Clement's Angelological Doctrines : Between Jewish Models and Philosophic-Religious Streams of Late Antiquity », dans M. Havrda *et al.* (dir.), *The Seventh Book of the* Stromateis, p. 93-111.

RIDINGS D., *The Attic Moses. The Dependency Theme in Some Early Christian Writers*, Göteborg, Acta universitatis Gothoburgensis, 1995.

RIEDWEG C., *Mysterienterminologie bei Plato, Philo und Klemens von Alexandrien*, Berlin-New York, De Gruyter, 1987.

RIZZERIO L., *Clemente di Alessandria e la « φυσιολογία veramente gnostica ». Saggio sulle origini e le implicazioni di un'epistemologia e di un'ontologia « cristiane »*, Louvain, Peeters, 1996.

RIZZI M., « Il martirio come pragmatica sociale in Clemente Alessandrino », *Adamantius* 9, 2003, p. 60-66.

RIZZI M., « Martirio cristiano e protagonismo civico : rileggendo *Martyrdom & Rome* di G. W. Bowersock », dans C. Bearzot *et alii* (dir.), *Alle radici della comune casa europea*, 4 : *Modelli eroici dall'antichità alla cultura europea*, Rome, L'Erma di Bretschneider, 2003, p. 317-340.

RIZZI M., « The End of *Stromateis* VII and Clement's Literary Project », dans M. Havrda *et al.* (dir.), *The Seventh Book of the* Stromateis, Leyde, Brill, 2012, p. 299-311.

RIZZI M., « The Literary Problem in Clement of Alexandria : A Reconsideration », *Adamantius* 17, 2011, p. 154-163.

RIZZI M., *Ideologia e retorica negli* exordia *apologetici. Il problema dell'altro*, Milan, Vita e Pensiero, 1993.

ROBERTS C. H., *Manuscript, Society and Belief in Early Christian Egypt*, Oxford, Oxford University Press, 1979.

ROBERTS L., « The Literary Form of the Stromateis », *SecCent* 1, 1981, p. 211-222.

ROESSLI J.-M., « Imágines de Orfeo en el arte judio y cristiano », dans A. Bernabé, F. Casadesús (dir.), *Orfeo y la tradición órficA. Un reencuentro*, t. I, Akal Universitaria, Madrid, 2008, p. 179-226.

SCHAM J., *Der Optativgebrauch bei Klemens von Alexandrien in seiner sprach- und stilgeschichtlichen Bedeutung*, Paderborn, F. Schöningh, 1913.

SCHATKIN HETTRICK J., « Musical Settings of Clement's "Hymn to Christ the Saviour" », dans M. Havrda *et alii* (dir.), *The Seventh Book of the* Stromateis, p. 323-339.

SCHNEIDER U., *Theologie als christliche Philosophie*, Berlin-New York, De Gruyter, 1999.

SCHOLTEN C., « Ein unerkannter Quaestioneskommentar (*Exc. Theod.* 4F) und die Deutung der Verklärung Christi in frühchristlichen Texten », *VigChr* 57, 2003, p. 389-410.

SMITH M., *Clement of Alexandria and a Secret Gospel of Mark*, Cambridge (Ma), Harvard University Press, 1973.

STENEKER H., Πείθους δημιουργία. *Observations sur la fonction du style dans le* Protreptique *de Clément d'Alexandrie*, « Graecitas Christianorum primaeva », Nimègue, Dekker & Van de Vegt, 1967.

STÖKL BEN EZRA D., *The Impact of Yom Kippur on Early Christianity. The Day of Atonement from Second Temple Judaism to the Fifth Century*, WUNT 163, Tübingen, Möhr Siebeck, 2003.

STROUMSA G. G., « Clement, Origen and Jewish Esoteric Traditions », dans G. Dorival, A. Le Boulluec (dir.), *Origeniana SextA. Origène et la Bible*, Louvain, Peeters, 1995, p. 58-59.

TENGBLAD E., *Syntaktisch-stilistische Beiträge zur Kritik und Exegese des Clemens von Alexandrien*, Lund, Sundqvist und Emond, Hakan Ohlssons, 1932.

TERMINI C., « Il profilo letterario delle sezioni storiographiche nel primo libro degli *Stromati* di Clemente Alessandrino », *SMSR* 60, 1994, p. 219-242.

TOLLEY H., « Clement of Alexandria's reference to Luke the Evangelist as author of *Jason and Papiscus* », *JThS* 63, 2012, p. 523-532.

TOLLINTON R. B., *Clement of Alexandria: A Study of Christian Liberalism*, Londres, Williams and Norgate, 1914.

TSERMOULAS J. M., *Die Bildersprache des Klemens von Alexandrien*, Le Caire, Buchdruckerei Safarowsky, 1934.

VAN DEN BROEK R., « "The Christian School" of Alexandria in the Second and Third Centuries », dans J. W. Drijvers, A. A. Macdonald (dir.), *Centers of Learning: Learning and Location in Pre-Modern Europe and the Near-East*, Leyde, Brill, 1995, p. 39-47.

VAN DEN HOEK A., « How Alexandrian Was Clement of Alexandria? Reflections on Clement and his Alexandrian Background », *HeyJ* 31, 1990.

VAN DEN HOEK A., « 'Hymn of the Holy Clement to Christ the Saviour'. Clement of Alexandria, *Pedagogue* III 101, 4 », dans M. Havrda *et alii* (dir.), *The Seventh Book of the* Stromateis, p. 315-322.

VAN DEN HOEK A., « Apologetic and Protreptic Discourse in Clement of Alexandria », dans *L'Apologétique chrétienne gréco-latine à l'époque prénicéenne*, Entretiens sur l'Antiquité classique 51, Genève, Droz, 2005, p. 69-93.

VAN DEN HOEK A., « Techniques of Quotation in Clement of Alexandria : A View of Ancient Literary Working Methods », *VigChr* 50, 1996, p. 223-243.

VAN DEN HOEK A., « The "Catechetical" School of Early Christian Alexandria and its Philonic Heritage », *HThR* 90, 1997, p. 59-87.

VAN DEN HOEK A., « Widening the Eye of the Needle: Reflections on Wealth and Poverty in the Works of Clement of Alexandria », dans S. R. Holman (dir.), *Wealth and Poverty in Early Christian Church and Society*, Grand Rapids, Baker Academic, 2008, p. 67-75.

VAN DEN HOEK A., *Clement of Alexandria and his Use of Philo in the* Stromateis. *An Early Christian Reshaping of a Jewish Model*, Leyde, Brill, 1988.

VAN DER MEEREN S., « Le protreptique en philosophie : essai de définition d'un genre », *REG* 115, 2002, p. 591-621.

VAN DER MEEREN S., *Exhortation à la philosophie. Le dossier grec. Aristote*, Paris, Les Belles Lettres, 2011.

WALLRAFF M., « The Beginnings of Christian Universal History. From Tatian to Julius Africanus », *ZAC* 14, 2010, p. 540-555.

WASZINK J. H., *Biene und Honig als Symbol des Dichters und der Dichtung in der griechisch-römischen Antike*, Rheinisch-Westfälische Akademie der Wissenschaften. Vorträge G 196, Opladen, Westdeutscher Verlag, 1974.

WOERTHER F., *L'Éthos aristotélicien. Genèse d'une notion rhétorique*, Paris, Vrin, 2007.

WYRWA W., « Religiöses Lernen im zweiten Jahrhundert und die Anfänge der alexandrinischen Katechetenschule », dans B. Ego, H. Merkel (dir.), *Religiöses Lernen in der biblischen, frühjüdischen und frühchristlichen Überlieferung*, Tübingen, Mohr Siebeck, 2005, p. 271-305.

WYRWA W., *Die christliche Platonaneignung in den Stromateis des Clemens von Alexandrien*, Berlin, De Gruyter, 1987.

ZAHN Th., *Forschungen zur Geschichte des NTl. Kanons und der altkirchlichen Literatur* 3. Teil, *Supplementum Clementinum*, Erlangen, A. Deichert, 1884.

ZEEGERS-VANDER VORST N., *Les Citations des poètes grecs chez les Apologistes chrétiens du IIe siècle*, Louvain, Publications universitaires de Louvain, 1972.

Origène

par Gilles Dorival

Les Pères de l'Église sont en général désignés par leur nom et leur ville d'appartenance : Clément de Rome, Irénée de Lyon, Augustin d'Hippone. Origène est parfois appelé Origène d'Alexandrie, mais, le plus souvent, il est désigné par son seul nom, sans la mention de la ville où il est sans doute né, où il a vécu quarante-cinq ans environ et où il a écrit son fameux *Traité des principes*. C'est qu'il a quitté cette cité pour s'établir durant les vingt dernières années de sa vie à Césarée Maritime en Judée-Palestine. C'est là qu'il a prononcé ses nombreuses homélies si admirées dans l'Antiquité tardive et au Moyen Âge. C'est là qu'il a composé la plupart de ses commentaires sur les Écritures. C'est là qu'il a écrit les huit tomes du *Contre Celse*, peut-être la plus profonde des apologies de la foi chrétienne écrites en grec. Cependant, au moins deux de ses œuvres réunissent les deux cités où il a vécu : les cinq premiers tomes des *Commentaires sur Jean* ont été écrits à Alexandrie et les tomes suivants à Césarée ; les *Hexaples*, qui présentaient sur six colonnes parallèles le texte hébreu consonantique de la Bible, la transcription de ce texte en lettres grecques vocalisées, les versions d'Aquila, de Symmaque, des Septante et de Théodotion, ainsi que, à certains livres, deux autres versions anonymes. Il est probable en effet qu'Origène a réuni la majeure partie de sa documentation à Alexandrie et qu'il l'a complétée avec les deux traductions anonymes durant les années passées à Césarée de Palestine[1].

L'étymologie du nom *Ôrigenês* n'est pas vraiment établie. Si le second élément *-genês* renvoie à l'idée d'engendrement, comme dans *diogenês*, « né de Zeus », en revanche l'origine de l'élément *Ôri-* n'est pas sûre ; le rapprochement avec le nom du dieu égyptien Horus est souvent évoqué. Origène est connu également sous le nom d'Adamantios[2], en latin Adamantius, un mot qui n'est pas attesté par ailleurs, mais qui rappelle l'adjectif *adamantinos*, « qui a la résistance de l'acier ». Quand ce surnom a-t-il été attribué à Origène ? Selon Photios, qui résume l'*Apologie d'Origène* de Pamphile et d'Eusèbe, « on dit » que ce surnom vient de ce que « les raisonnements (*logoi*) qu'il liait ressemblaient à des liens d'acier »[3] ; l'expression « on dit » peut indiquer que la source de l'information n'est pas l'*Apologie*, mais une autre source. D'autres explications du surnom peuvent être avancées. Origène a manifesté un tempérament d'acier à divers moments de sa vie, dans sa jeunesse au moment de la persécution de Subatianus Aquila (peu après 206), dans sa vieillesse, au moment de la persécution de Dèce (250), où il survécut aux tortures et au « fer » (*sidêros*)[4]. Mais le surnom peut aussi se référer à la vie particulièrement ascétique

1. Abréviations : CCSG = Corpus christianorum scriptorum graecorum, Turnhout ; CPG = M. Geerard, *Clavis Patrum Graecorum*, vol. I, *Patres Antenicaeni*, Turnhout, 1983, p. 141-186 et M. Geerard, J. Noret, *Clavis Patrum Graecorum. Supplementum*, Turnhout, 1998, p. 23-31 ; Diz = A. Monaci Castagno (dir.), *Origene. Dizionario : la cultura, il pensiero, le opere*, Rome, 2000 ; Eusèbe, *HE* = Eusèbe de Césarée, *Histoire ecclésiastique ;* GCS = *Die griechischen christlichen Schriftsteller der ersten drei Jahrhunderte*, Leipzig puis Berlin, 1897- ; Nautin, = P. Nautin, *Origène. Sa vie et son œuvre*, Paris, 1077 ; PG, Patrologie grecque ; PL, Patrologie latine ; SC, collection des Sources chrétiennes, Paris, Cerf, 1942- ; TM, texte massorétique de la Bible hébraïque ; TU, série Texte und Untersuchungen der altchristlichen Literatur créée en 1899 par A. Harnack et O. von Gebhardt.

2. Eusèbe, *HE* 4, 13, 10.

3. Photios, *Bibliothèque* codex 118.

4. Eusèbe, *HE* 6, 39, 5.

d'Origène ou à son endurance au travail, telle qu'il dictait ses œuvres à plus de sept tachygraphes se relayant[5].

*

* *

Les instruments de travail et les éditions d'Origène

La vie, l'œuvre et la pensée d'Origène ont fait l'objet de trois ouvrages célèbres : P.-D. HUET, *Origeniana. Tripartitum opus quo Origenis uita, doctrina excutitur, scripta recensentur*, Rouen, 1668[6] ; E. R. REDEPENNING, *Origenes. Eine Darstellung seines Lebens und seine Lehre*, 2 vol., Bonn, 1841-1846 ; E. DE FAYE, *Origène, sa vie, son œuvre, sa pensée*, 3 vol., Paris, 1923-1928. Ces trois ouvrages méritent toujours d'être consultés, car il n'existe pas de synthèse comparable à date récente, seulement des études introductives : le livre de J. DANIÉLOU, *Origène*, Paris, 1948, 310 p., a joué un rôle important dans la redécouverte d'Origène au XXe siècle ; il a été réédité aux éditions du Cerf en 2012 ; on peut aussi consulter J. W. TRIGG, *Origen. The Bible and Philosophy in the Third-Century Church*, Atlanta, 1983, et *Origen*, Londres-New York, 1998 ; H. CROUZEL, *Origène*, Paris, 1985 ; R. STRÄULI, *Origenes – der Diamantene. Glaubensweisheit, Leben und Wirken des Origenes*, Zürich, 1987 ; P. HENNE, *Introduction à Origène suivie d'une anthologie*, Paris, Cerf, 2004 ; J. A. MCGUCKIN (dir.), *The Westminster Handbook to Origen*, Louisville (Kentucky), 2004 (« The life of Origen », p. 1-23 ; « The Scholarly Works of Origen », p. 25-44 ; « The Westminster Handbook to Origen », p. 49-226, qui propose 93 articles depuis « Allegory » jusqu'à « Worship ») ; A. FÜRST, *Origenes. Grieche und Christ in römischer Zeit*, Stuttgart, 2017 (le point de départ de ce livre est la contribution rédigée par A. FÜRST « Origenes » pour le *Reallexicon für Antike und Christentum* 26, 2014, p. 460-567 ; 11 chapitres : I : « Origène – Grec et

5. EUSÈBE, *HE* 6, 23, 1-2.
6. = PG 17, 633-1284.

Christ » ; II : « Les œuvres philosophico-exégétiques d'Origène » ; III : « Origène et la gnose » ; IV : « Origène et le judaïsme » ; V : « Origène et les savoirs antiques » ; VI : « Origène et la philosophie antique » ; VII : « Philosophie et exégèse » ; VIII : « Philosophie chrétienne de la liberté » ; IX : « Théologie et politique » ; X : « Platonisme chrétien » ; XI : « Origène au fil du temps » ; copieuse bibliographie). Des spécialistes ont réuni leurs articles sur Origène dans des recueils : H. CROUZEL, *Les fins dernières selon Origène*, Aldershot, 1990 (quinze articles) ; M. HARL, *Le déchiffrement du sens. Études sur l'herméneutique chrétienne d'Origène à Grégoire de Nysse*, Paris, 1993 (vingt et une contributions) ; A. LE BOULLUEC, *Alexandrie antique et chrétienne. Clément et Origène*, Paris, 2006 (vingt-cinq articles), 2012[2] (trente-deux articles) ; C. MARKSCHIES, *Origenes und sein Erbe. Gesammelte Studien*, Berlin-New York, 2007 (treize contributions) ; M. SIMONETTI, *Origene esegeta e la sua tradizione*, Brescia, 2004 (vingt-huit articles) ; H. J. VOGT, *Origenes als Exeget*, Paderborn-Munich-Vienne-Zurich, 1999 (dix-sept articles et huit recensions).

Il y a quarante ans, notre connaissance de la vie et de l'œuvre d'Origène a été renouvelée grâce à P. NAUTIN, *Origène. Sa vie et son œuvre*, Paris, 1977. Cet ouvrage contient la première étude véritablement critique des sources anciennes qui nous renseignent sur la vie et l'œuvre d'Origène : ses lettres ; le *Discours de remerciement* de Théodore (qui, pour Eusèbe, n'est autre que Grégoire le Thaumaturge) ; le témoignage de Porphyre, *Contre les chrétiens*, cité par Eusèbe[7] ; la notice d'Eusèbe lui-même[8] ; l'*Apologie d'Origène* de Pamphile et Eusèbe ; les informations données par Épiphane de Salamine (vers 315-403), Jérôme de Stridon (vers 347-420) et Palladios (vers 363-vers 430). Au terme d'analyses minutieuses, NAUTIN propose une « Chronologie » des œuvres d'Origène et une « Esquisse d'une biographie d'Origène », que l'on peut critiquer, mais qui restent incontournables.

Depuis 1973, se tiennent tous les quatre ans des colloques consacrés à Origène. Les actes des onze premiers colloques ont été édités, la publication des actes du douzième colloque est en préparation. Depuis

7. EUSÈBE, *HE* 6, 19, 4-8.
8. EUSÈBE, *HE* 6, 1-7, 1.

le cinquième colloque de 1999, l'éditeur est Peeters à Louvain. Depuis le sixième colloque de 1993, chaque colloque porte sur un thème précis. Voici le détail : H. CROUZEL, G. LOMIENTO, J. RIUS-CAMPS (dir.), *Origeniana. Premier colloque international des études origéniennes (Montserrat, 18-21 septembre 1973)*, Bari, 1975 ; H. CROUZEL, A. QUACQUARELLI (dir.), *Origeniana secunda. Second colloque international des études origéniennes (Bari, 20-23 septembre 1977)*, Rome, 1980 ; R. P. C. HANSON, H. CROUZEL (dir.), *Origeniana Tertia. The Third International Colloquium for Origen Studies (Manchester, September 7th-11th 1981)*, Rome, 1985 ; L. LIES (dir.), *Origeniana Quarta. Die Referate des 4. Internationalen Origeneskongresses (Innsbruck, 2.-6. September 1985)*, Innsbruck-Vienne, 1987 ; R. J. DALY (dir.), *Origeniana Quinta. Papers of the 5th International Origen Congress (Boston, 14-18 August 1989)*, Louvain, 1992 ; G. DORIVAL, A. Le BOULLUEC (dir.), *Origeniana Sexta. Origène et la Bible. Origen and the Bible. Actes du Colloquium Origenianum Sextum (Chantilly, 30 août-3 septembre 1993)*, Louvain, 1995 ; W. A. BIENERT, U. KÜNHWEG (dir.), *Origeniana Septima. Origenes in den Auseinandersetzungen des 4. Jahrhunderts (Marburg, 25.-29. August 1997)*, Louvain, 1998 ; L. PERRONE (dir.), *Origeniana Octava. Origen and the Alexandrian Tradition. Origene e la tradizione alessandrina (Pisa, 27-31 August 2001)*, 2 vol., Louvain, 2003 ; G. HEIDL, R. SOMOS (dir.), *Origeniana Nona. Origen and the Religious Practices of his Time (Pecs, Hungary, 29 August-2 September 2005)*, Louvain, 2009 ; H. PIETRAS, S. KACZMAREK (dir.), *Origeniana Decima. Origen as Writer (Krakow, Poland, 31 August-4 September 2009*), Louvain, 2011 ; A. C. JACOBSEN (dir.), *Origeniana Undecima. Origen and Origenism in the History of Western Thought*, Louvain, 2016. Le douzième colloque s'est déroulé à l'Université hébraïque de Jérusalem du 25 au 29 juin 2017 sur le thème *Origen's Legacy in the Holy Land. A Tale of Three Cities. Jerusalem, Caesarea and Bethlehem.* L'édition des Actes est en préparation.

Deux autres séries de colloques sont consacrées à Origène. D'abord, les *International Conferences on Patristic Studies*, organisées tous les quatre ans depuis 1951 à Oxford et qui regroupent plusieurs centaines de participants venus du monde entier, comprennent presque toujours des sessions consacrées à Origène. Les communications sont publiées dans la série des *Studia Patristica*, dont les volumes I à XVI, correspondant aux *Conferences* de 1951 à 1975, sont parus dans la collection « Texte und Untersuchungen » à Berlin, entre 1957 et 1985 ; le volume XVII (*Conference* de 1979) a été édité par Pergamon Press à Oxford en 1982 ; les volumes XVIII à XCVIII (*Conferences* de 1983 à 2015, ainsi que quelques autres colloques) sont édités par Peeters à Louvain depuis 1989. Ensuite, le groupe italien de recherche sur « Origène et la tradition alexandrine », qui a inauguré ses activités scientifiques en 1994, a organisé plusieurs colloques sur Origène : F. Cocchini (dir.), *Il dono e la sua ombra. Ricerche sul Peri euches di Origene (Chieti, 22-24 aprile 1996)*, Rome, 1997 ; L. Perrone (dir.), *Discorso di verita. Paganesimo, giudaismo e cristianesimo a confronto nel* Contro Celso *di Origene (Pisa, 28-30 gennaio 1997)*, Rome, 1998 ; L. F. Pizzolato, M. Rizzi (dir.), *Origene maestro di vita spirituale (Milano, 13-15 settembre 1999)*, Milan, 2001 ; M. Girardi, M. Marin (dir.), *Origene e l'Alessandrinismo cappadoce (III-IV secolo) (Bari, 20-22 settembre 2000)*, Bari, 2002 ; A. Monaci Castagno (dir.), *La biografia di Origene fra storia e agiografia (Torino, 11-13 settembre 2002)*, Villa Verucchio, 2004 ; E. Prinzivalli (dir.), *Il* Commento a Giovanni *di Origene : il testo e il suoi contesti (Roma, 28-30 settembre 2004)*, Villa Verucchio, 2005 ; T. Piscitelli (dir.), *Il* Commento a Matteo *di Origene (Napoli, 24-26 settembre 2008)*, Brescia, 2011 ; O. Andrei (dir.), *Cesarea Maritima e la scuola origeniana. Multiculturalita, forme di competizione culturale e identita cristiana (Arezzo, 22-23 settembre 2011)*, Brescia, 2013 ; E. Prinzivalli (dir.), *Origene di Alessandria interprete della Genesi / Origen of Alexandria Commentator on the Book of Genesis (Roma, 11-12 novembre 2016), Adamantius* 23, 2017, p. 10-180.

On peut encore signaler des colloques isolés : U. Bianchi, H. Crouzel (dir.), *Arché e Telos. L'antropologia di Origene e di Gregorio di Nissa. Analisi storico-religiosa. Atti del Colloquio Milano, 17-19 Maggio 1979*, Milan, 1981 ; *XIV Incontro di studiosi dell'antichita cristiana: l'origenismo: apologie e polemiche intorno a Origene (9-11 maggio 1986)*, Rome, 1986 ; C. Kannengiesser, I. W. Petersen (dir.), *Origen of Alexandria. His World and his Legacy (April, 11-13, 1986)*, Notre Dame, 1988.

Depuis 1995, le groupe italien de recherche sur « Origène et la tradition alexandrine » publie une revue annuelle : *Adamantius*, dont le siège est à l'université de Bologne. Les trois premiers numéros sont de petits fascicules de quelques dizaines de pages. Les numéros 4 à 11 (1998 à 2005) sont imprimés par Pazzini à Villa Verruchio et contiennent entre 300 et 600 pages. À partir du numéro 12 (2006), la maison d'édition est Morcelliana, à Brescia ; chaque livraison contient environ 600 pages. La revue est organisée selon les normes internationales, avec un comité scientifique et un comité de rédaction ; il y a aussi des correspondants étrangers. La revue publie des contributions individuelles et collectives ; elle donne des informations sur les activités du groupe ; elle contient des comptes rendus de thèses ; son précieux répertoire bibliographique passe en revue les publications récentes sur Origène et la tradition alexandrine au sein de trente-sept rubriques numérotées de 0 à 36, qui vont des bibliographies (0) à Maxime le Confesseur (36), en passant par la LXX (4), Philon (7), Flavius Josèphe (9), Clément d'Alexandrie (11), Jérôme (28) et Origène lui-même (12) ; la revue signale des articles et des livres particulièrement importants ; elle fait le point sur les colloques ; ses index des œuvres d'Origène et des auteurs modernes en font un remarquable instrument de travail, qui s'est imposé à l'attention des spécialistes en quelques années.

Le groupe italien de recherche a donné un dictionnaire d'Origène, dirigé par A. MONACI CASTAGNO : *Origene. Dizionario : la cultura, il pensiero, le opere*, Rome, 2000. Une trentaine de spécialistes ont rédigé plus de cent notices, qui rendent Origène accessible à un large public. Une nouvelle édition mériterait de voir le jour, avec des notices actualisées et quelques notices supplémentaires, par exemple sur l'autocastration d'Origène, sur certains proches d'Origène comme Africanus et Ambroise, sur les successeurs d'Origène, Eusèbe de Césarée et Pamphile, ou encore sur les traducteurs anciens d'Origène, Jérôme et Rufin. À la fin de 2004, le même groupe italien a créé une collection, la « Biblioteca di Adamantius », publiée à Villa Verucchio chez Pazzini, dont les premier et troisième volumes contiennent les actes des colloques organisés à Turin en 2002 par A. MONACI CASTAGNO et à Rome en 2004 par E. PRINZIVALLI (voir plus haut).

Quatre autres instruments de travail méritent d'être signalés. Et d'abord, la notice « Origenes » rédigée en latin par M. GEERARD, *Clavis Patrum Graecorum*, volumen I, *Patres Antenicaeni*, Turnhout, 1983, p. 141-186, à compléter par M. GEERARD, J. NORET, *Clavis Patrum*

Graecorum. Supplementum, Turnhout, 1998, p. 23-31, qui envisage successivement les écrits sur l'Ancien Testament et sur le Nouveau Testament, les traités et les dialogues, les lettres, les *Hexaples*, les fragments variés et les textes inauthentiques. Pour chaque œuvre, sont signalées les éditions critiques de référence, les fragments des papyri et des chaînes, les fragments des versions anciennes, les éditions en préparation.

Le volume 3 de la *Biblia Patristica. Index des citations et allusions bibliques dans la littérature patristique. Origène*, Paris, Éditions du CNRS, 1980, 472 p., répertorie sur deux colonnes quelque 57 000 citations des deux Testaments. À lui seul, Origène cite plus les Écritures que l'ensemble des auteurs des trois premiers siècles ! La *Biblia Patristica*, préparée par les collaborateurs du Centre d'analyse et de documentation patristiques de l'université de Strasbourg, pèche parfois par défaut, quand des citations n'ont pas été repérées dans les textes d'Origène, mais plus souvent par excès, lorsque lui sont attribuées des citations contenues en fait dans des textes inauthentiques, revenant par exemple, dans le cas des Psaumes, à Évagre le Pontique, Didyme d'Alexandrie ou Athanase d'Alexandrie. Elle est aujourd'hui accessible sous forme informatique : www.biblindex.mom.fr, grâce à l'équipe des Sources chrétiennes de Lyon, qui ont hérité de la documentation strasbourgeoise et l'ont enrichie. 400 000 citations des Pères de l'Église sont aujourd'hui répertoriées.

Le *Dictionnaire des philosophes antiques* publié sous la direction de R. GOULET contient, dans son volume IV, Paris, 2005, une notice consacrée à Origène, p. 807-842, et rédigée par G. DORIVAL. Sont envisagées successivement la philosophie dans la vie d'Origène, la philosophie dans l'œuvre d'Origène et l'apport d'Origène pour l'historien de la philosophie antique.

Enfin, il existe des bibliographies d'Origène : H. CROUZEL, *Bibliographie critique d'Origène*, Steenbrugge-La Haye, 1971 ; R. FARINA, *Bibliografia origaniana 1960-1970*, Turin-Milan-Genève, 1971 ; H. CROUZEL, *Bibliographie critique d'Origène. Supplément I*, Steenbrugge-La Haye, 1982 ; H. CROUZEL, *Bibliographie critique d'Origène. Supplément II*, Turnhout, 1996.

Venons-en aux éditions d'Origène. C'est en 1512 que Jacques Merlin a publié l'édition princeps de l'Origène latin, à Paris, chez Josse Bade et Jean Petit. L'édition princeps de l'Origène grec est due à Érasme ; elle paraît l'année même de sa mort, en 1536, à Bâle chez Johann Froben. Au XVIIe siècle, plusieurs œuvres grecques sont éditées. Au XVIIIe siècle, le mauriste Bernard de Montfaucon publie les *Hexaples* à Paris, en 1713, et ses confrères Charles et Charles-Vincent Delarue, oncle et neveu, proposent une édition d'Origène en quatre tomes, parus à Paris entre 1733 et 1759. Cette édition est reprise en Allemagne par C. H. E. Lommatzsch sous le titre *Origenis opera omnia quae graece vel latine tantum exstant et ejus nomine circumferuntur. Ed. C. et C. V. Delarue. Denuo recensuit, emendavit et castigavit C. H. E. Lommatzsch*, 25 volumes, Berlin, 1833-1848. L'édition de Montfaucon et celle des Delarue sont reproduites également par J.-P. Migne, *PG* 11 à 17, Paris, 1857-1863.

En 1891, à l'instigation d'Adolf Harnack et Theodor Mommsen, l'Académie des sciences de Berlin lance un vaste programme d'édition critique des écrivains chrétiens grecs des trois premiers siècles, *Die griechischen christlichen Schriftsteller der ersten drei Jahrhunderte.* Les volumes de cette collection sont publiés à Leipzig, puis, après la Seconde Guerre mondiale, à Berlin. Le premier volume paru est consacré à Hippolyte (1897) ; les deux volumes suivants, à Origène (1899). Au total, treize volumes proposent des textes d'Origène, ce qui représente seulement une partie de ses œuvres. Il n'y a pas de traduction allemande.

Origenes Werke, I, *Die Schrift vom Martyrium. Buch I-IV gegen Celsus*, 1899, P. KOETSCHAU.

Origenes Werke, II, *Buch V-VIII gegen Celsus*, *Die Schrift vom Gebet*, 1899, P. KOETSCHAU.

Origenes Werke, III, *Jeremiahomilien, Klagelierderkommentar, Erklärung der Samuel- und Königsbücher*, 1901, E. KLOSTERMANN, 1983[2], P. NAUTIN.

Origenes Werke, IV, *Der Iohanneskommentar*, 1903, E. PREUSCHEN.

Origenes Werke, V, *De principiis*, 1913, P. KOETSCHAU.

Origenes Werke, VI, *Homilien zum Hexateuch in Rufins Uebersetzung (Die Homilien zu Genesis, Exodus und Leviticus)*, 1920, W. A. BAEHRENS ; 2012 : *Teil 1. Die Homilien zu Genesis (Homiliae in Genesin)*, P. HABERMEHL.

Origenes Werke, VII, *Homilien zum Hexateuch in Rufins Uebersetzung (Die Homilien zu Numeri, Josua und Judices*) 1921, W. A. BAEHRENS.

Origenes Werke, VIII, *Homilien zu Samuel I, zum Hohelied und zu den Propheten, Kommentar zum Hohelied in Rufins und Hieronymus' Uebersetzung*, 1925, W. A. BAEHRENS.

Origenes Werke, IX, *Die Homilien zu Lukas in der Uebersetzung des Hieronymus und die griechischen Reste der Homilien und des Lukas-Kommentars*, 1931, M. RAUER, 1959[2], M. RAUER.

Origenes Werke, X, *Origenes Matthäuserklärung I. Die griechische erhaltenen Tomoi*, 1935, E. KLOSTERMANN, E. BENZ.

Origenes Werke, XI, *Origenes Matthäuserklärung II. Die lateinische Uebersetzung der Commentariorum Series*, 1933, E. KLOSTERMANN, E. BENZ, 1976[2], U. TREU.

Origenes Werke, XII/1, *Origenes Matthäuserklärung III. Fragmente und Indices*, 1941, E. KLOSTERMANN, E. BENZ.

Origenes Werke, XII/2, *Origenes Matthäuserklärung III. Fragmente und Indices*, 1955, E. KLOSTERMANN, L. FRÜCHTEL, 1968[2], U. TREU.

Après une longue interruption, la série consacrée à Origène renaît chez Walter de Gruyter à Berlin.

Origenes Werke, XIII, *Die neuen Psalmenhomilien. Eine krtitische Edition des Codex Monacensis graecus 314*, L. PERRONE avec M. MOLIN PRADEL, E. PRINZIVALLI, A. CACCIARI, 2015.

À la fin des années 2000, Alfons Fürst et Christoph Markschies ont lancé une nouvelle collection « Origenes. Werke mit deutscher Übersetzung », qui doit publier les œuvres d'Origène en 25 volumes (en fait davantage, car certains volumes comprennent plusieurs tomes) chez de Gruyter et Herder. En 2018, 9 tomes correspondant à 7 œuvres étaient parus :

Band 1/1 : *Die Kommentierung des Buches Genesis*, 2010, K. METZLER.

Band 1/2 : *Die Homilien zum Buch Genesis,* 2011, P. HABERMEHL.

Band 7 : *Die Homilien zum Ersten Buch Samuel*, 2014, A. FÜRST.

Band 9/1 : *Die Kommentar zum Hohelied*, 2016, A. FÜRST, H. STRUTWOLF.

Band 9/2 : *Die Homilien und Fragmente zum Hohelied,* 2016, A. FÜRST, H. STRUTWOLF.

Band 10 : *Die Homilien zum Buch Jesaja*, 2009, A. FÜRST.

Band 11 : *Die Homilien zum Buch Jeremia,* 2018, A. FÜRST.

Band 21 : *Über das Gebet*, 2014, M.-B. VON STRITZKY.

Band 22 : *Aufforderung zum Martyrium*, 2010, M.-B. VON STRITZKY.

En France, la collection « Sources chrétiennes » a publié à Paris, aux Éditions du Cerf, une vingtaine d'œuvres différentes d'Origène depuis sa fondation en 1942, au total une quarantaine de volumes. À la différence de GCS, les volumes de SC proposent une traduction française.

SC 7 : *Homélies sur la Genèse*, 1944, H. de LUBAC, L. DOUTRELEAU, traduction seule, puis SC 7 bis, 1976, H. DE LUBAC, L. DOUTRELEAU, traduction avec le texte latin, qui est celui de W. A. BAEHRENS.

SC 16 : *Homélies sur l'Exode*, 1947, J. FORTIER, traduction seule. Ce volume est remplacé par :

SC 321 : *Homélies sur l'Exode*, 1985, M. BORRET ; texte latin de W. A. BAEHRENS, traduction française de M. BORRET.

SC 29 : *Homélies sur les Nombres*, 1951, A. MÉHAT, traduction seule. Ce volume est remplacé par :

SC 415, 442, 461 : *Homélies sur les Nombres*, 1996, 1999, 2001, texte latin de W. A. BAEHRENS, traduction de L. DOUTRELEAU.

SC 37 : *Homélies sur le Cantique*, 1954, texte latin de W. A. BAEHRENS, traduction française d'O. ROUSSEAU, traduction seule, 1966², O. Rousseau (avec des additions).

SC 67 : *Entretien avec Héraclide*, 1960, J. SCHERER (l'*Entretien* a été trouvé à Toura près du Caire en 1941 et publié pour la première fois au Caire en 1948 ; le volume de SC reproduit avec quelques aménagements cette édition princeps).

SC 71 : *Homélies sur Josué*, 1960, A. JAUBERT, avec le texte latin de W. A. BAEHRENS.

SC 87 : *Homélies sur Luc*, 1962, 1998², H. CROUZEL, F. FOURNIER, P. PÉRICHON, avec le texte latin et un choix effectué parmi les fragments grecs de M. RAUER.

SC 120, 157, 222, 299, 385 : *Commentaires sur Jean*, 1966, 1970, 1975, 1982, 1992, C. BLANC.

SC 132, 136, 147, 150, 227 : *Contre Celse*, 1967, 1968, 1969, 1969, 1976, M. BORRET.

SC 148 : *Lettre à Grégoire*, précédée de Grégoire le Thaumaturge, *Discours de remerciement*, 1969, H. CROUZEL ; le texte grec est celui de P. KOETSCHAU ; il n'est pas établi qu'il faille identifier Grégoire avec Grégoire le Thaumaturge.

SC 162 : *Commentaires sur Matthieu X-XI*, 1970, R. GIROD ; le texte grec est celui d'E. KLOSTERMANN, légèrement retouché.

SC 232 et 238 : *Homélies sur Jérémie*, 1976, 1977, P. HUSSON, P. NAUTIN.

SC 252, 253, 268, 269, 312 *Traité des principes*, 1978, 1978, 1980, 1980, 1984, H. CROUZEL, M. SIMONETTI.

SC 286 et 287 : *Homélies sur le Lévitique*, 1981, M. BORRET.

SC 328 : *Homélies sur Samuel*, 1986, P. et M.-T. NAUTIN.

SC 352 : *Homélies sur Ezéchiel*, 1989, M. BORRET.

SC 375 et 376 : *Commentaire sur le Cantique des cantiques*, 1991, 1992, L. BRÉSARD, H. CROUZEL, M. BORRET.

SC 389 : *Homélies sur les Juges*, 1993, P. MESSIÉ, L. NEYRAND, M. BORRET.

SC 411 : *Homélies sur les Psaumes 36 à 38*, 1995, H. CROUZEL, L. BRÉSARD, E. PRINZIVALLI.

SC 532, 539, 543, 555 : *Commentaire sur l'épître aux Romains*, 2009, 2010, 2011, 2012, L. BRÉSARD, M. FÉDOU.

À ces volumes, il faut ajouter :

SC 189 et 190 : *La chaîne palestinienne sur le psaume 118*, 1972, M. HARL, G. DORIVAL ; la chaîne contient de nombreux fragments revenant à Origène et issus de ses *Commentaires sur les Psaumes* 1-150.

SC 226 : *Philocalie 21-27. Sur le libre arbitre*, 1976, É. JUNOD. La *Philocalie* est sans doute l'œuvre de Basile de Césarée et Grégoire de Nazianze ; elle contient une trentaine d'extraits des écrits d'Origène. Voir SC 302.

SC 302 : *Philocalie 1-20. Sur les Écritures* et *La Lettre à Africanus sur l'histoire de Suzanne*, 1983, M. HARL, N. DE LANGE. Voir SC 226.

SC 464 et 465 : Pamphile, Eusèbe de Césarée, *Apologie d'Origène*, 2002, R. AMACKER, É. JUNOD, qui contient soixante-dix citations d'Origène, dont trente-quatre ne sont pas connues par ailleurs.

On remarque que, jusque vers 1970, les volumes de Sources chrétiennes reproduisent les textes grec ou latin des *Origenes Werke* de l'Académie de Berlin.

En Italie, une édition systématique du texte grec ou latin des *Opere di Origene* avec une traduction italienne a été mise en chantier en 2002. 13 volumes correspondant à 8 œuvres différentes sont parus à Rome aux éditions Citta Nuova :

I : *Omelie sulla Genesi*, 2002, M. SIMONETTI, M. I. DANIELI.
XI/5 : *Commento a Matteo. Series 1*, 2004, G. BENDINELLI, R. SCOGNAMILIO, M. I. DANIELI.
II : *Omelie sull'Esodo*, 2005, M. SIMONETTI, M. I. DANIELI.
XI/6 : *Commento a Matteo. Series 2*, 2006, G. BENDINELLI, R. SCOGNAMIGLIO, M. I. DANIELI.
XI/1 : *Commento a Matteo 1. Libri X e XI*, 2008, G. BENDINELLI, R. SCOGNAMIGLIO, M. I. DANIELI.
XIV/4 : *Esegesi paolina. I testi frammentari / Exegetica in Paulum. Excerpta et fragmenta*, 2009, F. PIERI.
XIX : *La Pasqua*, 2011, R. SPATARO.
XI/2 : *Commento a Matteo*, 2012, G. BENDINELLI, R. SCOGNAMIGLIO.
XIV/1 : *Commento alla lettera ai Romani*, 2014, F. COCCHINI.
XI/3 : *Commento a Matteo*, 2015, G. BENDINELLI, R. SCOGNAMIGLIO.
VIII : *Omelie su Ezechiele*, 2016, A. GRAPPONE, F. BUCCHI.
XIV/2 : *Commento alla lettera ai Romani*, 2016, F. COCCHINI.
XVIII : *Dialogo con Eraclide*, 2017, R. SPATARO.

À côté de ces entreprises éditoriales de longue haleine, il existe des éditions ponctuelles d'Origène, consacrées à tel ou tel écrit. Souvent d'excellente qualité, elles seront signalées plus bas, dans la partie consacrée aux écrits d'Origène.

On remarque que, depuis la seconde guerre mondiale, plusieurs textes inédits d'Origène ont été découverts : l'*Entretien avec Héraclide*, des fragments des *Commentaires sur le psaume 118*, le *Traité sur la Pâque*, les *Homélies sur les Psaumes* retrouvées dans le *Monacensis gr.* 314. Ce fait permet de prendre conscience qu'une édition complète des écrits d'Origène est un idéal dont on peut seulement se rapprocher.

Le *Thesaurus linguae graecae* (TLG, stephanus.tlg.uci.edu) est en règle générale une excellente manière d'accéder aux textes des auteurs grecs, même s'il ne propose pas les apparats critiques. Ce n'est pas le cas pour Origène, car les textes de langue latine ne sont pas retenus dans la banque de données. On accède donc à un Origène fortement tronqué.

*

* *

Une biographie d'Origène est-elle possible ?

Voilà longtemps que les spécialistes savent que les sources anciennes donnent des renseignements plus ou moins sujets à caution. Dès lors, faut-il adopter un point de vue hypercritique, notamment au motif que la notice d'Eusèbe de Césarée relève largement de l'hagiographie[9] ? Ce qui est sûr, c'est qu'aucun renseignement ne peut être pris pour argent comptant ; chacun d'entre eux doit être discuté. Il n'en reste pas moins que le récit d'Eusèbe doit être choisi comme fil conducteur, car les écrits d'Origène lui-même, et notamment ses lettres, donnent des renseignements dispersés. Quant aux autres sources, plus tardives, ou bien elles dépendent d'Eusèbe (Jérôme[10]), ou bien elles en prennent le contre-pied (Épiphane[11]).

Le fil conducteur d'Eusèbe de Césarée

Comme souvent pour les hommes de l'Antiquité, la date de naissance d'Origène n'est pas connue avec certitude. Il n'a pas dix-sept ans lorsque Léonidès, « qu'on dit être le père d'Origène », est exécuté

9. EUSÈBE, *HE* 6, 1-7,1.
10. JÉRÔME, *Sur les hommes illustres* 54.
11. ÉPIPHANE, *Panarion* hérésie 64.

sous le règne de Sévère, laissant seul Origène avec sa mère et six frères plus jeunes[12]. Cette persécution (*diôgmos*) a eu lieu la dixième année de Sévère, alors que Laetus était préfet d'Égypte et Démétrios évêque d'Alexandrie[13]. La dixième année de Septime Sévère va d'avril 202 à avril 203 ; Quintus Maecius Laetus a été préfet de 199 ou 200 jusqu'à 203 ; Démétrios est devenu évêque en 189 ou 190. À son père en prison, Origène envoya une lettre d'exhortation dont Eusèbe affirme citer un extrait littéral : « retiens-toi de changer d'avis à cause de nous[14] ». Y a-t-il des raisons de remettre en cause l'historicité du récit eusébien ? On peut être étonné que la désignation de Démétrios comme évêque soit présentée comme un événement survenu « nouvellement » (*neôsti*), alors qu'elle est vieille de plus de dix ans. La mère de sept fils rappelle la mère de 2 Maccabées ; et la lettre d'exhortation apparaît comme la première esquisse de l'*Exhortation au martyre* écrite par Origène vers 235. Il y a ici deux traits hagiographiques qui rendent suspectes ces informations. Enfin, on a suggéré que l'expression « Léonidès, qu'on dit être le père d'Origène » prouvait qu'Eusèbe tenait son information de la tradition orale, et non d'un document émanant d'Origène ; le nom du père d'Origène serait en fait inconnu ; comme il y avait eu, en 202-203, un martyr du nom de Léonidès et que le père d'Origène était mort martyr, on aurait identifié les deux hommes (NAUTIN). On peut trouver que cette suggestion est hypercritique. Au total, il n'y a aucune raison pour récuser le texte dans son ensemble. Cependant, les historiens actuels n'emploient pas le mot de persécution pour qualifier les mesures répressives prises sous Septime Sévère en 202-204 contre ceux qui refusaient de s'associer aux célébrations du culte officiel. En fin de compte, on peut calculer qu'Origène est né vers 185-187.

Il n'y a aucune raison de mettre en doute le fait que, grâce à Léonidès, Origène ait reçu une double formation : une formation aux sciences helléniques, c'est-à-dire à l'*egkuklios paideia*, et une formation dans le domaine des études sacrées, centrée sur l'apprentissage et la compréhension des Écritures[15]. Est-ce son propre père qu'Origène a eu

---

12. EUSÈBE, *HE* 6, 1-2, 12.
13. EUSÈBE, *HE* 6, 2, 2-3.
14. EUSÈBE, *HE* 6, 2, 6.
15. EUSÈBE, *HE* 6, 2, 7-9.

pour maître dans les deux domaines ? Le texte d'Eusèbe n'est pas clair en ce qui concerne l'*egkuklios paideia,* mais il se pourrait qu'Origène ait eu des maîtres d'école. En revanche, Eusèbe dit nettement que, chaque jour, avant les études classiques, Origène s'initiait aux Écritures et qu'il devait montrer à son père qu'il les avait étudiées à fond.

À la mort de son père, dont les biens sont confisqués, Origène est accueilli par une femme riche d'Alexandrie, qui hébergeait Paul, un Antiochien hérétique ; Origène refuse de prier avec lui[16]. Paul n'est pas connu autrement. Eusèbe aurait-il inventé cet épisode afin de faire ressortir l'horreur d'Origène pour l'hérésie et suggérer sa parfaite orthodoxie ? Ou bien son récit contient-il un fond de vérité ? On peut en discuter.

Pour assurer sa subsistance, et peut-être aussi celle de sa famille – mais Eusèbe ne s'exprime pas clairement sur ce point –, Origène achève de se former dans les *grammatika* et se met à enseigner la lecture, l'écriture et le calcul[17]. Il exerce donc le métier de *grammatikos*, à un niveau élémentaire. Pendant qu'il gagne ainsi sa vie, personne à Alexandrie n'est préposé à la catéchèse, car tous ont été chassés par la menace de la persécution ; des païens viennent à lui pour écouter la parole de Dieu, dont les frères Plutarque, futur martyr, et Héraclas, futur successeur de Démétrios comme évêque d'Alexandrie ; Origène se retrouve de la sorte à la tête du « didascalée de la catéchèse » ; il est alors dans sa dix-huitième année de vie[18]. Est-il vraisemblable qu'un si jeune homme ait pu accéder à de si hautes fonctions ? Les circonstances étaient, il est vrai, exceptionnelles. Eusèbe ajoute qu'Origène est toujours responsable du didascalée lors des persécutions qui eurent lieu sous Aquila. Claudius Subutianus Aquila fut préfet d'Égypte de la fin 206 à 210-211. Toutefois, comme pour les années 202-204, plutôt que de persécutions, il faut parler de mesures répressives prises par les autorités romaines contre ceux qui refusaient de participer aux célébrations du culte officiel. Origène encourage et assiste les futurs martyrs. Il est lui-même menacé dans sa vie, mais plus par la foule

---

16. Eusèbe, *HE* 6, 2, 13-14.
17. Eusèbe, *HE* 6, 2,10-3,1.
18. Eusèbe, *HE* 6, 3, 1-3.

que par les autorités. En tout cas, il n'est pas question d'une comparution devant le tribunal d'Aquila. En revanche, plusieurs de ses élèves furent exécutés : Plutarque, le frère d'Héraclas, et quatre autres de ses auditeurs, ainsi qu'une catéchumène, Héraïs[19]. Parmi les martyrs, figurent la « célèbre » Potamiène, exécutée en compagnie de sa mère Marcella, et le soldat Basilide, à qui Potamiène était apparue de nuit trois jours après sa mort[20]. Il n'est pas sûr que Potamiène ait été la disciple d'Origène. Quant à Basilide, il apparaît plus comme un disciple de Potamiène que comme un élève d'Origène.

La répression de Subutianus Aquila fut l'occasion pour Origène de rompre avec son métier de *grammatikos* et avec les *grammatika.* Il vend ses livres et subsiste grâce à la rente de quatre oboles par jour que lui verse son acheteur[21]. On peut calculer que cette somme devait représenter à peu près son revenu de *grammatikos* et qu'elle était légèrement inférieure à la solde d'un soldat. Dorénavant, Origène mène une vie ascétique, marquée par le jeûne, la limitation du temps de sommeil, le repos à même le sol, l'absence de sandales, la privation de vin[22].

Ce fut à cette époque-là qu'Origène pratiqua la castration sur lui-même. Eusèbe est embarrassé par cet acte, auquel il trouve deux explications : Origène aurait appliqué à la lettre la parole du Christ en Mt 19, 12 sur les trois sortes d'eunuques, par la naissance, par la main de l'homme, pour le royaume de Dieu ; ou bien il aurait été désireux d'échapper aux calomnies ne manquant pas de se produire dans le cas d'un homme enseignant à des femmes. Quand l'évêque Démétrios eut appris cette action d'audace (*tolmêma*), il l'approuva, puis, « pas longtemps après », il changea d'avis[23] ; si la mutilation a eu lieu vers 210, l'expression « pas longtemps après » vise probablement les années 215. Mais, dans la suite du texte, il est question de la dénonciation d'Origène opérée par Démétrios auprès des évêques, au moment de son ordination sacerdotale : on est en 232 ou 233, plus de dix ans après la mutilation, ce qui ne peut pas être considéré comme un court

19. Eusèbe, *HE* 6, 3, 3-7 ; 6, 3, 13-4, 3.
20. Eusèbe, *HE* 6, 5.
21. Eusèbe, *HE* 6, 3, 8-9.
22. Eusèbe, *HE* 6, 3, 9-13.
23. Eusèbe, *HE* 6, 8, 4.

espace de temps. Peut-être Eusèbe veut-il suggérer que l'attitude de Démétrios à cette occasion s'explique par une hostilité apparue depuis une dizaine d'années.

La réalité de l'autocastration d'Origène a été mise en doute. On peut être étonné en effet qu'un tenant du sens profond comme lui ait compris la troisième sorte d'eunuchisme à la manière des chrétiens simples, qu'il ne cesse de combattre dans ses écrits, et non en un sens spirituel. Cependant, dans les *Commentaires sur Matthieu* 15, 3, qui portent sur Mt 19, 12, Origène a l'air de dire qu'il a autrefois compris le Christ selon la chair et à la lettre et il s'en prend aux auteurs qui permettent les mutilations corporelles, Sextus et Philon. Origène se livrerait-il ici à une autocritique ? En réalité, Origène ne dit pas clairement qu'il s'est castré, simplement qu'il a autrefois compris la parole du Christ à la lettre, comme signifiant que certains se faisaient eunuques pour le royaume de Dieu. Il signale l'existence de devanciers qui ont interprété le texte de cette façon et il se range parmi eux : c'est peut-être à une autocritique intellectuelle que se livre Origène. Cette remarque est-elle suffisante pour écarter l'autocastration d'Origène ? En fait, il faudrait pouvoir expliquer pourquoi Eusèbe, si favorable à Origène, parle de cet épisode, qui ne peut que susciter la désapprobation. Aurait-il été monté de toutes pièces par des détracteurs soucieux de lui nuire ? Mais en ce cas pourquoi Eusèbe le reproduit-il et ne prend-il pas ses distances avec la réalité de la mutilation ? En fin de compte, il paraît difficile de conclure.

L'épisode qu'Eusèbe raconte ensuite est le séjour d'Origène à Rome, dont l'Église était dirigée par Zéphyrin (évêque d'environ 198 à environ 217). Origène désirait voir « la très antique Église des Romains[24] ». Quand a eu lieu ce séjour ? Sans doute après la répression de Subutianus Aquila et nécessairement avant la mort de Zéphyrin : soit entre 206 et 217, si l'on adopte une fourchette chronologique large. Plusieurs dates ont été proposées : entre 211 et 217, 212, 214, mais aucune ne s'impose. Selon Eusèbe, ce séjour « ne fut pas long », ce qui peut

24. Eusèbe, *HE* 6, 14, 10.

signifier qu'il a duré quelques semaines ou quelques mois. À son retour, Origène reprend la catéchèse avec le soutien de l'évêque Démétrios[25].

C'est alors qu'Origène entreprend de réformer l'organisation du didascalée[26]. La raison en est que le temps lui manque pour mener de front la catéchèse et l'interprétation des Écritures – un détail qui implique qu'Origène a entamé la rédaction de ses travaux d'exégète très jeune ou encore jeune : peut-être autour de 206, alors qu'il a à peine vingt ans, et à coup sûr avant 217, lorsqu'il atteint la trentaine. Il confie à Héraclas l'enseignement élémentaire des catéchumènes et se réserve le niveau supérieur. Ce qu'Eusèbe ne dit pas, c'est qu'Origène reproduit ainsi un modèle pédagogique attesté tant dans le Nouveau Testament que dans la philosophie païenne. Tantôt Jésus s'adresse à ses seuls disciples, tantôt il enseigne les foules. À Crotone, Pythagore divisait son auditoire en « Pythagoristes » et « Pythagoriciens »[27]. Les premiers sont les moins doués de ses disciples ; les seconds, les plus doués, qu'il considère comme ses disciples, alors que les autres sont les émules desdits disciples. Les premiers apprennent les *akousmata*, des maximes orales dépourvues de démonstrations, et reçoivent le nom d'acousmatiques ; ils se tiennent à l'extérieur du rideau et entendent Pythagore sans le voir ; ce sont « ceux de l'extérieur » ; les seconds sont initiés aux mathématiques et reçoivent le nom de « mathématiciens » ou de « philosophes » ; ils sont admis à l'intérieur du rideau en présence de Pythagore : ce sont « ceux de l'intérieur ». Même si Eusèbe est muet sur le contenu des enseignements respectifs d'Héraclas et d'Origène, on peut supposer que, conformément au modèle légué par Pythagore, Héraclas se chargeait de l'équivalent du catéchisme pythagoricien, tandis qu'Origène se livrait à des démonstrations. Or, dans la préface du *Traité des principes*, Origène, d'une part, distingue entre les questions transmises de manière claire par la prédication apostolique et ecclésiastique et les questions qui posent problème, d'autre part, il insiste sur la nécessité de présenter les unes et les autres sous la forme d'un enchaînement logique et démonstratif. On peut faire l'hypothèse

25. EUSÈBE, *HE* 6, 14, 11.
26. EUSÈBE, *HE* 6, 15.
27. JAMBLIQUE, *Vie de Pythagore* 29-30, 80-89.

qu'à Héraclas revenait l'enseignement de la tradition apostolique et ecclésiastique, tandis qu'Origène se réservait les points difficiles et les démonstrations.

À une date qu'Eusèbe ne précise pas, Origène a appris l'hébreu pour les besoins de ses recherches sur les Écritures[28]. Cette affirmation doit être remise en question, car, à en croire les *Homélies sur les Nombres*[29], Origène n'est même pas capable de repérer le tétragramme divin dans un chapitre de ce livre. En revanche, il a eu des informateurs sur la langue et la culture hébraïques. Eusèbe ne dit rien du maître hébreu qu'il a fréquenté à Alexandrie, mais Origène lui-même nous informe à son sujet : dans le *Traité des principes*, il dit tenir de ce dernier une exégèse d'Isaïe 6, 3 où les deux séraphins sont interprétés du Fils et de l'Esprit saint[30]. Dans les *Commentaires sur le Psaume 1*[31], l'Hébreu compare les Écritures à une maison dont chaque pièce est fermée à clef et dont il faut trouver la clef qui donne accès à la pièce. Dans un fragment d'origine discutée[32], l'Hébreu explique 3 Règnes 2, où David donne à Salomon l'ordre de tuer Joab à cause de ses fautes contre Abner ; Joab sera en paix dans l'Hadès, parce qu'il a été châtié par la mort. Dans les *Commentaires sur Jean*[33], l'Hébreu explique que *Sabaôth* est un titre de Dieu, qui gouverne des êtres rationnels appelés *Sabai*. Dans les *Homélies sur Ezéchiel*[34], l'Hébreu rapporte une exégèse selon laquelle Noé, Daniel et Job ont connu trois époques, une époque joyeuse, une époque triste, une époque joyeuse. En revanche, les *Homélies sur les Nombres* et les *Homélies sur Jérémie* ne se réfèrent probablement pas à l'Hébreu d'Alexandrie, mais à des interlocuteurs rencontrés en Judée-Palestine[35]. Deux des traditions rapportées par l'Hébreu ont un parallèle dans la littérature rabbinique des Sages : l'idée que la mort vaut expiation se lit par

28. Eusèbe, *HE* 6, 16.
29. Origène, *Homélie 14 sur les Nombres* 1, 3.
30. Origène, *Traité des principes* 1, 3, 4.
31. *Commentaires sur le Psaume 1* cité par la *Philocalie* 2.
32. Fragment cité par la *Philocalie* 27.
33. *Commentaires sur Jean* 1, 215.
34. *Homélie 4 sur Ezéchiel* 8.
35. *Homélie 13 sur les Nombres* 5 ; *Homélie 20 sur Jérémie* 2.

exemple en Mishna *Yoma*[36] ; les trois époques qu'ont connues Noé, Daniel et Job rappellent un passage du Midrash[37]. En revanche, les autres exégèses sont originales dans l'état actuel de nos informations. La première d'entre elles, sur les deux séraphins figurant le Fils et l'Esprit saint, montre que l'Hébreu était chrétien. En fait, il est probable qu'il appartenait à un groupe judéo-chrétien d'Alexandrie, qu'Origène appelle « Hébreux » et sur lequel il donne quelques informations. Dans les *Commentaires sur le Psaume 1*[38], il décrit leur Ancien Testament – et non le canon juif, comme le disent trop souvent les historiens du canon ; en effet, l'Ancien Testament des Hébreux diffère du canon des Sages en ce qu'il y a deux livres d'Esdras et en ce qu'il mêle Prophètes et Écrits. De plus les Hébreux connaissent les Maccabaïques, qui ne font pas partie des livres testamentaires. Selon le fragment 1940 sur la Genèse[39], qui provient probablement des *Commentaires sur la Genèse*, les Hébreux connaissaient un apocryphe dans lequel Aséneth aurait calomnié sa mère auprès de son père Pétéphrès ; cette tradition est originale et propre aux Hébreux. Origène fait trois références à l'évangile en circulation chez les Hébreux, qu'il appelle l'évangile selon les Hébreux : les *Commentaires sur Jean* 2 et les *Homélies sur Jérémie* proposent un *logion* dans lequel Jésus appelle l'Esprit saint sa mère[40] ; les *Commentaires sur Matthieu* rapportent une rédaction originale de l'épisode du jeune homme riche[41]. Il est encore question des Hébreux dans les *Commentaires sur les Lamentations* et dans les *Commentaires sur la Genèse*[42].

Eusèbe est silencieux sur le maître hébreu d'Origène et considère très probablement que les Hébreux dont il parle[43] sont des Juifs qui n'ont rien à voir avec le christianisme. Leur rôle dans la vie d'Origène

---

36. Mishna *Yoma* 8, 8.
37. Midrash *Tanhuma* 58, 5.
38. *Commentaires sur le Psaume 1* cité par EUSÈBE, *HE* 6, 25.
39. Édition par F. PETIT, *La chaîne sur la Genèse. Édition intégrale*, IV, Louvain, 1996, p. 255.
40. *Commentaires sur Jean* 2, 12 ; *Homélie 15 sur Jérémie* 4.
41. *Commentaires sur Matthieu* 15, 4.
42. *Commentaires sur les Lamentations*, fragment 3 ; *Commentaires sur la Genèse*, fragment 236.
43. EUSÈBE, *HE* 6, 25.

a été important, car c'est sans doute grâce à eux qu'il a pu avoir accès au texte hébreu des Écritures et aux versions autres que la Septante qui retiennent maintenant l'attention d'Eusèbe : Aquila, Symmaque et Théodotion[44]. Eusèbe ajoute qu'Origène découvrit trois autres versions anonymes : la « cinquième », la « sixième » et la « septième ». Deux lieux sont cités : Nicopolis près d'Actium et Jéricho. Nicopolis est sûrement à référer à la cinquième version. Mais faut-il mettre en rapport Jéricho avec la sixième ou la septième traduction ? Eusèbe n'est pas clair sur ce point. De plus, l'existence même de la septième version est problématique : peut-être est-elle une invention d'Eusèbe destinée à mettre en valeur les qualités de découvreur d'Origène. Mais les difficultés ne s'arrêtent pas là. Eusèbe situe la trouvaille de Jéricho sous le règne de Caracalla (211-217). Or, il est muet sur un voyage en Judée-Palestine à cette époque et il est probable que la découverte de Jéricho date de la période césaréenne de la vie d'Origène. Il en va de même pour la découverte de Nicopolis, puisque Origène s'est rendu en Grèce seulement en 232-233. Eusèbe décrit alors les *Hexaples :* un unique écrit organisé en colonnes parallèles comportant chacune quelques mots par ligne et présentant le texte hébreu et les versions. Origène aurait aussi publié les *Tétrasses*, qui présentaient Aquila, Symmaque, Théodotion et la Septante. En fait, toutes ces affirmations sont problématiques : à en croire Eusèbe, les *Hexaples* n'ont en fait que cinq colonnes ; où est passée la sixième colonne ? Faut-il suppléer la colonne de translittération dont Eusèbe ne dit rien pour obtenir le chiffre 6 ? Ou bien faut-il supprimer la colonne de l'hébreu et rajouter les cinquième et sixième versions ? Et Origène a-t-il vraiment publié des *Tétrasses*, sans la colonne de l'hébreu et la translittération et sans les cinquième et sixième versions ? De plus, quoi qu'en dise Eusèbe, qui situe l'activité documentaire d'Origène durant sa période alexandrine, on peut admettre que, si ce dernier a réuni la majeure partie de sa documentation à Alexandrie, il l'a complétée à Césarée avec les deux ou trois versions anonymes. Dans la suite immédiate de son texte, Eusèbe ajoute que Symmaque est ébionite et qu'Origène aurait reçu sa traduction, ainsi que des exégèses des Écritures composées

44. Eusèbe, *HE* 6, 16.

par lui, d'une « certaine Juliana », qui les avait elle-même reçues de Symmaque[45]. D'après Palladios, qui écrit au début du Ve siècle, Juliana serait une vierge de Césarée de Cappadoce, chez laquelle Origène se serait réfugié pendant deux ans « fuyant le soulèvement (*epanastasis*) des Hellènes » ; Origène attesterait lui-même de ce fait dans une note rédigée de sa main au sein d'un livre écrit en vers, qu'il tenait de Juliana, laquelle le tenait de Symmaque[46]. Certes, comme nous le verrons, Origène est allé à Césarée de Cappadoce pour prêcher à la demande de l'évêque Firmilien[47]. Mais il ne s'y est pas réfugié, tout au contraire. Le texte de Palladios a tout d'une forgerie (NAUTIN). En revanche, il est possible de mettre en rapport Juliana avec les Hébreux d'Alexandrie, qui formaient un groupe judéo-chrétien tout comme les ébionites.

Parmi les gens éduqués qui viennent s'instruire auprès d'Origène, Eusèbe signale Ambroise, qu'il présente comme un valentinien repenti[48]. Les sources anciennes ne sont pas unanimes sur ce point : Ambroise aurait été marcionite ou sabellien selon Épiphane[49], marcionite selon Jérôme[50]. À en croire Eusèbe, des « myriades » d'hérétiques et de philosophes illustres fréquentaient Origène, qui, en plus des choses divines, les éduquait, ou peu s'en faut, dans la philosophie païenne. À ceux qui étaient bien doués, il enseignait la géométrie, l'arithmétique et les autres disciplines préparatoires, ainsi que les écrits des écoles philosophiques. Pour les gens plus vulgaires, il se contentait de l'*egkuklios paideia.* Ses compétences philosophiques lui valaient d'être proclamé « grand philosophe » par les Grecs eux-mêmes. Ici, on peut nourrir de sérieux doutes sur le récit d'Eusèbe. Origène était responsable de l'école de la catéchèse, centrée sur les Écritures et leur interprétation. L'enseignement de l'*egkuklios paideia* et de la philosophie ne faisait pas partie de ses missions. En fait, on peut se demander si Eusèbe n'a pas doublement extrapolé. D'une part, il s'est appuyé sur les réelles

45. EUSÈBE, *HE* 6, 17.
46. PALLADIOS, *Histoire lausiaque* 64.
47. EUSÈBE, *HE* 6, 27.
48. EUSÈBE, *HE* 6, 18.
49. ÉPIPHANE, Panarion 64, 3.
50. JÉRÔME, *Sur les hommes illustres* 56.

compétences philosophiques d'Origène et sur ses réflexions sur la philosophie comme auxiliaire de la foi pour conclure à l'existence d'un didascalée dispensant un enseignement purement philosophique. D'autre part, il a projeté sur l'école de catéchèse d'Alexandrie l'enseignement qu'Origène a dispensé plus tard, et de manière probablement exceptionnelle, à Césarée de Palestine, lorsqu'il a effectivement été chargé d'instruire dans les disciplines profanes et philosophiques deux jeunes gens, Théodore et Athénodore, pendant plusieurs années[51].

La suite immédiate du texte d'Eusèbe[52] est importante pour répondre à la question : une biographie d'Origène est-elle possible ? En effet, selon que l'on admet, ou non, les renseignements que donne Porphyre cité par Eusèbe, on écrit deux biographies différentes. Eusèbe part du fait que les compétences philosophiques d'Origène sont affirmées par les philosophes de son temps eux-mêmes, qui le reconnaissent comme un maître. Ils sont apparemment contredits par Porphyre, qui a composé en Sicile un ouvrage dirigé contre les chrétiens et qui critique les exégètes chrétiens, notamment Origène. Mais en fait Porphyre loue Origène sans le vouloir. Eusèbe donne alors la parole à Porphyre, qui récuse l'interprétation chrétienne des Écritures à l'aide de la méthode allégorique. Porphyre fait remonter la paternité de cette manière de faire à Origène, qu'il a rencontré alors que lui, Porphyre, était jeune et qu'Origène était célèbre. Ce dernier était l'élève (*akroatês*) d'Ammonios, à qui il doit ses compétences. Il a eu le tort de suivre le chemin inverse de celui d'Ammonios : ce dernier était chrétien avant de se convertir à la philosophie ; Origène, lui, était Hellène et dériva vers l'« audace barbare », c'est-à-dire le christianisme ; il vécut en chrétien tout en étant Hellène dans le domaine des opinions sur le divin. En effet il vivait toujours avec Platon et lisait Nouménios, Kronios, Apollophane, Longin, Modératos, Nicomaque, certains pythagoriciens, Chairémon le stoïcien, Kornoutos ; c'est auprès d'eux qu'il apprit la méthode allégorique. Selon Eusèbe, Porphyre a raison en ce qui concerne les compétences philosophiques d'Origène, mais il ment quand il prétend qu'Origène s'est converti au christianisme,

51. Eusèbe, *HE* 6, 30.
52. Eusèbe, *HE* 6, 19, 1-10.

tandis qu'Ammonios l'aurait abandonné au profit du paganisme. En fait, ajoute Eusèbe, Origène a toujours été chrétien et Ammonios n'a jamais renoncé au christianisme de son enfance, comme le montre son écrit *Sur l'accord de Moïse et de Jésus*.

Si l'on admet les informations données par Porphyre, on écrit une biographie d'Origène qui fait intervenir de nouveaux acteurs, notamment Plotin, et qui situe certains épisodes de la vie d'Origène dix ans après les dates ordinairement retenues. P. F. Beatrice[53] suggère que le traité *Sur l'accord de Moïse et de Jésus* a pu être écrit par Ammonios avant son apostasie ou encore qu'Eusèbe aurait confondu Ammonios le philosophe avec un autre Ammonios, dont l'œuvre aurait été conservée dans la bibliothèque de Césarée. Origène a pu lire Longin, même si ce dernier était plus jeune que lui d'une vingtaine d'années. Il aurait rencontré Plotin à Alexandrie en 231-232, juste avant son départ pour Césarée. Quant au pacte par lequel Origène, Erennios et Plotin s'engageaient à ne rien révéler des doctrines d'Ammonios aux dires de Porphyre[54], il aurait été conclu à la mort d'Ammonios en 242 ; à cette occasion, Origène serait revenu à Alexandrie et les trois disciples d'Ammonios se seraient engagés à garder le secret. Cette chronologie oblige à décaler le supposé conflit entre Origène et Héraclas aux années 243-244, et non 233-234. Origène aurait revu Longin lors de son deuxième séjour à Athènes en 245. Il aurait séjourné à Rome en 246 ; c'est là que, comme le raconte la *Vie de Plotin*[55], il aurait voulu assister à un cours de Plotin, mais que celui-ci, à sa vue, aurait rougi et refusé : une attitude qui signifierait que Plotin était honteux de violer les engagements pris en 242 et qui marquerait la rupture entre les deux hommes. À son retour à Césarée, Origène aurait repris ses activités et, dans cette ville ou à Tyr, le jeune Porphyre, encore appelé Malkos, aurait suivi son enseignement. C'est là qu'Origène en personne, et non un homonyme, aurait écrit *Que seul le roi est créateur* sous l'empereur

53. P. F. Beatrice, « Porphyry's Judgement on Origen », *Origeniana Quinta*, Louvain, 1992, p. 351-367.
54. Porphyre, *Vie de Plotin* 3, 24-27.
55. Porphyre, *Vie de Plotin* 14, 20-24.

Gallien après septembre 253. Eusèbe, qui fait mourir Origène sous Trébonien Galle en 251-253[56], aurait confondu les deux empereurs.

Cette reconstitution de la vie d'Origène, pour brillante qu'elle soit, se heurte à de fortes objections : 1. Proclus, *Commentaires sur le Timée* fait connaître 17 fragments d'Origène, qui ont été édités par K. O. Weber[57] ; celui-ci conclut qu'il faut distinguer entre l'Origène chrétien et l'Origène païen, philosophe, élève d'Ammonios et condisciple de Plotin. Ces conclusions ont en général été acceptées par les spécialistes du néoplatonisme. 2. La tradition philosophique attribue à Origène deux ouvrages seulement : *Sur les démons*, signalé par Porphyre et par Longin ; et *Que seul le roi est créateur*, connu également par Porphyre[58]. Or, aucun de ces deux titres ne se retrouve parmi les ouvrages attribués à l'Origène chrétien. 3. Comme l'a remarqué L. Brisson[59], il n'est pas pensable que Longin, cité par Porphyre, ait pu dire vers 268 que le philosophe Origène n'avait écrit qu'un ou deux ouvrages, si vraiment il était identique au prolifique auteur chrétien. 4. Parmi les lectures philosophiques attribuées par Porphyre à Origène, seuls Platon, Nouménios, des pythagoriciens et Chairémon sont cités dans ses écrits. En revanche, on ne trouve pas chez lui les noms d'Apollophane, de Longin, de Kornoutos, de Kronios, de Modératos, de Nicomaque. Cependant, aux dires de Jérôme[60], dans les *Stromates*, Origène citait entre autres Kornoutos. Il n'en reste pas moins que cinq auteurs de la liste de Porphyre sont absents chez Origène et qu'aucune référence à leurs écrits n'y a jamais été repérée. Cette constatation, à elle seule, suffit à remettre en cause le témoignage de Porphyre.

Toutefois, il est possible que Porphyre, encore jeune homme, ait rencontré Origène, alors au faîte de sa célébrité. Porphyre est né vers 234 et il est de fait jeune dans les dernières années de la vie d'Origène. Mais comment faut-il comprendre le témoignage de Porphyre ?

56. Eusèbe, *HE* 7, 1, 1.

57. K. O. Weber, *Origenes der Neuplatoniker. Versuch einer Interpretation*, Munich, 1968.

58. Porphyre, *Vie de Plotin* 3 ; Longin cité par Porphyre, *ibid.*

59. L. Brisson, *Porphyre. Vie de Plotin*, Paris, 1982, p. 114.

60. Jérôme, *Lettre* 70, 4.

L'Origène qu'il a rencontré dans sa jeunesse passée à Tyr ne peut être que l'Origène chrétien. Le fait qu'il voit en lui un Hellène passé aux barbares montre qu'il le confond avec l'Origène néoplatonicien, qui avait suivi les cours d'Ammonios aux côtés de Plotin et d'Érennios à Alexandrie. Faut-il s'étonner de cette confusion ? Les carrières des deux Origène sont bien différentes, tout comme les listes de leurs œuvres. Cependant, il est bien possible que Porphyre, qui arrive à l'école de Plotin à Rome en 263, n'ait jamais rencontré le philosophe Origène, qui est venu à Rome plusieurs années auparavant. En ce cas, il en a simplement entendu parler. Cette absence de connaissance directe et le fait que les deux Origène aient en commun d'être des Alexandrins compétents en matière philosophique auraient favorisé la confusion des personnages.

Origène a-t-il vraiment été l'élève d'Ammonios Saccas, comme le dit Porphyre ? Ici il faut prendre en compte les paragraphes qui suivent immédiatement le témoignage de Porphyre. La compétence philosophique d'Origène lui vaut d'être attaquée par certains. Eusèbe produit alors une lettre d'Origène dont il ne précise pas le destinataire et dans laquelle Origène se défend d'être un zélateur de la philosophie[61]. Cette lettre, qui peut être qualifiée d'autobiographique, était peut-être adressée à l'évêque Alexandre de Jérusalem et écrite par Origène lors de son séjour à Athènes en 233 (NAUTIN). Ce dernier rapporte que, lorsque sont venus à lui des hérétiques et des philosophes, il a entrepris d'examiner les doctrines des uns et les promesses des autres, en s'autorisant des exemples de Pantène et d'Héraclas. Il a rejoint ce dernier chez « le didascale des disciplines philosophiques », dont le futur évêque d'Alexandrie était l'auditeur depuis cinq ans et sous l'influence duquel il adopta comme tenue vestimentaire le manteau des philosophes. Ce qu'il faut retenir, c'est qu'Origène ne dit nulle part que ce maître s'appelle Ammonios ou Ammonios Saccas. Cette précision se trouve chez Porphyre seul. Mais il serait bien étonnant qu'Origène ait été le disciple de ce maître. En effet, sa compétence en matière de platonisme est relativement faible. En revanche, sa connaissance du stoïcisme est très poussée : il renseigne sur des points mal connus ou

---

61. EUSÈBE, *HE* 6, 19, 11-14.

difficiles du stoïcisme ; c'est lui qui donne l'exposé le plus clair et le plus complet qui nous soit parvenu sur le syllogisme des deux propositions[62] ; en matière de physique, il a une connaissance particulièrement précise des diverses théories stoïciennes sur les cycles cosmiques, soit absolument identiques, soit impossibles à distinguer, soit caractérisés par des changements infimes[63]. En conséquence, il se pourrait bien que le maître des disciplines philosophiques fût un stoïcien.

Quand Origène a-t-il fréquenté ce maître anonyme ? Les spécialistes hésitent entre une date haute, vers 205, et une date basse, vers 220. En effet, le *terminus a quo* est le moment où Origène est devenu responsable de l'école de la catéchèse, vers 202 si l'on en croit Eusèbe ou plutôt vers 206-210, comme on l'a vu. Le *terminus ante quem* est peut-être constitué par la date à laquelle Origène confie l'enseignement élémentaire de la catéchèse à Héraclas et se réserve le niveau supérieur : à en croire Eusèbe, ce dernier comportait les « disciplines philosophiques » ; à ce moment-là, donc, Origène était formé en matière de philosophie. Cependant, Eusèbe a sans doute projeté sur le niveau supérieur de l'école de catéchèse l'enseignement dispensé par Origène à Athénodore et Théodore lorsqu'il vivait à Césarée de Palestine : la formation aux disciplines philosophiques est probablement une fiction. Mais, ainsi qu'on l'a dit, le niveau supérieur faisait appel à des connaissances philosophiques. Malheureusement, la date de la création de ce niveau supérieur n'est pas connue avec certitude : sans doute entre 215 et 220. Origène a pu fréquenter le maître des disciplines philosophiques n'importe quand entre 205 et 220. Pendant combien de temps a-t-il été son auditeur ? Ce n'est sans doute pas un hasard si Origène affirme qu'Héraclas a suivi son enseignement pendant cinq ans. C'est une manière de suggérer une durée de cet ordre dans son propre cas. Dès lors, Origène aurait été le disciple du maître de philosophie entre 205 et 210 ou entre 215 et 220 ou toute période de cinq ans comprise entre 205 et 220.

L'épisode suivant que raconte Eusèbe est le voyage d'Origène en Arabie, à la suite de la demande adressée par le gouverneur de cette

62. ORIGÈNE, *Contre Celse* 7, 15.

63. ORIGÈNE, *Contre Celse* 4, 12 et 68 ; 5, 20 et 23.

province à l'évêque Démétrios et au préfet d'Égypte[64]. Il n'y a pas lieu de remettre en cause cet aspect officiel du voyage d'Origène, dans la mesure où nul ne pouvait sortir d'Égypte sans autorisation du préfet. Le motif du déplacement d'Origène est vague : le gouverneur veut « partager des paroles avec lui ». Voulait-il des informations sur le christianisme ou avait-il des questions exégétiques et théologiques précises à poser ? On ne sait. À l'issue du séjour en Arabie, sans doute à Bostra, capitale de la province, qui ne fut pas long, Origène regagna Alexandrie. La date de ce voyage est inconnue. Eusèbe le situe sous Caracalla (211-217). Cependant, pour que le gouverneur d'Arabie veuille rencontrer Origène, il faut que la renommée de ce dernier soit bien établie. Il était connu comme catéchète à Alexandrie depuis 205-210. Mais pour que sa réputation atteignît des provinces autres que l'Égypte, il fallait que ses écrits fussent édités et diffusés. Le règne de Caracalla paraît bien tôt (NAUTIN). Or, Eusèbe semble situer le mécénat d'Ambroise auprès d'Origène à la fin de la période alexandrine[65]. Le voyage en Arabie peut se situer dans les dix années qui précèdent le départ d'Origène pour Césarée : les années 220-230 environ.

Au retour d'Origène à Alexandrie, Eusèbe affirme qu'une guerre (*polemos*) avait éclaté dans la cité[66]. S'agit-il du massacre auquel se livra Caracalla en 215 ? En ce cas, le voyage en Arabie devrait être avancé dans le temps de cinq ou dix années. S'agit-il d'une guerre interne à l'Église d'Alexandrie, opposant l'évêque Démétrios et Origène ? Pour parler de cette période de sa vie, Origène emploie le mot de « tempête » (*kheimôn*) et fait allusion à l'« ennemi qui mène une expédition militaire très cruelle contre nous au moyen de ses nouvelles lettres vraiment ennemies de l'évangile[67] » : on retrouve la métaphore de la guerre présente chez Eusèbe. À cause de cette guerre, Origène se rend à Césarée de Palestine. Les évêques de la contrée lui demandent d'interpréter les Écritures « devant la communauté de l'Église », alors même qu'il n'était pas encore ordonné prêtre. Eusèbe cite à ce propos

64. EUSÈBE, *HE* 6, 19, 15.
65. EUSÈBE, *HE* 6, 23.
66. EUSÈBE, *HE* 6, 19, 16.
67. ORIGÈNE, *Commentaires sur Jean* 6, 8.

la lettre de défense dans laquelle Alexandre, évêque de Jérusalem, et Théoctiste, évêque de Césarée, justifient leur conduite en soulignant que Démétrios a tort d'affirmer que jamais des laïcs n'ont prononcé l'homélie en présence d'évêques ; les contre-exemples des Églises de Laranda, Iconium et Synnada sont donnés[68]. NAUTIN considère, non sans vraisemblance, que cette lettre a pour destinataire l'évêque de Rome, Fabien, et est une réplique à la lettre synodale de Démétrios dont il est question dans l'*Apologie d'Origène* résumée par Photios[69]. Quoi qu'il en soit, il est probable qu'Origène a pris la parole à Jérusalem et à Césarée, et peut-être ailleurs en Judée-Palestine. Cependant, Démétrios fait rappeler Origène par lettre et en lui envoyant des diacres. Il reprend ses activités habituelles[70]. De quand date ce premier séjour en Judée-Palestine ? De 215, s'il est bien question du massacre de Caracalla. Vers 225-230, s'il s'agit de la tempête au sein de l'église d'Alexandrie. En tout cas, un peu avant le départ définitif pour Césarée, en 232.

Ainsi, durant sa période alexandrine, Origène a accompli plusieurs voyages : à Rome, en Arabie et en Judée-Palestine. Il a quitté une quatrième fois Alexandrie, lorsque Julia Mamaea, la mère de l'empereur Sévère Alexandre (222-235), qui était très pieuse, le fait venir tandis qu'elle était à Antioche. Il lui parle des « choses divines ». Puis il reprend ses occupations habituelles[71]. De quand date ce voyage ? Julia Mamaea accompagnait son fils lors des expéditions militaires de ce dernier. En 231, il s'installe à Antioche pour mener la guerre contre les Perses Sassanides. Il rentre à Rome en 233. C'est donc probablement en 231 ou 232 qu'Origène a rencontré Julia Mamaea à Antioche.

Selon Eusèbe, Origène avait alors commencé d'écrire ses commentaires sur les Écritures. Son mécène est Ambroise, qui mettait à sa disposition plus de sept tachygraphes (*takhugraphoi*) se relayant aux moments fixés, un nombre équivalent de copistes (*bibliographoi*), ainsi que des jeunes filles expertes à la calligraphie. Ambroise pourvoit à l'entretien de tous[72]. Sous l'épiscopat de Pontien, évêque de

68. EUSÈBE, *HE* 6, 19, 17-18.
69. PHOTIOS, *Bibliothèque* codex 118.
70. EUSÈBE, *HE* 6, 19, 19.
71. EUSÈBE, *HE* 6, 21, 3-4.
72. EUSÈBE, *HE* 6, 23, 1-2.

Rome depuis 230, semble-t-il, Origène se rend en Grèce « pour des affaires ecclésiastiques » en passant par la Palestine, où les évêques de l'endroit l'ordonnent prêtre. Ce voyage en Grèce peut être daté de 232 ou 233. Ici, Eusèbe renvoie au deuxième livre de l'*Apologie d'Origène*, où il a décrit les mouvements suscités par cette ordination, les décisions prises alors par les autorités ecclésiastiques et tout ce qu'Origène a produit dans sa maturité (*akmazôn*) au sujet de la parole divine[73]. Malheureusement, seul le premier livre de l'*Apologie d'Origène* subsiste dans la traduction latine de Rufin. Mais Photios, au milieu du IXe siècle, a laissé un résumé de l'*Apologie*[74]. À ses yeux, le différend entre Origène et Démétrios n'est pas antérieur à l'ordination par Théoteknos de Césarée avec l'accord d'Alexandre de Jérusalem. Cet « enfant de Dieu », Théoteknos, doit être identifié avec celui qu'Eusèbe appelle « créature de Dieu », Théoktistos[75]. Sans doute, Photios confond-il Théoktistos avec Théoteknos, évêque de Césarée au moment de l'examen de la doctrine de Paul de Samosate, vers 268 ou 269[76]. Pour Photios, qui rapporte le point de vue de Démétrios, l'ordination d'Origène n'avait pas reçu l'assentiment de son évêque et n'était pas conforme. Un synode d'évêques et de prêtres se réunit « contre Origène », mais décide que, puisque Origène a quitté Alexandrie et n'y enseigne plus, il n'est pas écarté de la dignité de prêtre. Mais Démétrios et certains évêques égyptiens le privent de la prêtrise et écrivent un document à ce sujet, sans doute une lettre synodale. On peut donc dire que les autorités religieuses d'Alexandrie ont approuvé l'ordination, mais que l'évêque et ses appuis ecclésiastiques ont passé outre. La chose est un peu étonnante et s'explique sans doute parce que la version donnée reflète le point de vue de Pamphile. Il faut noter qu'il n'est pas question dans l'*Apologie* d'une réponse des évêques de Palestine à la lettre synodale de Démétrios. Mais cette lettre est citée par Eusèbe[77]. Démétrios a-t-il été approuvé par l'évêque de Rome, Pontien,

73. EUSÈBE, *HE* 6, 23, 4.
74. PHOTIOS, *Bibliothèque* codex 118.
75. EUSÈBE, *HE* 6, 19, 17-18.
76. EUSÈBE, *HE* 6, 28, 1.
77. EUSÈBE, *HE* 6, 19, 17-18.

et celui-ci a-t-il donné tort à Alexandre et Théoctiste (NAUTIN) ? Notre documentation est muette sur ce point.

Eusèbe récapitule les écrits composés par Origène à Alexandrie[78] : les cinq premiers tomes (*tomoi*) des *Commentaires sur Jean*, comme Origène le dit lui-même au début du tome 6 ; les huit premiers tomes des *Commentaires sur la Genèse*, qui ont douze, treize ou quatorze tomes en tout ; les *Commentaires sur les psaumes 1-25 ; les Commentaires sur les Lamentations*, dont Eusèbe connaît cinq tomes ; dans ces *Commentaires*, il est fait mention des deux tomes *Sur la résurrection* ; le *Traité des principes ;* les dix tomes des *Stromates*, composés sous Sévère Alexandre (222-235) comme le montrent les « annotations holographes » écrites en tête des tomes. Eusèbe ne signale pas le *Traité des natures*. Des tentatives d'établir une chronologie relative de ces écrits ont été menées, mais aucune n'est vraiment convaincante. La *Lettre à Fabien évêque de Rome*, écrite par Origène entre 236 et 250 à Césarée, fait allusion à ces écrits. Cette *Lettre* est connue et brièvement citée par Jérôme : « Origène se repent d'avoir écrit de tels passages ; et il reporte la responsabilité de la témérité sur Ambroise ; ce dernier aurait diffusé dans le public des textes publiés en secret[79]. » Ainsi, à Césarée, Origène doit défendre ses écrits d'Alexandrie ; Jérôme affirme qu'il se repent de les avoir écrits ; en fait, Jérôme sollicite l'argumentation d'Origène ; ce dernier regrette simplement que ses ouvrages aient été diffusés largement, alors qu'ils étaient destinés à un public restreint. Ambroise, son mécène, porte la responsabilité de cette diffusion inopportune. Origène déplore que ces ouvrages d'accès difficile aient été diffusés auprès d'un public de chrétiens inaptes à leur lecture, insuffisamment formés, ceux qu'il appelle ailleurs les « simples ».

La suite immédiate de *HE* 6, 24 est, non 6, 25, mais 6, 26, comme le montre le fait que la dernière phrase de 24 mentionne le règne de l'empereur Alexandre et que la première phrase de 26 est : « Or c'était la dixième [douzième selon un manuscrit] année du règne indiqué », ce qui renvoie à Sévère Alexandre. *HE* 6, 25 ne mentionne aucun règne et est un complément sur le canon des Écritures d'Origène dans

---

78. EUSÈBE, *HE* 6, 24.
79. JÉRÔME, *Lettre* 84, 10.

lequel Eusèbe cite non seulement des écrits de la période alexandrine, comme on s'y attend, mais aussi de la période césaréenne, ce qui est inattendu et montre bien que le développement a été introduit en un second temps. La dixième année de Sévère Alexandre débute le 11 mars 231 et s'achève le 10 mars 232 ; la douzième va du 11 mars 233 au 10 mars 234. C'est à ce moment-là qu'Origène quitte Alexandrie pour Césarée en laissant à Héraclas la responsabilité de la catéchèse. Peu de temps après, Démétrios meurt après quarante-trois années complètes d'épiscopat, et Héraclas lui succède. Origène s'est-il établi à Césarée en 231, 232, 233 ou 234 ? S'il a rencontré Julia Mamaea en 231 et s'il a été ordonné prêtre à Césarée en 232, alors qu'il se rendait en Grèce, la date à retenir est vraisemblablement 232, mais sans écarter les autres possibilités.

Origène se rend alors auprès de Firmilien évêque de Césarée de Cappadoce « en vue de l'utilité des Églises », probablement pour prêcher[80]. Réside-t-il à Césarée de Palestine quand il effectue ce voyage ? Ou est-il encore à Alexandrie ? Il est difficile de se prononcer. En revanche, le séjour de Firmilien auprès d'Origène « en vue de l'amélioration en matière de choses divines » se déroule explicitement en Judée. Les deux évêques Alexandre de Jérusalem et Théoctiste de Césarée accordent à Origène d'« effectuer l'interprétation des Écritures et le reste de la parole ecclésiastique ». De la sorte, Origène apparaît comme un « didascale » à qui les évêques eux-mêmes remettent non seulement la responsabilité de la formation des fidèles, mais encore l'approfondissement de leur propre formation. Aux yeux de certains spécialistes, la formule d'Eusèbe impliquerait qu'Origène ait rouvert l'école de catéchèse. Mais c'est forcer le propos d'Eusèbe, qui est limité à la sphère de la prédication. Une affirmation d'Eusèbe a été remise en cause : le séjour de Firmilien en Judée ne s'expliquerait pas par son désir d'améliorer sa connaissance des Écritures, mais par la persécution sévissant en Cappadoce au début du règne de Maximin, en 235 (NAUTIN). Mais pourquoi Firmilien se serait-il réfugié dans une région elle aussi touchée par la persécution ? En fait, la date du séjour de Firmilien est inconnue.

---

80. EUSÈBE, *HE* 6, 27.

À la mort d'Alexandre Sévère, assassiné le 18 ou 19 mars 235, Maximin, un militaire d'origine thrace qui appartient à l'ordre équestre, prend le pouvoir et le conserve, non sans difficultés, jusqu'en avril 238. Selon Eusèbe, il déclenche une « persécution » (*diôgmos*) contre les chrétiens, par ressentiment contre l'entourage chrétien du défunt empereur. Il fait mettre à mort les « chefs des Églises ». Ambroise et le prêtre de Césarée Protoctet sont menacés. Origène leur dédie l'*Exhortation au martyre*. Il parle aussi de cette période dans le tome 22 des *Commentaires sur Jean* – qui a disparu – et dans plusieurs lettres[81]. Certaines des affirmations d'Eusèbe ont été remises en cause (NAUTIN), notamment le fait qu'Ambroise se soit jamais établi à Césarée ; il serait resté à Alexandrie et Protoctet serait un prêtre d'Alexandrie. En fait, l'*Exhortation* ne donne aucune information qui permette d'établir le lieu où se trouvent Ambroise et Protoctet. Et il est vrai que, comme le montre la préface du tome 6 des *Commentaires sur Jean*, Origène a vécu un moment à Césarée, tandis qu'Ambroise était à Alexandrie. Mais, dans le même écrit, Origène fournit un détail intéressant : il a interrompu la rédaction de ces *Commentaires* à cause de l'absence de ses « habituels tachygraphes[82] » ; cela implique que la reprise de son travail a été rendue possible par l'arrivée desdits tachygraphes ; or, on peut supposer qu'Ambroise était en leur compagnie, car lui seul pouvait entretenir et rémunérer ce personnel. Un autre argument peut être apporté en faveur de la présence d'Ambroise à Césarée auprès d'Origène : dans la *Lettre à un correspondant anonyme* connue par Georges Cédrène et la Souda, Origène raconte comment Ambroise ne lui laisse aucun temps de répit dans son travail d'écriture ; si le destinataire de cette lettre est Fabien, l'évêque de Rome (NAUTIN), alors Ambroise et Origène ont travaillé ensemble à Césarée, puisque la *Lettre à Fabien* date de la période de Césarée. Mais il se pourrait que le destinataire ne soit pas Fabien et qu'Origène décrive son travail à Alexandrie. Il faut encore ajouter qu'on ignore si la persécution de Maximin a touché Alexandrie. En fait, nous sommes mal documentés sur la période. Dans sa *Lettre à Cyprien*, écrite plus de vingt ans après

81. EUSÈBE, *HE* 6, 28.
82. ORIGÈNE, *Commentaires sur Jean* 6, 9.

les faits, Firmilien décrit une persécution survenue en Cappadoce après la mort de Sévère Alexandre, dont la cause n'est pas celle que signale Eusèbe : elle est due à l'émotion suscitée chez les païens par une série de tremblements de terre et de destructions de cités dont sont rendus responsables les chrétiens ; les païens trouvèrent une oreille favorable chez le gouverneur Sérénianus ; Firmilien insiste sur le fait que cette persécution-là ne concernait pas le monde entier, mais était locale. Peut-être y a-t-il eu deux persécutions sous Maximin : d'une part, l'épuration de 235, nécessairement survenue peu après l'accession de Maximin au pouvoir et qui a pu toucher la Judée proche de la Syrie, d'où Sévère Alexandre était originaire ; d'autre part, la persécution de la Cappadoce, dont la date exacte est inconnue, même si elle se situe dans les années 235-238.

Gordien devient empereur à la mort de Maximin[83]. Il s'agit de Gordien III, qui règne jusqu'en 244. À Alexandrie, Denys succède à Héraclas, devenu évêque, comme responsable de la catéchèse ; il avait fait partie des auditeurs d'Origène[84]. Eusèbe affirme alors que d'« innombrables » (*murioi*) Judéens et étrangers venaient pour être ses auditeurs à Césarée, parmi lesquels Théodore, dont l'autre nom était Grégoire, « le célèbre évêque de notre temps », et son frère Athénodore, futur évêque lui aussi. Tous deux étaient passionnés pour « les disciplines des Grecs et des Romains ». Origène assura leur formation pendant cinq ans et les fit passer de l'amour des sciences profanes à l'« ascèse divine »[85]. Plusieurs affirmations d'Eusèbe sont problématiques : d'abord, il identifie Théodore avec Grégoire le Thaumaturge ; cette identification a fait couler beaucoup d'encre et paraît sujette à caution. En second lieu, la formation des deux frères dure cinq ans, alors que Théodore parle de sept années complètes[86]. Enfin, Eusèbe mentionne des auditeurs « innombrables », mais il n'en nomme que deux ; en réalité, Origène n'a pas recréé à Césarée l'école de catéchèse, ce qui limite forcément le nombre de ses disciples ; de plus, l'expérience de formation de Théodore et Athénodore semble avoir été

83. EUSÈBE, *HE* 6, 29, 1.
84. EUSÈBE, *HE* 6, 30, 4.
85. EUSÈBE, *HE* 6, 31.
86. THÉODORE, *Discours de remerciement* 1, 3.

unique ; enfin, Origène a un emploi du temps occupé par la dictée de ses commentaires et traités, par la prédication et par les consultations théologiques : comment aurait-il pu accueillir des auditeurs innombrables ? En fait, Eusèbe a projeté sur la période de Césarée la réalité des catéchumènes d'Alexandrie, qui furent sûrement nombreux.

Le passage d'Eusèbe doit être complété par les informations que donne le *Discours de remerciement* de Théodore. Cet écrit relève du genre littéraire du discours d'adieu, dans lequel celui qui part s'adresse à celui ou à ceux qu'il quitte pour les remercier et faire leur éloge. Dans l'exorde[87], Théodore explique ses raisons de se taire et ses raisons de parler. Le développement (3, 31-17, 202) débute par une action de grâces adressée à Dieu, au Logos et à l'ange gardien (3, 31-4). Elle est suivie par le récit de la vie de Théodore (5) et par le récit de l'accueil d'Origène, qui a su le retenir en faisant l'éloge de la philosophie et en le frappant de l'« aiguillon de l'amitié » (6). Les cinq étapes de l'enseignement d'Origène sont alors décrites (7-15) : la purification préliminaire ; la formation logique et dialectique ; la physique, la géométrie et l'astronomie ; l'éthique, à propos de laquelle Théodore insiste sur le fait qu'Origène prêchait d'exemple ; la théologie, sous la forme de la lecture des philosophes et de celle des Écritures. Cependant, il faut quitter ce « paradis de délices » (Gn 3, 23) non sans tristesse, mais aussi avec l'espoir que les semences reçues d'Origène porteront leurs fruits (16-17). La péroraison insiste sur la sincérité du discours et demande à Origène de prier pour ceux qui partent (18-19). De ce discours, il faut retenir qu'Origène a été chargé, de manière exceptionnelle, de l'éducation supérieure de deux jeunes gens. Il leur a dispensé la formation philosophique traditionnelle. Mais son originalité a consisté dans la christianisation partielle de cette formation : lors de la cinquième étape consacrée à la théologie, Origène opère une sélection parmi les philosophes païens, en éliminant les écrits des athées qui nient Dieu et la providence ; et il montre ce que chaque école a de vrai et ce qu'elle a de faux ; c'est dire que son critère de vérité est la foi chrétienne sous sa forme intellectuellement élaborée. L'étape de la théologie comporte aussi la

87. Théodore, *Discours de remerciement*, 1-3, 30.

lecture des Écritures, probablement sur le modèle du niveau supérieur de l'école catéchétique d'Alexandrie.

De quand date la formation de Théodore et Athénodore ? On ne sait pas quand ils sont arrivés à Césarée, chez leur beau-frère juriste appelé à conseiller le gouverneur[88] : l'année même où Origène arrivait d'Alexandrie ou plus tard. Le *terminus post quem* est constitué par les années 231-234. La formation s'achève alors dans les années 236-239, si elle a duré cinq ans, ou 238-241, s'il faut penser à sept années pleines. Mais est-il pensable qu'un haut fonctionnaire ait pu confier l'éducation de ses jeunes beaux-frères à un chrétien sous le règne de Maximin (235-238) ? En tout cas, chez Eusèbe, il est question des deux jeunes gens dans la période consacrée au règne de Gordien III (238-244). Voilà pourquoi leur venue à Césarée est parfois située en 238, la formation durant en ce cas jusqu'en 245. À cette époque, Philippe l'Arabe est empereur depuis une année. Cependant, les hauts fonctionnaires chrétiens ne manquaient pas dans tout l'empire et les périodes de persécution étaient normalement brèves.

C'est à la même époque, sous le règne de Gordien III, qu'Eusèbe situe les relations entre Origène et Africanus[89]. Il sait qu'Africanus est l'auteur des *Cestes* et qu'il s'est rendu à Alexandrie à cause de la renommée d'Héraclas. Il signale qu'Africanus a écrit une lettre à Origène où il s'interrogeait sur l'histoire de Suzanne et qu'Origène lui a répondu « de manière très complète ». L'échange épistolaire entre Africanus et Origène nous est parvenu grâce à une chaîne sur Daniel connue par une vingtaine de manuscrits dont les deux plus anciens remontent aux Xe et XIe siècles. L'endroit où écrit Africanus est inconnu ; les arguments en faveur de Nicopolis (Emmaüs) ne sont pas convaincants. Origène, lui, écrit à Nicomédie, où il se trouve auprès d'Ambroise, de son épouse Marcella et de leurs enfants[90]. On considère souvent qu'Origène a pu aller dans la capitale de la Bithynie à l'occasion de l'un de ses deux voyages en Grèce, qui ont eu lieu vers 232 et sous Gordien III, entre 238 et 244[91]. Mais le lien entre les voyages en Grèce et le séjour

88. THÉODORE, *Discours de remerciement* 5, 65.
89. EUSÈBE, *HE* 6, 31.
90. ORIGÈNE, *Lettre à Africanus* 2 ; 21 ; 23.
91. EUSÈBE, *HE* 6, 32.

à Nicomédie est purement conjectural. Pourquoi ne se serait-il pas rendu à Nicomédie par exemple à l'occasion de son voyage à Césarée de Cappadoce[92] ? Cependant, il y a des parallèles entre la *Lettre* et les *Commentaires sur Matthieu* : l'argument des paragraphes 13-15 selon lequel les Juifs ont retranché des Écritures certaines allusions aux meurtres des prophètes, en particulier à celui d'Isaïe, raconté par le *Martyre d'Isaïe*, se lit aussi dans les *Commentaires sur Matthieu*[93] et *Series*[94], avec les quatre mêmes citations du Nouveau Testament. Or, les *Commentaires sur Matthieu* datent de la fin de la vie d'Origène. En ce cas, la *Lettre* pourrait être située vers 248. L'objection est que Gordien II est mort depuis quatre ans environ et que c'est sous cet empereur qu'Eusèbe situe la correspondance. Il y aurait ici une erreur dans la chronologie d'Eusèbe. La prudence veut néanmoins que l'on propose une fourchette chronologique large pour la *Lettre :* 240-248.

C'est toujours sous le règne de Gordien III (238-244) qu'Eusèbe situe plusieurs écrits d'Origène : les *Commentaires sur Isaïe*, qui allaient jusqu'à la vision des quadrupèdes dans le désert (Isaïe 30,6) et qui comportaient 30 tomes ; les *Commentaires sur Ezéchiel*, en 25 tomes, les seuls commentaires complets d'Origène sur un prophète[95]. De ces deux commentaires, il ne reste que des bribes. Eusèbe signale ensuite un voyage d'Origène à Athènes, où il achève les *Commentaires sur Ézéchiel* et compose les cinq premiers tomes des *Commentaires sur le Cantique des cantiques*. De retour à Césarée, Origène écrit les tomes 6 à 10 des mêmes *Commentaires*[96]. Pour les autres œuvres, Eusèbe renvoie au catalogue de la bibliothèque d'Origène, consacré à cet auteur et aux autres auteurs ecclésiastiques, qu'il a publié dans la *Vie de Pamphile*[97]. Cet ouvrage est perdu, mais Jérôme a reproduit en partie le catalogue dans la *Lettre* 33 *à Paula*. Est-il possible de dater le voyage à Athènes ? Origène a été dans l'impossibilité de s'y rendre durant les années où il formait Théodore et Athénodore : il achève cette

92. Eusèbe, *HE* 6, 27.
93. *Commentaires sur Matthieu* 10, 18.
94. *Commentaire sur Matthieu Series* 28.
95. Eusèbe, *HE* 6, 32, 1.
96. Eusèbe, *HE* 6, 32, 2.
97. Eusèbe, *HE* 6, 32, 3.

mission au plus tôt en 239, plus vraisemblablement en 241 ou même 245. Le voyage peut être situé entre 240 et 246. Si l'on retient les années 245 ou 246, on attribue à Eusèbe une erreur de chronologie : Philippe l'Arabe règne depuis 244.

Toujours à la même époque, Origène est appelé à Bostra en Arabie pour s'entretenir avec l'évêque Bérylle, dont l'orthodoxie est suspectée. Origène le ramène à la foi droite. Eusèbe affirme que l'on possède les écrits de Bérylle et les actes du synode qui a examiné ses opinions. Il pourrait dire encore d'innombrables choses sur Origène et il renvoie à l'*Apologie d'Origène* composée par Pamphile et lui-même[98]. Malheureusement, seul le tome 1 de cet écrit subsiste. On ne connaît pas la date exacte du synode de Bostra.

Philippe l'Arabe, dont Eusèbe sait qu'aux yeux de certains il est chrétien, accède au pouvoir[99]. Il a régné de 244 à 249. La troisième année de son règne, donc en 246, l'évêque d'Alexandrie, Héraclas, meurt et est remplacé par Denys[100]. À cette époque, Origène, qui a dépassé la soixantaine, autorise les tachygraphes à noter ses « entretiens devant la communauté » (*epi tou koinou dialexeis*), ce qui n'était pas le cas auparavant[101] (*HE* 6, 36, 1). Chez Eusèbe, le mot *dialexeis* désigne soit les entretiens entre Origène et Bérylle soit, quand il y a l'expression « devant la communauté », les homélies prononcées par un prêtre ou un évêque devant la communauté[102]. Ce dernier sens est présent en *HE* 6, 38, où Origène « prononce une homélie devant la communauté ». Donc, à en croire Eusèbe, Origène aurait prononcé ses homélies à partir de 244. À la même époque, il compose les huit tomes du *Contre Celse*, les vingt-cinq tomes des *Commentaires sur Matthieu*, et les *Commentaires sur les Douze Prophètes*, dont Eusèbe dit qu'il n'a trouvé que vingt-cinq tomes[103]. Eusèbe s'intéresse ensuite à la correspondance d'Origène : une lettre à Philippe l'Arabe ; une lettre à l'impératrice Sévéra ; d'autres encore. Eusèbe signale qu'il

98. Eusèbe, *HE* 6, 33.
99. Eusèbe, *HE* 6, 34.
100. Eusèbe, *HE* 6, 35.
101. Eusèbe, *HE* 6, 36, 1.
102. Voir Eusèbe, *HE* 5, 20, 6 ; 7, 32, 27.
103. Eusèbe, *HE* 6, 36, 2.

a rassemblé ces lettres dispersées dans plusieurs tomes ; elles étaient plus de cent[104]. Origène a écrit aussi à Fabien, évêque de Rome, et à d'autres évêques, pour défendre son orthodoxie ; Eusèbe les a données dans le tome 6 de l'*Apologie d'Origène*, perdu[105].

Eusèbe s'intéresse alors à une déviance doctrinale qui survient à la même époque en Arabie : des chrétiens soutiennent que l'âme meurt avec le corps et ressuscite avec lui. Un synode est convoqué, où Origène est appelé. Il fait changer d'avis ceux qui avaient été « trompés[106] ». Faut-il identifier cet épisode avec *l'Entretien avec Héraclide*, dont le papyrus a été trouvé à Toura en 1941 et publié en 1949 ? En effet, Denys, un des interlocuteurs d'Origène, est préoccupé par la question du sort de l'âme à la mort du corps et la doctrine qu'examine Origène rappelle celle que décrit Eusèbe. Mais ce dernier ne mentionne pas le nom d'Héraclide. Ou bien y a-t-il eu deux synodes différents, voire davantage encore ? Dans l'*Entretien*, Origène rappelle en effet la discussion animée qu'il a eue dans le passé à ce sujet avec l'évêque Celer et son successeur, « l'autre Héraclide[107] ». On peut donc supposer qu'Origène a été plusieurs fois appelé en Arabie, pour examiner le cas de Bérylle, pour s'entretenir avec ceux qui font mourir l'âme à la mort du corps, pour discuter avec l'autre Héraclide et Celer, enfin pour parler avec Héraclide et d'autres. Ces rencontres ont eu lieu soit sous Gordien III soit sous Philippe l'Arabe.

C'est à l'époque de Philippe l'Arabe qu'Eusèbe situe l'intervention d'Origène contre l'hérésie helkésaïte. Dans son homélie « devant la communauté » sur le Psaume 82, il décrit cette déviance : elle opère une sélection dans les livres des Écritures et rejette l'Apôtre ; en cas de persécution, il est indifférent de renier en paroles ; elle se réfère à un livre tombé du ciel, qui procure une autre rémission (*aphesis*) que celle de Jésus[108]. L'homélie sur le Psaume 82 est donc située entre 244 et 249, ce qui paraît trop tardif à certains (NAUTIN, voir plus bas).

---

104. EUSÈBE, *HE* 6, 36, 3.
105. EUSÈBE, *HE* 6, 36, 4.
106. EUSÈBE, *HE* 6, 37.
107. ORIGÈNE, *Entretien avec Héraclide* 10, 22.
108. EUSÈBE, *HE* 6, 38.

Dèce devient empereur à la place de Philippe l'Arabe et, par haine de ce dernier, suscite une persécution, qui coûte la vie à Fabien. En Palestine, l'évêque Alexandre de Jérusalem est arrêté et meurt en prison. Il est remplacé par Mazabanès. La persécution touche aussi Antioche. Origène lui-même est torturé. Il encourage par des lettres ceux qui avaient besoin de réconfort[109]. Il y eut aussi des martyrs à Alexandrie[110].

Le livre 6 d'Eusèbe s'achève sur des pages consacrées à Denys d'Alexandrie et Novat. Le début du livre 7 revient très brièvement à Origène : Dèce meurt égorgé après moins de deux ans de règne ; Gallus le remplace. C'est alors qu'Origène meurt, à l'âge de 69 ans[111]. Le texte d'Eusèbe pourrait laisser croire que Dèce a été assassiné. En fait, il a perdu la vie au cours d'une bataille contre les Goths. Trébonien Galle a été empereur de juin 251 à août 253. On s'est souvent appuyé sur les 69 ans d'Origène à sa mort pour affirmer que son décès a eu lieu en 254, en considérant comme établi qu'il est né en 185. Mais en 254, l'empereur est Valérien qui a associé à son pouvoir son fils Gallien. Eusèbe aurait-il confondu Gallus et Gallien ? C'est invraisemblable, car en *HE* 7, 10 il parle de la disparition du premier et de l'avènement des seconds. Dès lors, faut-il faire naître Origène en 182, 183 ou 184, selon qu'il meurt en 251, 252 ou 253 ? En fait, il faut s'interroger sur la manière dont Eusèbe a calculé les 69 ans d'Origène : il est parti de la persécution de Septime Sévère, qu'il date de la dixième année de cet empereur (avril 202-avril 203) ; Origène est alors dans sa dix-septième année ; il est donc né six ou sept ans avant l'accès de Septime Sévère au pouvoir. À ce premier chiffre, Eusèbe a additionné les durées des règnes de chaque empereur (voir le tableau qui suit). Aux 61 ans et 6 mois ainsi obtenus, il faut ajouter les 6 ou 7 ans d'Origène à l'avènement de Septime et une année de règne de Gallus. Le total est 68 ans et 6 mois ou 69 ans et 6 mois. Pour obtenir les soixante-neuf ans d'Origène, Eusèbe a probablement considéré qu'Origène avait 7 ans à l'avènement de Septime Sévère.

---

109. EUSÈBE, *HE* 6, 39.
110. EUSÈBE, *HE* 6, 40-42.
111. EUSÈBE, *HE* 7, 1.

Seulement, plusieurs des durées de règnes données par Eusèbe sont légèrement erronées, par excès (Septime Sévère, Caracalla, Élagabal, Gordien III, Philippe, Dèce) ou par défaut (Macrin et Maximin). Seul le règne d'Alexandre Sévère est correctement évalué (voir le tableau). En fait les neuf empereurs ont régné 58 ans et 4 mois, au lieu des 61 ans et 6 mois retenus par Eusèbe.

	Durée du règne selon Eusèbe	**Durée en général retenue**
Septime Sévère	plus de 18 ans (*HE* 6, 8, 7)	17 ans et 10 mois
Caracalla	7 ans et 6 mois (6, 21, 1)	6 ans et 2 mois
Macrin	1 an (6, 21, 1)	1 an et 3 mois
Elegabal	4 ans (6, 21, 2)	3 ans et 10 mois
Alexandre Sévère	13 ans (6, 28)	13 ans
Maximin	3 ans (6, 28)	3 ans et 3 mois
Gordien III	6 ans (6, 34)	5 ans et 7 mois
Philippe	7 ans (6, 39, 1)	5 ans et 6 mois
Dèce	2 ans (7, 1)	1 an et 11 mois
Total	**plus de 61 ans et 6 mois**	**58 ans et 4 mois**

Ainsi, à la mort de Dèce, Origène avait 64 ou 65 ans, selon qu'il a 6 ou 7 ans à l'avènement de Septime Sévère. On peut donc estimer qu'il est mort à 65 ou 66 ans. Était-il à Césarée au moment de son décès ou à Tyr, comme le dit Jérôme[112] ? On ne sait.

Il existe une version alternative de la mort d'Origène : selon Pamphile cité par Photios[113], il aurait été martyrisé sous Dèce. Mais cette version vise clairement à défendre la mémoire d'Origène contre les attaques dont il fait l'objet au moment où Pamphile et Eusèbe écrivent *l'Apologie d'Origène.* De plus, elle est contredite par Eusèbe lui-même.

---

112. Jérôme, *Sur les hommes illustres* 54.
113. Photios, *Bibliothèque* codex 118.

Eusèbe est muet sur plusieurs des écrits qu'Origène dicta à Césarée : le *Traité de la prière* ; les *Scholies sur Genèse*, *Exode*, *Lévitique*, *Nombres*, *Deutéronome*, *Isaïe*, *Psaumes*, *Ecclésiaste*, *Jean* ; les *Commentaires sur les Psaumes 1-150*, *Proverbes*, *Luc*, *Romains*, *Galates*, *Éphésiens*, *Philippiens*, *Colossiens*, *Thessaloniciens*, *Tite*, *Philémon*, et peut-être *Hébreux*. En *HE* 6, 36, 1, il fait sans doute référence aux *Homélies sur l'Ancien et le Nouveau Testaments*, ainsi peut-être qu'à d'autres homélies ; mais il n'en propose pas la liste.

Les compléments biographiques fournis par Origène lui-même

Comment combler les silences d'Eusèbe concernant la période césaréenne de la vie d'Origène ? Eusèbe lui-même suggère une méthode, dans les pages où il examine la période alexandrine : pour donner une information prise aux meilleures sources, il lui arrive de citer des écrits d'Origène, par exemple sa *Lettre autobiographique* dans laquelle il se justifie d'avoir fréquenté le « didascale des études philosophiques[114] ». Et l'on a vu que, dans plusieurs de ses écrits, Origène nous renseigne sur son maître hébreu dont Eusèbe ne dit rien ; de même, dans la *Lettre à Fabien*, Origène regrette la diffusion intempestive de ses écrits. Adoptons donc, pour la période césaréenne, la méthode suggérée par Eusèbe. Origène nous informe d'abord sur les quelques années qui le voient hésiter entre Alexandrie et Césarée. La *Lettre à des amis d'Alexandrie* est connue par Rufin[115] et Jérôme[116], qui l'avaient trouvée dans l'*Apologie d'Origène* de Pamphile et Eusèbe. Origène s'en prend « aux pasteurs, aux anciens, aux prêtres et aux chefs des peuples » de son temps, qui sont visés par la prophétie de Jérémie 4, 22 (« Les chefs de mon peuple ne m'ont pas connu ; les fils sont insensés et non intelligents ; ils sont sages pour faire le mal, mais ils n'ont pas décidé de faire le bien »). Aux yeux de Jérôme, c'est Démétrios qui est mis en cause. Origène poursuit en disant qu'il ne faut pas haïr ces gens-là, mais avoir pitié d'eux et prier pour eux, même si certains « nous accusent

114. Eusèbe, *HE* 19, 11-14.
115. Rufin, *Sur la falsification des écrits d'Origène* 7.
116. Jérôme, *Apologie contre Rufin* 2, 18.

de blasphème calomnieusement, nous et notre doctrine ». Selon eux, Origène soutiendrait que le diable doive être sauvé. Mais sa doctrine a été falsifiée par ses ennemis. Il cite deux mésaventures qui lui sont arrivées. Un hérétique avec qui il a eu une controverse sous forme de dialogue « a ajouté et a retranché ce qu'il a voulu au manuscrit où était transcrite la dispute » et il a diffusé ce texte récrit sous le nom d'Origène. Les frères de Palestine lui ont envoyé à Athènes un émissaire pour récupérer le texte original. Il a demandé au falsificateur ses raisons : « j'ai voulu orner et émonder notre discussion ». En fait, ajoute Origène, « il avait inséré des passages erronés pour nous accuser ». Il faut remarquer que le sujet du dialogue n'est pas indiqué et que c'est le contexte qui suggère la question du diable, mais c'est une simple possibilité. Le second cas est plus grave, puisqu'il s'agit d'un document inventé de toutes pièces : un hérétique, qui avait refusé de débattre avec Origène à Éphèse, a écrit sous leurs deux noms « une dispute qui se déroulait comme il l'entendait ». Il a envoyé ce texte à Rome et ailleurs. Origène confondit l'individu à Antioche. Faut-il identifier le premier texte au *Dialogue avec le valentinien Candidus* dont Jérôme donne un résumé[117] ? Dans ce dialogue, deux questions sont abordées : le Père et le Fils ; le salut du diable. À ce propos, Jérôme approuve la doctrine d'Origène, qui était que le diable peut être sauvé. L'argument en faveur de l'identification des deux écrits est que le *Dialogue avec Candidus* porte sur le salut du diable, qui était peut-être la question abordée avec l'hérétique anonyme : l'argument est ténu. La première mésaventure d'Origène a probablement eu lieu lors de son premier voyage en Grèce, en 232 ou 233 : les frères de Palestine sont probablement Théoctiste de Césarée et Alexandre de Jérusalem et leurs communautés. De quand date la seconde mésaventure ? La mention de l'envoi du dialogue fictif à Rome a été utilisée pour la situer sous le pape Fabien (236-250) ; en ce cas, il faudrait retenir le second voyage en Grèce (NAUTIN), qui a eu lieu entre 238 et 244. Si cette hypothèse est vraie, alors la *Lettre à des amis d'Alexandrie* serait postérieure à 238. Mais l'indice de datation tiré de la mention de Rome est discutable : l'auteur de la forgerie envoie son texte à des

117. JÉRÔME, *Apologie contre Rufin* 2, 19.

disciples, et non aux autorités ecclésiastiques. En fait, il n'est pas sûr que l'incident d'Éphèse soit postérieur à la première mésaventure d'Origène[118]. Il se pourrait même qu'Origène fasse référence à un seul et même voyage : celui de 232 ou 233. En ce cas, la *Lettre* daterait du début de l'époque césaréenne : vers 233 ou 234, soit à l'extrême fin de l'épiscopat de Démétrios, soit au moment où Héraclas vient de prendre la succession de ce dernier. Ce n'est donc pas Démétrios que vise nécessairement la *Lettre*, comme l'affirme Jérôme, mais peut-être son successeur, Héraclas (NAUTIN).

La *Lettre à Grégoire* nous renseigne sur le rôle qu'Origène à Césarée s'assigne comme éducateur[119]. Le destinataire de la lettre a souvent été identifié avec Grégoire le Thaumaturge, mais en fait c'est un jeune homme originaire de Palestine et qui étudie le droit et la philosophie à Alexandrie. Ces détails ne correspondent pas avec le peu que nous savons de Grégoire le Thaumaturge (NAUTIN). La date de la *Lettre* est inconnue, mais, comme son auteur, Origène, vit en Palestine, nous sommes entre 234 et 251 environ. Origène écrit à son correspondant que ses dons naturels peuvent faire de lui un parfait juriste romain ou un philosophe grec réputé, mais lui, Origène, voudrait que Grégoire les utilise « pour le christianisme », en prenant à la philosophie grecque « ce qui peut devenir pour le christianisme comme des disciplines encycliques (*egkuklia mathêmata*) ou des enseignements préparatoires (*propaideumata*) et ce qui, de la géométrie et de l'astronomie, sera utile pour l'explication des saintes Écritures ». De même que les philosophes font des sciences des auxiliaires (*sunerithos*) de la philosophie, de même nous, les chrétiens, nous devons mettre la philosophie au service du christianisme. La Bible elle-même nous donne l'exemple : en Ex 11, 2 et 12, 35, Dieu demande aux Hébreux de prendre aux Égyptiens de l'or et des vêtements qui leur serviront à la fabrication des objets du culte. Mais il existe un mauvais usage des objets égyptiens : Ader a quitté Salomon, qui est la sagesse divine, et s'est rendu en Égypte ; à son retour, il a entraîné le peuple dans la division

118. R. AMACKER, E. JUNOD, *Pamphile, Eusèbe de Césarée, Apologie d'Origène*, SC 465, 2002, p. 35-38.

119. La *Lettre à Grégoire* est connue par *Philocalie* 13.

et l'idolâtrie (3 Règnes 11, 14-22). Nombreux sont les frères d'Ader qui, à partir d'une certaine habileté hellénique, fabriquent les pensées hérétiques. Rares sont ceux qui prennent à l'Égypte ce qu'elle a d'utile et la quittent. Pour finir, Origène exhorte Grégoire à lire les Écritures de manière à trouver leur sens caché. Pour cela, il faut suivre le triple conseil donné par Jésus en Mt 7, 7 : frapper à la porte, chercher, prier. On le voit, Origène met en garde Grégoire contre le danger d'en rester à la philosophie : il faut la transformer en auxiliaire du christianisme.

Dans plusieurs écrits, Origène parle de ses relations avec des interlocuteurs juifs à Césarée. Certains de ces Juifs sont des chrétiens, parfois convertis depuis peu. Ils sont informés d'exégèses juives que l'on retrouve parfois dans la littérature des Sages[120], mais qui, dans d'autres cas, n'ont pas de parallèles[121]. Les autres interlocuteurs sont des Juifs étrangers au christianisme. Ces contacts sont vraisemblables historiquement. Origène est contemporain d'Hoshaya, un célèbre amora de la première génération, qu'on appelle également ha-Rabba, le Grand. Né à Lydda, il passa de nombreuses années à Sepphoris. Il fut le disciple de Bar Qappara et de R. Chiyya. Il arriva à Césarée vers 230, à peu près en même temps qu'Origène. Là, il fonda une académie, à moins que celle-ci n'ait été créée un peu auparavant par Bar Qappara. Il resta à Césarée jusqu'à sa mort, vers 250, qui est aussi la date approximative de la mort d'Origène. Il fut le maître de R. Yohanan bar Nappaha, qui passa de nombreuses années à Césarée avant de fonder son académie à Tibériade. Hoshaya était considéré comme l'autorité rabbinique la plus éminente de sa génération. Il passe pour avoir eu des discussions avec des philosophes grecs. Au moins un membre de son entourage a fréquenté la bibliothèque d'Origène : l'érudit qui retoucha les citations bibliques du Commentaire allégorique de Philon d'Alexandrie d'après la version d'Aquila.

Au moins un des contacts dont parle Origène est une reconstruction. Celui-ci s'en prend aux « docteurs des Juifs » (*Iudaeorum doctores*), qui défendent l'interprétation littérale de Lv 6, 18-20, selon laquelle

120. ORIGÈNE, *Homélie 13 sur les Nombres* 5 ; *Homélie 20 sur Jérémie* 2.
121. ORIGÈNE, *Commentaires sur Romains* 10, 7.

la viande du sacrifice sanctifie toute personne qui la touche[122]. Mais l'interprétation que les Sages donnent de Lv 6, 20 (et 11) est étrangère à ce que dit Origène : pour eux, la viande du sacrifice sanctifie, non la personne qui la touche, mais la viande d'un autre sacrifice entrée en contact avec elle[123]. Ici donc, Origène ne vise pas des Juifs réels.

En fait, Origène a eu deux types de rencontres avec les Juifs extérieurs au christianisme : celles dont il a tiré des informations sur les Écritures et celles qui ont donné lieu à de véritables débats. Il parle des premières dans huit passages : *Homélies sur la Genèse* 2, 2 (la coudée biblique de l'arche vaut 6 ou 300 coudées ordinaires) ; *Homélies sur l'Exode* 5, 5 (chaque tribu a suivi une voie propre lors de la traversée de la mer Rouge) ; fragment sur Ézéchiel 9, 3-4 sur le signe du *taw* tracé sur les fronts des habitants de Jérusalem ; *prologue des Commentaires sur les Psaumes 1-150*, sur la division des Psaumes en 5 livres ; *Commentaires sur les Psaumes* 3, 8 sur le remplacement de « la joue » par « en vain » ; *Lettre à Africanus* 11 sur Suzanne et les deux vieillards ; *Lettre à Africanus* 12 également sur Suzanne ; *Commentaires sur Matthieu* 15, 5 sur l'eunuchisme de Daniel et des trois jeunes gens. Toutes les informations que les interlocuteurs donnent à Origène se lisent chez les Sages, sauf la coudée biblique et le remplacement de « la joue ».

Six passages mettent en scène des débats entre Origène et les Juifs : *prologue des Commentaires sur les Psaumes 1-150* (discussion avec Ioullos le patriarche et un sage sur les Psaumes sans nom d'auteur dans leur titre : ils reviennent au dernier auteur dont il est fait mention antérieurement ; les Psaumes 90 [91]-99 [100] sont de Moïse parce que celui-ci est l'auteur du Psaume 89 [90]) ; *Lettre à Africanus* 9 (dans les dialogues avec les Juifs, nous n'utilisons pas les versets absents de leurs exemplaires et nous utilisons ceux qui ne figurent pas dans la LXX) ; *Contre Celse* 1, 45 (allusion à une discussion avec des sages en présence d'une nombreuse assistance qui fait office de juge) ; *Contre Celse* 1, 49 (les Juifs font des recherches sur le fils de Dieu pour montrer que personne de tel n'existe ni n'a été prophétisé) ; *Contre*

---

122. ORIGÈNE, *Homélie 6 sur le Lévitique* 7.

123. *Sifra* tsaw 2 et 3.

Celse 1, 55-56 (recherche en commun sur le serviteur souffrant d'Isaïe : désigne-t-il le peuple ou un individu ? Origène cite Isaïe 53,8 (« par les iniquités de mon peuple, il a été conduit à la mort ») en faveur de l'individu) ; *Contre Celse* 2, 31 (allusion à plusieurs réunions avec des sages). Ces débats sont-ils réels ou fictifs ? Le fait même qu'Origène attribue à Ioullos, qui est probablement le fils du patriarche Gamaliel III et le frère du patriarche Yehuda II, le titre de patriarche, que seuls son père et son frère ont porté, va dans le sens de l'historicité du débat : un faussaire habile aurait probablement évité cette inexactitude. Les quatre passages du *Contre Celse* rappellent des propos tenus par deux élèves d'Hoshaya, R. Eliezer ben Pedat et R. Yohanan[124].

La connaissance qu'Origène a du judaïsme des Sages reste limitée. Il ignore complètement leur texte fondateur, la Mishna. Mais il doit aux Sages une dizaine d'informations précises sur l'interprétation des Écritures. Et il a eu quelques débats avec eux sur des questions théologiques qu'il n'est toutefois pas possible de préciser et au cours desquelles des citations scripturaires étaient utilisées de manière contradictoire[125].

Les correspondants d'Origène

Enfin, on peut suppléer aux silences d'Eusèbe en recourant aux correspondants d'Origène. Dans sa *Lettre* à ce dernier, Julius Africanus mentionne un entretien (*dialogos*) qu'Origène a eu avec un interlocuteur « irréfléchi » ou « ignorant » (*agnômôn*). Il semble bien avoir assisté à la discussion. Le sujet de celle-ci n'est pas précisé ; mais Julius Africanus raconte qu'Origène a cité à cette occasion l'histoire de Suzanne, qui, aux yeux de Julius Africanus, n'est pas authentique. Dans sa réponse, Origène revient sur cette discussion et donne le nom

---

124. Talmud de Babylone, *Pesaḥim* 87B.

125. Voir G. Dorival, R. Naiweld, « Les interlocuteurs hébreux et juifs d'Origène à Alexandrie et à Césarée », dans O. Andrei (dir.), *Caesara Maritima e la scuola origeniana*, Brescia, 2013, p. 121-138 ; G. Dorival, « De vraies discussions entre Juifs et chrétiens ? Le cas d'Origène », dans P. Lanfranchi, J. Verheyden (dir.), *Jews and Christians in Late Antiquity: A Regional Perspective*, Louvain-Paris-Bristol, 2018, p. 61-80.

de l'interlocuteur : « notre compagnon (*hetairos*) Bassos[126] ». Nous ne savons rien de ce Bassos. Nous ne savons pas non plus sur quoi portait son irréflexion ou son ignorance. Et on peut être étonné que Julius Africanus traite d'irréfléchi un homme qu'Origène appelle « notre compagnon ». Des hypothèses ont été formulées : Bassos serait l'un des interlocuteurs anonymes d'Origène que nous connaissons par la *Lettre à des amis d'Alexandrie* (voir ci-dessus) ; ou bien il y aurait deux personnages différents, Bassos et Agnômôn ; mais cet appellatif n'est pas attesté par ailleurs et il serait étonnant qu'un nom si dévalorisant ait été en usage[127]. Ni la date ni le lieu de l'entretien ne sont connus. Ce qui est sûr, c'est qu'il a eu lieu avant que Julius Africanus écrive sa lettre, et probablement peu de temps auparavant : il explique qu'il avait tout d'abord accueilli le propos d'Origène avec faveur, puis qu'il s'est aperçu qu'Origène citait l'histoire de Suzanne, à tort. La *Lettre à Africanus* date de 240-248 : il en va de même pour la *Lettre à Origène*.

L'antibiographie d'Épiphane de Salamine

Telle est la biographie d'Origène que l'on peut proposer, grâce à Eusèbe de Césarée et à Origène lui-même. Une tout autre biographie figure chez Épiphane de Salamine[128], qui écrit à la fin du IVe siècle. Elle recoupe le récit d'Eusèbe, mais ajoute de nouveaux éléments suspects et contient des erreurs historiques grossières. Fils du martyr Léonide, persécuté lui-même dans sa jeunesse, homme de culture, il se fit connaître à Alexandrie au temps de l'empereur Dèce et fréquenta peut-être les écoles d'Athènes. Origène souffrit beaucoup pour sa foi : les païens d'Alexandrie le rasèrent, le postèrent sur la montée du Sarapeion et lui ordonnèrent de remettre des rameaux de palmier aux fidèles, tel un prêtre de Sarapis ; mais Origène criait de prendre plutôt la palme du Christ. Ses ennemis voulurent le livrer à un Éthiopien qui abuserait de son corps. Il préféra sacrifier, alors qu'il était prêtre chrétien, ce qui le priva d'être du nombre des confesseurs et martyrs

126. ORIGÈNE, *Lettre à Africanus* 3.
127. Voir ORIGÈNE, *Philocalie 1-20*, SC 302, p. 475-476.
128. ÉPIPHANE, *Panarion* 64, 1-3.

et lui valut d'être chassé de l'Église. Il se réfugia en Judée-Palestine, à Jérusalem, où il fut invité à prêcher, mais, se déclarant pécheur, il refusa. Il rencontra Ambroise, qu'il ramena de l'hérésie à l'orthodoxie et qui lui demanda d'expliquer les Écritures, ce qu'il fit pendant 28 ans à Tyr de Phénicie, grâce au mécénat de son ami. Son premier travail fut de composer les *Hexaples*. Mais il se jeta dans le péché et proféra des paroles de mort, dont se réclament les « origéniastes ». Il s'est mutilé. Ou bien il s'est desséché les parties grâce à une drogue. Ou bien il a trouvé une plante médicinale pour la mémoire. En fait, on ne peut pratiquement rien retenir de cette antibiographie d'Origène. Au début du texte, la mention de Dèce (249-251) est incongrue et celle sur les écoles d'Athènes est destinée à souligner qu'Origène a été corrompu par la philosophie. L'anecdote du Sarapeion nous renseigne sur la manière dont les chrétiens d'après les persécutions se représentaient celles-ci. La mention de l'Éthiopien va dans le même sens et est destinée à mettre en valeur le fait qu'Origène accepte de sacrifier et revienne en quelque sorte au paganisme. La suite du texte prend à contre-pied le récit d'Eusèbe : Origène n'est plus ordonné en Judée-Palestine, mais à Alexandrie ; il n'a plus quitté délibérément Alexandrie, mais en a été chassé ; il ne va plus à Césarée de Palestine, mais à Jérusalem, puis à Tyr. Il est appelé à prêcher, mais refuse ; il ne rencontre plus Ambroise à Alexandrie, mais en Judée-Palestine ; il n'a pas commencé la rédaction des *Hexaples* à Alexandrie, mais dans sa nouvelle résidence ; il s'est peut-être mutilé, mais il a peut-être mis au point des drogues. Toutes ces modifications ne sont pas hostiles à Origène, mais elles s'écartent systématiquement du récit d'Eusèbe, trop systématiquement pour qu'on puisse se fier à elles. Elles émanent en fait d'un milieu plus hostile à Eusèbe qu'à Origène. Certains détails sont invraisemblables, comme la mention de l'utilisation de drogues par Origène. L'absence totale de Césarée est incongrue et Épiphane a jugé bon de la rectifier dans le *Traité des mesures et des poids*[129]. Il n'y a donc rien à retenir d'Épiphane pour rédiger la biographie d'Origène.

129. ÉPIPHANE, *Traité des mesures et des poids* 19.

Incertitudes chronologiques

À la question posée : une biographie d'Origène est-elle possible ?, la réponse est positive, à condition d'accepter de nombreuses incertitudes chronologiques, dont il est utile de récapituler les principales :

– il est né vers 185-187 et est mort vers 251-253 ;

– son voyage à Rome a lieu entre 206 et 217 ;

– ses premiers travaux d'exégèse peuvent être datés entre 206 et 217 ;

– Eusèbe situe sa trouvaille à Jéricho d'une version grecque anonyme de l'Ancien Testament sous le règne de Caracalla (211-217), mais il ne parle pas d'un voyage d'Origène en Judée-Palestine à cette époque-là. Il est plus vraisemblable que la découverte d'Origène date de la période césaréenne de sa vie ;

– il fréquente le didascale des disciplines philosophiques entre 205 et 220, probablement pendant cinq ans à la suite ;

– la création des deux niveaux du didascalée remonte aux années 215-220 ;

– le premier voyage en Arabie, auprès du gouverneur de cette province, date de 220-230 ;

– le premier séjour en Judée-Palestine remonte aux années 225-230 ;

– Origène se rend auprès de Julia Mamaea à Antioche en 231 ou 232 ;

– le premier voyage en Grèce a lieu en 232 ou 233 ;

– l'installation à Césarée de Palestine peut être datée des années 231-234, avec une préférence pour 232 ;

– Origène se voit confier l'éducation d'Athénodore et de Théodore soit entre 231/234 et 236/239 ou 238/241, soit entre 238 et 245 ;

– la *Lettre à Africanus* a été écrite entre 240 et 248, mais sans doute à une date proche de 248 ;

– le second voyage en Grèce a eu lieu entre 240 et 246 ;

– les synodes en Arabie, dont le nombre reste incertain, se sont déroulés entre 239 et 249.

Au terme de cette présentation, un problème reste en suspens : de quand datent les homélies sur les deux Testaments ? Certes, il y a accord pour dire qu'elles ont été prononcées durant la période de Césarée. Mais Eusèbe les situe sous Philippe l'Arabe, qui a régné de 244 à 249[130], et cette information a été acceptée par les contributeurs du *Dizionario ;* en revanche NAUTIN propose les années 239-242, en se fondant sur deux arguments : l'*Homélie sur le Psaume 36*, 2, fait allusion au règne florissant de l'empereur au pouvoir il y a trente ans, qui se fana comme « la fleur du foin » (Ps 36, 2) ; lui succédèrent « un autre, puis un autre, et un autre et ensuite des chefs et des princes », dont la gloire se fana, sans laisser de trace ; Origène viserait Septime Sévère, Caracalla (« un autre »), Élagabal (« puis un autre »), Sévère Alexandre (« et un autre »), Maximin le Thrace et son fils (« et ensuite des chefs et des princes »). Macrin disparaît au passage, peut-être parce que son règne a été très bref. Mais pourquoi les ducs et princes seraient-ils Maximin le Thrace et son fils, et pas Gordien I, son fils Gordien II et Gordien III, voire Philippe l'Arabe, tous morts de mort violente ? Le second argument est plus convaincant. Il consiste à partir de la constatation que le prologue des *Commentaires sur le Cantique des cantiques* fait allusion aux *Homélies sur l'Exode* (4, 2), aux *Homélies sur les Nombres* (4, 2 et 7) et aux *Homélies sur Juges* (4, 9) *;* or les cinq premiers tomes des *Commentaires* ont été écrits à Athènes en 245 ou 246 ; comme les *Homélies* ont été prononcées à la suite selon un cycle liturgique de trois ans, elles datent de 238-241, 239-242, 240-243 ou 241-244 ; comme l'année 243 a été occupée par la dictée des *Commentaires* sur Paul, les *Homélies* ont de bonnes chances d'avoir été prononcées en 239-242. En fait, on peut songer aussi aux années 242-244, voire 243-245 : ces dates sont à cheval sur les règnes de Maximin et de Philippe, ce qui permet de tenir compte partiellement de l'information donnée par Eusèbe[131]. Il faut ajouter que, malgré les réserves émises depuis par Adele Monaci Castagno[132], NAUTIN a établi de manière convaincante quel était le cycle liturgique des homélies à l'époque d'Origène : l'Ancien Testament était lu et expliqué chaque jour et le cycle durait trois ans ; les évangiles étaient

130. EUSÈBE, *HE* 6, 36, 1.
131. EUSÈBE, *HE* 6, 36, 1.
132. A. MONACI CASTAGNO, *Origene predicatore e il suo publico*, Milan, 1987, p. 50-59.

lus et expliqués dans les assemblées eucharistiques qui avaient lieu le dimanche matin, le mercredi et le vendredi ; le cycle durait également trois ans ; il en allait peut-être de même pour l'Apôtre, mais les renseignements manquent. Dans le cas d'Origène, grâce aux renvois internes que le prédicateur fait à des homélies prononcées antérieurement et que NAUTIN a étudiées, il est possible d'établir qu'il a expliqué dans l'ordre les Psaumes, Job, Proverbes, Ecclésiaste, Cantique des cantiques, Isaïe, Jérémie, Ézéchiel, Genèse, Exode, Lévitique, Nombres, Deutéronome, Jésus/Josué, Juges, à Césarée de Palestine ; les deux homélies sur 1 Règnes ont été prononcées à Jérusalem ; il n'y a pas de traces d'homélies sur 2-4 Règnes et les derniers livres de l'Ancien Testament. Origène n'a donc pas commencé de prêcher au début du cycle liturgique des lectures, mais quand celui-ci était arrivé aux Psaumes. Il en va de même pour le Nouveau Testament, où Origène semble avoir expliqué Luc avant Matthieu et Paul avant les Actes des apôtres. Nous n'avons pas d'informations, ni, d'une part, sur Marc et Jean, ni, d'autre part, sur Romains et plusieurs lettres de Paul.

*
*   *

Les écrits d'Origène

Deux générations après la mort d'Origène, il existait un catalogue de ses écrits : Eusèbe raconte qu'il a dressé des « tables » (*pinakes*) des livres d'Origène et des autres écrivains ecclésiastiques conservés dans la bibliothèque de Césarée et qu'il les a reproduites dans la *Vie de Pamphile*[133]. Jérôme a consulté cet écrit perdu[134] et il n'y a pas de doute que la liste des écrits d'Origène qu'il établit dans la *Lettre* 33 *à Paula* provient de ce document. Rufin, lui aussi, connaissait cette liste[135]. Au total, Jérôme énumère 181 titres. Il pourvoit chaque titre de l'indication soit du nombre de tomes correspondants, soit du nombre d'homélies

133. EUSÈBE, *HE* 6, 32, 3.
134. JÉRÔME, *Lettre* 34 *à Marcella* 1.
135. RUFIN, *Apologie contre Jérôme* 2, 23.

prononcées. On peut calculer qu'Origène avait écrit 308 tomes de commentaires et de scholies sur les Écritures, ainsi que de traités. À quoi s'ajoutent 13 tomes de lettres, dont 9 tomes de lettres à des correspondants divers, 2 tomes de lettres dont il est le destinataire et 2 tomes de lettres synodales le concernant. Il semble qu'un tome occupait l'équivalent d'environ 80 pages de la collection Sources chrétiennes. Les 321 tomes de son œuvre propre faisaient environ 26 000 pages. D'autre part, Origène a prononcé 468 homélies, dont 348 sur l'Ancien Testament et 120 sur le Nouveau. On ne sait pas si ces homélies étaient réunies dans des tomes. Mais il y a une indication intéressante dans le *Monacensis gr.* 314. Ce manuscrit donne la collection récemment découverte des homélies anonymes sur les psaumes qui reviennent sans doute à Origène (voir plus bas) : les cinq premières homélies sur le Ps 77 occupent un tome. Pour tenir compte du fait que les homélies sur l'Ancien Testament sont en général nettement plus développées que les homélies sur le Nouveau, on peut estimer que le nombre moyen d'homélies par tome était de six ou sept. Les homélies occupaient entre 70 et 80 tomes, environ 6 000 pages. Soit un total de plus de 30 000 pages. Même si le chiffre ainsi obtenu est calculé de manière approximative, il est clair que l'œuvre d'Origène était considérable. Et encore la liste de Jérôme est-elle incomplète : elle minimise le nombre des homélies, qui était de trois pour Malachie (et non de deux) et de quarante-cinq pour Jérémie (et non de quatorze) ; et elle ne mentionne ni les *Homélies sur 1 Corinthiens*, ni les *Commentaires sur Hébreux*, ni le *Traité des natures* ni le *Traité de la prière* ni le *Contre Celse* en huit tomes ni les *Hexaples*, peut-être parce que cette dernière œuvre était rangée, non parmi les écrits d'Origène, mais parmi les manuscrits bibliques (NAUTIN). Or, ces derniers occupaient l'équivalent de 30 000 pages (voir plus bas). *L'Entretien avec Héraclide* et les *Scholies sur la Genèse* manquent également, mais *l'Entretien* est peut-être visé par le titre « autres dialogues sur la résurrection en deux tomes » et les *Scholies* par le titre « deux tomes d'homélies mêlées » (NAUTIN). Enfin, l'omission des *Scholies sur les Nombres*, connues par Rufin[136],

136. RUFIN, prologue à la traduction des *Homélies sur les Nombres* d'Origène.

des *Scholies sur le Deutéronome*[137], des *Homélies sur 1 Corinthiens*[138] et des *Commentaires sur la lettre aux Hébreux*[139] peut être due à un accident de copie (NAUTIN). Il faut ajouter que des écrits d'Origène avaient disparu à l'époque d'Eusèbe : il avait expliqué le Ps 31[140] et le Ps 39[141], mais ces deux psaumes sont absents de la *Lettre à Paula.*

Jérôme répartit les écrits d'Origène en trois catégories : 1. Ce qui relève de l'écrit, et qui comprend dans l'ordre les commentaires et scholies sur l'Ancien Testament, puis des écrits comme le *Traité des principes* ou l'*Exhortation au martyre* ; Rufin appelle ces écrits *monobibla,* « livres en un seul tome », mais le *Traité des principes* se compose de quatre tomes ; à juste titre, Jérôme n'a pas le mot *monobibla* ; enfin, les commentaires et scholies sur le Nouveau Testament ; 2. Ce qui relève de la prédication, les homélies sur l'Ancien Testament, puis sur le Nouveau Testament ; 3. La correspondance. Faut-il s'inspirer de cette classification pour présenter les écrits d'Origène ? L'ordre Ancien Testament puis Nouveau Testament s'impose. Et il est pertinent de classer dans la même catégorie les commentaires et les scholies, les commentaires portant sur la continuité d'un livre biblique, les scholies consistant en l'explication de passages choisis. Mais il n'est pas heureux de mêler des commentaires à l'écriture avec des traités portant sur des sujets divers. Et il est dommage de mettre les homélies à part des commentaires et des scholies, alors que tous ces genres relèvent de l'*herméneia.* On adopte donc la classification suivante : (1) les travaux sur les Écritures (Ancien Testament, Nouveau Testament), d'abord les commentaires – un mot que les manuscrits emploient toujours au pluriel même quand il s'agit d'un texte sur un livre donné (les *Commentaires sur la Genèse* et non le *Commentaire sur la Genèse*), le singulier étant réservé au latin *commentarium* –, puis les scholies, que Jérôme appelle *excerpta,* enfin les homélies ; les *Hexaples* seront examinés en tête des travaux sur l'Ancien Testament, puisqu'ils portent sur l'ensemble de ce corpus ; (2) les traités ; (3) les lettres. À cela s'ajoutent une

137. Elles sont peut-être mentionnées par les *Homélies sur Luc* 8,3.

138. Origène leur fait allusion dans les *Homélies sur Luc* 17,11.

139. Rufin les cite dans l'*Apologie d'Origène* 3 et 5.

140. *Commentaires sur Romains* 4, 1.

141. *Contre Celse* 7,31.

présentation des fragments papyrologiques qui reviennent sans doute à Origène, mais qu'on ne lit pas dans ses écrits actuellement publiés, et une liste des œuvres parfois attribuées à Origène, mais qui sont sûrement inauthentiques.

Ancien Testament, dans l'ordre des livres bibliques de la Septante

Les Hexaples (CPG 1500)[142]

Les « Sextuples » étaient constitués de six colonnes parallèles[143] : de la gauche vers la droite et de haut en bas, se lisaient le texte hébreu de la Bible, sa translittération en caractères grecs, la traduction d'Aquila (vers 130), la traduction de Symmaque (vers 160), la version des Septante, la traduction de Théodotion (vers 30-50). À certains livres, il y avait deux colonnes supplémentaires. Les lignes des colonnes ne comportaient que quelques lettres formant des mots complets : dans un des fragments conservés, qui porte sur le Ps 45 (46), 1-3, chaque ligne de la translittération contient entre quatre et dix lettres, qui correspondent à un ou deux mots lexicaux, juxtaposés ou coordonnés, le ou les mots lexicaux pouvant être précédés par le connecteur « et », le déterminant, une préposition, une négation. Les lignes des traductions grecques comportent de trois à dix-huit lettres, qui forment un ou deux mots lexicaux, accompagnés ou non de mots grammaticaux. Les traductions sont divisées « par membre » (*pros kôlon*), comme le dit Eusèbe[144]. Les « Sextuples » forment ce que nous appelons aujourd'hui une synopse, mais il faut éviter d'employer ce mot qui, en grec, désigne une tout autre réalité littéraire : tout écrit qui donne une vue d'ensemble sur un sujet donné. On ignore si les *Hexaples* étaient copiés sur des rouleaux ou sur des *codices*. Anthony Grafton et Megan Williams, qui défendent la seconde hypothèse, ont calculé qu'ils occupaient 40 livres de 400 folios chacun, soit plus de 30 000 pages, et qu'ils avaient coûté

142. Rappelons que l'acronyme CPG renvoie à la *Clavis Patrum Graecorum* de Maurice Geerard (voir n. 1).
143. Eusèbe, *HE* 6,16.
144. Eusèbe, *HE* 6, 16, 4.

150 000 *denarii* – une somme considérable, mais qui était à la portée d'Ambroise[145].

Pourquoi Origène a-t-il composé les *Hexaples* ? Lui-même donne trois explications. Dans la *Lettre à Africanus*[146], il invoque les nécessités des discussions avec les Juifs : lorsqu'on discute avec eux, il est nécessaire d'argumenter, non à partir des passages absents de la Bible hébraïque, mais au contraire en se fondant sur ceux qui s'y trouvent, même s'ils ne sont pas présents dans la LXX ; toute autre méthode conduit la discussion dans l'impasse. Les deux autres explications figurent dans les *Commentaires sur Matthieu*[147]. Origène souligne le mauvais état textuel des manuscrits de la LXX ; la comparaison avec les autres versions permet de corriger le texte fautif ; en cas de divergence entre les témoins de la LXX, il faut choisir la leçon qui « s'accorde avec les autres éditions », pour une raison qui est donnée dans les *Commentaires sur Jean*[148] : les autres versions, de date récente, n'ont pas eu le temps d'être détériorées par des générations de copistes. En second lieu, se focalisant sur la cinquième colonne de la LXX, Origène indique qu'il veut établir un texte muni des signes critiques qui indiquent les plus et les moins par rapport à l'hébreu.

Les *Hexaples* étaient conservés dans la bibliothèque de Césarée[149]. Ils ont disparu à une date inconnue. Voici ce qui subsiste d'eux :

– quatre fragments : un dans un manuscrit de la Genizah du Caire des années 500, qui contient 13 versets du Psaume 22[150] ; un fragment dans l'*Ambrosianus* O 39 sup., qui offre 148 versets appartenant

---

145. A. Grafton et M. Williams, *Christianity and the Transformation of the Book: Origen, Eusebius, and the Library of Caesarea*, Cambridge-Londres, 2006, p. 102-132.
146. Origène, *Lettre à Africanus* 9.
147. Origène, *Commentaires sur Matthieu* 15, 14.
148. Origène, *Commentaires sur Jean* 6, 41.
149. Eusèbe, *HE* 6, 16, 4.
150. C. Taylor, *Hebrew Greek Cairo Genizah Palimpsests from the Taylor-Schlechter Collection, including a Fragment of the Twenty-second Psalm according to Origen's Hexapla*, Cambridge, 1900.

à dix Psaumes compris entre le Psaume 17 et le Psaume 88[151] ; un fragment des Psaumes dans l'*Ambrosianus* B 106 sup. et un fragment d'Osée dans le *Vaticanus Barberinianus gr.* 54[152]. Les manuscrits de Milan et du Vatican sont postérieurs à la fin du IXe siècle ;

– de nombreuses leçons hexaplaires dans les marges des manuscrits de la Bible grecque, dans quelques chaînes exégétiques et chez les Pères. En 1713, les témoignages connus alors ont été réunis par Bernard de Montfaucon[153]. Cet ouvrage est réédité en PG 15 et 16. Une nouvelle reconstitution a été proposée en 1867-1875 par F. Field, qui a complété la documentation et l'a élargie au domaine syriaque[154]. Depuis cette date, de nouveaux témoignages ont été publiés par Pitra, Klostermann, Lütkemann, Rahlfs, Schenker, Dorival, Declerck, Petit et Labate[155]. Des leçons hexaplaires sont connues en arménien[156]. Le second apparat présent dans les volumes de l'édition critique de la Septante publiée à Göttingen est consacré aux leçons hexaplaires

---

151. J. MERCATI, *Psalterii Hexapli Reliquiae*, Pars prima, *Codex rescriptus bibliothecae Ambrosianae O 39 sup. phototypice expressus et transcriptus*, Bibliotheca Vaticana, 1958.

152. J. MERCATI, *Psalterii Hexapli Reliquiae*, Bibliotheca Vaticana, 1965.

153. B. DE MONTFAUCON, *Hexaplorum Origenis quae supersunt*, 2 t., Paris, 1713.

154. F. FIELD, *Origenis Hexaplorum quae supersunt Fragmenta*, 2 vol., Oxford, 1867-1875 (repr. Hildesheim, 1964).

155. J.-B. PITRA, *Analecta sacra*, 3, Paris, 1883, p. 551-578 ; E. KLOSTERMANN, *Analecta zur Septuagint, Hexapla und Patristik*, Leipzig, 1895, p. 47-74 ; L. LÜTKEMANN, A. RAHLFS, « Hexaplarische Randnoten zu Isaias 1-16 aus einer Sinai-Handschrift », dans *Mitteilungen des Septuaginta-Unternehmens der Gesellschaft/Akademie der Wissenschaften in Göttingen*, 1915, p. 231-386 ; A. SCHENKER, *Hexaplarische Psalmenbruchstüke. Die hexaplarischen Psalmenfragmente der Handschriften Vaticanus graecus 752 und Canonicianus graecus 62*, Göttingen, 1975 ; ID., *Psalmen in den Hexapla. Erste kritische und vollständige Ausgabe der hexaplarischen Fragmente auf dem Rande der Handschrift Ottobonianus graecus 398 zu den Ps. 24-32*, Bibliotheca Apostolica Vaticana, 1982 ; G. DORIVAL, « L'apport des chaînes exégétiques à une réédition des *Hexaples* d'Origène », *Revue d'histoire des textes* 4, 1974, p. 45-74 ; J.-H. DECLERCK, *Anonymus Dialogus cum Iudaeis saeculi ut videtur sexti*, CCSG 30, Turnhout-Louvain, 1994, p. XXXII-XXXIV ; F. PETIT, *La Chaîne sur la Genèse. Édition intégrale*, 4 t., Louvain, 1992-1996 (voir les indices) ; A. LABATE, *Catena Hauniensis in Ecclesiasten in qua saepe exegesis servatur Dionysii Alexandrini, nunc prima edita*, CCSG 24, Turnhout-Louvain, 1992 (voir l'index).

156. Voir CPG Supplementum 1500.

et syro-hexaplaires. Toutefois, le volume consacré aux Psaumes ne possède pas ce second apparat ;

– d'autres leçons hexaplaires, écrites tantôt en grec tantôt en syriaque, figurent dans les marges des manuscrits de la Syro-Hexaplaire, qui est la traduction en syriaque de la cinquième colonne de la LXX par Paul de Tella au début du VIIe siècle[157].

Une refonte de l'ouvrage de Field est en cours par les soins de l'*Hexapla Institute* (http://www.hexapla.org).

Chaque colonne soulève des difficultés :

– colonne 1 : a-t-elle existé ? Prenant appui sur le fait que les quatre fragments conservés l'ignorent, NAUTIN a conclu que la colonne donnant l'hébreu était une vue de l'esprit. Mais Pierre Jay a établi que Jérôme l'a eue sous les yeux[158] ;

– colonne 2 : quelles étaient l'origine et la finalité de la colonne de translittération ? Ces points sont discutés. Il faut noter que la colonne vocalise l'hébreu consonantique de la première colonne : c'est le plus ancien témoignage que nous ayons sur la prononciation de l'hébreu biblique ;

– colonnes 3 à 6 : comment expliquer l'ordre Aquila-Symmaque-LXX-Théodotion ? Il ne correspond ni à l'ordre chronologique (LXX-Théodotion-Aquila-Symmaque), ni à la fidélité plus ou moins grande au texte source (Aquila-Théodotion-Symmaque, le statut de la LXX variant d'un livre à l'autre). NAUTIN a fait l'hypothèse qu'il y aurait eu une synopse juive ne comportant que deux des quatre versions : Aquila et Symmaque ; le travail propre d'Origène aurait consisté à ajouter la LXX et Théodotion. Mais ce document juif n'a jamais été retrouvé ;

– colonne 5 : contenait-elle le texte courant et non recensé de la LXX à l'époque d'Origène ? Ou bien offrait-elle l'édition d'Origène, dans laquelle les obèles indiquaient les plus du grec et les astérisques

157. Abondante bibliographie en CPG 1501 et CPG Supplementum 1501.

158. P. JAY, *L'Exégèse de saint Jérôme d'après son Commentaire sur Isaïe*, Paris, 1985, p. 411-417.

signalaient les moins, comblés en général avec l'aide de la sixième colonne de Théodotion ? L'absence de signes critiques dans les quatre fragments a été utilisée en faveur de la première hypothèse. Mais O. Munnich a dégagé de forts arguments en faveur de la seconde hypothèse[159] : la forme textuelle des quatre fragments est recensée ; l'ordre des mots est aligné sur l'hébreu ; si les signes critiques manquent, c'est parce que les copistes ont omis de les recopier ; la cinquième colonne reproduite en marge de l'*Athous Pantocrator* 24 offre soit un texte aligné sur l'hébreu soit les signes critiques ;

– colonne 6 : contenait-elle uniquement la version de Théodotion ? Peut-être présentait-elle en fait les diverses traductions se rattachant au groupe *kaigé*, dont Théodotion fait partie ;

– colonnes supplémentaires : la Quinta et la Sexta existaient-elles pour d'autres livres que les Psaumes ? Y avait-il une cinquième version pour les XII Petits Prophètes, Job, le Cantique des cantiques et même les Règnes ? La Septima dont parle Eusèbe[160] est-elle une réalité ou une fiction ? Pour le Pentateuque, y avait-il une colonne supplémentaire contenant la traduction grecque du Pentateuque samaritain ?

Autre problème : que signifie la terminologie ancienne, *Hexapla*, « Sextuples », *Tetrapla* ou *Tetrassa*, « Quadruples », *Tetraselidon*, « [Livre] à quatre colonnes », *Oktaselidon*, « [Livre] à huit colonnes » ? Eusèbe fait des *Tétrasses* une édition des versions sans les deux premières colonnes[161]. Mais cette affirmation est discutée.

Enfin, la datation des *Hexaples* est délicate à établir. Origène a sûrement réuni une bonne partie de la documentation à Alexandrie. Mais il semble impossible que les versions trouvées à Nicopolis et à Jéricho aient été mises au jour avant la période de Césarée (voir plus haut la biographie d'Origène). Sans doute les *Hexaples* ont-ils été entamés à Alexandrie et achevés à Césarée.

---

159. O. Munnich, « Les *Hexaples* d'Origène à la lumière de la tradition manuscrite de la *Bible* grecque », *Origeniana Sexta*, Louvain, 1995, p. 167-185.
160. Eusèbe, *HE* 6, 16, 3.
161. Eusèbe, *HE* 6, 16, 4.

Sur la Genèse

Les *Commentaires* (CPG 1410), en douze, treize ou quatorze tomes[162]. Origène affirme qu'il a commenté jusqu'aux premiers mots de Gn 5, 1[163]. Or, Jérôme affirme que les tomes 12 et 13 portaient sur Gn 4, 15-24, « Caïn sera vengé sept fois »[164] : est-ce un argument en faveur de l'existence d'un tome 14 commentant Gn 4, 25-26 et le début de 5, 1 ? Ou au contraire ces versets étaient-ils commentés rapidement à la fin du tome XIII ? Seuls des fragments de ces *Commentaires* subsistent. Ils sont édités en PG 12, 45-92. Ce sont des citations patristiques. En grec :

– un extrait sur Gn 2, 8 dans Eustathe d'Antioche, *Traité sur la nécromancienne d'Endor*, 21 ;
– un extrait du tome 1 chez Marcel d'Ancyre cité par Eusèbe, *Contre Marcel d'Ancyre* 1, 4, 22 ;
– trois extraits du tome 3 dans Eusèbe, *HE* 3, 1, 1-3 ; dans la *Philocalie* 23, 1-11 et 14-21 (sur Gn 1, 14, contre l'astrologie) ; dans la *Philocalie* 14 (sur Gn 1, 16-18) ;
– un extrait d'un tome non précisé dans Eusèbe, *Préparation évangélique* 7, 20, 1-9 ; comme il porte sur Gn 1, 2, on peut se demander s'il n'appartenait pas au tome 1 ;
– six extraits chez Épiphane de Salamine, *Ancoratus* 62, 3 ; *Panarion* 64, 63, 5 et 64, 64, 9 ; *Lettre à Jean de Jérusalem* connue par Jérôme, *Lettre 51* (3 passages) ;
– un extrait sur Gn 1, 14 dans le Papyrus Schoyen 22 ;
– trois extraits sur Gn 1, 11 ; 1, 26 ; 3, 21 dans la *Collectio Coisliniana* (éd. F. PETIT, 1986) ;
– un extrait de la préface dans le *Marcianus gr.* 47.

162. En douze tomes : EUSÈBE, *HE* 6, 24, 2 ; en treize tomes : JÉRÔME, *Lettre 36*, 9 ; RUFIN, *Apologie contre Jérôme* 2, 20 (citant le même catalogue des œuvres d'Origène que Jérôme); en quatorze tomes : JÉRÔME, *Lettre* 33 *à Paula*.
163. EUSÈBE, *Contre Celse* 6, 49.
164. JÉRÔME, *Lettre* 36, 9.

En latin :

– deux extraits de la préface d'Origène, dans la traduction latine de l'*Apologie d'Origène* 5 et 7 ;

– un extrait du tome 1 dans l'*Apologie d'Origène* 48 (cité aussi par Eusèbe, *Contre Marcel d'Ancyre* 1, 4, 22).

Des fragments proviennent-ils des chaînes ? L'édition de PG 12, 92-145 est maintenant remplacée par l'édition critique de F. Petit[165]. Dans cette chaîne, environ 200 fragments sont attribués à Origène, mais il peut subsister des textes de ce dernier parmi les fragments non identifiés. On remarque que seuls les 14 premiers fragments commentent Gn 1, 1-5, 1. Les 162 fragments suivants portent sur Gn 5, 3-49, 9, qu'Origène n'avait pas expliqué sous forme de commentaires. Certes, certains de ces fragments citent des versets des quatre premiers chapitres de la Genèse et peuvent provenir des *Commentaires*. Mais la plupart d'entre eux commentent des versets des chapitres suivants. On doit donc se demander s'ils ne proviennent pas des *Scholies sur la Genèse* et des *Homélies sur la Genèse* (voir plus bas). Toutefois, le fragment 100 sur Gn 1, 14 donne l'extrait de *Philocalie* 23, 1-11 et 14-17, signalé plus haut ; mais il n'est pas emprunté à cette œuvre, car il offre des variantes qui tantôt sont fautives, tantôt améliorent le texte. Faut-il ajouter au fragment 100 quelques autres fragments ? Seule une étude approfondie des fragments permettrait de répondre à la question. La quasi-totalité des fragments est maintenant éditée par K. Metzler, *Origenes. Die Kommentierung des Buches Genesis*, Berlin-New York-Fribourg-Bâle-Vienne, 2010. Quelques fragments attribués par la chaîne à Origène sont cependant omis[166].

Trois fragments papyrologiques sur Genèse 1, 14 ; 1, 28 et 3, 15 (voir CPG 1410) ont été attribués à Origène, mais cette attribution est discutée.

165. F. Petit, *La Chaîne sur la Genèse. Édition intégrale*, 4 t., Louvain, 1992-1996.

166. Voir G. Dorival, « Origène dans la chaîne sur la Genèse », *Adamantius* 23, 2017, p.21-31.

Les tomes 1-8 ont été rédigés à Alexandrie ; les tomes suivants, à Césarée.

Les *Scholies* (CPG 1412). Entre les tomes sur Genèse et les *Excerpta* sur Exode, la liste de Rufin mentionne « deux tomes d'homélies mêlées » (*mistarum omeliarum libros II*) et la liste de Jérôme « deux tomes d'homélies locales » (*localium* dans deux manuscrits, *locarum*, mot qui ne fait pas sens, dans les deux autres manuscrits). Cette mention d'homélies au milieu d'écrits qui sont soit des commentaires soit des scholies est incongrue ; il faut donc se demander si ce titre énigmatique ne désigne pas deux tomes de textes divers portant sur la Genèse, parmi lesquels les *Scholies sur la Genèse* ; ce recueil mélangé pouvait offrir en tête l'homélie sur Melchisédech dont parle Jérôme[167] et quelques autres homélies, puis en dernier lieu les scholies (NAUTIN). Le titre de l'écrit serait dû à l'existence des homélies en tête du recueil. Sa mention entre les tomes sur la Genèse et les *Excerpta* sur l'Exode s'expliquerait par la présence des scholies. Parmi celles-ci, il y avait sans doute un fragment sur Genèse 5, 26 présent dans l'*Athous Lavra* 184 B 64 et introduit par la formule « dans les scholies sur la Genèse[168] ». Nautin ne mentionne pas d'autres scholies. Mais il est à peu près certain que, parmi les fragments attribués à Origène par la chaîne sur la Genèse éditée par Françoise Petit, tous ceux qui ne se lisent pas dans les *Commentaires sur la Genèse* (fragment 100 et peut-être quelques autres textes) et dans les *Homélies sur la Genèse* (six fragments, voir ci-dessous) proviennent des *Scholies*, comme le suggérait déjà R. Devreesse[169] : au total près de 170 fragments. Les *Scholies sur Genèse* datent de la période de Césarée.

---

167. JÉRÔME, *Lettre* 73, 2.

168. Édité par E. VON DER GOLTZ, *Eine textkritische Arbeit der zehnten bzw. sechsten Jahrhunderts*, Leipzig, TU XVII, 4, 1899, p. 87 et de nouveau par K. LAKE, S. NEW, *Six Collations of New Testament Manuscripts*, Cambridge, 1932, p. 218 ; réédité par NAUTIN (p. 246) et par METZLER (p. 202-203).

169. R. DEVREESSE, *Les anciens commentateurs de l'Octateuque et des Rois. Fragments tirés des chaînes*, Bibliotheca Apostolica Vaticana, 1959, p. 26-31.

Les *Homélies* (CPG 1411), au nombre de seize, sont connues en latin par la traduction de Rufin[170]. Dans la *Lettre* 33 *à Paula* de Jérôme, il est question de dix-sept homélies, mais c'est une correction de scribe, qui s'explique ainsi : les manuscrits de Rufin donnent dix-sept homélies, mais la dix-septième homélie est un extrait des *Bénédictions des patriarches* de Rufin ; c'est après Cassiodore, pour qui il y a seize homélies[171], que la dix-septième homélie a été introduite dans la collection ; un copiste a alors corrigé le texte de Jérôme. Six fragments grecs des homélies ont été retenus par la chaîne sur la Genèse éditée par F. Petit : ils proviennent des homélies 1 (fr. 8 et 145) et 2 (fr. 664, 665, 695, 708) ; peut-être y en a-t-il d'autres. Les homélies ont été prononcées soit en 239-242 (Nautin), soit après 244 (*Diz*), soit entre 242-244 ou 243-245, à cheval sur les règnes de Maximin et de Philippe.

Un fragment nouvellement découvert sur Gn 18, 1-3 ? Dans son livre sur Anaxagore, Origène et le néoplatonisme, P. Tzamalikos publie sous le nom d'Origène un fragment que le manuscrit de Jérusalem *Saint Sépulcre* 3 attribue à cet auteur[172]. L'intérêt théologique considérable de ce fragment est qu'il emploie l'expression « trinité consubstantielle » (*homoousiou triados*) : Origène serait-il un témoin de l'utilisation de l'adjectif *homoousios* bien avant le concile de Nicée de 325 ? Que penser du fragment de Jérusalem ? On ne tiendra pas grief à P. Tzalamikos de parler, à propos de Gn 18,1-3, du « *Commentary on Genesis* » d'Origène, alors que les *CGn* ne dépassaient pas Gn 5,1 : si le fragment revient à Origène, il provient soir des *HGn* soit des *SchGn ;* compte tenu de son style, il serait issu plutôt des *SchGn.* Mais le fragment revient-il à Origène ? En fait, il est fait de 6 fragments présents dans la chaîne sur la Genèse éditée par F. Petit : 1049 (sans attribution d'auteur), 1053 (attribué à Cyrille), 1054 (attribué à Cyrille), 1051, lignes 2-3 (sans attribution), 1064 bis (attribué à Acace) et 1059 (sans

---

170. PG 12, 145-253 ; *Origenes Werke*, VI, p. 1-144 ; Origenes Werke mit deutscher Übersetzung Band 1/2 ; SC 7 *bis* ; *Opere di Origene*, I.

171. Cassiodore, *Institutions* 1, 1.

172. P. Tzamalikos, *Anaxagoras, Origen, and Neoplatonism. The Legacy of Anaxogoras to Classical and Late Antiquity*, Berlin-Boston 2016, 2 vol., vol. II, p. 1559-1563.

attribution). Deux hypothèses peuvent être formulées : (1) ou bien la chaîne sur la Genèse a dépecé en 6 fragments un texte originellement d'Origène ; (2) ou bien, le fragment de Jérusalem a été composé à partir de la chaîne sur la Genèse, voire à partir de la chaîne perdue de Procope de Gaza que ce dernier a peut-être utilisé pour composer son *Epitomé*. Le fait que le fragment de Jérusalem, qui suit l'ordre des fragments de la chaîne dans sa majeure part (1049, 1053, 1054), ne respecte pas cet ordre sur sa fin (1051, 1064 bis, 1059) ne constitue pas un argument en faveur de la priorité chronologique du fragment de Jérusalem sur les fragments de la chaîne : une telle recomposition est attestée maintes fois dans la littérature byzantine. Plus troublant est le fait que le fragment de Jérusalem soit attribué à Origène : pourquoi l'auteur du texte aurait-il voulu introduire cette paternité, alors qu'Origène, surtout quand il se livre à des considérations théologiques, est suspect ? En fait, on peut se demander si le sigle « Origène » ne figurait pas devant le fragment 1049 dans la chaîne de départ ; ce qu'il y a de sûr, c'est que rien ne s'oppose à la paternité origénienne de ce fragment, qui oppose les théophanies antérieures d'Abraam « à partir du ciel » à la dernière théophanie qui a lieu alors qu'il était « à l'entrée de sa tente » ; l'auteur y voit le signe qu'à la fin Dieu établira sa tente en nous (Jn 1,14) par le Logos ; et cette théophanie est le type de la sainte trinité. Mais seul le fragment 1049, qui constitue le début du fragment de Jérusalem, revient à Origène, les autres fragments sont de Cyrille ou d'Acace ou d'un anonyme. Or, on constate que l'expression « trinité consubstantielle » se trouve dans le fragment 1054 attribué Cyrille et qui de fait provient du *Contre Julien* I 26. On ne peut donc retenir la suggestion de P. Tzamalikos[173].

Sur l'Exode

Il n'en existe pas de *Commentaires* connus.

Les *Scholies* (CPG 1413). Jérôme et Rufin mentionnent des *Excerpta* sur ce livre. Le chapitre 27 de la *Philocalie* porte sur l'endurcissement du cœur du Pharaon (Ex 9, 12 ; 10, 27 et 11, 10). Elle utilise le mot

173. Voir G. Dorival, « Origène dans la chaîne sur la Genèse » cité n. 166.

« annotations » (*sêmeiôseis*) pour parler des trois extraits des § 10-12. Le premier extrait (§ 1-8) n'est précédé d'aucune indication de provenance ; le second, par les mots « et dans d'autres [tomes ?] sur le même [verset] ». Pour Éric Junod, l'éditeur de SC 226, le premier extrait provient d'une œuvre inconnue d'Origène, peut-être les deux tomes des *Homélies mêlées* (voir les *Scholies sur la Genèse*), qui en ce cas auraient porté sur Genèse et Exode ; cet écrit daterait de la période alexandrine, parce que le propos est audacieux et rappelle le *Traité des principes ;* le second extrait proviendrait des *Scholies*, désignées par l'expression « et dans d'autres ». Tout au contraire, pour NAUTIN, qui publie son livre une année après Junod, le premier extrait vient des *Scholies sur l'Exode* et le second, d'une autre œuvre, comme le montrerait la mention « et dans d'autres ». C. P. Hammond Bammel, l'éditrice des *Commentaires sur Romains*, a proposé que le premier fragment provienne du tome 11 de cet écrit et porte sur Rm 9, 18 (« et il endurcit qui il veut ») ; en ce cas, le second extrait viendrait probablement des *Scholies*. Cette hypothèse mérite de retenir l'attention. Les chaînes sur l'Exode contiennent des fragments qui proviennent des *Scholies*[174] *;* mais d'autres viennent des *Homélies sur l'Exode* et les fragments sur Ex 12 proviennent du *Traité de la Pâque*[175]. Datation : la période de Césarée.

Les *Homélies* (CPG 1414), au nombre de treize (huit selon Jérôme, ce qu'expliquerait une faute de copiste reposant sur la ressemblance entre XIII et VIII ; douze selon Cassiodore[176]), sont connues en latin par la traduction de Rufin[177]. Quelques fragments grecs se lisent dans les chaînes[178] et chez Procope de Gaza. Les homélies ont été prononcées soit en 239-242 (NAUTIN), soit après 244 (*Diz*), soit entre 242-244 ou 243-245, à cheval sur les règnes de Maximin et de Philippe.

Le *Traité sur la Pâque* en deux tomes commente Ex 12, mais il appartient presque sûrement au genre du traité et sera présenté plus bas avec les autres traités d'Origène.

---

174. PG 12, 281-297 ; PG 17, 16-17.
175. O. GUÉRAUD, P. NAUTIN, *Origène. Sur la Pâque*, Paris, 1979, p. 52-60.
176. CASSIODORE, *Institutions* 1, 1.
177. PG 12, 297-396 ; *Origenes Werke*, VI, p. 145-279 ; SC 16 remplacé par SC 321 ; *Opere di Origene*, II.
178. PG 12, 281-297.

Les huit *Homélies sur la Pâque* (que Jérôme mentionne curieusement entre les *Homélies sur les Juges* et les *Homélies sur 1 Règnes*, alors que, comme elles expliquaient Ex 12, on en attendait la mention après les *Homélies sur l'Exode*) ont complètement disparu. S'agissait-il d'un recueil mixte comportant six homélies puis les deux tomes du *Traité de la Pâque*, comme le suggèrent O. Guéraud et P. Nautin[179] ? L'hypothèse est ingénieuse, mais ne peut être démontrée.

Sur le Lévitique

Il n'en existe pas de *Commentaires* connus.

Les *Scholies* (CPG 1415). Les listes de Jérôme et de Rufin mentionnent des *Excerpta* sur le Lévitique. Les fragments attribués à Origène dans les chaînes sur le Lévitique proviennent de cet écrit[180]. Des fragments d'une chaîne arménienne, dont la source paraît être Procope de Gaza, reviennent peut-être à Origène (CPG 1505).

Les *Homélies* (CPG 1416) sont au nombre de 11 dans la liste de Jérôme, mais de 16 dans la traduction de Rufin et chez Cassiodore[181])[182]. Un fragment grec de l'homélie 5 figure dans le chapitre 1 de la *Philocalie* 30. Il existe également des fragments grecs de l'homélie 8, grâce à Procope de Gaza[183]. Les homélies ont été prononcées soit en 239-242 (Nautin), soit après 244 (*Diz*), soit entre 242-244 ou 243-245, à cheval sur les règnes de Maximin et de Philippe.

Sur les Nombres

Il n'en existe pas de *Commentaires* connus.

Les *Scholies* (CPG 1417 ?). Les listes de Jérôme et de Rufin ne mentionnent pas d'*Excerpta* sur les Nombres. Mais Rufin, dans la préface à sa traduction des *Homélies sur les Nombres*, dit qu'il a réparti dans sa traduction tout ce qu'il a trouvé sur les Nombres : homélies et

179. O. Guéraud, P. Nautin, *Origène*, p. 102-103.
180. PG 12, 397-404 et PG 17, 17-20.
181. Cassiodore, *Institutions* 1, 1.
182. PG 12, 405-574 ; *Origenes Werke*, VI, p. 280-507 ; SC 286 et 287.
183. PG 87, 729-741.

Excerpta. Il subsiste peut-être des fragments de ces *Scholies* dans les chaînes[184], mais celles-ci contiennent du matériel non-origénien ; des fragments reviennent à Évagre le Pontique. Les *Scholies* datent de la période de Césarée.

Les *Homélies* (CPG 1418) sont au nombre de vingt-huit dans la liste de Jérôme et dans la traduction de Rufin, mais trente selon Cassiodore[185]. Elles ont été plusieurs fois éditées[186]. Il ne semble pas qu'il subsiste de fragments grecs dans les chaînes. Les homélies ont été prononcées soit en 239-242 (Nautin), soit après 244 (*Diz*), soit entre 242-244 ou 243-245, à cheval sur les règnes de Maximin et de Philippe.

Sur le Deutéronome

Il n'en existe pas de *Commentaires* connus.

Les *Scholies* (absentes en CPG). Ni Jérôme ni Rufin ne mentionnent d'*Excerpta.* Mais l'*Homélie 8 sur Luc* 3 semble bien faire allusion à un texte écrit sur Dt 4, 16-17 (Nautin). Certains des fragments attribués par les chaînes à Origène[187] peuvent provenir de cet écrit, tout comme des *Homélies.*

Les *Homélies* (CPG 1419) sont au nombre de treize selon la liste de Jérôme. Rufin a eu l'intention de les traduire[188], mais, dans la préface à sa traduction des *Homélies sur les Nombres*, il semble dire qu'il ne les a pas trouvées. Cassiodore[189] en connaissait une traduction en quatre livres (mélecture de IIII pour XIII ?), qui ne nous est pas parvenue. Les fragments des chaînes édités sous le nom d'Origène[190] sont souvent d'authenticité douteuse, mais un travail systématique serait à faire. Les homélies ont été prononcées soit en 239-242 (Nautin), soit après

184. PG 12, 576-584 et PG 17, 21-24.

185. Cassiodore, *Institutions* 1, 1.

186. PG 12, 585-806 ; *Origenes Werke*, VII, p. 3-285 ; SC 415, 442, 461 (remplacent SC 29).

187. PG 12, 805-817 et PG 17, 24-36.

188. Voir la péroraison de sa traduction de *Commentaires sur Romains*, PG 14, 1293.

189. Cassiodore, *Institutions* 1, 1.

190. PG 12, 805-817 et PG 17, 24-36.

244 (*Diz*), soit entre 242-244 ou 243-245, à cheval sur les règnes de Maximin et de Philippe.

Sur Jésus (titre grec)/*Josué* (titre hébreu)

Il n'en existe ni de *Commentaires* ni de *Scholies* connus.

Les *Homélies* (CPG 1420) sont au nombre de vingt-six selon la liste de Jérôme et la traduction de Rufin, mais trente selon Cassiodore[191]. Elles ont été éditées plusieurs fois[192]. Le chapitre 12 de la *Philocalie* contient un extrait de l'Homélie 20. Procope de Gaza, lui aussi, a eu recours aux *Homélies*[193]. Les fragments attribués à Origène dans les chaînes sont d'authenticité douteuse[194]. Mais là encore une comparaison systématique entre la traduction de Rufin, les *Commentaires* de Procope et les chaînes serait à faire. Les homélies ont été prononcées soit en 239-242 (NAUTIN), soit après 244 (*Diz*), soit entre 242-244 ou 243-245, à cheval sur les règnes de Maximin et de Philippe.

Sur les Juges

Il n'en existe ni de *Commentaires* ni de *Scholies* connus.

Les *Homélies* (CPG 1421) sont au nombre de neuf selon la liste de Jérôme, la traduction de Rufin et Cassiodore[195]. Elles ons été éditées plusieurs fois[196]. Les quelques fragments attribués à Origène dans les chaînes sont d'authenticité douteuse[197], mais une étude systématique reste à faire. Les homélies ont été prononcées soit en 239-242 (NAUTIN), soit après 244 (*Diz*), soit entre 242-244 ou 243-245, à cheval sur les règnes de Maximin et de Philippe.

191. CASSIODORE, *Institutions* 1,1.
192. PG 12, 825-948 ; *Origenes Werke*, VII, p. 286-463 ; SC 71.
193. PG 87[1].
194. PG 12, 820-824 et PG 17, 36-37 ; J.-B. PITRA, *Analecta Sacra*, 2, p. 357.
195. CASSIODORE, *Institutions* 1, 1.
196. PG 12, 951-990 ; *Origenes Werke*, VII, p. 464-522 ; SC 389.
197. PG 12, 949 ; PG 17, 37-40 ; J.-B. PITRA, *Analecta sacra*, 2, p. 358.

Sur Ruth

Il n'en existe ni de *Commentaires* ni de *Scholies* ni d'*Homélies* connus. Cassiodore dit explicitement qu'il ne connaît pas d'homélies[198].

Un court fragment sur Ruth 1, 4 (CPG 1422) nous est transmis par les chaînes. Il cite 1 Timothée 1, 9. Sa provenance est inconnue et son authenticité origénienne n'est pas assurée

Sur 1-4 Règnes (= 1-2 Samuel et 1-2 Rois de la Bible hébraïque*)*

Il n'en existe ni de *Commentaires* ni de *Scholies* connus.

Les *Homélies sur 1 Règnes* (CPG 1423) sont au nombre de quatre selon la liste de Jérôme et selon Cassiodore[199]. Nous sont parvenues, en grec, une homélie sur la nécromancienne d'Endor (1 Règnes 28, 3-25)[200], et, dans la traduction de Rufin, l'*Homélie sur Elkana, Phennana, Anne et Samuel* (1 Règnes 1)[201]. Enfin, les chaînes attribuent à Origène des fragments sur les chapitres 3 ; 13 ; 19 ; 25 et 28 de 1 Règnes[202]. Toutes les éditions qui viennent d'être signalées sont aujourd'hui remplacées par celle des Sources Chrétiennes (SC 328). Les éditeurs, Pierre et Marie-Thérèse Nautin, montrent que l'*Homélie sur Elkana, Phennana, Anne et Samuel*, éditée p. 94-153, doit être identifiée avec l'*Homélie 1* de la collection connue par Jérôme. Les fragments des chaînes sur 1 Règnes 3 (trois fragments) ; 13 (quatre fragments) et 19 (cinq fragments), édités p. 155-169, proviennent des *Homélies 2, 3 et 4* de la même collection. En revanche, le fragment sur 1 Règnes 25, 22 est sûrement inauthentique ; et le fragment sur 1 Règnes 28, 11-12 est douteux et ne peut être rattaché aux quatre

198. Cassiodore, *Institutions* 1, 1.

199. Cassiodore, *Institutions* 1, 1.

200. PG 12, 1012-1028 ; *Origenes Werke*, III, p. 283-294 ; Origenes Werke mit deutscher übersetzund Band 7.

201. PG 12, 905-1012 ; *Origenes Werke*, VIII, p. 1-25 ; Origenes Werke mit deutscher übersetzund Band 7.

202. PG 12, 905-987, PG 17, 40-57; *Origenes Werke*, III, p. 295-304 ; Origenes Werke mit deutscher übersetzund Band 7.

homélies connues par Jérôme. Enfin, l'*Homélie sur la nécromancienne d'Endor*, éditée p. 172-209 en tant *qu'Homélie* 5, ne relève pas de la collection connue par Jérôme. Lui est adjoint l'extrait cité par Eustathe d'Antioche, *Sur la nécromancienne contre Origène*, 26, qui est édité comme *Homélie 6*, p. 210-213 (CPG 1503 (8)).

Il n'y a pas de fragments d'Origène sur 2-4 Règnes.

Sur les autres livres historiques

Il n'existe ni commentaires, ni scholies, ni homélies sur 1-2 Paralipomènes (= 1 et 2 Chroniques), 1-2 Esdras, Esther, Judith, Tobit, 1-4 Maccabées. Mais des versets de ces livres sont commentés à l'occasion par Origène dans ses écrits, à l'exception de 3-4 Maccabées, qui, à ses yeux, ne faisaient probablement pas partie de la Septante.

Sur les Psaumes

Les *Commentaires sur les Psaumes 1-25* (CPG 1425). Le titre de ces *Commentaires* était probablement *Explications* (*Exêgêtika*) *sur les 25 premiers Psaumes*[203]. Cependant, dans sa liste, Jérôme parle d'*Excerpta in Psalmos a primo usque ad quintum decimum* (*Lettre* 33). Faut-il identifier ces *Excerpta* avec les *Exêgêtika* ? En ce cas, il faudrait corriger le texte de Jérôme et lire *quintum uicesimum* au lieu de *quintum decimum* (*XXV* au lieu de *XV*). Mais le mot *excerpta* désigne normalement des scholies chez Jérôme. Quoi qu'il en soit, ces commentaires comportaient sûrement plusieurs tomes, puisque la *Philocalie* parle du « tome » constitué par l'explication du Psaume 1. Quelques fragments des *Commentaires* subsistent :

– Ps 1, mais portant sur l'ensemble du psautier : sept fragments subsistent en grec, dont deux chez Eusèbe[204] ; quatre dans la *Philocalie*[205] ; et un chez Épiphane[206], qui est identique au premier des fragments de

203. EUSÈBE, *HE* 6, 24.
204. EUSÈBE, *HE* 6, 25. Voir PG 12, 1084 A 7-10 ; 1084 BC.
205. *Philocalie* 2 et 3 ; voir PG 12, 1076 C-1077 A ; 1080 BC ; 1080 D-1081 D ; et PG 12, 1084 A.
206. ÉPIPHANE, *Panarion* 64, 6-7 ; voir PG 12, 1076 C-1080 B.

la *Philocalie* ; cependant, il est plus long que ledit fragment ; d'ailleurs, la *Philocalie* signale qu'elle omet un passage entre le premier et le deuxième fragment qu'elle cite. Une phrase du fragment du chapitre 3 de la *Philocalie* est identique au premier fragment cité par Eusèbe en 6, 25. Les sept fragments portent en fait sur l'ensemble du psautier : le commentaire sur le Psaume 1 était à la fois une introduction générale au psautier et une explication du Psaume 1, comme, plus tard, l'*Homélie sur le psaume 1* de Basile de Césarée ;

– Ps 1, 5 (où il est question de la résurrection) : un fragment en grec chez Épiphane[207], qui l'emprunte explicitement au *Traité de la résurrection* de Méthode d'Olympe[208] : Origène y explicite sa conception du corps ressuscité. En outre, un fragment en latin dans l'*Apologie d'Origène*[209] ;

– un fragment sur le Ps 2, 2 ? Sous le nom d'Évagre, le *Vaticanus gr.* 749, qui offre une chaîne sur Job, donne au folio 8 un fragment qui traite des dix noms de Dieu et du tétragramme. R. Devreesse a fait l'hypothèse que ce texte soit d'Origène[210] : les deux sigles d'auteurs sont facilement interchangeables et une partie du texte est proche de l'exégèse d'Origène sur le Ps 2, 4[211]. Le fragment d'Origène provient de la chaîne palestinienne et appartient donc sûrement aux *Commentaires sur les psaumes 1-150* (voir plus bas). Or, il n'est pas identique au fragment attribué à Évagre[212], mais tous deux se ressemblent suffisamment pour que l'on puisse penser à un même auteur. NAUTIN (p. 275) a proposé de rattacher le fragment du Pseudo-Évagre aux *Commentaires sur les psaumes 1-25*, car il a été utilisé par Épiphane, qui ne connaît que ces *Commentaires*. L'hypothèse est séduisante ;

---

207. ÉPIPHANE, *Panarion* 64, 10-16.
208. PG 12, 1092 A-1097 C.
209. *Apologie d'Origène* 142 ; ce court extrait correspond à *Panarion* 64, 14, 6-9.
210. R. DEVREESSE, *Introduction à l'étude des manuscrits grecs*, Paris, 1954, p. 108-111.
211. PG 12, 1104 AB (en fait l'exégèse en question porte, non sur Psaume 2, 4, mais sur Psaume 2, 2b, « contre le Seigneur et son oint, *khristos* »).
212. PL 23, 1275-1280.

– Ps 4, 6 (« Beaucoup disent : “Qui nous montrera les biens ?” ») : un fragment dans la *Philocalie*, qui cite le « tome sur le psaume 4[213] ». Provient-il des *Commentaires sur les psaumes 1-25* ou des *Commentaires sur les psaumes 1-150* ? La question n'est pas tranchée.

– Ps 6, 1 (sur la résurrection) : un fragment en latin dans l'*Apologie d'Origène*[214] ;

– Ps 15, 9 (sur la résurrection) : un fragment en latin dans l'*Apologie d'Origène*[215] ;

– Ps 18, 5 (sur la résurrection) : un fragment en latin dans l'*Apologie d'Origène*[216].

Il ne semble pas que les chaînes donnent accès à ces *Commentaires*. Le P. Egerton 3 en propose-t-il des fragments[217] ? L'attribution à Origène est en général retenue, mais l'écrit de rattachement est discuté[218]. Les *Commentaires sur les Psaumes 1-25* datent de la période alexandrine de la vie d'Origène.

Les *Commentaires sur les Psaumes 1-150* (CPG 1426). À en croire la *Philocalie*[219], le titre de ces *Commentaires* était probablement *Explications* (*Exêgêtika*) *sur les Psaumes*. Selon Jérôme (*Lettre* 33), seuls quarante et un psaumes sont concernés : Ps 1-16 ; 20 ; 24 ; 29 ; 38 ; 40 ; 43-46 ; 50-53 ; 57-59 ; 62-65 ; 68 ; 70-72 ; 103. En général, l'explication d'un psaume occupe un « tome » ou *liber*, mais il y avait deux tomes pour le Ps 3, trois pour le Ps 44, deux pour le Ps 50 et deux pour le Ps 103. Cependant, comme, au Ps 103, il ne subsiste pas de fragments attribués à Origène dans les chaînes et que celles-ci donnent de nombreux fragments au Ps 118, il faut sans doute corriger le chiffre *CIII* de la liste de Jérôme en *CXVIII* (NAUTIN). Ces

213. *Philocalie* 26 ; voir PG 12, 1149 D-1164 A.
214. *Apologie d'Origène* 157 ; voir PG 12, 1177-1178.
215. *Apologie d'Origène* 143 ; voir PG 12, 1215-1216 ; PG 17, 600 B.
216. *Apologie d'Origène* 148 ; voir PG 12, 1231-1244 ; PG 17, 600 B-601 C.
217. Voir R. M. GRANT, « More Fragments of Origen ? », *Vigiliae Christianae* 2, 1948, p. 243-247.
218. Voir CPG 1503 (3) J. VAN HAELST, *Catalogue des papyrus littéraires grecs et latins*, Paris, 1976, n. 691.
219. *Philocalie* 1, 29.

Commentaires étaient-ils précédés d'une préface ? En réalité, l'explication du Psaume 1 commençait par des considérations générales, comme c'est le cas des *Commentaires sur les Psaumes 1-25*. Il est donc légitime de parler d'une préface d'Origène. G. Rietz[220] attribue aux prologues d'Origène cinq fragments présents dans les chaînes. Quatre d'entre eux (frarments I, III, IV et V) seraient issus des *Commentaires sur les Psaumes* (NAUTIN)[221]. Toutefois, la paternité origénienne du fragment I a récemment été remise en cause avec de bons arguments et le nom d'Eusèbe a été proposé[222]. Il sera question du fragment II à propos des *Scholies sur les Psaumes*. Les *Commentaires sur les Psaumes 1-150* sont cités par les chaînes, et il n'y a pas de citations des *Commentaires* en dehors des chaînes, à l'exception d'un passage de la *Philocalie*, qui donne un extrait de l'explication du Ps 50[223]. Toutefois, le fragment sur le Ps 4, 6 transmis par la *Philocalie*[224] appartient peut-être à ces *Commentaires*, sauf s'il provient des *Commentaires sur les Psaumes 1-25* (voir ci-dessus). Malheureusement, les fragments des chaînes publiés sous le nom d'Origène en PG 12[225] et par J.-B. Pitra[226] sont loin d'être tous authentiques ; beaucoup d'entre eux reviennent à Évagre. En revanche, pour le Ps 118, on peut se fier aux fragments issus de la chaîne palestinienne[227] (SC 189 et 190). Des fragments d'Origène sont édités sous le nom d'Eusèbe en PG 23 et de Didyme en PG 39. Pour plus de détails, on se reportera à CPG 1425. Pour confirmer la paternité origénienne des fragments issus des chaînes, il est utile de consulter les *Commentarioli in Psalmos* de Jérôme, en se rappelant que ce dernier a utilisé aussi bien les *Commentaires* que les *Homélies sur les Psaumes*. Les *Commentaires sur les psaumes 1-150* datent de la période de Césarée, et sans doute des dernières années de

---

220. G. RIETZ, *De Origenis prologis in Psalterium quaestiones selectae*, Iéna, 1914.
221. Respectivement PG 12, 1060 C-1076 B ; 1056 B-1057 C ; 1053 A-1056 A ; et 1056 A.
222. C. BANDT, F-X. RISCH, « Das Hypomnema des Origenes zu den Psalmen – eine unerkannte Schrift des Eusebius », *Adamantius* 19, 2013, p. 395-435.
223. *Philocalie* 1, 29 ; voir PG 12, 1453 B-D.
224. *Philocalie* 26.
225. PG 12, 1085 A-1320 et 1409-1686 A, PG 17, 105 C-150 C.
226. *Analecta sacra* 2 et 3.
227. Ils sont édités et traduits en SC 189 et 190.

cette période (NAUTIN). L'édition de cet écrit est préparée à Berlin par C. Bandt qui prendra appui avant tout sur la chaîne palestinienne. Elle aura à résoudre trois difficultés principales : 1. Y a-t-il des fragments d'Origène à des psaumes que ne signale pas la liste de Jérôme ? Il n'est pas sûr en effet que cette liste soit exhaustive : la chaîne palestinienne attribue par exemple des fragments à Origène aux Ps 48, 115, 130 et 148. Sont-ils d'Origène ou d'un autre auteur ? 2. Comment suppléer la chaîne palestinienne, lorsque celle-ci a disparu, comme c'est le cas aux Ps 51-76 ? 3. La chaîne palestinienne cite aussi bien les *Commentaires* que les *Homélies* (voir plus bas) : comment les distinguer ?

Les *Scholies sur les Psaumes* (CPG 1427). Le titre *Scholies d'Origène* est présent dans le *Vindobonensis th. gr.* 8, f. 276^{v}, devant des fragments d'Origène. Deux autres titres sont attestés par Jérôme au début de ses *Excerpta de psalterio* ou *Commentarioli* : *Origenis psalterium* et *Enchiridion* (« *Origenis psalterium quod Enchiridion ille vocabat* »). Le même Jérôme donne peut-être un autre titre dans sa liste des écrits d'Origène (*Lettre* 33) : juste après les lignes où il énumère les diverses homélies sur l'Ancien Testament, il parle des *Excerpta in totum psalterium* ; ce titre pourrait désigner les *Scholies sur les Psaumes* selon les uns (NAUTIN), mais, selon d'autres (V. Peri[228]), ces *excerpta* pourraient être des extraits (*eklogai*) des *Homélies* que Jérôme a traduites dans ses *Tractatus sive homeliae in Psalmos*. On peut encore songer à un autre titre : *Sêmeiôseis eis to psalterion*, parce que le mot *sêmeiôseis* est utilisé par la *Philocalie* 27, 10 pour désigner les scholies sur l'Exode. Le mot *scholies* serait apparu à la place du mot inhabituel *sêmeiôseis* (NAUTIN). Une question préalable doit alors être soulevée : les *Scholies* reviennent-elles à Origène ? En effet, dans la tradition philosophique scolaire, les *hypomnêmata* désignent les notes des professeurs et les *skholia*, les notes des élèves ; si cela est vrai, les *Scholies sur les Psaumes* devraient être attribuées aux élèves d'Origène. Mais le mot utilisé par Origène semble avoir été *sêmeiôseis*, et non *skholia* ; de plus, selon Jérôme, ces scholies consistaient en des notes écrites sur son psautier ; enfin, s'il est vrai que

228. V. PERI, *Omelie origeniane sui Salmi. Contributo all'identificazione del testo latino*, Bibliotheca Apostolica Vaticana, 1980.

les scholies païennes sont le plus souvent des notes d'élèves, elles désignent aussi les notes marginales écrites par Proclus à propos des commentaires de Syrianus sur Orphée[229]. Les *Scholies* d'Origène sont citées par les chaînes et il n'y a pas de scholies grecques de cet auteur en dehors des chaînes. Elles étaient bien connues de Jérôme : ce dernier a-t-il cité ou adapté certaines d'entre elles dans ses *Commentarioli* (Nautin) ? Mais, dans son prologue, Jérôme affirme qu'il a consulté seulement les *Homélies* et les *Commentaires*. Il y a des scholies en PG 12[230] et PG 17, ainsi que parmi les fragments du *Vindobonensis th. gr.* 8 édités par R. Cadiou[231], Mais il n'y en a pas parmi les fragments sur le Psaume 118 de SC 189-190. Les *Scholies* dateraient de la fin de la vie d'Origène, qui se serait rendu compte qu'il ne pouvait achever ses *Commentaires sur les Psaumes 1-150* ; il aurait alors rédigé un ouvrage court de substitution (Nautin). Mais, dans la mesure où les scholies sont des notes marginales, ne faut-il pas plutôt penser qu'Origène a annoté un psautier une bonne partie de sa vie, et peut-être aussi bien à Alexandrie qu'à Césarée ? L'édition des *Scholies sur les Psaumes* est préparée à Berlin par F. X. Risch. Le manuscrit de base est le *Vindobonensis th. gr.* 8, dont R. Cadiou n'a pas compris le principe d'organisation. La marge intérieure est consacrée à Diodore de Tarse, *Commentaires sur les Psaumes*. Les trois marges extérieures offrent diverses chaînes : une réfection de la chaîne palestinienne du folio 1 au folio 5 ; une sélection de cette même chaîne, dans les folios suivants, à certains psaumes ; une chaîne faite de scholies, dont certaines reviennent à Origène aux Psaumes 4, 5, 37, 42-49, 50-53, 106-117, 118-150, peut-être 103-105 ; enfin les *Homélies sur les Psaumes* de Jean Chrysostome aux Ps 4-5, 43-49, 119-150[232]. Sur le Ps 118, il y a 163 scholies d'Origène, à comparer aux 68 scholies éditées par R. Cadiou. D'autres chaînes devront être prises en compte, notamment le *Vaticanus gr.* 754, dont les fragments

229. Marinus, *Vie de Proclus* 27.

230. Notamment le fragment sur le diaspalme, 1057 C-1060 C = fragment II de G. Rietz.

231. R. Cadiou, *Commentaires inédits des Psaumes. Étude sur les textes d'Origène contenus dans le manuscrit Vindobonensis 8*, Paris, 1936.

232. G. Dorival, *Les Chaînes exégétiques grecques sur les Psaumes*, t. V, p. 209-222.

attribués à Eusèbe proviennent des scholies d'Origène, du Ps 2 au Ps 100 ; mais, du Ps 101 au Ps 150, le sigle Eusèbe figure devant des fragments qui reviennent à Eusèbe ou qui proviennent des *Scholies* d'Origène : la chaîne a changé de sources. Enfin, il est possible que les papyri de Toura fassent connaître des scholies, à moins qu'il ne s'agisse d'homélies[233].

Les *Homélies sur les Psaumes* (CPG 1428). Selon Jérôme (*Lettre* 33), Origène avait prononcé cent vingt-deux homélies sur soixante-quatre psaumes ; trente-quatre psaumes sont commentés par une seule homélie[234] ; trente, par plusieurs homélies[235]. Jusqu'à la découverte du *Monacensis gr.* 314 (xie-xiie siècle) en 2012, seules dix homélies étaient éditées[236] : les cinq homélies sur le Ps 36, les deux homélies sur le Ps 37, les deux homélies sur le Ps 38, connues par la traduction de Rufin et par des fragments grecs, ainsi qu'un extrait d'une des trois homélies sur le Ps 82, connu par une citation d'Eusèbe[237]. La découverte de 2012 donne accès à une collection de vingt-neuf homélies anonymes sur dix psaumes[238]. Le découvreur, Marina Molin Pradel, a remarqué que les quatre homélies sur le Ps 36 recoupaient les Homélies 1-4 de la traduction de Rufin et que la liste des autres homélies était proche de la liste de Jérôme. Elle a fait appel à Lorenzo Perrone. Tous deux et les collaborateurs qu'ils se sont adjoints ont édité la collection des homélies, dont l'authenticité origénienne leur paraît certaine. Cette édition constitue le volume XIII des *Origenes*

---

233. B. Kramer, « Eine Psalmenhomilie aus dem Tura-Fund », *Zeitschrift fur Papyrologie und Epigraphik* 16, 1975, p. 164-213 ; Id., *Kleine Texte aus dem Tura-Fund*, Bonn, 1985, p. 15-55.

234. À savoir les Ps 3, 4, 8, 12, 13, 16, 18, 22-27, 49, 51, 54, 74, 75, 81, 83, 85, 87, 108, 110, 120, 125, 127-129, 131, 145-147, 149.

235. Respectivement deux pour les Ps 29, 37-39, 52, 71, 80, 84, 121, 122, 123, 124, 132, 133, 134, 137, 139 ; trois pour les Ps 15, 72, 73, 76, 82, 118, 144 ; quatre pour les Ps 79, 135, 138 ; cinq pour le Ps 36 ; sept pour le Ps 67 ; neuf pour le Ps 77.

236. PG 12, 1319-410 ; SC 411, p. 49-405 (Rufin), 407-453 (fragments grecs, qui proviennent des chaînes sur les psaumes).

237. Eusèbe, *HE* 6, 38.

238. À savoir Ps 15 (deux homélies), 36 (quatre homélies), 67 (deux homélies), 73 (trois homélies), 74 (une homélie), 75 (une homélie), 76 (quatre homélies), 77 (neuf homélies), 80 (deux homélies), 81 (une homélie).

Werke. De très nombreuses études portant sur les nouvelles homélies ont dès à présent vu le jour. Une bonne mise au point d'ensemble a été rédigée par M.-O. Boulnois[239]. L. Perrone a dégagé leurs principaux aspects doctrinaux[240]. A. Le Boulluec a précisé à quelles hérésies s'en prenait Origène[241].

Quelques remarques peuvent être faites dès à présent.

1. Du Ps 15 au Ps 81, Jérôme attribue à Origène soixante-huit homélies commentant vingt-neuf psaumes, en regard des vingt-neuf homélies portant sur dix psaumes présentes dans le *Monacensis*. Celui-ci donne donc une sélection des homélies connues par Jérôme. On remarque en particulier qu'aucun psaume absent chez Jérôme n'est présent dans la sélection, ce qui est un argument pour dire que la sélection dépend de la collection connue par Jérôme. On note que la sélection concerne un peu plus les psaumes (vingt-neuf chez Jérôme, dix dans le *Monacensis*) que les homélies (soixante-huit homélies en regard de vingt-neuf).

239. M.-O. Boulnois, « Chronique d'une découverte et de ses conséquences scientifiques : les nouvelles *Homélies sur les Psaumes* d'Origène », *Revue des études tardo-antiques*, 2015-2016, p. 351-362 (l'auteur souligne en particulier les aspects autobiographiques et communataires que révèlent les *Homélies :* par exemple, Origène signale qu'il est critiqué pour ses allégories [*Homélie 2 sur le Psaume 80*] ; il a affaire à des chrétiens qui considèrent que le Deutéronome est obsolète ; il connaît une pratique de la confession sans accusateurs publics, où le pécheur s'adresse en privé à l'évêque).
240. L. Perrone, « Aspetti dottrinali delle nuove omelie di Origene sui Salmi : le tematiche cristologiche a confronto col *Peri Archon* », *Teologia e Vida* 55, 2014, p. 209-43 (passages d'allure subordinatianiste ; le Fils comme premier lieu du Père ; la doctrine de l'âme du Christ ; la divinisation).
241. A. Le Boulluec, « La polémique contre les hérésies dans les *Homélies sur les Psaumes* d'Origène (Codex *Monacensis graecus* 314) », *Adamantius* 20, 2014, p. 256-274 (Origène s'en prend de façon stéréotypée à Marcion, Basilide, Valentin ; il critique le refus marcionite de la création [*Homélie 4 sur le Psaume 76*] ; il critique les chrétiens judaïsants, qui sont surtout des femmes ; il s'en prend aux ébionites, dont nous apprenons qu'ils ont des « didascales »).

Jérôme, *Lettre* 33	*Monacensis gr.* 314
Ps 15 : 3 homélies	2 homélies
Ps 16, 18, 22–27 : commentés chacun par une homélie	/
Ps 36 : 5 homélies	4 homélies
Ps 37, 38, 39 : commentés par 2 homélies	/
Ps 49, 51 : commentés par 1 homélie	/
Ps 52 : commenté par 2 homélies	/
Ps 54 : commenté par 1 homélie	/
Ps 67 : 7 homélies	2 homélies
Ps 71, 72 : commentés par 2 et 3 homélies	/
Ps 73 : 3 homélies	3 homélies
Ps 74 : 1 homélie	1 homélie
Ps 75 : 1 homélie	1 homélie
Ps 76 : 3 homélies	4 homélies
Ps 77 : 9 homélies	9 homélies
Ps 79 : 4 homélies	/
Ps 80 : 2 homélies	2 homélies
Ps 81 : 1 homélie	1 homélie

2. Le principe de la sélection reste à déterminer. On remarque cependant que les psaumes commentés par une seule homélie n'ont pas été retenus, à l'exception du Ps 81. En revanche, tous les psaumes commentés par cinq homélies et plus sont présents (Ps 36, 67, 77). Les psaumes commentés par un nombre d'homélies compris entre deux et quatre sont tantôt présents (Ps 15, 73, 76, 80) tantôt absents (Ps 37, 38, 39, 52, 71, 72, 79).

3. Parmi les psaumes communs à Jérôme et à la sélection, celle-ci tantôt présente le même nombre d'homélies (Ps 73, 77, 80, 81), tantôt un nombre inférieur d'une unité (Ps 15, 36), tantôt un nombre inférieur

de cinq unités (Ps 67). Selon les psaumes, la sélection est nulle, faible ou forte. Un cas exceptionnel est constitué par le Ps 76, où le *Monacensis* donne une homélie de plus que Jérôme : celui-ci s'est-il trompé dans son décompte ? Ou bien, y a-t-il eu deux découpages des homélies ? Ou bien encore, l'homélie supplémentaire du *Monacensis* est-elle d'un autre auteur qu'Origène ?

4. Des indications du *Monacensis* restent à comprendre : – au Ps 76, les trois premières homélies sont présentées comme « improvisées » (*eskhediasmenai*), mais non la quatrième (qui est peut-être supplémentaire par rapport à Jérôme) ; – au Ps 77, les cinq premières homélies sont présentées comme formant un tome 1, et l'homélie 6 sur le même psaume est précédée de l'indication « tome 2 », sans que l'on sache où s'arrêtait ce tome 2. Dans la *Lettre à Paula*, Jérôme mentionne des tomes pour les *Commentaires sur les psaumes*, mais pas pour les *Homélies*. Les neuf homélies sur le Ps 77 auraient-elles donné lieu à une édition en deux tomes ? Ou bien, y aurait-il eu une édition du corpus homilétique en tomes ?

5. Le processus de sélection paraît avoir touché non seulement les psaumes et les homélies, mais le texte lui-même. Tantôt, il est cohérent et présente ce qu'Origène appelait de l'*akolouthia*, de la suite logique. Tantôt, au contraire, il présente de sérieuses difficultés de compréhension et semble avoir été raccourci, voire remanié.

6. La question de l'attribution à Origène se pose évidemment, et elle retiendra l'attention pendant de nombreuses années. On fera appel aux habituels critères internes : parallèles avec les autres œuvres d'Origène, lexique, style ; l'apparat rédigé pour l'édition contient un matériel substantiel, qui pourra être enrichi ou au contraire critiqué. Mais les critères internes sont largement subjectifs et ne valent pas les critères externes, comme la découverte d'un manuscrit attribuant la collection anonyme à Origène. Il faudra analyser également les renvois internes présents dans les homélies, par lesquels leur auteur fait référence à d'autres de ses œuvres ; il y en a plusieurs dans les neuf homélies sur le Psaume 77, mais aucun d'entre eux n'est décisif, soit que l'écrit d'Origène auquel le texte renvoie ait disparu, soit que le rapprochement ne soit pas convaincant. Il faudra encore mettre à contribution les chaînes sur les Psaumes. Les fragments attribués par la plupart d'entre

elles à Origène ne recoupent pas le texte des homélies. Toutefois, il en va différemment de la chaîne de Nicétas composée à la fin du XIe siècle à Constantinople. Cette chaîne est inédite et doit être lue sur manuscrits. Parmi ses sources, Nicétas signale Origène, mais dit qu'il l'a le plus souvent rejeté à cause de sa « curiosité indiscrète ». En fait le sigle d'auteur « Origène » est souvent présent dans la chaîne de Nicétas. Un certain nombre des fragments correspondants, mais pas tous, ont été édités par J.-B. Pitra[242]. La chaîne de Nicétas offrirait-elle des passages présents dans le *Monacensis ?* L'étude des neuf homélies sur le Ps 77 montre que c'est assez souvent le cas. Ainsi, il est sûr que la collection du *Monacensis* circulait sous le nom d'Origène à Constantinople au XIe siècle. Certes, des œuvres inauthentiques circulent alors, et depuis longtemps, sous le nom d'Origène. Certes encore, il faudra vérifier que ces recoupements entre la collection et Nicétas sont attestés pour tous les psaumes de la collection. Il n'en reste pas moins qu'il y a ici un argument fort en faveur de l'attribution de la collection à Origène.

7. Il faudra confronter ces homélies avec les fragments des papyrus littéraires qui ont été attribués à Origène : le P. Iand. 5.69[243], qui pourrait donner accès à une des homélies sur le Psaume 67 ; les fragments de Toura publiés par B. Kramer et signalés ci-dessus à propos des *Scholies sur les Psaumes*.

Les *Homélies sur les Psaumes* ont été prononcées soit en 239-242 (NAUTIN), soit après 244 (*Diz*). Selon NAUTIN, Origène aurait commencé sa prédication de l'époque césaréenne par les Psaumes ; mais certaines de ses homélies sont plutôt de la fin de sa carrière : l'*Homélie 9 sur le Psaume 77* renvoie aux *Commentaires sur Osée*, écrits sous le règne de Philippe l'Arabe (244-249) ; les neuf *Homélies sur le Psaume 77* paraissent postérieures au *Contre Celse*, écrit sous le règne du même empereur[244]. En fait, Origène a pu expliquer les Psaumes sous forme d'homélies deux fois ou même davantage.

242. Dans ses *Analecta Sacra Spicilegio Solesmensi Parata*, Venise, 1883.

243. Publié par S. SPREY, *Papyri Iandanae*, 5, Leipzig-Berlin, 1931, p. 165-169 ; voir CPG 1503 (4).

244. M.-O. BOULNOIS, « Chronique d'une découverte et de ses conséquences scientifiques… », se référant à une conférence de L. Perrone.

Sur les Proverbes

Jérôme (*Lettre* 33 *à Paula*) mentionne des *Commentaires* en trois tomes (CPG 1430). Il ne semble pas que les deux fragments cités par l'*Apologie d'Origène* proviennent de cet écrit : la mention « [texte] tiré de son livre sur les Proverbes de Salomon » va dans le sens d'un ouvrage composé d'un seul livre, ce qui est le cas de l'écrit *Sur certaines questions des Proverbes*, analysé plus bas parmi les traités d'Origène. En revanche, les chaînes sur les Proverbes donnent accès aux *Commentaires*. C'est le cas de la chaîne inédite de Procope de Gaza[245]. C'est aussi le cas des chaînes de types I et III. Les fragments attribués à Origène par ces chaînes sont édités dans la Patrologie grecque et par J.-B. Pitra[246]. Tous ces fragments ne lui reviennent pas (beaucoup sont d'Évagre), et certains qui ne lui sont pas attribués lui reviennent. Une étude d'ensemble serait à faire. Pour plus de détails, voir CPG 1430 (1) et (3). Les *Commentaires* datent de la période de Césarée, peut-être des années 246-247 (NAUTIN).

Il n'existe pas de *Scholies* connues.

Les *Homélies* (CPG 1430, qu'il faudrait numéroter autrement pour les distinguer des *Commentaires*) sont au nombre de sept (Jérôme, *Lettre* 33). Elles ont disparu en tradition directe. Toutefois, certains des fragments tirés des chaînes peuvent en provenir. Les *Homélies* ont été prononcées soit en 239-242 (NAUTIN), soit après 244 (*Diz*), soit entre 242-244 ou 243-245, à cheval sur les règnes de Maximin et de Philippe.

Sur l'Ecclésiaste

Il n'en existe pas de *Commentaires* connus.

Les *Scholies sur l'Ecclésiaste* (CPG 1431). Cet écrit a disparu en tradition directe. Les chaînes sur l'Ecclésiaste permettent d'atteindre

245. Voir M. RICHARD, « Les fragments d'Origène sur Prov. XXX, 15-31 », dans J. FONTAINE, C. KANNENGIESSER (dir.), *Epektasis. Mélanges Daniélou*, Paris, 1972, p. 385-394.

246. PG 12, 17-34 ; PG 17, 149-160 et 161-252 ; J.-B. PITRA, *Analecta Sacra*, 3, p. 522-527 ; voir aussi PG 87^2, 1779-1800 (traduction latine de la chaîne de Procope).

vingt et une scholies : trois dans le *Venetus Marc. gr.* 22, qui donne la chaîne de Procope de Gaza sur l'Ecclésiaste, sur Ec 3, 3 ; 3, 7 ; 3, 16-17[247] ; deux dans le *Vindobonensis th. gr.* 147, qui est un autre manuscrit de la même chaîne[248] ; onze dans la chaîne du *Vaticanus Barber. gr.* 388[249] ; une dans les *Commentaires sur l'Ecclésiaste* d'Olympiodore du *Vaticanus gr.* 1694[250] ; quatre dans la chaîne de l'*Hauniensis GKS* 6 sur Ec 3, 22 ; 4, 15-16 ; 8, 6-7[251] ; 9, 13-15[252]. Sans doute tous ces fragments ne sont-ils pas authentiques et il se peut qu'il y ait d'autres scholies d'Origène parmi les fragments non identifiés. Enfin, il est possible que certains de ces fragments proviennent en réalité des *Homélies sur l'Ecclésiaste*. Les *Scholies* datent de la période de Césarée.

Les *Homélies sur l'Ecclésiaste* (CPG 1431, qu'il faudrait numéroter autrement pour distinguer les *Homélies* des *Scholies*) sont au nombre de huit[253]. Elles ont disparu, sauf, peut-être, quelques fragments dans les chaînes, qui restent toutefois à déterminer. Les *Homélies* ont été prononcées soit en 239-242 (NAUTIN), soit après 244 (*Diz*), soit entre 242-244 ou 243-245, à cheval sur les règnes de Maximin et de Philippe.

Sur le Cantique des cantiques

Des *Commentaires* (CPG 1434), écrits « dans sa jeunesse[254] » à une date inconnue, en tout cas avant son départ d'Alexandrie, seul un fragment subsiste au sein de la *Philocalie*, où il est dit provenir d'un

247. Voir S. LEANZA, *Procopii Gazaei Catena in Ecclesiasten*, CCSG 4, Turnhout-Louvain, 1978.
248. S. LEANZA, CCSG 4 Suppl., Turnhout-Louvain, 1983.
249. S. LEANZA, *L'esegesi di Origene al libro dell'Ecclesiate*, Reggio Calabria, 1975, p. 9-24.
250. Voir E. KLOSTERMANN, *Analecta zu Septuaginta, Hexapla und Patristik*, Leipzig, 1895, p. 29 sq.
251. Même texte dans le *Vaticanus Barber. gr.* 388, avec des variantes.
252. A. LABATE, *Catena Hauniensis in Ecclesiasten*, CCSG 24, Turnhout-Louvain, 1992.
253. JÉRÔME, *Lettre 33.*
254. Selon l'expression de *Philocalie* 7, 1.

« petit tome[255] ». Ces *Commentaires* de jeunesse, apparemment en un seul tome, sont-ils à identifier avec les deux tomes sur le Cantique des cantiques qu'Origène a écrits « dans son adolescence[256] » ? Il faudrait pour cela qu'un des deux tomes ait disparu entre le début du IVe siècle (Eusèbe) et la fin du même siècle (la *Philocalie*).

Des *Commentaires* (CPG 1433) en dix tomes[257], Rufin a traduit en latin le prologue, les trois premiers tomes et peut-être le début du quatrième (à moins que ce début ne fasse partie du tome 3)[258]. Il subsiste en grec, d'une part, un extrait de la *Philocalie*[259], qui est dit provenir du tome 2, d'autre part, des fragments présents dans la chaîne de Procope de Gaza, la chaîne de Polychronios et la chaîne dite d'Eusèbe. L'édition de la chaîne de Procope en PG 87^2 est à présent remplacée par celle de J.-M. Auwers[260]. Les fragments origéniens cités par Procope ont été édités par les Delarue en 1740 et complétés par A. Mai[261]. M. A. Barbara a étudié l'ensemble des fragments attribués à Origène par les sources[262]. Elle restitue à Origène quatre-vingt-huit fragments, dont dix sont anonymes et cinq attribués à un autre auteur. Les tomes 1-5 ont été écrits en 245 à Athènes ; les tomes 6-10 en 246-247 à Césarée ; la date de 240 est parfois proposée.

Il n'existe pas de *Scholies* connues.

Les *Homélies* (CPG 1432), au nombre de deux, sont connues en latin par la traduction de Jérôme[263]. Elles ont été prononcées soit en

---

255. *Philocalie* 7.

256. JÉRÔME, *Lettre* 33.

257. EUSÈBE, *HE* 6, 32, 2; JÉRÔME, *Lettre* 33.

258. Ch. et Ch. V. DELARUE = PG 13, 61-198 ; *Origenes Werke*, VIII, p. 61-241 ; Origenes Werke mit deutscher übersetzung Band 9/1.

259. *Philocalie* 27, 13.

260. J.-M. AUWERS, *Procopii Gazaei Epitome in Canticum Canticorum*, CCSG 67, Turnhout, 2011.

261. PG 13, 197-216 ; A. MAI, *Classici auctores e Vaticanis codicibus editi*, t. 9, Bibliotheca Apostolica Vaticana, 1825-1838, qui donne neuf fragments supplémentaires par rapport aux Delarue (= PG 17, 253-265).

262. M. A. BARBARA, *Origene, Commento al Cantico dei cantici. Testi in lingua greca*, Bologne, 2005.

263. PG 13, 7-58 ; *Origenes Werke*, VIII, p. 27-60 ; Origenes Werke mit deutscher Überstezung Band 9/2 ; SC 37 et 37 bis.

239-242 (NAUTIN), soit après 244 (*Diz*), soit entre 242-244 ou 243-245, à cheval sur les règnes de Maximin et de Philippe.

Sur Job

Il n'existe ni *Commentaires* ni *Scholies* connus.

Des *Homélies* (CPG 1424), au nombre de vingt-deux[264], aucune n'a subsisté en tradition directe. Mais les chaînes sur Job citent d'assez nombreux fragments d'Origène, qui ont été édités par les Delarue, A. Galland et J.-B. Pitra[265]. Tous ne sont pas authentiques. Une étude serait à mener. Trois fragments, sur Jb 20, 29 ; 21, 13 et 41, 16 se terminent par une doxologie, ce qui atteste qu'ils proviennent d'homélies. Ces *Homélies* ont été prononcées soit en 239-242 (NAUTIN), soit après 244 (*Diz*), soit entre 242-244 ou 243-245, à cheval sur les règnes de Maximin et de Philippe.

Sur la Sagesse

Il n'en existe ni *Commentaires* ni *Scholies* ni *Homélies* connus. Mais, dans ses écrits, Origène cite souvent ce livre, qui n'appartient pas à la Bible hébraïque, mais seulement à la Septante.

Sur le Siracide (Sagesse de Jésus, fils de Sirakh = Ecclésiastique)

Il n'en existe ni *Commentaires* ni *Scholies* ni *Homélies* connus. Quelques citations de ce livre, qui n'appartient pas à la Bible hébraïque, figurent dans les écrits d'Origène.

Sur les Psaumes de Salomon

Il n'en existe ni *Commentaires* ni *Scholies* ni *Homélies* connus. Mais ce livre n'est intégré à la Septante que marginalement, et pas avant le ve siècle.

---

264. JÉRÔME, *Lettre 33*.
265. Ch. et Ch. V. DELARUE = PG 12, 1032-1049 ; A. GALLAND = PG 17, 57-105 ; J.-B. PITRA, *Analecta Sacra*, 2, p. 361-391.

Sur les XII Petits Prophètes

Des *Commentaires*, Eusèbe dit qu'il a trouvé seulement vingt-cinq tomes[266]. Même chiffre chez Jérôme, qui énumère « sur Osée à propos d'Éphraim un livre, sur Osée commentaire (*commentarium*), sur Joël deux livres, sur Amos six livres, sur Jonas un livre, sur Michée trois livres, sur Nahum deux livres, sur Abacuc trois livres, sur Sophonie deux livres, sur Aggée un livre, sur le commencement de Zacharie deux livres, sur Malachie deux livres »[267]. Seul Abdiou/Abdias n'est pas commenté. Le total est de vingt-six livres ou tomes. Pour arriver au chiffre de vingt-cinq donné par Eusèbe et Jérôme, on peut être tenté de mettre à part le tome sur Osée à propos d'Éphraim (NAUTIN) : selon Jérôme[268], c'était un « petit livre » dans lequel Origène « voulait montrer que tout ce qui était dit contre Éphraim devait être référé à la personne des hérétiques » et il avait un titre grec *Sur la question de savoir comment Éphraim a été nommé dans Osée* ; traitant d'un sujet particulier, cet écrit ne peut être considéré comme faisant partie des *Commentaires sur les XII Petits Prophètes* ; on peut ne pas être convaincu par cet argument. Le « commentaire sur Osée » ne contient pas de précision de tome, car, selon Jérôme, le début et la fin du rouleau manquaient ; peut-être y avait-il d'autres tomes en tête ou en queue. De même, Malachie donne lieu tantôt à deux tomes, tantôt à trois[269]. Le nombre de tomes paraît donc difficile à calculer. La prudence est de ne pas faire correspondre le chiffre de vingt-cinq et la liste de la *Lettre à Paula.* De ces *Commentaires*, il est parvenu seulement deux fragments en grec :

– *Commentaires sur Osée* (CPG 1443) : la *Philocalie* cite un passage des *Exêgêtika d'Osée*, qui commente Osée 12, 5[270] ;

---

266. EUSÈBE, *HE* 6, 36, 2.
267. JÉRÔME *Lettre 33 ; Des hommes illustres* 75.
268. JÉRÔME, *Commentaire sur Osée*, PL 25, 819 A-B.
269. JÉRÔME, *Lettre 33 ;* préface à son *Commentaire sur Malachie* (PL 25, 1543 A).
270. *Philocalie* 8.

– *Commentaires sur Joël* (CPG 1444) : un fragment dans le *P. Oxy.* 160[271].

Mais, comme il est sûr que Jérôme a largement mis à contribution Origène pour ses propres *Commentaires sur les XII Petits Prophètes*, on peut tenter de reconstituer les *Commentaires* d'Origène à l'aide de cet écrit, comme l'a montré Y.-M. Duval[272]. Les *Commentaires sur les XII Petits Prophètes* sont situés par Eusèbe sous le règne de Philippe l'Arabe (244-249).

Sur la question de savoir comment Éphraïm a été nommé dans Osée (pas de numéro en CPG). Ce tome faisait-il partie des *Commentaires sur les XII Petits Prophètes* ou doit-il en être distingué (NAUTIN) ? La question n'est pas tranchée.

Ni *Scholies* ni *Homélies* ne sont connues.

Sur Isaïe

Les *Commentaires* (CPG 1435), qui s'achevaient à Is 30, 6, comprenaient trente tomes selon Eusèbe, mais trente-six selon Jérôme. Toutefois, dans la préface à ses *Commentaires sur Isaïe*, Jérôme mentionne lui aussi trente tomes, et précise qu'il n'a pas retrouvé le tome 26[273]. Cet écrit a disparu, à l'exception de quatre fragments :

– dans la traduction latine de Rufin de l'*Apologie d'Origène* de Pamphile et Eusèbe, les fragments 116 (tiré du tome 1 et portant probablement sur Isaïe 1, 2), 137 (tiré du tome 28 et portant sur Is 26, 19) et 139 (tiré du même tome et portant sur le même verset) ;

– un fragment chez Jérôme, résumant un passage du tome 30[274] ; par ailleurs, Jérôme a sûrement utilisé Origène dans ses *Commentaires sur Isaïe*.

---

271. Voir R. REITZENSTEIN, « Origenes und Hieronymus », *Zeitschrift für die neutestamentliche Wissenschaft* 20, 1921, p. 90-94.

272. Y.-M. DUVAL, « Vers le Commentaire sur Aggée d'Origène », *Origeniana Quarta*, Innsbruck, 1987, p. 7-15.

273. EUSÈBE, *HE* 6, 32 ; JÉRÔME, *Lettre 33* ; *Commentaire sur Isaïe,* préface (PL 24, 20 C-21 A).

274. JÉRÔME, *Apologie contre Rufin* 1, 13, PL 23, 408 A.

En revanche, il n'y a pas de citations d'Origène dans les chaînes, à l'exception de deux fragments[275] sur Is 39, 7 et 66, 1, qui ne peuvent provenir des *Commentaires* d'Origène, puisqu'ils s'arrêtaient à Is 30, 6.

Les *Scholies* (CPG 1436). Origène avait rédigé des *Excerpta* selon Jérôme[276]. Les deux fragments des chaînes signalés à l'instant peuvent en provenir (NAUTIN).

Les *Homélies* (CPG 1437) étaient au nombre de trente-deux ou de vingt-cinq selon Jérôme[277], qui a traduit neuf d'entre elles[278]. Aux dires de Rufin (*Apologie contre Jérôme*), Jérôme a introduit des modifications à propos de la trinité. Par ailleurs, l'authenticité de l'Homélie 9 est discutée. Les *Homélies* ont été prononcées soit en 239-242 (NAUTIN), soit après 244 (*Diz*), soit entre 242-244 ou 243-245, à cheval sur les règnes de Maximin et de Philippe.

Sur Jérémie

Il n'existe ni *Commentaires* ni *Scholies* connus.

Les *Homélies* (CPG 1438) auraient été au nombre de quatorze selon Jérôme, tandis que Cassiodore explique qu'il y a quarante-cinq homélies d'Origène, dont quatorze sont traduites[279]. On peut donc supposer qu'un copiste a corrigé XLV en XIIII. Vingt d'entre elles nous sont parvenues en grec, et quatorze en latin[280]. Douze homélies sont connues à la fois en grec et en latin, mais l'ordre des homélies n'est pas le même dans les deux cas, comme le montre le tableau qui suit :

275. Publiés par J.-B. PITRA, *Analecta Sacra*, 3, p. 538.
276. JÉRÔME, *Lettre 33 ; Commentaire sur Isaïe,* préface (PL 24, 21 A).
277. JÉRÔME, *Lettre* 33 (trente-deux homélies) ; *Commentaire sur Isaïe,* préface (vingt-cinq homélies).
278. PG 13, 219-254 ; *Origenes Werke*, VIII, p. 242-289 ; Origenes Werke mit deutscher Überstezung Band 10.
279. JÉRÔME, *Lettre 33 ;* Cassiodore, *Institutions* 1, 3 (PL 70, 1114 C).
280. En grec : PL 13, 256-525 ; *Origenes Werke*, III, p. 1-194 ; Origenes Werke mit deutscher Übersetzung Band 11 ; SC 232 et 238. En latin : PG 13, 255-542 ; PL 25, 585-692.

Homélies grecques	Homélies latines
1 (sur Jérémie 1, 1-10)	1
2 (sur 2, 21-22)	13
3 (sur 2, 31)	/
4 (sur 3, 6-7)	14
5 (sur 3, 22-4,8)	/
6 (sur 5, 3-5)	/
7 (sur 5, 18-19)	/
8 (sur 10, 12-14)	5
9 (sur 11, 1-10)	6
10 (sur 11, 18-12,9)	8
11 (sur 12, 11-13,11)	7
12 (sur 13, 12-17)	9
13 (sur 15, 5-7)	10
14 (sur 15, 10-19)	11
15 (sur 15, 10 et 17, 8)	/
16 (sur 16, 21 = 17, 1 hébreu et versions)	12
17 (sur 17, 11-16)	4
18 (sur 18, 1-10)	/
19 (sur 20, 1-7)	/
20 (sur 20, 7-12)	/
	3 (sur 27, 23-29)
	2 (sur 28, 6-9)

L'ordre des homélies grecques est celui du livre biblique ; toutefois, l'*Homélie 15* a été prononcée avant l'*Homélie 14*, qui lui apporte des compléments. L'ordre des homélies latines est « confus », comme le dit Jérôme lui-même[281]. L'*Apologie d'Origène* 66 donne un extrait de l'*Homélie 9*, sans indication de provenance[282] ; c'est la seule citation tirée d'une homélie dans l'*Apologie* ; on peut penser qu'elle est le fait de Rufin et elle est assez différente de la traduction de Jérôme[283]. On remarque que les homélies grecques ne vont pas au-delà du

281. PG 13, 666.
282. SC 232, p. 392-394 (= *Homélie* 6 de Jérôme).
283. SC 464, p. 118-119.

chapitre 20 ; les homélies latines, au-delà du chapitre 28. Or, vingt-trois homélies ont disparu. Est-il possible de les reconstituer ? Un extrait de l'*Homélie 39* sur Jr 51, 22 est connu par la *Philocalie*[284]. La *Philocalie* transmet un autre extrait qui a de bonnes chances de provenir des *Homélies* perdues[285] ; dépourvu d'indication de provenance, il est fait de trois fragments[286] : le troisième d'entre eux est identique à l'extrait de l'*Homélie 39* de *Philocalie* 10, mais il est plus court ; le second se lit dans la traduction latine de l'*Homélie 2* de Jérôme sur Jr 28, 6-9[287] ; le premier fragment, qui cite Jn 1, 1 et Ec 5, 1, n'est identique à aucun texte connu d'Origène ; mais son authenticité origénienne ne fait pas de doute ; comme il précède deux extraits des *Homélies sur Jérémie*, on peut faire l'hypothèse qu'il a la même origine. Enfin, des fragments de ces homélies disparues sont transmis par la chaîne à auteurs multiples sur Jérémie. Celle-ci attribue cent trente-six fragments à Origène[288], dont l'un provient explicitement de la *Lettre à Africanus*. Les soixante-quinze fragments antérieurs à Jr 20, 12 se retrouvent dans les *Homélies* grecques, à l'exception de onze d'entre eux, qui ne sont peut-être pas authentiques. On peut considérer que, sur les cinquante-neuf fragments portant sur la fin du livre, la majorité est issue des *Homélies* perdues, mais que quelques-uns ne sont pas d'Origène. Ces fragments sont souvent résumés et récrits.

Sur les Lamentations

Des *Commentaires sur les Lamentations de Jérémie* (CPG 1439), « cinq tomes sont parvenus jusqu'à nous » selon Eusèbe, ce qui suggère qu'il y en avait davantage, même si Jérôme parle lui aussi de cinq livres[289]. L'écrit a disparu en tradition directe. Mais les chaînes attribuent à Origène des fragments[290]. Au moins trois d'entre eux reviennent

284. *Philocalie* 10.
285. *Philocalie* 1, 28.
286. SC 302, p. 199.
287. SC 238, p. 342-344.
288. SC 232, p. 26-32.
289. Eusèbe, *HE* 6, 24, 2 ; Jérôme, *Lettre 33*.
290. PG 13, 605-661 ; *Origenes Werke*, III, p. 235-279.

à Olympiodore. Une étude d'ensemble serait à faire. Selon Eusèbe, les *Commentaires* datent de la période d'Alexandrie.

Ni *Scholies* ni *Homélies* ne sont connues.

Ni Baruch ni la Lettre de Jérémie n'ont donné lieu à des *Commentaires*, *Scholies* et *Homélies*. Il est vrai que ce sont des compléments de la LXX à Jérémie, absents du texte hébraïque.

Sur Ezéchiel

Les *Commentaires* (CPG 1440) comprenaient vingt-cinq tomes selon Eusèbe, qui précise que c'est le seul prophète qu'Origène commentait complètement, mais vingt-huit livres selon Jérôme, qui a peut-être confondu 25 (ΚΘ') et 28 (ΚΕ')[291]. La *Philocalie* 11 transmet un extrait du tome 20 sur Ez 34, 17-19. Certains des fragments attribués à Origène par les chaînes peuvent provenir de ces *Commentaires* (voir ci-dessous *Homélies sur Ezéchiel*). Le commencement de l'écrit a été rédigé à Césarée et la suite à Athènes, où Origène s'est rendu entre 240 et 246.

Il n'existe pas de *Scholies* connues (mais voir plus bas).

Les *Homélies* (CPG 1441) étaient au nombre de douze selon la *Lettre à Paula*, mais la traduction de Jérôme offre quatorze homélies[292]. Les fragments attribués à Origène par la chaîne sur Ezéchiel, qui sont plus de cinq cents, proviennent soit des *Homélies* soit des *Commentaires*[293]. Des fragments anonymes ou mal identifiés peuvent aussi revenir à Origène. Les *Homélies* ont été prononcées soit en 239-242 (Nautin), soit après 244 (*Diz*), soit entre 242-244 ou 243-245, à cheval sur les règnes de Maximin et de Philippe.

Une édition et une traduction annotée de l'ensemble des fragments (*Commentaires*, *Homélies* et même *Scholies*) ont été proposées récemment[294].

---

291. Eusèbe, *HE* 6, 32 ; Jérôme, *Lettre 33*.

292. PG 13, 665-678 ; *Origenes Werke*, VIII, p. 319-454 ; SC 352 ; *Opere di Origene*, VIII.

293. PG 13, 768-825 ; PG 17, 288 ; J.-B. Pitra, *Analecta Sacra*, 3, p. 541-550.

294. R. Pearse, M. Hooker, *Origen of Alexandria: Exegetical Works on Ezekiel. Fourteen Homilies and the Greek Fragments of the Homilies, Commentaries and ScholiA. Text and Translation*, Ipswich, 2014

Sur Daniel et ses compléments dans la LXX, Suzanne, Bel et le dragon

Il n'existe ni *Commentaires* ni *Scholies* ni *Homélies* connus.

Au total, Origène a interprété, sous forme de commentaires, scholies ou homélies, dix-huit des vingt-quatre livres qui figurent dans la Bible hébraïque actuelle : font exception Ruth, Rois (= 3-4 Règnes de la Septante), 1-2 Paralipomènes (= 1-2 Chroniques), 2 Esdras (= Esdras-Néhémie), Esther et Daniel, à quoi il faut ajouter 2 Règnes (= 2 Samuel de la Bible hébraïque). En revanche, il n'a interprété aucun des livres propres à la Septante, que les catholiques appellent deutérocanoniques et les protestants, apocryphes : 1 Esdras, Judith, Tobit, 1-2 Maccabées, Sagesse, Siracide, Baruch, Lettre de Jérémie, Suzanne, Bel et le dragon. Ce fait ne doit pas surprendre, car ces écrits, qui font partie des « rouleaux divins », ne recèlent « aucune obscurité »: ils n'ont pas besoin d'être interprétés et il est recommandé de les lire aux débutants et aux catéchumènes ; Origène cite Judith, Tobit et Sagesse, auxquels il ajoute Esther qui, pour lui, comme pour beaucoup de Pères, fait partie des deutérocanoniques[295] ; Origène n'a donc jamais projeté de donner une exégèse de ces écrits. Au contraire, il a voulu interpréter les livres obscurs qui figurent dans la Bible hébraïque. L'absence de Ruth, 2-4 Règnes, 1-2 Paralipomènes, 2 Esdras et Daniel est probablement due au fait qu'il n'a pas eu le temps de réaliser complètement son projet.

Nouveau Testament, dans l'ordre probable des livres bibliques adopté par Origène

Sur Matthieu

Des *Commentaires* (CPG 1450) en vingt-cinq tomes selon Eusèbe et Jérôme[296] subsistent :

---

295. ORIGÈNE, *Homélies sur les Nombres*, 27, 1, 2-3, SC 461, p. 272-273.
296. EUSÈBE, *HE* 6, 36, 2 ; JÉRÔME, *Lettre* 33 ; *Commentaire sur Matthieu,* PL 26, 20 B.

– tome 1 : 2 extraits ; le premier est transmis par Eusèbe[297] ; comme ce fragment porte sur les quatre évangiles canoniques, on peut considérer qu'il faisait partie d'une sorte de préface. Le deuxième extrait est connu en latin grâce à l'*Apologie d'Origène*[298] ; il porte sur Mt 1, 1 ; une de ses phrases a son correspondant dans les chaînes sur Matthieu[299] ;

– tome 2 : un extrait transmis par la *Philocalie* et portant sur Mt 5, 9[300]. Quelques lignes de cet extrait se lisent dans le deuxième fragment 87 des chaînes, qui se clôt par une phrase absente de la *Philocalie* ;

– tome 7 : un extrait connu en latin par l'*Apologie d'Origène*[301], portant sur la transmigration des âmes et commentant Mt 11,14-15. Il n'y a pas de fragment correspondant dans les chaînes ;

– tomes 1-9 sur Mt 1, 1-13, 35 : les chaînes sur Matthieu attribuent à Origène trois cent deux fragments[302] ; ils ne sont pas tous authentiques et, parmi les fragments authentiques, certains peuvent provenir des *Homélies* ;

– tomes 10-17 sur Mt 13, 36-22, 33, en tradition directe[303]. Rufin, dans sa traduction de l'*Apologie d'Origène,* fait connaître trois passages de ces tomes, qui portent tous sur la transmigration des âmes[304] : respectivement un extrait du tome 11, 17 sur Mt 15, 27-28 ; un extrait du tome 13, 1 sur Mt 17,10-13 ; un extrait du même tome 13, 1 (suite) sur Mt 17, 10-13. En second lieu, la traduction latine appelée *Commentariorum series* fait connaître les pages d'Origène sur Mt 16, 13-22, 33, correspondant aux tomes 12, 9-17 connus en grec[305]. Enfin, les chaînes offrent cent quarante-deux fragments sur Mt 13, 36-22, 33[306] ; cent cinq de ces fragments recoupent la tradition directe des *Commentaires*.

297. Eusèbe, *HE* 6, 25, 3-5.
298. *Apologie d'Origène* 118.
299. *Origenes Werke*, XII/1, fragment 3.
300. *Philocalie* 6 ; SC 302, p. 306, 6-11 ; *Origenes Werke*, XII/1.
301. *Apologie d'Origène* 178.
302. *Origenes Werke*, XII/1.
303. PG 13, 836-1600 ; *Origenes Werke*, X ; SC 162 (pour les tomes 10 et 11) ; *Opere di Origene*, XI/1 (pour les tomes 10 et 11), XI/2 (tomes 12 et 13) ; XI/3 (tomes 14 et 15).
304. *Apologie d'Origène* 180 ; 182 ; 184.
305. PG 13, 993-1600 (en bas de la page) ; *Origenes Werke*, X, p. 80-703 ; *Opere di Origene*, XI/5 et XI/6.
306. *Origenes Werke*, XII/1, fragments 303-444.

Cependant, les fragments 312, 321, 323, 331-334, 337-338, 342, 353, 361-362, 382, 386, 390, 393, 395, 401, 405-406, 411-416, 418, 420, 422-424, 426-427, 431-432, 440 n'ont pas leurs correspondants dans les tomes 10-17 ; parmi eux, il y a des textes qui ne reviennent pas à Origène ; mais les autres pourraient provenir des *Homélies* ;

– tomes 18-24, dans la suite de la même traduction latine (*Commentariorum series*), sur Mt 22, 34-27, 66[307]. Les chaînes offrent cent vingt-huit fragments[308]. Soixante-treize d'entre eux recoupent la traduction latine ; cependant, les fragments 445-447, 451-452, 455, 458-459, 462-463, 466, 469 III et IV, 470-474, 476, 479-480, 487, 490-491, 497-498, 511-513, 519, 523, 525-529, 531-533, 537, 549, 552, 554, 556, 564-572 n'ont pas leurs correspondants dans la traduction ; cela est normal pour les fragments 565-572, qui portent sur le chapitre 28 absent de la traduction ; certains des fragments antérieurs ne reviennent pas à Origène ; mais les autres pourraient provenir des *Homélies*. On note que la fin de Matthieu (28, 1-20) n'est pas commentée, à l'exception de Mt 28, 13. Mais il est certain qu'Origène avait expliqué ce chapitre final, qui fait le récit de la résurrection de Jésus ; d'ailleurs, les chaînes sur Matthieu attribuent à Origène huit fragments portant sur la fin de Matthieu. On peut donc estimer que le tome 25 des *Commentaires* manque en *Commentariorum series*. Cette traduction, qui est datée du début du ve siècle (Nautin) ou de la seconde moitié de ce siècle (*Diz*), est de bonne qualité, même si elle opère quelques suppressions et quelques additions ;

– les chaînes sur Matthieu attribuent à Origène cinq cent soixante-douze fragments[309], qui couvrent l'ensemble de l'évangile. De la présentation qui précède, on peut estimer que les deux tiers des fragments proviennent des *Commentaires* ; le dernier tiers, un peu moins de deux cents fragments, contient des fragments inauthentiques, mais aussi des fragments en provenance des *Homélies* ;

– il est possible que certains fragments attribués à Origène par les chaînes sur Luc proviennent des tomes perdus des *Commentaires*.

307. PG 13, 1599-1800 ; *Origenes Werke*, XI.
308. *Origenes Werke*, XII/1, fragments 445-572.
309. *Origenes Werke*, XII/1 et XII/2.

Les *Commentaires* ont été rédigés sous le règne de Philippe l'Arabe (244-249) selon Eusèbe, *HE* 6, 36.

Pas de *Scholies* connues.

Des *Homélies*, au nombre de vingt-cinq selon Jérôme[310], aucune n'a subsisté. Cependant, des fragments des chaînes sur Matthieu et Luc (pour les versets de Luc communs à Matthieu) pourraient provenir de cet écrit. En revanche, les quatre homélies latines attribuées à Origène et éditées dans les *Origenes Werke*[311] ne sont pas authentiques. Il est aussi possible que des papyri de Bologne et de Bonn conservent des passages des *Homélies*[312]. Les *Homélies* ont été prononcées soit en 239-242 (Nautin), soit après 244 (*Diz*), soit entre 242-244 ou 243-245, à cheval sur les règnes de Maximin et de Philippe.

Sur Marc

Ni *Commentaires* ni *Scholies* ni *Homélies* ne sont connus. Marc a été très peu expliqué dans les premiers siècles, à l'exception de l'homélie de Clément d'Alexandrie, *Quel riche sera sauvé ?*, qui commente Mc 10, 17-31.

Sur Luc

Selon Jérôme et Rufin, les *Commentaires* (CPG 1452) comprenaient cinq tomes[313], même si Jérôme, dans sa *Lettre à Paula*, fait état de quinze, le chiffre XV étant probablement une faute de copiste pour V. Ces cinq tomes n'ont pas subsisté en tradition directe. Mais les chaînes sur Luc attribuent à Origène des fragments qui ne proviennent pas des *Homélies sur Luc*, et qui peuvent provenir de ces *Commentaires*,

310. Jérôme, *Lettre 33* ; *Commentaire sur Matthieu.* prologue (PL 26, 20 B).

311. *Origenes Werke*, XII/ 1, p. 237-269.

312. Voir I. B. Pighi, « Incerti Auctoris in Evangelium secundum Matthaeum (P. Bon. 12) », *Vigiliae Christianae* 2, 1948, p. 109-112 ; A. Vogliano, « Frammenti di due omelie di Origene (Papiri Bolognesi nr.2) », *Acme* 1, 1948, p. 217-225.

313. Jérôme, prologue à sa traduction des *Homélies sur Luc* (PL 26, 219 A) ; Rufin, *Apologie contre Jérôme* 2, 22 (PL 21, 601 B).

à moins qu'ils ne proviennent des écrits d'Origène sur Matthieu[314]. Les *Commentaires* datent de la période de Césarée, et sans doute des dernières années (NAUTIN).

Il n'existe pas de *Scholies* connues. SC 87, p. 461, parle de scholies, mais sans doute par inadvertance.

Les *Homélies* (CPG 1451) étaient au nombre de trente-neuf selon Jérôme, qui dit qu'il les a traduites fidèlement, comme on peut le vérifier[315]. Mais il y en avait certainement plus : Origène fait allusion à des homélies qui ne nous sont pas parvenues[316]. De plus, les *Homélies* latines sont loin de commenter tous les chapitres de Luc : les *Homélies* 1-33 portent sur Lc 1,1-4, 27 ; l'*Homélie* 34, sur Lc 10, 25-27 ; l'*Homélie* 35, sur Lc 12, 58-59 ; l'*Homélie* 36, sur Lc 17, 33.20-21 ; les *Homélies* 37-38, sur Lc 19, 29-45 ; l'*Homélie* 39, sur Lc 20, 27-40 et 21-26. Il y avait donc d'autres homélies qui commentaient certains des versets absents de la collection latine. Nous ignorons le nombre de ces homélies perdues. Les chaînes sur Luc ont conservé de nombreux fragments attribués à Origène : l'édition de 1931 des *Origenes Werke* IX contient beaucoup plus de fragments que celle de 1957, et les éditeurs de SC ont réduit ce nombre à quatre-vingt-onze, présentés comme un « choix »[317]. Il est sûr que les *Origenes Werke* contiennent des fragments authentiques qui n'ont pas été retenus dans ce choix. Une étude reste à faire. De ces quatre-vingt-onze fragments, quarante-quatre ont des parallèles dans le texte latin des *Homélies* ; ce n'est pas le cas des quarante-sept autres, dont l'authenticité est garantie par des parallèles avec les *Commentaires sur Luc* d'Ambroise ou par la présence de thèmes et du lexique d'Origène. Les fragments issus des chaînes proviennent soit des cinq tomes des *Commentaires* soit des *Homélies* soit même, pour les versets communs à Luc et Matthieu, d'*Homélies sur Matthieu*. Il faut ajouter qu'un papyrus de Bologne

---

314. *Origenes Werke*, IX, p. 227-336 ; SC 87, p. 464-547 (91 fragments grecs authentiques).

315. JÉRÔME, *Lettre 33* ; prologue à sa traduction des *Homélies sur Luc* (PL 26, 219) ; ORIGÈNE, *Homélies sur Luc* PG 13, 1799-1902 ; PL 26, 229-332 ; *Origenes Werke*, IX, p. 1-222 ; SC 87.

316. ORIGÈNE, *Commentaires sur Matthieu* 13, 29 ; *Commentaires sur Jean* 32, 5.

317. SC 87, sur les *Homélies* 1-9 ; 15 ; 17 ; 19-23 ; 29-31 ; 34 ; 37-38.

conserve un passage de l'*Homélie* 35[318]. Les *Homélies* ont été prononcées soit en 239-242 (Nautin), soit après 244 (*Diz*), soit entre 242-244 ou 243-245, à cheval sur les règnes de Maximin et de Philippe.

Sur Jean

Les *Commentaires* (CPG 1453) comportaient trente-deux livres, dont Eusèbe ne connaît que vingt-deux[319]. Sont conservés les tomes 1-2, 6 (sur Jn 1, 19-29 ; la fin du tome manque), 10 (sur Jn 2, 12-25), 13 (sur Jn 4, 13-54), 19 (sur Jn 8, 19-25 ; la fin du tome manque), 20 (sur Jn 8, 37-52), 28 (sur Jn 11, 39-57) et 32 (sur Jn 13, 2-33)[320]. Ainsi, les chapitres 13, 34-21, 25 de Jean ne sont pas commentés. Les cinq premiers tomes portaient sur le prologue de Jean (Jn 1, 1-18). Outre la tradition directe, Eusèbe fait connaître un extrait du tome 5 et Basile de Césarée, un extrait du tome 6[321]. De plus, la *Philocalie* transmet deux extraits situés peu après le début du tome 4 et trois extraits du tome 5, qui ne recoupent pas l'extrait d'Eusèbe[322]. Enfin, les chaînes sur Jean attribuent à Origène de très nombreux fragments qui posent de délicats problèmes d'authenticité[323] ; certains d'entre eux peuvent provenir des *Scholies*. Dans les *Commentaires*, notamment au tome 13 qui commente la rencontre entre Jésus et la Samaritaine, Origène cite et réfute quarante-huit fragments du gnostique valentinien Héracléon, qui est le plus ancien exégète de Jean que nous connaissions (vers 170). Les tomes 1 à 5 ont été composés à Alexandrie avant 232 ; les tomes suivants, à Césarée.

318. *Origenes Werke*, IX, p. 213, voir CPG 1503 (1).

319. JÉRÔME, préface aux *Homélies sur Luc* d'Origène ; RUFIN, *Apologie contre Jérôme* 2, 25-26 ; EUSÈBE, *HE* 6, 24, 1 (probable erreur de copiste pour 32).

320. PG 14, 21-830 ; *Origenes Werke*, IV, p. 3-480 ; SC 120, 157, 222, 290, 385.

321. EUSÈBE, *HE* 6, 25, 7-10 ; BASILE, *Lettres* 29, 73 (PG 32, 204 B = SC 157, § 166, p. 254, 12-16).

322. *Apologie d'Origène* 4 et 5.

323. *Origenes Werke*, IV, p. 483-574.

Scholies (absent en CPG), « 1 tome sur certaines parties de Jean[324] » (Jérôme, *Lettre* 33). Il est possible que les chaînes sur Jean donnent accès à cet écrit.

Pas d'*Homélies* connues.

Sur les Actes des apôtres

Ni *Commentaires* ni *Scholies* connus.

Les *Homélies* (CPG 1456), au nombre de dix-sept[325]. Il ne subsiste qu'un seul fragment de *l'Homélie 4* sur Ac 1, 16 dans la *Philocalie*[326]. Mais les chaînes sur les Actes contiennent des fragments d'Origène, qui restent à exploiter. Les *Homélies* ont été prononcées soit en 239-242 (NAUTIN), soit après 244 (*Diz*), soit entre 242-244 ou 243-245, à cheval sur les règnes de Maximin et de Philippe.

Sur l'épître aux Romains

Selon Jérôme et Rufin, les *Commentaires* (CPG 1457) comportaient quinze tomes[327]. Ils portaient presque sûrement sur l'ensemble de Romains. La traduction de Rufin en dix tomes a été faite sur un exemplaire incomplet ; elle abrège le texte original, mais le complète parfois[328]. Il existe une deuxième traduction de Rufin, très partielle, dans l'*Apologie d'Origène*[329]

---

324. JÉRÔME, *Lettre 33.*
325. JÉRÔME, *Lettre 33.*
326. *Philocalie* 7 (= PG 14,829-832, SC 302, p. 329).
327. JÉRÔME, *Lettre 33 ;* RUFIN, prologue à sa traduction des *Commentaires sur Romains.*
328. Traduction latine de RUFIN : PG 14, 831-832 ; C. P. HAMMOND BAMMEL, *Der Römerbriefkommentar des Origenes. Kritische Ausgabe der Übersetzung Rufins*, 3 vol., Fribourg, 1990, 1997, 1998 (édition critique de référence) ; Th. HEITHER, *Origenes. Commentarii in Epistulam ad Romanos*, 6 vol., Freiburg, 1990-1996 (texte latin de PG 14, traduction allemande) ; SC 532, 539, 543, 555 (texte de C. P. Hammond Bammel, très légèrement modifié) ; *Opere di Origene*, XIV/1, XIV/2. Texte grec : PG 14, 833-1292.
329. *Apologie d'Origène* 52 (extrait sans mention de tome, mais qui recoupe le t. 1, 7 sur Rm 1, 2-3, sans lui être identique) et 89 (extrait du tome 1, qui ne se lit pas dans la traduction de Rufin en 10 tomes, mais qui en provient probablement, voir SC 464, p. 160-161).

Subsistent en grec :

– le texte de Romains utilisé par Origène[330]. Des indications marginales du *Lavra* 184 B 64 indiquent le début de chaque tome des *Commentaires :* 1 (préface et Rm 1, 1-7) ; 2 (Rm 1, 8-25), 3 (Rm 1, 26-2, 11), 4 (Rm 2, 12-3, 4), 5 (Rm 3, 5-31), 6 (Rm 4, 1-5), 7 (Rm 5, 8-16), 8 (Rm 5, 17-6, 15), 9 (Rm 6, 16-8, 9a), 10 (Rm 8, 9b-39), 11 (Rm 9, 1-19 ou 22), 12 (Rm 9, 20 ou 23-11, 12), 13 (Rm 11, 13-12, 15), 14 (Rm 12, 16-14, 10a), 15 (Rm 14, 10b sq.). À l'époque où le *Lavra* 184 B 64 a été copié, les tomes 11 et 14 manquaient ;

– un extrait du tome 1 sur Rm 1, 1, cité par la *Philocalie*[331], qui a son correspondant dans la traduction de Rufin 1, 3 ; celle-ci est deux fois plus courte, mais sans abréger : elle conserve le développement sur Rm 1, 1 et Ga 1, 15 et élimine presque complètement le passage sur Rm 8, 28-30 ;

– une allusion à un passage du tome 1 qui portait sur le mot *theotokos*, « mère de Dieu », chez Socrate[332] ;

– des extraits en grec des tomes 5 et 6 sur Rm 3,5-5, 7, grâce au papyrus 88748 trouvé à Toura et conservé au musée du Caire[333]. On peut estimer qu'un cinquième du tome 5 et un quart du tome 6 nous sont parvenus de cette manière ;

– un fragment des tomes 5-6 cité par Basile de Césarée[334] ;

– un extrait du tome 9 sur Rm 7, 7 cité par la *Philocalie*[335] ; comme cet extrait ne correspond que partiellement à ce que font connaître

330. Voir E. VON DER GOLTZ, *Eine kritische Arbeit des zehnten bzw. sechsten Jahrhunderts, heraugegeben nach einem Kodex des Athosklosters Lawra*, Leipzig, TU XVII, 1899, p. 52-61, 71, 92-94 ; O. BAUERNFEIND, *Der Römerbrieftext des Origenes nach dem Codex von der Goltz untersucht und herausgegeben*, Leipzig, TU XLIV, 1923.

331. *Philocalie* 25.

332. SOCRATE, *Histoire ecclésiastique* 7, 42.

333. J. SCHERER, *Le Commentaire d'Origène sur Romains III, 5-V, 7, d'après les extraits du Papyrus n° 88748 du Musée du Caire et les fragments de la Philocalie et du Vaticanus graecus 762. Essai de reconstitution du texte et de la pensée des tomes V et VI du « Commentaire sur l'épître aux Romains »*, Le Caire, 1957.

334. BASILE, *Traité du saint Esprit,* 29, 73, SC 17 bis, p. 506, 15-508, 17 = *Commentaires sur Romains* 3,5-5,7, éd. J. SCHERER, p. 158, 16-17.

335. *Philocalie* 9 = SC 302, p. 352-359.

Rufin et les chaînes, la question de son origine a été débattue : tome 9 ou tome 5, à cause de la citation de Rm 3, 21, ou encore tome 9 avec insertion au milieu du passage d'un extrait du tome 5 ?

– peut-être un extrait du tome 11 sur Rm 9, 18 (« il endurcit qui il veut ») en provenance de la *Philocalie*[336] sur l'endurcissement du cœur du Pharaon ; le premier extrait de ce chapitre n'est pas précédé d'une indication d'origine ; C. P. Hammond a fait remarquer qu'il citait Rm 9, 18 et a proposé qu'il soit un extrait du tome 11. Cette hypothèse est acceptée par SC 532, p. 22 ;

– d'assez nombreux fragments sont attribués à Origène par la chaîne du *Vaticanus gr.* 762 et celle du *Vindobonensis th. gr.* 166[337]. Il s'agit souvent de résumés.

Les *Commentaires* sont antérieurs au *Contre Celse*, qui leur fait référence[338], et aux *Commentaires sur Matthieu*[339], qui ont été écrits sous le règne de Philippe l'Arabe (244-249) ; ils sont postérieurs à la partie des *Commentaires sur les psaumes* qui explique le Psaume 31[340] : soit vers 244 ou 245.

Ni *Scholies* ni *Homélies* connues.

Sur la première épître aux Corinthiens

Il n'existe ni *Commentaires*, ni *Scholies* connus.

Quant aux *Homélies* (CPG 1458), Jérôme, *Lettre* 33 (ou le copiste) omet de les signaler. Mais le même Jérôme affirme ailleurs qu'Origène a expliqué cet écrit[341]. Origène en personne déclare qu'il a expliqué 1 Co 1, 2[342] (*Homélie* 17 *sur Luc*). La chaîne du *Vaticanus gr.* 762

336. *Philocalie* 27.

337. A. Ramsbotham, « The Commentary of Origen on the Epistle to the Romans », *Journal of Theological Studies* 13, 1912, p. 209-224, 357-368, 14, 1913, p. 10-22 ; K. Staab, « Neue Fragmente aus dem Kommentar des Origenes zur Römerbrief », *Biblische Zeitschrift* 18, 1928, p. 72-82.

338. *Contre Celse* 5, 47 ; 8, 65.

339. *Commentaires sur Matthieu* 17, 32.

340. Référence à l'explication de ce psaume en *Commentaires sur Romains* 4, 1.

341. Jérôme *Lettre 48*, 3.

342. Origène, *Homélie 17 sur Luc.*

contient une soixantaine de fragments attribués à Origène, qui ont été publiés par C. Jenkins[343]. La nouvelle édition parue en 2009 dans les *Opere di Origene* XIV/4, d'après le même manuscrit et l'*Athous Pantocrator* 28, p. 52-217, comporte quatre-vingt-dix fragments[344]. Le nombre d'*Homélies* est inconnu, mais pourrait être de onze : Jérôme[345] parle de onze homélies d'Origène sur 2 Corinthiens, mais les chaînes ne citent aucun fragment d'Origène sur cet écrit et les trois annotations attribuées à Origène dans l'*Athous Lavra* 184 B 64 sur 2 Co 1, 10 ; 1, 17-19 ; 11, 23 pourraient provenir des *Stromates* ou d'autres œuvres d'Origène. Les *Homélies* ont été prononcées soit en 239-242 (Nautin), soit après 244 (*Diz*), soit entre 242-244 ou 243-245, à cheval sur les règnes de Maximin et de Philippe.

Sur la seconde épître aux Corinthiens

Il n'en existe ni *Commentaires* ni *Scholies* connus.

Les Homélies (absent en CPG) seraient au nombre de onze selon Jérôme, *Lettre* 33. Mais il s'agirait plutôt des *Homélies sur 1 Corinthiens* comme indiqué ci-dessus. En revanche, 2 Corinthiens est très souvent cité par Origène.

Sur l'épître aux Galates

Les *Commentaires* (CPG 1459) auraient compté quinze tomes selon Jérôme[346]. Mais le même Jérôme parle de cinq tomes dans le prologue à ses *Commentaires sur Galates*[347] et dans une lettre[348]. Ne subsistent que deux extraits du tome 1 dans la traduction latine de l'*Apologie d'Origène*[349] ; en revanche, le fragment édité en PG 14, 1295 B-1298

---

343. C. Jenkins, « Origen in I Corinthians », *Journal of Theological Studies* 9, 1908, p. 213-247, 353-372, 500-514 ; 10, 1909, p. 29-51.

344. *Opere di Origene* XIV/4, p. 52-217.

345. Jérôme, *Lettre* 33.

346. Jérôme, *Lettre* 33.

347. Jérôme, *Commentaire sur Galates,* PL 26, 308B.

348. Jérôme, *Lettre* 112, 4.

349. *Apologie d'Origène,* 109 et 111, = PG 14, 1293-1295 B ; SC 464 ; *Opere di Origene*, XIV/4, p. 220-221.

A ne provient pas des *Commentaires*, mais du *Traité sur la résurrection* (voir plus bas). Les chaînes sur Galates ne contiennent pas de fragments attribués à Origène. Les *Commentaires* peuvent être datés d'environ 245.

Il n'existe pas de *Scholies* connues.

Les *Homélies* (absentes en CPG) étaient au nombre de sept selon Jérôme, *Lettre* 33. Cet ouvrage a entièrement disparu. Les *Homélies* ont été prononcées soit en 239-242 (NAUTIN), soit après 244 (*Diz*), soit entre 242-244 ou 243-245, à cheval sur les règnes de Maximin et de Philippe.

Sur l'épître aux Éphésiens

Les *Commentaires* (CPG 1460) comprenaient trois tomes selon Jérôme[350]. Les fragments attribués à Origène par la chaîne du *Parisinus Coislinianus* 204 ont été édités par J. A. F. Gregg[351], puis ont fait l'objet d'une nouvelle édition dans les *Opere di Origene*[352], qui a utilisé aussi l'*Athous Pantocrator* 28. Les manuscrits connaissent la division en trois tomes : Ep 1, 1-2,6 (20 fragments) ; Ep 2, 12-4, 26 (22 fragments) ; Ep 4, 27-6, 24 (44 fragments). À ces quatre-vingt-six fragments en provenance des chaînes, il faut ajouter cinq passages des *Commentaires sur Éphésiens* de Jérôme, où le Stridonien ne cite pas explicitement Origène, mais pour lesquels l'*Apologie contre Rufin* donne des parallèles étroits. Les quatre premiers fragments peuvent être des résumés ; le cinquième est une traduction littérale[353]. Les *Commentaires* peuvent être datés d'environ 245.

Il n'existe ni *Scholies* ni *Homélies* connues.

---

350. JÉRÔME, *Lettre* 33 ; *Commentaire sur Éphésiens,* prologue (PL 26, 442 C) ; *Apologie contre Rufin,* 1, 21 (PL 23, 414 C).

351. J. A. F. GREGG, « The Commentary of Origen upon the Epistle to the Ephesians », *Journal of Theological Studies* 3, 1902, p. 233-244, 398-420, 554-576.

352. *Opere di Origene*, XIV/4, p. 230-367.

353. Dans le tome 1, les fragments 4 sur Éphésiens 1, 4 (*Commentaire sur Éphésiens,* PL 26, 446D-447 C ; voir *Apologie contre Rufin* 1, 22) et 22 sur Éphésiens 1,20-21 (*Commentaire sur Éphésiens,* 469 CD ; voir *Apologie contre Rufin* 1,23) ; dans le tome 2, les fragments 29 sur Éphésiens 3,1 (*Commentaire sur Éphésiens,* 477D-478 A ; voir *Apologie contre Rufin* 1, 25) et 40 sur Éphésiens 4,16 (*Commentaire sur Éphésiens*, 503 BC ; voir *Apologie contre Rufin* 1, 26) ; dans le tome 3, le fragment

Sur l'épître aux Philippiens

Les *Commentaires* (absents en CPG) constituaient un tome unique selon Jérôme, *Lettre* 33. Par l'*Athous Lavra* 184 B 64[354], nous savons que les *Commentaires* s'arrêtaient à la fin de Philippiens 3 : le chapitre 4 n'était pas expliqué. À ce livre, les chaînes ne font pas connaître de fragments attribués à Origène. Les *Commentaires* peuvent être datés d'environ 245.

Il n'y a ni *Scholies* ni *Homélies* connues.

Sur l'épître aux Colossiens

Selon Jérôme[355], les *Commentaires* (CPG 1461) comprenaient deux tomes. Mais il y avait en fait trois tomes : la traduction de Rufin de l'*Apologie d'Origène* cite un extrait du tome 3[356]. Grâce aux indications de l'*Athous Lavra* 184 B 64[357], nous savons que le tome 3 s'arrêtait à Co 4, 12 : 4, 13-18 n'était sans doute pas commenté. Les chaînes ne font pas connaître de fragments attribués à Origène. Les *Commentaires* peuvent être datés d'environ 245.

Il n'y a ni *Scholies* ni *Homélies* connues.

Sur la première épître aux Thessaloniciens

Selon Jérôme[358], les *Commentaires* (CPG 1462) comprenaient trois tomes. Les chaînes ne font pas connaître de fragments attribués à

---

75 sur Éphésiens 5,28-29 (*Commentaire sur Éphésiens*, 533 D-534 B ; voir *Apologie contre Rufin* 1, 28).

354. E. von der Goltz, *Eine kritische Arbeit, p.* 79-82, 95.

355. Jérôme, *Lettre 33.*

356. *Apologie d'Origène* 120, = PG 14, 1297-1298 ; PG 17, 589 B-590 A ; SC 464, p. 194-197 ; *Opere di Origene*, XIV/4, p. 370-371.

357. Voir E. von der Goltz, *Eine kritische Arbeit, p.* 82-83, 95.

358. Jérôme, *Lettre* 33.

Origène. Jérôme cite un long extrait du tome 3 dans une lettre[359]. Les *Commentaires* peuvent être datés d'environ 245.

Il n'existe pas de *Scholies* connues.

Les *Homélies* (absentes en CPG) étaient au nombre de deux selon Jérôme, qui omet de préciser s'il s'agit de 1 ou 2 Thessaloniciens[360]. Les *Homélies* ont été prononcées soit en 239-242 (NAUTIN), soit après 244 (*Diz*), soit entre 242-244 ou 243-245, à cheval sur les règnes de Maximin et de Philippe.

Sur la seconde épître aux Thessaloniciens

Les *Commentaires* (CPG 1463) comprenaient un seul tome[361]. Leur existence est attestée par l'*Athous Lavra* 184 B 64[362]. Les chaînes ne transmettent pas de fragments. L'écrit a entièrement disparu. Il peut être daté d'environ 245.

Il n'existe pas de *Scholies* connues.

Sur les *Homélies*, voir ci-dessus.

Sur les deux épîtres à Timothée

Il n'existe ni *Commentaires* ni *Scholies* ni *Homélies* connus. Mais Origène cite souvent ces deux lettres.

Sur l'épître à Tite

Les *Commentaires* (CPG 1464) constituaient un tome unique selon Jérôme[363]. Au début du VIe siècle, Barsanuphe de Gaza connaît l'existence de cet écrit[364]. Aucun fragment grec ne nous est parvenu.

---

359. JÉRÔME, *Lettre* 119, 9-11, = PG 14, 1298-1304 ; PL 22,974-975 ; *Opere di Origene*, XIV/4, p. 374-385. La *Lettre* 119 est adressée à Minervius et Alexandre et a été écrite vers 406.
360. JÉRÔME, *Lettre* 33.
361. JÉRÔME, *Lettre* 33.
362. E. VON DER GOLTZ, *Eine kritische Arbeit, p.* 84-85 et 96.
363. JÉRÔME, *Lettre* 33.
364. BARSANUPHE DE GAZA, *Enseignement sur les opinions d'Origène, Évagre et Didyme,* PG 86/1, 893 A.

L'*Apologie d'Origène* nous fait connaître cinq fragments en latin qui portent tous sur Tite 3, 10-11 (il faut se défier de l'hérétique)[365]. Les *Commentaires* peuvent être datés d'environ 245.

Il n'existe pas de *Scholies* connues.

Jérôme ne mentionne qu'une seule *Homélie*[366]. Elle a entièrement disparu. Elle a été prononcée soit en 239-242 (NAUTIN), soit après 244 (*Diz*), soit entre 242-244 ou 243-245, à cheval sur les règnes de Maximin et de Philippe.

Sur l'épître à Philémon

Les *Commentaires* (CPG 1465) constituaient un tome unique selon Jérôme[367]. Leur existence est attestée par l'*Athous Lavra* 184 B 64[368]. Aucun fragment grec n'a subsisté. Un fragment en latin figure dans l'*Apologie d'Origène*, qui porte sur le v. 5[369].

Il n'existe ni *Scholies* ni *Homélies* connues.

Sur l'épître aux Hébreux

Jérôme, *Lettre* 33, ne signale pas de *Commentaires* (CPG 1467). Mais l'*Apologie d'Origène* fait connaître quatre extraits « tirés des tomes de la lettre aux Hébreux », qui portent tous sur Hébreux 1,2-4[370]. Il n'y a aucune raison de penser que ces fragments proviennent des *Homélies* (NAUTIN). Les *Commentaires* peuvent être datés d'environ 245.

Il n'existe pas de *Scholies* connues.

---

365. *Apologie d'Origène* 31 ; 33 ; 35 ; 163 et 165, = PG 14, 1302-1306 ; PG 17, 553 B-556 C, 604 AC ; *Opere di Origene*, XIV/4, p. 388-397.
366. JÉRÔME, *Lettre* 33.
367. JÉRÔME, *Lettre* 33.
368. E. VON DER GOLTZ, *Eine kritische Arbeit*, p. 90 et 96.
369. *Apologie d'Origène* 125, = PG 14, 1305-1308 ; PG 17, 591 C-593 C ; *Opere di Origene*, XIV/4, p. 400-403.
370. *Apologie d'Origène* 50, 95, 97 et 99, = PG 14, 1307-1308 ; PG 17, 561 B, 580 C-581 C ; *Opere di Origene*, XIV/4, p. 408-411.

Les *Homélies* (CPG 1466) étaient au nombre de dix-huit[371]. Eusèbe en cite deux extraits[372] : dans le premier, Origène déclare son admiration pour cette lettre, tout en reconnaissant qu'elle n'a pas la simplicité d'expression des lettres admises par tous ; dans le second fragment, il émet l'hypothèse que les idées viennent de Paul, mais que la rédaction est d'un de ses élèves ; il signale qu'elle est attribuée parfois à Luc ou à Clément de Rome[373]. Les *Homélies* ont été prononcées soit en 239-242 (NAUTIN), soit après 244 (*Diz*), soit entre 242-244 ou 243-245, à cheval sur les règnes de Maximin et de Philippe.

Les épîtres de Jacques, Pierre, Jean, et Jude

Il n'en existe ni *Commentaires*, ni *Scholies*, ni *Homélies* connus. Origène affirme que la canonicité de 1-3 Jean (ou 2-3 Jean) n'est pas admise par tous[374]. Dans ses écrits, Origène cite Jacques, 1-2 Pierre, 1 Jean et Jude, mais très peu 2-3 Jean.

L'Apocalypse

Il n'en existe ni *Commentaires*, ni *Scholies*, ni *Homélies* connus. Mais Origène affirme la canonicité de ce livre biblique et il avait projeté d'en écrire des *Commentaires*[375].

Les *Scholies* (CPG 1468) anonymes qui se lisent dans le manuscrit 573 des Météores ont été attribuées à Origène par C. Diobouniotis et A. Harnack[376]. Ce dernier avait pourtant remarqué que les deux dernières scholies 38 et 39 provenaient d'Irénée[377], mais, à cause de leur place, il en faisait un cas à part. Cependant, d'autres scholies ne

371. JÉRÔME, *Lettre* 33.
372. EUSÈBE, *HE* 6, 25, 11-14.
373. PG 14, 1307-1308 ; *Opere di Origene*, XIV/4, p. 406-407.
374. ORIGÈNE, *Commentaires sur Jean 5*, cité par Eusèbe, *HE* 6, 25, 7-10.
375. ORIGÈNE, *Commentaires sur Jean* 5 (cité par EUSÈBE, *HE* 6, 25, 7-10) ; *Commentaires Series sur Matthieu* 49, PL 13, 1673 D-1674 A.
376. C. DIOBOUNIOTIS, A. HARNACK, *Der Scholien-Kommentar des Origenes zur Apokalypse Johannis*, Leipzig, TU XXXVIII, 3, 1911.
377. IRÉNÉE DE LYON, *Contre les hérésies* 5, 28.

sont pas d'Origène : la scholie 5 revient à Clément d'Alexandrie[378], la scholie 1 est attribuée à Didyme. En fait, il s'agit d'une chaîne sans sigles d'auteurs. Y a-t-il néanmoins quelques scholies qui reviennent à Origène ? On peut en douter (NAUTIN, p. 449)[379].

A-t-il existé des *Homélies* ? L'hypothèse de J. D. Kelly[380] selon laquelle Origène aurait prononcé douze homélies connues en latin n'a pas convaincu les spécialistes.

Au total, Origène a interprété seize des vingt-sept écrits du Nouveau Testament. Il n'a pas eu le temps d'écrire ses *Commentaires sur l'Apocalypse*. Il n'a pas commenté Marc, mais cet évangile est très rarement expliqué par les Pères grecs. Dans le corpus paulinien, il manque 1-2 Timothée, mais Origène cite souvent ces deux lettres. L'absence des sept lettres catholiques n'est sans doute pas concertée, car elles font partie des Écritures aux yeux d'Origène, même si elles sont moins fondamentales que les autres textes.

Autres homélies

Jérôme, *Lettre* 33, cite d'autres homélies d'Origène :

– une homélie *Sur la paix*, dont nous ne savons rien ;

– une [*Homélie*] *exhortatoire à Pionia*. Normalement, une homélie n'est pas adressée à une personne : faut-il alors corriger *pioniam* en *patientiam* ou *poenitentiam* (NAUTIN) ? J. Van Haelst[381] a proposé que le fragment du P. Rainer 4.52 provienne de cette homélie, parce qu'il semble être adressé à des femmes (voir CPG 1503 [2]) ;

378. CLÉMENT D'ALEXANDRIE, *Stromates* 4, 25, 156, 2-157, 2.

379. Les scholies ont été attribuées récemment à CASSIEN LE SABAÏTE, un moine de Palestine de la première moitié du VIe siècle, par P. TZAMALIKOS, *An Ancient Commentary on the Book of Revelation: A Critical Edition of the Scholia in Apocalypsin*, Cambridge, 2013, mais cette attribution à un auteur qu'il ne faut pas confondre avec Jean Cassien et qui est pratiquement inconnu (il est absent de la CPG) est discutée.

380. J. D. KELLY, « Early Medieval Evidence for Twelve Homilies by Origen on the Apocalypse », *Vigiliae Christianae* 39, 1985, p. 273-279.

381. J. VAN HAELST, *Catalogue des papyrus littéraires juifs et chrétiens*, Paris, 1976, n. 690.

– deux homélies *Sur le jeûne*, *Sur les mariages uniques et les troisièmes noces*, dont nous ne connaissons rien ;
– deux homélies [prononcées] à Tarse, cité par laquelle Origène a pu passer lors de ses deux voyages en Grèce et de son voyage à Césarée de Cappadoce, mais dont ne savons rien de plus.

Traités dans l'ordre chronologique probable

Il n'est pas facile d'établir la chronologie des traités composés à Alexandrie. Les *Hexaples* (qui ne sont pas un traité) auraient été composés en premier (NAUTIN) ; mais en fait, cet écrit n'a été achevé qu'à Césarée de Palestine. Ensuite, il y aurait eu dans l'ordre les *Stromates,* le *Traité sur la résurrection*, le *Traité des principes* (NAUTIN). Il est vrai que le *Traité des principes* est postérieur au *Traité sur la résurrection* auquel il renvoie[382]. Il est possible que les *Stromates* soient antérieurs au *Traité de la résurrection* : s'ils lui avaient été postérieurs, c'est à eux qu'aurait normalement renvoyé le *Traité des principes* (NAUTIN, p. 301). Quant aux traités de la période de Césarée, ils sont plus faciles à situer dans le temps, même si cela est approximatif. Enfin, deux traités ne peuvent pas être datés : le *Traité des natures* et les deux *Dialogues sur la résurrection.*

Traités de la période alexandrine

Les *Stromates* (CPG 1483) comprenaient dix tomes selon Eusèbe et Jérôme[383]. Ce dernier classe l'écrit parmi les tomes sur l'Ancien Testament. Il le mentionne entre les tomes sur le Pentateuque et les tomes sur les Prophètes, sans doute parce qu'il commentait de nombreux passages bibliques figurant dans les premiers livres de la Bible. Mais, comme le note aussi Jérôme, Origène a imité Clément d'Alexandrie, qui avait écrit des *Stromates*, ou « Tapisseries ». Cette forme littéraire permet de traiter dans un même écrit des sujets variés. À l'instar de Clément, Origène « comparait les opinions des chrétiens et des philosophes et

---

382. *Traité des principes* 2, 10, 1.
383. EUSÈBE, *HE* 6, 24, 3 ; et JÉRÔME, *Lettres 33* et 70, 4. Voir PG 11, 101-108.

confirmait toutes les doctrines de notre religion à l'aide de Platon, Aristote, Numénius et Cornutus ». Il se distinguait de Clément en ce qu'il expliquait de longs passages des Écritures et ne traitait pas des mêmes sujets. L'écrit ne subsiste que sous forme de fragments ou d'allusions :

– tome 1 : d'après l'*Athous Lavra* 184 B 64[384], Origène citait et expliquait Jc 2, 13 (sur le jugement de Dieu) et 1 Co 6, 14 (sur la résurrection). Peut-être un autre fragment doit-il être rattaché à ce tome. Dans le *Contre Jean de Jérusalem*[385], Jérôme affirme qu'Origène a expliqué sa doctrine sur la résurrection « dans les quatre tomes sur la résurrection[386], dans le commentaire du Psaume 1 et dans les *Stromates* ». Ces quatre tomes sont le *Traité sur la résurrection* en deux tomes et les deux *Dialogues sur la résurrection* connus par Jérôme[387]. L'extrait d'Origène cité par Jérôme ne provient ni de ces quatre tomes, ni de l'explication du Ps 1, mais des *Stromates* ; ce n'est pas par hasard si cet écrit est énuméré en dernier[388]. Mais à quel tome des *Stromates* ce long fragment peut-il être rattaché ? Il cite 1 Co 6, 13 ; comme, d'après le manuscrit de l'Athos, Origène expliquait dans le premier tome 1 Co 6, 14, qui porte sur la résurrection, on peut faire l'hypothèse que le fragment cité par Jérôme avait sa place dans ledit tome ;

– tome 3 : d'après le même manuscrit[389] Origène citait et commentait Rm 9, 22-23 (sur la colère et la miséricorde de Dieu). Selon ses *Commentaires sur Jean*[390], il avait expliqué Mt 6, 4 (« ton père qui te voit dans le secret te le rendra ») dans ce tome ;

---

384. E. VON DER GOLTZ, *Eine kritische Arbeit*, p. 58-59 ; K. LAKE, S. NEW, *Six Collations of New Testament Manuscripts*, Cambridge, 1932, p. 197.

385. JÉRÔME, *Contre Jean de Jérusalem,* 25-26 (PL 23, 373 C).

386. Il faut adopter la leçon *in libris de resurrectione quatuor*, attestée par les quatre manuscrits les plus anciens, et non la leçon *in libro de resurrectione quarto*.

387. JÉRÔME, *Lettre* 33.

388. NAUTIN, p. 296-297, avec la traduction du fragment p. 297-300.

389. E. VON DER GOLTZ, *Eine kritische Arbeit*, p. 58-59 ; K. LAKE, S. NEW, *Six Collations*, p. 201-202.

390. ORIGÈNE, *Commentaires sur Jean* 13, 298.

– tome 4 : d'après l'*Athous Lavra* 184 B 64[391], Origène citait et commentait 1 Co 7, 31 (sur ceux qui usent de ce monde comme s'ils n'en usaient pas) ; 1 Co 7, 34 (sur le mariage) ; 1 Co 9, 20 (« je me suis fait Juif avec les Juifs ») ; 1 Co 10, 9 (« ne tentons pas le Seigneur ») ;

– tome 5 : Jérôme cite l'exégèse qu'Origène donnait de Jr 22, 24-27 « dans le tome 5 des *Stromates*[392] » ; il identifiait le « sceau de la main de Dieu » du v. 24 au Christ et la « mère » du v. 26 à la Synagogue. En outre, les chaînes sur les Actes des apôtres[393] font connaître un fragment d'Ammonios, qui citait le *Stromate* 5 : « le chemin d'un sabbat était de 2 000 coudées » ;

– tome 6 : Jérôme cite un extrait du « tome 6 des *Stromates* » d'Origène sur le mensonge[394], où celui-ci citait un passage de la *République* de Platon[395], qui justifie le mensonge des gouvernants si l'intérêt supérieur des cités est en jeu, mais qui l'interdit à tous les autres ; s'appuyant sur ce texte et sur les exemples de Judith, Esther et Jacob, Origène justifie le mensonge des maîtres dans des cas exceptionnels, mais l'interdit aux disciples. Jérôme et Rufin font allusion au même extrait[396] ;

– tome 9 : selon Jérôme[397], « dans le rouleau 9 des *Stromates* », Origène disait qu'à partir de Dn 4, 6, il expliquait ce livre non dans le texte de la LXX, trop divergent de l'hébreu, mais dans la version de Théodotion. Le tome 9 portait donc sur Daniel, mais peut-être pas uniquement ;

– tome 10 : trois fragments nous sont parvenus grâce à Jérôme. Les deux premiers portaient sur Daniel ; le troisième, sur Galates. L'ordre inverse (Galates, puis Daniel) est peu probable, puisque le tome 10 fait suite au tome 9, dont une part au moins concernait Daniel. Dans

391. E. VON DER GOLTZ, *Eine kritische Arbeit*, p. 58-59 ; K. LAKE, S. NEW, *Six Collations*, p. 203-205.

392. JÉRÔME, *Commentaire sur Jérémie* 4, PL 24, 849 BC.

393. Éd. J. A. CRAMER, *Catenae graecorum Patrum in Novum Testamentum*, III, Oxford, 1838, p. 10.

394. JÉRÔME, *Apologie contre Rufin* 1, 18, SC 303, p. 50-55.

395. PLATON, *République* 3, 8, 389B.

396. JÉRÔME, *Lettres* 84, 3, PL 22, 746 ; RUFIN, *Apologie contre Jérôme* 2, 1, PL 21, 533 D-534 D.

397. JÉRÔME, *Commentaire sur Daniel* 4, PL 25, 514 A.

ses *Commentaires sur Daniel*[398], Jérôme explique Dn 9, 24-27 (les « semaines de semaines ») ; il cite les témoignages de plusieurs Pères, parmi lesquels Origène, qui, « dans le dixième rouleau des *Stromates* », donnait une interprétation, non pas allégorique, mais historique de l'expression. Ensuite, Jérôme consacre la fin de son *Commentaire* aux histoires de Suzanne et de Bel ; en fait il cite longuement « le tome 10 des *Stromates* », en ajoutant quelques phrases de son cru[399]. Cependant, le tome 10 des *Stromates* expliquait également Galates[400]. Le *Commentaire sur Galates* 3[401] de Jérôme donne accès à un assez long extrait d'Origène qui commente Ga 5,13, un verset « obscur » (« vous êtes appelés à la liberté, frères ; seulement, ne donnez pas à la liberté une occasion pour la chair »).

Selon Eusèbe[402], les *Stromates* ont été composés à Alexandrie sous le règne d'Alexandre Sévère (222-235). La fourchette chronologique est importante : 222-232. Mais on peut supposer que le *Traité des principes*, antérieur à 232, date du départ pour Césarée, a demandé plusieurs années pour sa rédaction : les *Stromates* pourraient remonter aux années 225-230.

L'écrit intitulé *Sur certaines questions des Proverbes* (CPG 1430[403]), en un livre[404], est rangé par Jérôme parmi les traités d'Origène, parce qu'il ne relevait pas des genres des *Commentaires*, des *Scholies* et des *Homélies*. Les *Commentaires sur les Proverbes* étaient faits de trois tomes et sont donc à distinguer de l'écrit en un livre. Dans la préface de ses *Commentaires sur le Cantique*, Origène explique que le livre des Proverbes enseigne la morale et les règles de vie (l'éthique) ; l'Ecclésiaste, les choses de la nature (la physique) ; et le Cantique, les réalités supérieures (la théologie). Si l'on fait l'hypothèse de la permanence de la pensée d'Origène, on peut conclure que l'écrit sur les

398. Jérôme, *Commentaire sur Daniel* 9, PL 25, 549 B.
399. Jérôme, *Commentaire sur Daniel* 9, PL 25, 549 B ; puis 580 B-584 A.
400. Jérôme, *Lettre 112 à Augustin,* 4 et 6.
401. PL 26, 406 B-408 B ; *Opere di Origene*, XIV/4, p. 222-227.
402. Eusèbe, *HE* 6, 24, 3.
403. Le numéro de la CPG est le même que celui des autres écrits sur les Proverbes.
404. Jérôme, *Lettre 33.*

Proverbes traitait de questions particulières de morale que soulevaient des passages des Proverbes. L'*Apologie d'Origène* dans la traduction de Rufin transmet deux extraits qui proviennent sans doute de notre écrit. Le premier est précédé de l'indication « tiré de son livre sur les Proverbes de Salomon », où le mot « livre » au singulier ne peut pas renvoyer aux *Commentaires*, mais seulement à notre ouvrage ; le second est précédé des mots « et peu après » et a donc la même origine que le premier extrait[405]. Le premier extrait réfute la transmigration de l'âme humaine dans les corps d'animaux ; il n'est pas facile de déterminer le verset des Proverbes commenté, peut-être Pr 20, 2, où le roi est assimilé à un lion (mais aussi Pr 22, 13 ; 28, 15 ; 30, 18-31). Le second fragment affirme que le même châtiment a été fixé par Dieu pour les démons et les hommes : le verset d'accroche peut être Pr 17, 11 ou 26, 6. La date de l'écrit sur les Proverbes n'est pas connue, mais, comme il semble porter sur des passages choisis des Proverbes, on peut suggérer qu'il est de la même période que les *Stromates*, eux aussi consacrés à des versets des Écritures : avant le départ d'Origène pour Césarée, vers 225-230.

Le *Traité de la résurrection* (CPG 1478), en deux tomes, est mentionné par Eusèbe et Jérôme[406]. Ce dernier explique qu'Origène a écrit « deux tomes sur la résurrection et deux autres dialogues (*alios dialogos*) sur la résurrection » ; l'emploi de l'expression *alios dialogos* implique que les quatre tomes relevaient du même genre littéraire : celui du dialogue. Cela est confirmé par Théophile d'Alexandrie dont la *Lettre synodale aux évêques de Palestine et de Chypre* a été traduite en 400 par Jérôme[407]. Théophile nous apprend aussi que l'écrit était dédié à Ambroise. Des fragments sont-ils conservés en grec ? Vers 300, Méthode, évêque d'Olympe en Lycie, a critiqué la doctrine d'Origène sur la résurrection dans l'*Aglaophon ou sur la résurrection*. Il subsiste de ce traité un long fragment chez Épiphane, plusieurs autres dans les *Sacra Parallela*, un assez long résumé chez Photios, ainsi que des

---

405. Respectivement 186, SC 464, p. 276-279, et 188, SC 464, p. 278-279.
406. Eusèbe, *HE* 6, 24, 2 ; Jérôme, *Lettre* 33.
407. Jérôme, *Lettre* 92, 4.

fragments dans des chaînes et des florilèges[408] ; l'ensemble du texte est connu dans une version paléo-slave[409]. Comme toujours dans le cas de textes de polémique, il n'est pas facile de faire la part entre les citations littérales, les résumés, les citations intentionnellement modifiées, les procès d'intention. De plus, il n'est pas facile de repérer si Méthode s'en prend au *Traité de la résurrection* ou à un autre écrit d'Origène. Deux passages sont parfois considérés comme provenant du traité, encore que l'on puisse nourrir des doutes à leur sujet. Le premier se lit chez Épiphane ; le second, sur Lazare et le riche (Lc 16, 19-31), chez Photios[410]. D'autres passages ont des parallèles dans les cinq fragments de l'*Apologie d'Origène,* qui, en définitive, sont les seuls à être indiscutables :

– *Apologie d'Origène* 113 : la provenance du fragment n'est pas indiquée ; il a parfois été rattaché aux *Commentaires sur Galates* parce que les fragments qui précèdent proviennent de cet écrit[411]. Mais quatre extraits du passage figurent dans un florilège monophysite syriaque connu par un manuscrit du VIe siècle, où ils sont présentés comme provenant du *Discours sur la résurrection* de Grégoire le Thaumaturge : or, Grégoire n'avait pas écrit sur ce sujet ; comme l'*Apologie d'Origène* n'a pas été traduite en syriaque, l'origine des fragments ne peut être que le traité d'Origène ; le nom de ce dernier a été remplacé par celui de Grégoire, soit parce que ce dernier les avait cités dans un de ses ouvrages, soit parce que l'auteur du florilège a voulu les attribuer à un auteur dont l'orthodoxie ne prêtait pas à discussion. Le fragment est de « localisation indéterminée[412] ». Cependant, Pamphile affirme que, dans le tome 2, Origène s'adressait « comme à des païens[413] ». Or, le § 113

---

408. ÉPIPHANE, *Panarion* 64, 12, 1-62, 14 ; JEAN DAMASCÈNE, *Sacra Parallela*, dans K. HOLL, *Die Sacra Parallela des Iohannes Damascenus,* TU 16, 1, Leipzig, 1897, p. 162-183 ; PHOTIOS, *Bibliothèque* codex 234 ; et divers fragments recensés dans la CPG 1812.

409. Éd. G. N. BONWETSCH, *Methodius*, Leipzig, GCS, 1917, p. 219-424, qui donne les fragments grecs et la traduction allemande de la version slave.

410. ÉPIPHANE, *Panarion* 64, 41, 1-2 (= PG 11, 96 C) ; PHOTIOS, *Bibliothèque* codex 234 (= PG 11, 96 AB).

411. Cf. PG 14,1295 B-1298 A.

412. Voir SC 464, p. 113 (le fragment est de « localisation indéterminée ») ; p. 329.

413. *Apologie d'Origène* 129.

établit avec force la réalité du corps humain du Christ et critique les doctrines gnostiques sur le corps spirituel ou psychique du Christ. Dès lors, on peut se demander si, dans le tome 1, Origène ne s'adressait pas aux gnostiques et si le § 113 ne provient pas de ce tome ;

– *Apologie d'Origène* 128 : le fragment est présenté comme provenant du livre 1[414] ;

– *Apologie d'Origène* 130 : le fragment est présenté comme provenant du livre 2[415] ; il a son parallèle chez Méthode ;

– *Apologie d'Origène* 132 : le fragment est de la même provenance que le précédent[416] ; il est cité par Méthode ;

– *Apologie d'Origène* 134 : le fragment est de la même provenance que les deux précédents ; un extrait en figure chez Méthode[417].

En revanche le fragment longtemps attribué au *Traité de la résurrection* (PG 11, 95-100) sur la base du *Contre Jean de Jérusalem* 25-26 de Jérôme[418] appartient probablement au tome 1 des *Stromates* (voir ci-dessus).

Datation : avant les *Commentaires sur les Lamentations*, qui le citent, et après les *Stromates*. Vers 225-230.

Le Traité des principes

Le *Traité des principes* (CPG 1482) comportait plus d'un tome selon Eusèbe, quatre tomes selon Jérôme[419]. Son texte, conservé partiellement en grec et avec une assez bonne fidélité dans la traduction latine de Rufin, a été édité selon des principes très divers dans la Patrologie grecque (PG 11, 115-414) ; dans les *Origenes Werke* V[420] ; dans la collection

414. PG 11, 91-94 ; SC 464, p. 208-211.
415. PG 11, 93 ; SC 464, p. 210-215 ; MÉTHODE, *Aglaophon* 3, 10, 2 ; SC 464, p. 215.
416. PG 11, 93-94 ; SC 464, p. 214-215 ; MÉTHODE, *Aglaophon* 3, 22.
417. PG 11, 94 ; SC 464, p. 214-219. Un extrait de ce passage figure chez MÉTHODE, *Aglaophon* 2, 28, 5.
418. JÉRÔME, PL 23, 373.
419. EUSÈBE, *HE* 6, 24, 3 ; JÉRÔME, *Lettre 33*.
420. Texte composite, fabriqué à l'aide des fragments grecs et des versions latines, caractérisé par une méfiance excessive à l'égard de la traduction de Rufin et une confiance exagérée dans les fragments grecs.

des Sources Chrétiennes (SC 252, 253, 268, 269, 312)[421]. Voir aussi M. Harl, G. Dorival, A. Le Boulluec, *Origène. Traité des principes (Peri Archôn)*, Paris, 1976[422] ; H. Görgemanns, H. Karpp, *Origenes. Vier Bücher von den Prinzipien*, Darmstadt, 1976[423] ; J. Rius-Camps, *Origenes. Tractat dels principis*, Barcelone, 1998[424] ; S. Fernandez, *Origenes. Sobre los principios*, Madrid, 2015[425] ; J. Behr, *Origen, On First Principles*, 2 vol., Oxford, 2017[426].

La manière dont ce traité nous a été transmis est particulièrement complexe. Le texte n'est connu dans sa globalité que par la traduction de Rufin, qui date de 398. Rufin fait précéder sa traduction des livres 1 et 2 d'une préface adressée à Macaire et celle des livres 3 et 4 d'une autre préface, également adressée à Macaire[427]. Dans ces préfaces, Rufin qualifie Origène d'« autre docteur de science et de sagesse après les apôtres de l'Église » ; il souligne que ces tomes « sont par endroits

---

421. Édition et traduction de la version de Rufin ; celles-ci figurent dans la moitié inférieure de la page en III, 1 et IV, 1-3, la moitié supérieure étant occupée par les deux longs fragments de la *Philocalie* ; les fragments des citateurs sont édités et traduits dans les deux volumes de commentaires, SC 253 et 269.

422. Traduction de la version de Rufin, avec un dossier annexe où sont présentés et traduits les autres témoins du texte ; un système de renvois permet de passer de Rufin aux autres témoins.

423. Le texte est celui de Rufin, mais la traduction est celle d'un *Urtext* recomposé à la manière des *Origenes Werke*, V.

424. Le texte édité est celui de Rufin ; des crochets droits [...] entourent les passages considérés comme des additions de Rufin ou des copistes ultérieurs ; des parenthèses (...) signalent les doubles traductions estimées comme absentes de l'original grec ; là où il existe, le texte de la *Philocalie* est donné en haut de la page, le texte de Rufin en bas de la même page ; les passages présents chez le seul Rufin et considérés comme appartenant à l'original grec sont pourvus de {...} ; le texte traduit tente de reconstituer l'*Urtext* d'Origène et fait appel à tous les citateurs anciens ; des signes typographiques permettent de savoir à quels citateurs on a affaire.

425. Édition du texte de Rufin au sein duquel sont insérés en caractères gras les fragments grecs et latins. Cependant, en III 1 et IV 1-3, le texte de la *Philocalie* est édité en haut des pages paires, la version de Rufin en bas des mêmes pages.

426. Edition, sur les pages paires, du texte de Rufin, puis, sous ce texte, des fragments grecs et latins qui le recoupent sans discussion, notamment les extraits de la *Philocalie ;* traduction anglaise annotée sur les pages impaires.

427. Traductions dans M. Harl, G. Dorival, A. Le Boulluec, *Origène. Traité des principes*, p. 270-272 ; 272-273.

d'une obscurité et d'une difficulté extrêmes » ; il explique sa méthode de traduction : il n'a pas traduit les passages qui contredisent « le reste des opinions d'Origène », car ce sont des interpolations ; ou bien il les a remplacés par d'autres passages d'Origène conformes à la règle de foi ; il a fait de même dans le cas de passages obscurs ; ainsi, Rufin n'a rien introduit de son propre chef, « mais les passages qu'il a écrits en d'autres endroits, nous les avons donnés ici comme siens » ; Rufin a également retranché des répétitions. Des extraits de la version de Rufin ont circulé en Occident : ainsi le passage intitulé *Sur l'incarnation du Verbe, deux livres à Januarius, tirés du* Peri Archôn *d'Origène selon la version de Rufin*[428] ; ou encore *Traité des principes* 2, 6 (sur l'incarnation), entré dans le recueil d'homélies du *Parisinus lat.* 10 953. Jean Scot, lecteur admiratif d'Origène, au cinquième livre de son traité *De la division de la nature*, cite un passage des pages consacrées par Origène à la consommation du monde, et il oppose la clarté de ce dernier à l'incertitude de la pensée d'Ambroise de Milan[429].

En 397, un an avant sa traduction du *Traité des principes*, Rufin avait traduit le tome 1 de l'*Apologie d'Origène.* Elle contient vingt-huit extraits du *Traité des principes :*

– préface : 2-4 (*Apologie d'Origène* 23) ; 4-8 (§ 25) ; 10 (§ 27) ;

– tome 1 : 1, 2, 2 (§ 54) ; 1, 2, 3 (§ 56) ; 1, 2, 4 (§ 62) ; 1, 2, 6 (§ 102) ; 1, 2, 9 (§ 58) ; 1, 2, 11 (§ 60) ; 1, 3, 2 (§ 72) ; 1, 3, 3 (§ 74) ; 1, 3, 4 (§ 76) ; 1, 3, 5-6 (§ 78) ; 1, 3, 7 (§ 80) ; 1, 5-6 (§ 40) ; 1, 8, 3 début (§ 68) ; 1, 8, 3 suite (§ 70) ; 1, 8, 4 (§ 175) ;

– tome 2 : 2, 4, 1 (§ 42) ; 2, 6, 1 (§ 45) ; 2, 7, 1 (§ 66) ; 2, 10, 4 (§ 151) ; 2, 10, 6 début (§ 153) ; 2, 10, 6 suite (155) ;

– tome 3 : aucun extrait, peut-être parce que le traité du libre arbitre d'Origène (3, 1) ne faisait pas l'objet d'attaque ;

– tome 4 : 4, 1, 1-5 (§ 84) ; 4, 3, 4 (§ 123) ; 4, 3, 14 (26) (§ 82) ; 4, 4, 1 (§ 104).

La confrontation entre la traduction de 397 et celle de 398 fait apparaître un assez grand nombre de petites divergences textuelles et

428. Il comprend : préface 4-8 et début de 10 ; 1, 2, 2-3, 8 ; 2, 6, 3-7 ; 3, 5, 6-8 ; 3, 6, 2-3 ; 4, 4, 1-5 ; publié en PL 42, 1175-1194 (dans l'appendice aux œuvres d'Augustin).

429. JEAN SCOT ERIGÈNE, *De la division de la nature*, PL 122, 929-931, citant *Traité des principes* 3, 6, 2-5.

quatre variantes plus importantes, en 1, 3, 6 (*Apologie d'Origène,* § 78 fin) ; 1, 8, 3 (§ 68, voir SC 464, p. 123) ; 1, 8, 4 (§ 175, voir SC 464, p. 264-265) et 4, 4, 1 (§ 84 début)[430].

La traduction de Rufin a été combattue par Jérôme, qui, en 399, donne sa propre traduction. Celle-ci a disparu, mais il en subsiste une soixantaine d'extraits, entre deux et trente lignes. Le premier consiste en quelques lignes qu'on lit chez Rufin[431] : citant le *Traité des principes* 1, 1, 8, il explique que, à la place de sa traduction « car nous allons donner une explication logique », ses accusateurs (Jérôme sans doute) avaient écrit : « car de même que le Fils ne voit pas le Père, de même l'Esprit saint ne voit pas non plus le Fils » ; on voit bien pourquoi Rufin a supprimé cette phrase, qui pouvait être comprise comme signifiant une inégalité dans la Trinité ; elle a de bonnes chances de refléter le texte grec de départ. Les autres fragments sont connus grâce à la *Lettre 124 à Avitus* de Jérôme, rédigée peu avant 410. Ayant appris que sa traduction du *Traité des principes* avait été reproduite « furtivement » et qu'elle circulait sous une forme confuse et détériorée, il fait parvenir à Avitus, sur sa demande, son propre exemplaire de cette traduction, en lui recommandant de « détester » la plupart des passages de l'écrit d'Origène. Jérôme donne la liste de ces passages détestables, tome par tome. Ce sont tantôt des résumés, tantôt des citations littérales. Ils proviennent sûrement de la traduction de 399. Leur place dans le *Traité des principes* est en général facile à déterminer[432] :

– « dans le tome 1 » : dix-neuf extraits, un résumé qui n'a pas son correspondant exact chez Rufin (« Que le Christ, Fils de Dieu, n'est pas né, mais créé ») ; 1, 1, 8 ; 1, 2, 6 ; 1, 2, 6 suite ; 1, 2, 8 ; 1, 2, 13 ; résumé du passage de la préface et de 1, 2, 6 sur l'Esprit saint ; 1, 3, 5 ; 1, 4, 1 ; 1, 5, 5 ; résumé de 1, 6, 2 ; suite du résumé de 1, 6, 2 ; résumé de 1, 6, 3 ; 1, 6, 4 ; 1, 7, 4 ; 1, 7, 5 ; résumé de 1, 8, 3 ; résumé de 1, 8, 4 ; citation littérale de 1, 8, 4 ;

430. Voir M. Harl, G. Dorival, A. Le Boulluec, p. 260.

431. Rufin, *Apologie contre Jérôme* 1, 19. L'*Apologie* date de 401.

432. M. Harl, G. Dorival, A. Le Boulluec, p. 276-288, qui identifient et traduisent les fragments.

– « dans le tome 2 » : douze extraits : résumé de 2, 3, 1 ; 2, 3, 2 ; 2, 3, 3 ; 2, 3, 3 suite ; 2, 3, 7 ; 2, 4, 3 ; 2, 6, 3 ; 2, 8, 3 ; 2, 8, 3 suite ; 2, 10, 4 ; 2, 10, 8 ; 2, 11, 7 ;

– « tome 3 » : quatorze extraits : 3, 1, 22 ; 3, 1, 22 suite ; 3, 1, 23 ; 3, 1, 23 suite ; 3, 3, 5 ; 3, 3, 5 suite ; 3, 5, 3 ; 3, 5, 4 ; 3, 5, 4 suite ; 3, 5, 5 ; 3, 6, 1 ; 3, 6, 1 suite ; résumé de 3, 6, 3 ; 3, 6, 9 ;

– « dans le tome 4 » : dix extraits : 4, 3, 10 ; 4, 3, 11 ; 4, 3, 11 suite ; 4, 3, 12 ; résumé et citation littérale de 4, 3, 13 ; 4, 3, 13 suite ; 4, 4, 8 ; résumé et citation littérale de la suite de 4, 4, 8 ; 4, 4, 8 suite ; résumé et citation littérale de 4, 4, 9.

Jérôme fait encore connaître une vingtaine de passages du *Traité des principes* dans son traité *Contre Jean de Jérusalem* et dans ses traductions de deux lettres de Théophile d'Alexandrie :

– *Contre Jean de Jérusalem* (PL 23, 355-396) : en 396, Jérôme réplique à l'*Apologie* (perdue) envoyée par Jean de Jérusalem à Théophile d'Alexandrie ; il cite ou résume cinq extraits du *Traité des Principes*[433] : 1, 1, 8 (au § 7 ; c'est en fait une citation d'une lettre d'Épiphane de Salamine à Jean de Jérusalem) ; 1, 4, 2 (§ 16) ; 1, 6, 3 (§ 13, c'est en fait un résumé) ; 1, 5-8 (§ 17 ; c'est un résumé des thèses d'Origène sur les âmes des anges) ; la localisation du dernier passage sur l'échelle de Jacob figure de la descente des créatures douées de raison n'est pas fixée avec certitude (§ 19) ;

– *Lettre synodale*, adressée en 400 par Théophile aux évêques de Palestine et de Chypre, pour les mettre en garde contre les moines origénistes expulsés d'Égypte, et connue par la traduction de Jérôme faite la même année (*Lettre 92) :* elle contient huit extraits, qui reflètent souvent plus des thèses origénistes que des thèses d'Origène[434] ; trois portent sur le Fils : 1, 2, 6 ; 1, 2, 7 ; 3, 6, 5 ; un sur la résurrection des morts, dont la localisation est problématique : 2, 3, 2, ou 2, 10, 3 ou 3, 6, 1 ; 2 sur les anges : résumé de 1, 8, 1, puis citation littérale ; un sur le Logos qui n'a pas assumé de corps humain : 4, 4, 5 ; un sur une nouvelle crucifixion de Jésus pour les démons : 4, 3, 13 ;

433. M. Harl, G. Dorival, A. Le Boulluec, p. 275-276.
434. M. Harl, G. Dorival, A. Le Boulluec, p. 269-270.

– *Lettre pascale*, adressée en 402 par Théophile à tous les évêques d'Égypte et connue par la traduction de Jérôme (*Lettre 98) :* aux § 16 et 17, trois extraits, dont deux sur l'âme du Fils, 4, 4, 4 et de nouveau 4, 4, 4 (connus également en grec par Théodoret de Cyr) et un sur la création limitée en nombre des êtres, 2, 9, 1[435].

Par ailleurs, un fragment grec du *Traité des principes* a été retrouvé dans un papyrus[436].

La plupart des fragments qui subsistent en grec se lisent chez des auteurs qui ont vécu entre 300 (Méthode d'Olympe) et 850 (Photios), les uns partisans d'Origène (Eusèbe, Athanase, Basile de Césarée et Grégoire de Nazianze), les autres adversaires (Méthode, Marcel d'Ancyre, Épiphane de Salamine, Antipater de Bostra, l'empereur Justinien, Jean de Scythopolis, Léonce et Théodore, Photios) :

– Méthode d'Olympe (vers 300) : deux extraits, dans l'*Aglaophon* connu par le codex 234 de Photios, qui cite *Traité des principes* 2, 2, 2 sur la résurrection de la chair, et dans le traité *Sur les créatures* connu par le codex 235 de Photios, qui combine *Traité des principes* 1, 2, 10 ; 1, 4, 3 ; 3, 5, 3[437] ;

– Marcel d'Ancyre, *Écrit polémique contre l'arien Astérios*, composé vers 334 et connu par le *Contre Marcel d'Ancyre* d'Eusèbe, rédigé vers 336 : deux fragments, le début de la préface, pour démontrer qu'Origène n'a pas suffisamment rompu avec la philosophie grecque, et *Traité des principes* 4, 4, 1[438] ;

– Athanase, *Lettre sur les décrets du synode de Nicée*, écrite vers 350, justifie l'emploi du mot « consubstantiel » absent des Écritures en citant, parmi d'autres Pères, Origène : *Traité des principes* 1, 2, 7 ou 1, 1, 4 ou 4, 4, 1[439] ;

– Basile de Césarée et Grégoire de Nazianze, *Philocalie*, entre 360 et 372, ont conservé deux longs passages du *Traité des principes :* le chapitre 1, 1-27 transmet le traité d'herméneutique de 4, 1-3 ;

---

435. M. Harl, G. Dorival, A. Le Boulluec, p. 270.

436. K. Treu, K. A. Worp, « Origenes de Principiis III 1, 6-8 in einem Amsterdamer Papyrus », *Zeitschrift für Papyrologie und Epigraphik* 35, 1979, p. 43-47.

437. M. Harl, G. Dorival, A. Le Boulluec, p. 257.

438. M. Harl, G. Dorival, A. Le Boulluec, p. 260-261.

439. PG 25, 465.

le chapitre 21 fait connaître le texte grec du traité sur le libre arbitre de 3, 1. Les philocalistes apportent deux pages supplémentaires par rapport à la traduction de Rufin, en 4, 3, 5 (21) et en 4, 3, 6 (22)-7[440]. En revanche, ils ont supprimé deux passages que fait connaître Rufin, en 3, 1, 23 (où les lignes supplémentaires de Rufin sont confirmées par Jérôme, *Lettre 124 à Avitus*) et 4, 3, 10 (26) et 12-15. Sans doute ces passages leur ont paru trop audacieux ;

– Épiphane de Salamine, *Ancoratus*, rédigé en 374, cite *Traité des principes* 1, 1, 8 (§ 63) ; le *Panarion*, composé entre 374 et 377, cite le même passage (§ 64, 4), puis 2, 8, 3 début et 2, 8, 3 suite ;

– Théodoret de Cyr, *Eranistès* 2, 4, vers 450[441] : il donne le texte grec des deux premiers extraits de la *Lettre pascale* de Théophile d'Alexandrie également connus par la traduction de Jérôme (*Lettre 98*, voir plus haut) ;

– Antipater de Bostra, *Réfutation de l'apologie d'Eusèbe*, vers 460, connue avant tout par les *Sacra Parallela*, où on lit cinq extraits assez largement trafiqués : préface 8 ; préface 10 ; résumé de *Traité des principes* 1, 8, 1, qui est en fait un montage où il n'est pas possible de retrouver des traces précises de l'écrit ; allusion assez précise à 1, 3, 4 ; 1, 8, 3 ;

– l'empereur Justinien, dans sa *Lettre à Ménas*, donne vingt-quatre textes assez brefs présentés comme des extraits du *Traité des principes*. À ce titre, ils ont été insérés au sein même de la version de Rufin dans les *Origenes Werke* V. La *Lettre* ne cite pas les fragments dans l'ordre de l'exposé d'Origène. Il est utile de les donner dans cet ordre :

- tome 1 : *Traité des principes* 1, 2, 6 (fragment 6) ; 1, 2, 10 (fragment 10) ; 1, 2, 13 (fragment 7) ; 1, 3, 4 (fragment 8) ; 1, 3, 5 (fragment 1) ; 1, 4, 5 (fragment 11) ; 1, 6, 2 (fragment 12) ; 1, 6, 3 (fragment 13) ; 1, 7, 4 (fragment 21) ; 1, 7, 5 (fragment 22) ; 1, 8, 4 (fragment 15),
- tome 2 : *Traité des principes* 2, 1, 1 (fragment 14) ; 2, 3, 3 (fragment 16) ; 2, 6, 4 (fragment 9) ; 2, 8, 3 (fragment 18) ; 2, 8, 3 encore (fragment 19) ; 2, 9, 1 (fragment 2),

440. M. Harl, G. Dorival, A. Le Boulluec, p. 262-263 et 299-300.
441. PG 93, 197 AC.

• tome 3 : *Traité des principes* 3, 6, 2 (fragment 17),

• tome 4 : *Traité des principes* 4, 3, 1 (fragment 24) ; 4, 3, 13 (fragment 23) ; 4, 4, 1 (fragment 4) ; 4, 4, 8 (fragment 3) ; 4, 4, 8 (fragment 5) ; 4, 4, 8 encore (fragment 20) ;

– Jean de Scythopolis (vers 550), dans ses *Scholies sur la hiérarchie ecclésiastique*, autrefois attribuées à Maxime le Confesseur et citées sous ce nom dans les *Origenes Werke, V*, résume assez fidèlement la doctrine d'Origène sur les anges du *Traité des principes* 1, 5-8[442], qu'il ne prétend toutefois pas citer, et donne un extrait proche de 1, 6, 3 fin[443] ;

– Léonce et Théodore, *Sur les hérésies* (fin du VIe siècle), donnent deux citations trafiquées du *Traité des principes* 1, 8, 1[444] et 2, 10, 8[445].

En revanche, des fragments dont on a pensé qu'ils étaient des citations du *Traité des principes* ne peuvent être tenus pour tels :

– Grégoire de Nysse polémique contre les tenants de la préexistence et de la chute des âmes dans deux ouvrages écrits vers 380. Dans le traité *Sur la nature de l'homme* 28[446], il renvoie dos à dos ceux qui pensent que les âmes préexistent aux corps (Origène) et ceux qui estiment que le corps est façonné avant que l'âme soit insufflée (Méthode d'Olympe). Aux yeux de Grégoire, les premiers « ne se sont pas purifiés des doctrines grecques de la métempsychose ». À partir de cette phrase, Grégoire expose à quelles conséquences absurdes on arrive si on accepte la préexistence et la chute des âmes ; en fait, il vise des penseurs grecs comme Empédocle, Pythagore et Platon, mais non Origène. Il en va de même dans le traité *Sur l'âme et la résurrection*[447], où Macrine mourante s'en prend à la doctrine grecque des réincarnations. P. Koetschau, dans les *Origenes Werke,* V, estime qu'en *Traité des principes* 1, 8, 4, Rufin a laissé de côté un long développement d'Origène sur la métensomatose – que nous appelons aujourd'hui la métempsychose ; à juste titre, il s'est bien gardé d'utiliser les phrases

442. PG 4, 172 C.
443. PG 4, 174 A.
444. PG 86[1], 1264 B-1265 D.
445. PG 86[1], 1265 BC.
446. PG 44, 229 B-234 C.
447. PG 46, 108 B-117 C.

clairement dirigées contre les Grecs, mais il a retenu comme visant Origène les parties de ces pages où les philosophes ont l'air d'être au second plan. Mais Origène est-il vraiment visé par Grégoire ? On peut en douter[448] ;

– Justinien, dans sa *Lettre au cinquième synode de Constantinople*, polémique contre les doctrines impies d'Origène, de Didyme et d'Évagre sur la préexistence des âmes, la métempsychose, la fin des châtiments, la négation de la résurrection d'un corps identique au nôtre, le rétablissement des démons, l'interprétation allégorique du paradis et d'Adam. Suit la liste des propositions condamnées, dans lesquelles on a vu parfois des citations du *Traité des principes ;* en fait, il s'agit en général de sentences d'Évagre le Pontique[449] ;

– Jean de Scythopolis, *Scholies sur la Hiérarchie céleste*, présente comme une citation d'Origène la phrase : « Après la fin générale, il y aura de nouveau glissade et descente »[450]. Elle ne figure pas chez Origène et pourrait provenir de milieux origénistes ;

– Photios, vers 850, résume le *Traité des principes* tome par tome[451]. Il ne parle ni de la préface ni de la récapitulation et situe la question de la fin au début du tome 4, alors que, dans les manuscrits à notre disposition, elle est traitée à la fin du tome 3. Son exposé prend à partie les « impiétés » d'Origène, mais énumère avec précision les sujets qu'il traite. Il ne s'agit pas de citations, mais de titres probablement authentiques[452].

Le *Traité des principes* est un ouvrage de physique, qui traite des rapports entre Dieu, l'homme et le monde, non pas selon la perspective philosophique des Grecs, mais avec l'apport des Écritures. Il a été discuté dans l'Antiquité chrétienne et a fait l'objet d'interprétations divergentes à l'époque contemporaine (voir les pages consacrées plus bas aux controverses). Il a été écrit durant l'époque alexandrine

448. M. Harl, G. Dorival, A. Le Boulluec, p. 264-265 ; SC 253, p. 120-121.

449. Voir d'une part *Origenes Werke*, V, p. 159-161, d'autre part A. Guillaumont, *Les Kephalaia Gnostica d'Évagre le Pontique et l'histoire de l'origénisme chez les Grecs et les Syriens*, Paris, 1962.

450. PG 4, 174 A.

451. Photios, *Bibliothèque* codex 8.

452. Ils ont été adoptés par SC et M. Harl, G. Dorival, A. Le Boulluec.

de la vie d'Origène[453] (Eusèbe, *HE* 6, 24, 3). Comme c'est un écrit qui propose une synthèse impressionnante, on ne peut l'attribuer à la jeunesse d'Origène et on le date des années 230.

Les traités de la période césaréenne

Le *Dialogue contre le valentinien Candidus* (absent CPG) n'est pas mentionné par Jérôme dans la *Lettre à Paula* (*Lettre 33*), mais Jérôme le résume dans l'*Apologie contre Rufin*[454]. Deux sujets sont abordés : le rapport du Fils avec le Père et la question du diable. Candidus soutient que le Fils est issu de la substance du Père, qu'il est une émission (*probolê*) ; au contraire, Origène fait du Fils une créature suréminente. Quant au diable, Candidus affirme qu'il est par nature incapable de salut ; au contraire, Origène soutient que sa ruine est due à son vouloir propre et qu'il peut être sauvé. Jérôme ajoute que Candidus a calomnié Origène en lui faisant dire que le diable devait être sauvé. Origène fait-il allusion à cette rencontre avec Candidus dans la *Lettre à des amis d'Alexandrie*, où il raconte qu'il a discuté de la question du diable avec un hérétique, qu'il y avait un manuscrit de leur dispute et que son adversaire a introduit dans ce document des modifications (voir plus haut la biographie d'Origène) ? C'est probable, même si la lettre en question est muette sur le premier sujet abordé, le Fils. La *Lettre* date de 234 environ. Le *Dialogue* pourrait être de 232 ou 233.

Le *Traité de la prière* (CPG 1477) est dédié à Ambroise et Tatianè[455]. Ambroise avait envoyé une lettre à Origène où il formulait deux objections contre la prière : « d'abord, si Dieu est prescient de l'avenir et si celui-ci doit advenir, vaine est la prière ; en second lieu, si tout advient selon la volonté de Dieu, si ses volontés sont fermes et si rien de ce qu'il veut ne peut être changé, vaine est la prière » (*Traité de la prière* 5, 6). Ambroise reprend ici des objections souvent avancées dans la tradition philosophique (tel le traité *S'il faut prier* de Maxime de Tyr,

---

453. Eusèbe, *HE* 6, 24, 3.
454. Jérôme, *Apologie contre Rufin* 2, 19.
455. PG 11, 416-562 ; *Origenes Werke*, II, p. 297-403 ; Origenes Werke mit deutscher übersetzung Band 21 ; en préparation aux SC.

au IIe siècle de notre ère). Origène commence par souligner la difficulté et l'importance du sujet (*Traité de la prière* 1-2). Dans la première partie (*Traité de la prière* 3-17), il étudie les mots de la prière (*eukhê* et *proseukhê*) et répond aux objections contre l'utilité de la prière, en montrant que la prescience divine ne supprime pas la liberté humaine (« ce qui dépend de nous »), ce qui rend légitime de prier. La perspective est plus chrétienne que philosophique : à l'instar de Jésus, qui nous a appris le Notre Père, il faut prier, mais cette *proseukhê* doit être adressée au Père, et non au Fils. La deuxième partie (*Traité de la prière* 18-30) est le premier commentaire systématique du Notre Père qui nous soit parvenu. Dans la troisième partie (*Traité de la prière* 31-33), Origène examine quelle doit être la disposition de l'âme de l'orant, sa posture corporelle, le lieu où prier, dans quelle direction et dans quel temps. Le traité s'achève par une brève conclusion (*Traité de la prière* 34). Il y a quelques années, Lorenzo Perrone a donné une magistrale étude du traité d'Origène et de sa conception de la prière[456]. Datation : Eusèbe et Jérôme sont muets sur le *Traité de la prière*. Ce dernier renvoie au passage des *Commentaires sur la Genèse* qui expliquaient Gn 3, 9. Or le tome 9 portait sur Gn 2, 22[457]; les tomes 12 et 13, sur Gn 4, 15-24[458]. L'explication de Gn 3, 9 se trouvait donc dans le tome 10 ou le tome 11 (NAUTIN, p. 385). Or, les tomes 9-13 ont été rédigés à Césarée[459]. Un autre indice ne peut pas être retenu : le *Traité de la prière* 3, 3 ferait allusion à un écrit à venir sur Exode et serait donc antérieur à cet ouvrage (NAUTIN, p. 383), mais on peut aussi comprendre qu'Origène renvoie à un écrit déjà existant. Le *Traité* est donc postérieur à 232. Le fait qu'il réponde à une demande exprimée par Ambroise par lettre montre que le mécène d'Origène n'est pas présent. Or, il semble bien qu'il soit arrivé à Césarée assez vite après l'installation d'Origène (voir plus haut). Les années 232-235 peuvent être proposées.

---

456. L. PERRONE, *La preghiera secondo Origene. L'impossibilita donata*, Brescia, 2011.
457. Voir SOCRATE, *Histoire ecclésiastique* 3, 7.
458. Voir JÉRÔME, *Lettre 36*, 9.
459. EUSÈBE, *HE* 6, 24, 2.

L'*Exhortation au martyre* (CPG 1475) est dédiée à Ambroise et à Protoctet[460]. Il n'est pas facile de dégager la structure de ce texte. Origène insiste sur le devoir de la confession publique de la foi chrétienne à l'instar d'Éléazar, des sept frères et de leur mère (2 M 6-7) et il dégage la signification chrétienne et l'enjeu du martyre. La date de rédaction peut être fixée grâce à une citation de Paul : « Si selon l'homme j'ai combattu avec les bêtes à Éphèse » (1 Co 15, 32), qu'Origène propose d'actualiser ainsi : « Si selon l'homme j'ai été mis à mort en Germanie » (41), faisant ainsi allusion à la campagne militaire menée par Maximin en Germanie durant l'été 235. Origène vit alors à Césarée de Palestine. Vers 235-238.

L'*Entretien avec Héraclide* (CPG 1481) n'est mentionné ni par Eusèbe ni par Jérôme ni par aucune source ancienne ; il a été découvert à Toura en 1941[461]. Les questions abordées sont « le Père, le Fils et l'âme ». En fait le papyrus raconte trois entretiens d'Origène, d'abord avec Héraclide et Maxime, sur la divinité du Fils, la prière, le corps de Jésus, la résurrection (1, 6-10, 13), ensuite avec Denys sur la question de savoir si l'âme est le sang (10, 16-24, 17), enfin avec Démétrios (qui est autre que l'évêque d'Alexandrie) sur l'immortalité de l'âme (24, 18-28, 17). Le lieu n'est pas précisé, mais, selon toute vraisemblance, il s'agit de la province d'Arabie, où la question de savoir si l'âme est le sang agitait les esprits (SC 67, p. 20-21). Datation : entre 238 et 249, sous les règnes de Gordien III et de Philippe l'Arabe.

Le *Traité sur la Pâque* (CPG 1480), en deux tomes, n'est mentionné ni par Eusèbe, ni par Jérôme. Il a été découvert dans un papyrus de Toura en 1941, qui l'attribue à Origène à la fin du tome 1 et à la fin du tome 2. Son édition princeps par O. Guéraud et P. Nautin date de 1979[462]. Le tome 1 commente le nom de la Pâque, puis examine Ex 12,

---

460. PG 11, 564-637 ; *Origenes Werke*, I, p. 3-47 ; Origenes Werke mit deutscher Übersetzung Band 22 ; en préparation aux SC.

461. Édition princeps en 1949 au Caire par J. Scherer ; nouvelle édition par le même en SC 67 ; *Opere di Origene*, XVIII.

462. O. Guéraud, P. Nautin, *Sur la Pâque. Traité inédit publié d'après un papyrus de Toura*, Paris, 1979. Autre édition : *Opere di Origene*, XIX.

1-11, dans l'ordre des versets, en montrant notamment que la Pâque n'est pas la figure de la Passion. Le tome 2 traite d'abord de l'agneau pascal comme figure du Christ, en revenant sur les v. 2-7, puis de la tenue requise pour manger la Pâque (v. 11a), enfin du v. 11b (« Mangez en hâte, c'est la Pâque »). Il s'agit bien d'un traité, car il n'y a ni exhortation, ni doxologie. Peut-être ces deux tomes appartenaient-ils au recueil des *Huit homélies sur la Pâque* dont parle Jérôme (*Lettre* 33). En ce cas, le recueil aurait regroupé six homélies et les deux tomes (Guéraud, Nautin, p. 102-103). Cette hypothèse ingénieuse ne peut être démontrée. Faut-il parler de deux tomes ou de deux traités distincts[463] ? L'analyse de la structure (commentaire des versets et retour sur certains de ces versets) va plutôt dans le sens de deux tomes. Les chaînes sur l'Octateuque font connaître cinq extraits du *Traité*, tantôt attribués à Origène tantôt anonymes (Guéraud, Nautin, p. 52-63) ; les *Commentaires* de Procope ont également utilisé le *Traité*, sous forme de douze citations sans sigle d'auteur (p. 64-72). Enfin, la chaîne latine de Jean Diacre cite un fragment de Victor de Capoue, où celui-ci propose un extrait du tome 1 du *Traité* (p. 75-76). Le papyrus de Toura et tous les autres témoins du *Traité* dépendent d'un manuscrit conservé à la bibliothèque de Césarée (p. 83-90). Datation : le traité paraît postérieur au tome 10 des *Commentaires sur Jean* où Origène affirme que la question des fêtes nécessiterait une étude en plusieurs tomes (*polubiblos suggraphê*)[464] ; celle-ci n'est donc pas écrite ; elle ne le sera que partiellement, car, parmi toutes les fêtes, notre traité ne porte que sur la Pâque ; il date des années 235-248, peut-être des années 245 (Guéraud, Nautin, p. 108-109).

Le *Contre Celse* (CPG 1476), en huit tomes[465], nous a été transmis par la tradition directe des manuscrits, qui remontent tous au *Vaticanus gr.* 386, du XIIIe siècle, et par la tradition indirecte de la *Philocalie* (onze extraits, voir plus bas)[466]. L'évaluation de la valeur respective

463. Voir G. SGHERRI, *Origene : Sulla Pasque. Il papiro di Tura*, Milan, 1989.
464. ORIGÈNE, *Commentaires sur Jean* 88 et 96.
465. EUSÈBE, *HE* 6, 36, 2.
466. PG 11, 641-1632 ; *Origenes Werke*, I, p. 49-374, et II, p. 1-293 ; SC 132, 136, 137, 150 et 227. Voir aussi la traduction allemande de P. KOETSCHAU, *Des Origenes acht Bücher gegen Celsus, aus dem Griechischen übersetzt*, Munich, 1926-1927

des deux traditions a donné lieu à une *maxima rixa* (selon l'expression de M. Geerard en CPG), qui a opposé, en Allemagne entre 1899 et 1906, P. Koetschau, partisan de la tradition directe, à P. Wendland, E. Preuschen, F. A. Winter, O. Stählin. Cependant, la connaissance de la tradition directe a été renouvelée par la publication en 1956 d'un papyrus du début du VIIe siècle trouvé à Toura en 1941[467], qui donne des extraits des deux cinquièmes du tome 1 et d'un tiers du tome 2. Il appartient à la même tradition que le *Vaticanus*, qu'il précède dans le temps de six siècles ; toutefois, il présente plus de cent trente variantes, dont une vingtaine sont importantes : mot(s) supplémentaire(s) (dix exemples) ; texte meilleur (dix exemples) ; ordre des mots différent (quinze exemples, dont trois cas où il est supérieur) ; au total, le papyrus permet à la fois d'affirmer la supériorité de la tradition directe, mais aussi que le *Vaticanus* a modifié le texte de départ. Mais la supériorité de la tradition directe n'est pas générale : elle ne s'applique pas aux citations scripturaires ; le papyrus présente vingt-quatre variantes par rapport au *Vaticanus :* ce dernier offre un texte normalisé, alors que le papyrus propose un texte qui remonte à Origène et qui se retrouve en partie dans la *Philocalie*, elle-même déjà touchée par le processus de normalisation.

La *Philocalie* donne des extraits d'environ un septième du *Contre Celse* dans huit chapitres : chapitre 15 (« du tome 6 et [du tome] 7 »), chapitre 16 (« du tome 3 »), chapitre 17 (« du tome 1 et [du tome] 5 »), chapitre 18 (« du tome 1 et [du tome] 3 »), chapitre 19 (« du même tome », c'est-à-dire 3), chapitre 20 (« du tome 4 »), chapitre 22 (« du tome 5 »), chapitre 23 (après les § 1-11 qui proviennent « du tome 3 des *Commentaires sur la Genèse »,* les § 12-13 sont précédés de l'indication « encore sur le même sujet dans le tome 2 du *Contre Celse* »). Dans trois cas, les indications des philocalistes sont incomplètes : au

---

(quatre cent-vingt modifications apportées au texte édité par lui-même en 1899 dans les *Origenes Werke*, I) ; la traduction anglaise et les notes de H. CHADWICK, *Origen: Contra Celsum, translated with an Introduction and Notes*, Cambridge, 1953 (adoption de nombreuses corrections de P. Koetschau et d'autres philologues) ; et les contributions réunies par L. PERRONE (dir.), *Discorso di verita. Paganesimo, giudaismo e cristianesimo a confronto nel* Contro *Celso di Origene (Pisa, 28-30 gennaio 1997)*, Rome, 1998.

467. Voir J. SCHERER, *Extraits des livres I et II du Contre Celse d'Origène, d'après le Papyrus n° 88747 du Musée du Caire*, Le Caire, 1956.

chapitre 15, si la plupart des extraits proviennent bien des tomes 6 et 7, il y a aussi quelques extraits des tomes 1 et 2, ainsi qu'un extrait qui ne figure pas dans la tradition directe ; au chapitre 16, l'extrait du tome 3 est suivi d'un extrait du tome 5 ; au chapitre 17, les extraits des tomes 1 et 5 sont suivis d'un extrait du tome 4. Voici la liste de ces extraits :

– *Contre Celse* 1 : huit extraits, soit : 1, 2 en *Philocalie* 15, 3 ; 1, 9-11 en *Philocalie* 18, 1-3 ; 1, 12-13 en *Philocalie* 18, 6-7 ; 1, 19-20 en *Philocalie* 18, 4-5 ; 1, 24-25 en *Philocalie* 17, 1-2 ; 1, 42 en *Philocalie* 15, 15 ; 1, 62-65 en *Philocalie* 18, 8-14 ; 1, 63 en *Philocalie* 15, 16 ; 1, 63 est cité deux fois en *Philocalie* 15, 16 et 18, 9 ;

– *Contre Celse* 2 : deux extraits, soit : 2, 15 en *Philocalie* 15, 17 ; 2, 20 en *Philocalie* 23, 12-13 ;

– *Contre Celse* 3 : cinq extraits, soit : 3, 12-13 en *Philocalie* 16, 1-2 ; 3, 38-42 en *Philocalie* 19 ; 3, 44-54 en *Philocalie* 18, 15-24 ; 3, 72 en *Philocalie* 18, 20 ; 3, 73-74 en *Philocalie* 18, 25-26. Le début et la fin de *Philocalie* 18, 20 donnent 3, 49 ; les lignes du milieu 3, 72 ;

– *Contre Celse* 4 : trois extraits, soit : 4, 48 en *Philocalie* 17, 6 ; 4, 73-76 en *Philocalie* 20, 1-4 ; 4, 78-99 en *Philocalie* 20, 5-26 ;

– *Contre Celse* 5 : cinq extraits, soit : 5, 25-32 en *Philocalie* 22, 1-4, 6-11 ; 5, 35 en *Philocalie* 22, 5 ; 5, 45-46 en *Philocalie* 17, 3-5 ; 5, 61 en *Philocalie* 16, 3 ; 5, 64 en *Philocalie* 16, 4. Les philocalistes ont inséré 5, 35 au milieu de 5, 28 ;

– *Contre Celse* 6 : cinq extraits, soit : 6, 1-2 en *Philocalie* 15, 1-2 ; 6, 2-5 en *Philocalie* 15, 4-7 ; 6, 75-77 (début) en *Philocalie* 15, 12-14 ; 6, 77 (suite) en *Philocalie* 18 ; 6, 77 (fin) en *Philocalie* 20 ;

– *Contre Celse* 7 : un extrait, soit : 7, 58-61 en *Philocalie* 15, 8-11 ;

– *Contre Celse* 8 n'est pas cité par la *Philocalie* ;

– un extrait qui n'appartient pas à la tradition directe, en *Philocalie* 15, 19, entre un extrait de *Contre Celse* 6, 77 et la fin du même passage (CPG 1503 [7]). Cet extrait, où il est question des vêtements de Jésus avant et pendant la Transfiguration, viendrait-il d'une homélie perdue sur la Transfiguration ? R. P. C. Hanson[468] pense que ces deux pages

468. R. P. C. HANSON, « The Passage Marked Unde? in Robinson's *Philocalia* XV, 19 », *Origeniana Seconda*, Rome, 1980, p. 293-303 ; suivi par M. HARL, SC 302, p. 434, 440-442.

appartenaient au *Contre Celse*, d'où elles sont tombées dans le manuscrit dont dépend la tradition directe par un saut du même au même : les articulations de l'argumentation étaient marquées par des blancs, comme le montre le papyrus ; un copiste aurait sauté d'un premier blanc à un second blanc.

La traduction manuscrite fait connaître deux titres, qui inscrivent tous deux l'écrit dans le genre littéraire de l'apologie, de la défense contre un adversaire : le papyrus donne « En défense (*pros*) de [l'écrit] de Celse intitulé *Discours vrai* », la *Philocalie* et le *Vaticanus* « Les [écrits] contre (*kata*) Celse » ou « Contre (*kata*) Celse ». Or, dans l'éloquence judiciaire grecque, les discours en défense (*pros*) sont les discours de la défense en réponse à une accusation ; les discours contre (*kata*) sont les discours de l'accusation contre l'accusé. Dans la mesure où Origène répond aux accusations de Celse, il est probable que le titre original était celui du papyrus. Le titre de la *Philocalie* et du *Vaticanus* sont secondaires et doivent être mis en relation avec la multiplication des discours *Contre* (*kata*) *les Grecs* à partir du IVe siècle.

C'est Ambroise qui a demandé à Origène de réfuter le *Discours vrai* (*alêthês logos*) de Celse[469]. Ce *Discours* dirigé contre la nouvelle religion serait inconnu sans la réponse d'Origène. Aux yeux de ce dernier, Celse est un épicurien mort depuis longtemps, mais il ne sait pas si cet épicurien a vécu aux temps de Néron (54-68) ou sous Hadrien (117-138) ou s'il faut le confondre avec l'auteur de livres contre la magie[470]. Nous connaissons deux autres Celse au IIe siècle : l'épicurien à qui Lucien a dédié *Alexandre ou le faux prophète* vers 180 et le correspondant de Galien (129-199) destinataire de la *Lettre à Celse l'épicurien*. Or, comme Celse connaît Marcion et les Marcelliniens[471], il ne peut avoir vécu ni sous Néron ni sous Hadrien et ne doit pas être antérieur aux années 160, puisque les Marcelliniens sont contemporains d'Anicet (157-168) aux dires d'Irénée[472]. Mais Celse est-il épicurien ? Origène en doute, car Celse admet une partie divine en l'homme ; camouflerait-il son épicurisme pour rendre plus crédibles ses attaques

469. ORIGÈNE, *Contre Celse* 3, 1.
470. ORIGÈNE, *Contre Celse*, préface, 4 et 1, 68.
471. ORIGÈNE, *Contre Celse* 5, 62.
472. IRÉNÉE, *Contre les hérésies* 1, 25, 6.

contre les chrétiens[473] ? Mais, plus Origène avance dans la rédaction, moins il croit à l'épicurisme de Celse, qui admet une providence[474] et admire Platon[475]. Il reste cependant hésitant[476]. Comme Celse présente les barbares comme une menace contre l'empire[477], on peut penser qu'il est contemporain de Marc Aurèle. On peut le situer dans les années 160-180.

Origène explique qu'il a voulu réfuter Celse en le suivant pas à pas, mais est-il un citateur fidèle ? Il reconnaît avoir omis des passages qui se répétaient[478] et avoir modifié parfois l'ordre initial du texte[479]. Les spécialistes sont divisés : les uns pensent que nous n'atteignons qu'un *Ersatz* de l'écrit de Celse ; les autres, que nous le possédons quasi intégralement. Selon Origène lui-même[480], cet écrit se composait d'une préface, puis d'une première prosopopée où Celse donnait la parole à un Juif discutant avec Jésus, ensuite d'une seconde prosopopée, où le Juif s'adressait aux chrétiens pour leur montrer que « Jésus ne fut qu'un homme »[481] ; dans la suite du texte, Celse parle « en son nom »[482], mais la manière dont son discours est organisé n'est pas claire et donne lieu à des appréciations différentes. Quant au plan suivi par Origène, il est un peu vain de chercher à le repérer, puisqu'il dépend étroitement de l'écrit de Celse. Cependant, Origène explique qu'il a changé de démarche en cours de rédaction[483] : d'abord il voulait noter les chefs d'accusation de Celse et les réponses brèves à leur faire, puis composer un discours ordonné comme un corps ; ensuite, pour s'épargner du temps, il a décidé de se contenter des réponses du début et, pour la suite, de combattre les accusations de Celse sous une forme composée (*suggraphikôs*). De fait, *Contre Celse* 1, 1-27 contient vingt

473. ORIGÈNE, *Contre Celse* 1, 8.
474. ORIGÈNE, *Contre Celse* 4, 4.
475. ORIGÈNE, *Contre Celse* 4, 54 et 83.
476. ORIGÈNE, *Contre Celse* 5, 3.
477. ORIGÈNE, *Contre Celse* 8, 68.
478. ORIGÈNE, *Contre Celse* 6, 22.
479. ORIGÈNE, *Contre Celse* 5, 33-34.
480. ORIGÈNE, *Contre Celse* 2, 79 et 3, 1.
481. ORIGÈNE, *Contre Celse* 3, 1.
482. ORIGÈNE, *Contre Celse* 3, 1.
483. ORIGÈNE, *Contre Celse*, préface 6.

chefs d'accusation contre les chrétiens (accusations 1 à 10 et 20) et contre les Juifs (accusations 11 à 19), qui sont suivies chacune de brèves réponses. Puis, à partir de *Contre Celse* 1, 28, qui marque le début de la première prosopopée, Origène suit pas à pas le texte de Celse ; c'est en effet un vrai gain de temps, puisqu'il s'en tient à un plan préétabli et n'a pas à imaginer une organisation thématique ; sa réfutation est néanmoins « composée », parce qu'elle est déterminée par l'ordre du texte de Celse, qui est indubitablement un texte composé (*suggraphê*). Pour la connaissance du *Discours vrai*, il est heureux qu'Origène ait modifié son projet initial, qui aurait substitué à l'ordre du texte de Celse une organisation par grands thèmes. Le *Contre Celse* ne peut être rapproché ni des apologies juives de langue grecque ni des apologies chrétiennes des trois premiers siècles. En revanche, sa démarche, qui consiste en une préface suivie de la réfutation d'un texte de référence cité sous forme de fragments, chaque fragment étant suivi d'une réplique argumentée, rappelle le *Contre Colotès* de Plutarque, le *Contre ce qui a été opposé aux aphorismes d'Hippocrate par Julien* de Galien et le *Contre Lykos* du même Galien[484].

Datation : sous le règne de Philippe l'Arabe (244-249) selon Eusèbe[485]. Le *Contre Celse* est postérieur aux *Commentaires sur les XII Petits Prophètes*[486], rédigés sous le même empereur.

À la fin du *Contre Celse*[487], Origène se déclare prêt à réfuter un autre écrit de Celse, *Comment il faut vivre*, si du moins la promesse faite par ce dernier de l'écrire a été réalisée. Il demande à Ambroise de se mettre en quête de cet écrit. Il faut croire que Celse n'avait pas tenu sa promesse, ou qu'Ambroise n'avait pas trouvé l'écrit, ou qu'Origène est mort avant d'avoir eu le temps de rédiger sa réfutation. En tout cas, il avait pris un certain goût à l'œuvre de Celse.

---

484. Voir G. DORIVAL, « La forme littéraire du *Contre Celse* d'Origène », dans L. PERRONE (dir.), *Discorsi di verità: paganesimo, giudaismo e cristianesimo a confronto nel* Contro Celso *di Origene*, Rome, 1998, p. 29-45.
485. EUSÈBE, *HE* 6, 36, 2.
486. ORIGÈNE, *Contre Celse* 7, 11 renvoie à ces *Commentaires.*
487. ORIGÈNE, *Contre Celse* 8, 76.

Les traités de datation inconnue

Deux écrits d'Origène ne peuvent être situés ni dans l'espace ni dans le temps. Tout d'abord, le *Traité des natures* (CPG 1479), en trois tomes ou plus. Jérôme (*Lettre 33)* ignore cet écrit. Nous en connaissons l'existence grâce à la chaîne latine de Jean Diacre, qui cite un fragment de Victor de Capoue faisant référence au « troisième tome » de ce traité d'Origène[488]. Origène explique que Caïn n'était pas voué à la perdition. L'écrit était dirigé contre la doctrine gnostique des natures, qui distinguait entre les hommes sauvés quoi qu'ils fassent et les hommes perdus quoi qu'ils fassent. Il comprenait au moins trois tomes. Sa datation n'est pas connue, mais il remonte à la période d'Alexandrie plutôt qu'à celle de Césarée : la gnose est largement un phénomène alexandrin et nous savons par Eusèbe[489] qu'Origène a refusé de prier avec le gnostique Paul.

Puis des *Dialogues sur la résurrection* (absent CPG), au nombre de deux selon Jérôme[490] (*Lettre 33*). Quels sont ces deux dialogues ? L'*Entretien avec Héraclide* pourrait être le second d'entre eux (Nautin, p. 252), car il s'achève par la mention « Entretiens (*dialektoi*) avec Héraclide et les évêques avec lui, sur le Père, le Fils et l'âme » ; le pluriel *dialektoi* implique que l'*Entretien avec Héraclide* ait été précédé par au moins un autre dialogue. La rencontre a eu lieu entre 238 et 249. Mais le pluriel peut simplement être dû au fait que le papyrus rapporte trois entretiens d'Origène, d'abord avec Héraclide et Maxime, sur la divinité du Fils, la prière, le corps de Jésus, la résurrection (*Entretien* 1, 6-10, 13), ensuite avec Denys sur la question de savoir si l'âme est le sang (*Entretien* 10, 16-24, 17), enfin avec Démétrios sur l'immortalité de l'âme (*Entretien* 24, 18-28, 17). De plus, le sujet n'est que marginalement la résurrection.

488. J.-B. Pitra, *Spicilegium Solesmense*, 1, p. 268.
489. Eusèbe, *HE* 6, 2, 13-14.
490. Jérôme, *Lettre* 33.

Quant au premier des deux dialogues, il pourrait être l'écrit *Sur la foi droite en Dieu*, où le défenseur de la foi droite contre les disciples de Marcion et de Bardesane s'appelle Adamantius : il s'agit d'un dialogue et sa fin traite de la résurrection (NAUTIN, p. 252, n. 69). Cet écrit était connu sous le nom d'Origène par les auteurs de la *Philocalie*[491] : le passage qu'ils citent et dont le sujet est *Sur la matière. Qu'elle n'est ni incréée ni cause des maux* « a été puisé dans le livre 7 de la *Préparation évangélique* d'Eusèbe le Palestinien ; il est, dit-il, de Maxime, écrivain qui n'est pas inconnu chez les chrétiens. Mais il se retrouve littéralement dans le *Dialogue* d'Origène contre les marcionites et autres hérétiques[492] ». Les philocalistes confondent donc l'écrit attribué à Maxime et le *Dialogue* attribué à Origène. En fait, le premier texte provient du *Traité du libre arbitre* de Méthode d'Olympe, tandis que le second ne peut être considéré comme un doublet littéral du premier : il procède à des remaniements et des coupures ; de plus, il contient de nombreuses pages absentes du traité de Méthode. Quoi qu'il en soit, un siècle plus tard, Rufin traduit le *Dialogue* sous le nom d'Origène[493]. L'hypothèse est donc séduisante, mais elle a contre elle le fait que la résurrection n'occupe qu'une dizaine des quatre-vingts pages du *Dialogue*.

Au total, l'identification des deux dialogues sur la résurrection n'est pas assurée. Ils pourraient d'ailleurs être de la période d'Alexandrie, où la question de la résurrection a particulièrement préoccupé Origène.

Les lettres, dans l'ordre chronologique probable

Eusèbe rapporte qu'il a rassemblé en plusieurs tomes plus de cent lettres envoyées à des correspondants divers, dont l'empereur Philippe l'Arabe et son épouse, Marcia Otacilia Severa[494]. Eusèbe signale aussi des lettres en nombre indéterminé adressées à Fabien, évêque de Rome,

491. *Philocalie* 24.
492. SC 226, p. 66-67.
493. Édité par V. BUCHHEIT, Munich, 1966.
494. EUSÈBE, *HE* 6, 36, 3.

et à des évêques, pour défendre son orthodoxie[495]. Ces deux catégories de lettres appartenaient-elles à la même série de tomes ou à deux séries distinctes de tomes ? La *Lettre* 33 *à Paula* de Jérôme permet de répondre à cette question : il y avait neuf tomes comportant les lettres envoyées à des correspondants « divers » (*ad diversos*) et deux tomes d'« autres lettres » (*aliae epistulae*).

Sont conservées dix lettres, en entier ou sous forme d'extraits ou sous la forme d'une référence :

– *Lettre à son père* (absente en CPG), pour l'exhorter à affronter le martyre. Un extrait littéral est conservé par Eusèbe, *HE* 6, 2, 6 (« retiens-toi de changer d'avis à cause de nous »)[496]. Datation : 202 ou 203 ;

– *Lettre à un correspondant anonyme* (CPG 1492), dont un extrait décrit comment l'amour d'Ambroise pour les disciplines sacrées fait qu'il ne laisse à Origène aucun moment de répit dans son travail. Cet extrait, connu par la Souda et Georges Cédrène, a été édité et traduit par P. Nautin, qui fait l'hypothèse qu'il s'agit d'un extrait de la *Lettre à Fabien*, parce que, dans les deux documents, il est question du zèle d'Ambroise[497]. Mais Origène a pu parler de son mécène dans plusieurs lettres. Datation : avant 232, si elle décrit les relations entre Origène et Ambroise à Alexandrie ; entre 236 et 250, s'il faut l'identifier à la *Lettre à Fabien* ;

– *Lettre dite autobiographique* (CPG 1496), dont un extrait est cité par Eusèbe[498]. Son destinataire était peut-être Alexandre de Jérusalem. Elle a peut-être été écrite lors du premier voyage en Grèce, en 232 ou 233 ;

– *Lettre à Firmilien* (CPG 1493), dont un court extrait est cité dans la chaîne latine de Jean Diacre sur l'Heptateuque[499] ; il provient de Victor

495. Eusèbe, *HE* 6, 36, 4.
496. Eusèbe, *HE* 6, 2, 6.
497. *Souda* (édition A. Adler), 3, p. 621, 13-25, et Georges Cédrène, PG 121, 485 BC ; P. Nautin, *Lettres et écrivains chrétiens des IIe et IIIe siècles*, Paris, 1961, p. 250-252.
498. Eusèbe, *HE* 6, 19, 11-14.
499. Édition par P. Nautin, *Lettres et écrivains chrétiens des IIe et IIIe siècles*, p. 250 ; trad. française, p. 173-174.

de Capoue, qui paraît avoir lu la *Lettre* dans le tome 6 de l'*Apologie d'Origène*. Datation : entre 232 et 250 ou après 238 (NAUTIN) ;

– *Lettre à des amis d'Alexandrie* (CPG 1491), dont de larges extraits sont cités par Jérôme et Rufin, qui l'ont lue dans l'*Apologie d'Origène* de Pamphile et Eusèbe[500]. Datation : soit vers 234, soit, moins vraisemblablement, après 238 ;

– *Lettre à Grégoire* (CPG 1490), citée en entier par la *Philocalie*[501]. Le destinataire est un jeune Palestinien, qui fait ses études peut-être à Alexandrie. Origène l'exhorte à mettre ses dons naturels au service du christianisme (voir le résumé donné plus haut dans la biographie d'Origène). Grégoire ne doit pas être identifié à Grégoire le Thaumaturge. Datation : entre 234 et 251 ;

– *Lettre à Fabien évêque de Rome*, connue par Jérôme[502], qui en donne un bref extrait, dans lequel Origène regrette qu'Ambroise ait diffusé largement des écrits de lui destinés à des lecteurs choisis. Écrite à Césarée entre 236 et 250 ;

– *Lettre à Julius Africanus* (CPG 1494), dont le texte intégral est connu par une chaîne sur Daniel[503]. Origène y répond à la courte *Lettre* que lui a adressée Julius Africanus contre l'authenticité de l'histoire de Suzanne en tant qu'œuvre du prophète Daniel. Les sept arguments de Julius Africanus sont les suivants : 1. Dans son livre, Daniel prophétise de plusieurs façons, mais jamais comme dans l'histoire de Suzanne, par « inspiration prophétique ». 2. La réfutation des deux vieillards n'est même pas digne d'un mime de Philistion. 3. Les jeux de mots sur les noms des arbres ne sont possibles qu'en grec, alors que l'Ancien Testament est traduit sur l'hébreu. 4. Il y a des invraisemblances historiques, comme la sentence de mort portée contre Suzanne par les Juifs en captivité. 5. L'histoire de Suzanne est absente de la Bible hébraïque. 6. Daniel cite Ex 23, 7, alors qu'aucun des prophètes ne

---

500. JÉRÔME, *Apologie contre Rufin*, 2, 18, SC 303, p. 148-155 et RUFIN, *Sur la falsification des livres d'Origène*, 7, SC 464, p. 296-305 ; texte en PG 17, 624-626 ; trad. française chez NAUTIN, *Lettres...*, p. 161-164.

501. *Philocalie* 13, = PG 11, 88-92 ; SC 148, p. 72-92 ; 185-195.

502. JÉRÔME, *Lettre 84*, 10.

503. PG 11, 48-85 ; SC 302, p. 469-578 ; la lettre d'Africanus à Origène est publiée dans le même volume : SC 302, p. 514-521.

cite ses prédécesseurs. 7. Le style de l'histoire de Suzanne est différent du reste de Daniel. Origène réfute ces arguments un à un, mais dans un ordre différent de celui de son correspondant : 5 (il ne faut pas aligner la Bible grecque de l'Église sur l'hébreu), 3 (Origène est en partie d'accord avec Julius Africanus, mais souligne qu'aux yeux de ses interlocuteurs juifs, les deux vieillards sont mentionnés dans Jérémie ; de plus, les Juifs ont fait disparaître de leurs textes les passages accusant les anciens, les chefs et les juges, comme le montre le cas du *Martyre d'Isaïe*), 1 (Daniel a bénéficié de l'inspiration prophétique), 2 (Origène rapproche le jugement de Daniel du jugement de Salomon de 3 Règnes 3, 16-28), 3 de nouveau (la Septante reproduit les jeux de mots de l'hébreu ou en donne un bon équivalent), 4 (les Juifs ont obtenu de leurs conquérants le droit d'avoir leurs lois et leurs tribunaux), 6 (Isaïe cite Michée ; Jérémie et Ézéchiel citent Exode), 7 (Origène pense le contraire de Julius Africanus). La *Lettre* a été écrite à Nicomédie, peut-être vers 248 ;

– *Lettre à Atranès*, connue par une mention de l'*Athous Lavra* 184 B 64, mais absente dans les autres sources. Datation inconnue ;

– *Lettre à Gobar* (CPG 1495), connue en traduction latine sous forme de trois fragments attribuée par Jean Diacre à Victor de Capoue. Les fragments donnent une interprétation littérale, et non pas allégorique, de Gn 2, 25 ; 3, 2-5 ; 3,12[504]. Datation inconnue ;

– Enfin, dans la *Lettre 33 à Paula*, au sein de l'énumération des lettres, il est fait mention d'*excerpta* : *Origenis Firmi[li] ani et Gregorii item excerpta Origenis et diversarum* [corriger en *diversorum*] *ad eum epistularum libri II.* Les mots *item excerpta* n'ont pas reçu d'explication vraiment satisfaisante.

504. Édition P. NAUTIN, *Lettres…*, p. 248-249, trad. française chez NAUTIN, p. 175-176.

Fragments papyrologiques attribués à Origène, non autrement identifiés

P. Achmim 1 : l'attribution à Origène est proposée par G. Ausenda[505]. Voir CPG 1503 (5).

P. Bouriant 3 : l'attribution à Origène est proposée par G. Ausenda[506]. Voir CPG 1503 (5).

P. Egerton 3 : il donne des fragments qui proviennent soit des *Commentaires sur les Psaumes 1-25* (R. M. Grant), soit d'un autre écrit (R. Leaney, H. Chadwick)[507]. Voir CPG 1503 (3).

P. Iand. 5.69 : fragment d'allure origénienne, qui provient peut-être d'une homélie sur le Psaume 67[508]. Voir CPG 1503 (4).

P. Rainer 4.52 (= *Vindob. gr.* 29 832) : fragment d'une homélie parénétique adressée à des femmes, et qui a été rattaché pour cette raison à l'*Homélie à Pionia* (voir ci-dessus) par J. Van Haelst[509]. Voir CPG 1503 (2).

PSI Inv. 2101 : publié par M. Naldini[510]. Voir CPG 1503 (6).

---

505. Publié par W. Schubart, *Mitteilungen des deutschen Instituts für ägyptische Altertumskunde in Kairo,* 1, 1930, p. 94-101 ; attribué à Origène par G. Ausenda, *Aegyptus* 20, 1940, p. 46.

506. Publié par W. Schubart, *Mitteilungen...*, 1, 1930, p. 94-101 ; attribué à Origène par G. Ausenda, *Aegyptus* 20, 1940, p. 46.

507. Voir R. M. Grant, *Vigiliae Christianae* 2, 1948, p. 243-247 ; R. Leaney, *Vigiliae Christianae* 9, 1955, p. 212-217 ; H. Chadwick, *Harvard Theological Review* 49, 1956, p. 145-151.

508. Publié par S. Sprey, *Papyri Iandanae*, 5, Leipzig-Berlin, 1931, p. 165-169 ; pour l'attribution, G. Ausenda, *Aegyptus* 20, 1940, p. 46, hésite entre Origène, Didyme ou un disciple.

509. Van Haelst, *Catalogue des papyrus littéraires grecs et latins*, n. 690.

510. M. Naldini, *Prometheus* 4, 1978, p. 97-108 ; 6, 1980, p. 80-82.

Œuvres inauthentiques

En voici une liste assez complète :

Homélie 17 sur la Genèse (CPG 1520), en latin ; PG 12, 253-262 ; elle a été composée à partir de Rufin, *Sur les bénédictions des patriarches.*

Homélie sur Melchisédech (CPG 1519), connue par un fragment grec, qui est en fait un centon des *Glaphyra* de Cyrille d'Alexandrie.

Homélie sur Melchisédech (CPG 1518), en latin, peut-être contemporaine de Jérôme.

Homélies sur le Cantique des cantiques (CPG 1525), en arménien.

Commentaires sur Job (CPG 1521), en latin ; PG 17, 371-522 ; il ne faut pas les attribuer à Maximin l'arien.

Homélie sur Job et le Dragon (CPG 1524), en arménien.

Fragments sur Gog et Magog, Nabuchodonosor, Raphaël (pas de numéro en CPG), au nombre de trois, en latin.

Homélies sur Matthieu, au nombre de huit, connues en latin (CPG 1510-1517). Les homélies 1, 5, 6 et 7 figurent dans les *Origenes Werke,* XII, p. 239-245 ; 262-269 ; 246-256 ; 256-262.

Homélie sur Marie-Madeleine (CPG 1523), qui porte sur Jean 20,11-18, en latin ; elle semble dater du XIIe-XIIIe siècle.

Sur la foi droite en Dieu (CPG 1726), en grec (voir ci-dessus les *Dialogues sur la résurrection*).

20 homélies sur les livres des Écritures (pas du numéro en CPG), en latin.

Lamentation d'Origène (CPG 1522), également appelée *Planctus*, en latin et en arménien.

Philosophoumena ou *Réfutation de toutes les hérésies* (CPG 1899), dont seuls les tomes 1 et 4-10 sont conservés, en grec ; cet écrit revient à Hippolyte ou Josippe (voir CPG 1870).

*

* *

Les controverses autour d'Origène

Hier

De tous les Pères de l'Église, Origène est probablement celui qui a suscité le plus de controverses tant dans l'Antiquité chrétienne que de nos jours. Pourtant, d'après les sources à notre disposition, les conflits qui l'ont opposé de son vivant aux autorités ecclésiastiques ne portent pas sur des points de doctrine. Son évêque Démétrios a d'abord approuvé sa castration, avant de la blâmer, sans que nous puissions expliquer ce revirement[511]. Ensuite, au moment où Origène a prêché en Judée-Palestine « devant la communauté de l'Église », c'est très probablement le même Démétrios qui a fait valoir que jamais des laïcs n'avaient prononcé d'homélies en présence d'évêques ; Alexandre, évêque de Jérusalem, et Théoctiste, évêque de Césarée, répliquent par une lettre de défense dans laquelle ils mettent en valeur les contre-exemples des Églises de Laranda, Iconium et Synnada[512]. Enfin, au moment où Origène est ordonné prêtre, ce n'est sans doute pas sa castration qui est utilisée comme argument, mais le fait qu'il ait été sacré par un évêque de Judée-Palestine, et non par l'évêque d'Alexandrie. Un synode ecclésiastique se réunit à Alexandrie, mais décide que, puisque Origène a quitté Alexandrie et n'y enseigne plus, il n'a pas à être écarté de la dignité de prêtre. Toutefois, Démétrios et certains évêques égyptiens prennent la décision de le déchoir de la prêtrise et écrivent un document à ce sujet, sans doute une lettre synodale. Les autorités de l'Église se sont donc divisées sur la validité de l'ordination, sans qu'on connaisse les argumentations respectives[513]. On ne sait pas non plus si l'évêque de Rome, Pontien, a approuvé Démétrios et donné tort à Alexandre et Théoctiste.

Toutefois, Eusèbe raconte qu'Origène a écrit à l'évêque de Rome, Fabien, et à de très nombreux autres chefs des Églises « au sujet de

511. Eusèbe, *HE* 6, 8, 3-4.
512. Eusèbe, *HE* 6, 19, 17-18.
513. Photios, *Bibliothèque* codex 118.

son orthodoxie[514] » : il suggère de la sorte que la doctrine d'Origène a été mise en cause de son vivant. Mais il n'en dit pas plus. Dans le seul extrait conservé de la *Lettre à Fabien*, Origène ne parle pas de sa doctrine, mais regrette simplement que des ouvrages difficiles aient été diffusés dans le grand public, et non au cercle restreint de ses amis et de ses élèves. Ce n'est donc pas son enseignement oral qui est visé, mais le fait que ses ouvrages contenaient des passages qui pouvaient choquer les lecteurs non avertis. Or, nous sommes renseignés sur ces lecteurs non avertis. Origène les appelle « les simples » (*haplousteroi* en grec, *simpliciores* en latin). Il parle d'eux dans les *Commentaires sur les psaumes 1-25* et dans le *Traité des principes*. Dans ses *Commentaire sur le psaume 1, 5*, Origène commente le verset « c'est pourquoi les impies ne ressusciteront pas au jugement ». Les simples s'appuient sur ce verset pour affirmer que les impies n'auront point part à la résurrection et ne mériteront pas d'être jugés. Origène critique leur conception de la résurrection, selon laquelle le corps qui doit ressusciter est le corps dont nous sommes revêtus. Sur ce point, il reprend à son compte des objections formulées par les païens. La première est que le corps ne cesse de changer, les chairs de fondre dans les maladies, les cheveux de tomber. Les plus avisés des simples affirment que le corps qui ressuscitera est celui que nous avons à la fin de notre vie. Mais alors que se passe-t-il pour les corps qui ont été dévorés par un oiseau de proie ou un fauve ? Les simples se réfugient dans l'idée que tout est possible à Dieu. Et ils citent la prophétie d'Ézéchiel sur les ossements desséchés (Ez 37,1-6), ainsi que des versets du Nouveau Testament (Mt 8,12 et 10,28 ; Rm 8,11). Origène développe alors sa propre conception, qui distingue dans le corps deux éléments, le premier substrat (*prôton hupokeimenon*), qui n'est jamais le même et ne peut donc ressusciter, et la forme corporelle (*eidos sômatikon*), qui reste la même et qui ressuscitera tout en étant changée en un « corps spirituel » (1 Co 15, 44). Puis, Origène explique comment les versets invoqués par les simples doivent être compris, d'une manière digne de Dieu. Dans le *Traité des principes*, il est de nouveau question des simples qui ont une conception basse et abjecte de la résurrection : ces disciples

514. Eusèbe, *HE* 6, 36, 4.

de la lettre « estiment qu'il faut s'attendre à ce que les promesses à venir s'accomplissent dans la volupté et la satisfaction du corps » ; ils interprètent littéralement Ap 20-21 sur les mille ans de règne des élus à Jérusalem (*Traité des principes* 2, 10, 3). Les mêmes pensent que les démons forcent les hommes à pécher, sans comprendre que nous sommes à tout moment capables de faire la différence entre le bien et le mal et de choisir le bien (*Traité des principes* 3, 2, 1). Enfin, les simples sont critiqués dans le traité d'herméneutique (*Traité des principes* 4, 1-3) : Origène leur donne raison de ne pas distinguer entre Dieu et le créateur, comme le font les hérétiques, mais ils ont tort de prendre à la lettre des anthropomorphismes sur la colère et la jalousie de Dieu (*Traité des principes* 4, 2, 1) ; et ils se trompent quand ils veulent donner un sens littéral à Lc 10,4 (« ne saluez personne en chemin »), Mt 10, 10 (il ne faut avoir ni deux tuniques ni sandales, ce qui est impossible à observer par temps de gel), Mt 5, 29 (il faut arracher l'œil droit s'il est occasion de scandale, alors que c'est un crime de se mutiler).

Or, qui sont ces simples qu'Origène côtoie à Alexandrie ? Parmi eux, il n'y a pas uniquement des gens grossiers et ignorants : ils connaissent et invoquent l'Ancien et le Nouveau Testaments. Ils appartiennent donc à un courant littéraliste ou fondamentaliste, qui se rattache notamment à la tendance millénariste. Il y a sûrement parmi eux des diacres, des prêtres, voire des évêques. On peut donc affirmer que le refus d'Origène d'interpréter les Écritures à la lettre, tant dans le domaine des comportements que pour la doctrine de la résurrection et la manière de concevoir Dieu, lui a suscité des opposants tandis qu'il vivait à Alexandrie.

Dans la *Lettre à des amis d'Alexandrie*, qui date du début de la période césaréenne de la vie d'Origène, ce dernier critique « les pasteurs, les anciens, les prêtres et les chefs des peuples » de son temps, qui sont visés par la prophétie de Jr 4, 22 (« Les chefs de mon peuple ne m'ont pas connu ; les fils sont insensés et non intelligents ; ils sont sages pour faire le mal, mais ils n'ont pas décidé de faire le bien »). Nulle part, Origène ne les assimile aux simples. C'est donc une autre catégorie d'adversaires qu'il décrit : les chefs des Églises. Il ajoute qu'il ne faut pas les haïr, mais avoir pitié d'eux et prier pour eux, même si certains « nous accusent de blasphème calomnieusement, nous et notre doctrine ». Ce sont eux qui l'accusent de soutenir que le diable doive être sauvé.

La manière dont Origène se défend contre cette accusation fait apparaître une troisième sorte d'opposants : les hérétiques. Il raconte que, lors d'un voyage, il a eu une controverse sous forme de dialogue avec un hérétique. Le sujet n'est pas indiqué expressément, mais le contexte va dans le sens de la question du diable. L'hérétique anonyme « a ajouté et a retranché ce qu'il a voulu au manuscrit où était transcrite la dispute » et il a diffusé ce texte récrit sous le nom d'Origène. Celui-ci poursuit en racontant qu'un autre hérétique avait refusé de débattre avec lui à Éphèse, puis que le même a écrit sous leurs deux noms « une dispute qui se déroulait comme il l'entendait ». Il a envoyé ce texte à Rome et ailleurs. Origène a confondu l'individu à Antioche. Le sujet de la dispute n'est pas précisé. Les hérétiques sont donc l'occasion pour Origène de faire apparaître le thème de la falsification de ses écrits. Mais il n'accuse pas les simples et les chefs des Églises d'avoir procédé à de telles falsifications : celles-ci concernent des dialogues occasionnels de controverse avec les hérétiques, mais pas ses autres grands ouvrages, comme le *Traité des principes*. Et, dans leur *Apologie d'Origène*, écrite une cinquantaine d'années après la mort d'Origène, Pamphile et Eusèbe n'affirment nulle part que les ouvrages majeurs d'Origène ont été falsifiés. Il faut attendre l'extrême fin du IVe siècle pour que Rufin fasse cette suggestion dans l'épilogue à sa traduction du livre 1 de l'*Apologie d'Origène* intitulé *Sur la falsification des livres d'Origène*. Mais c'est une extrapolation de sa part.

Ainsi, de son vivant, Origène a été attaqué sur sa conception de la résurrection, sur la question du salut du diable et sur sa méthode herméneutique, jugée insuffisamment littéraliste. Après sa mort, les contestations de sa doctrine se multiplient. Les mêmes reproches lui sont adressés, mais de nouvelles accusations sont formulées[515]. L'étude de ces attaques et des répliques qui leur ont été apportées est une excellente manière de prendre connaissance de la pensée d'Origène dans toute sa complexité. D'emblée, il faut souligner que les trois siècles

515. *Diz*, « Origenismo (in Oriente, secc. III-IV) », p. 322-329.

qui suivent la mort d'Origène sont marqués par une tendance lourde dans le sens d'une hostilité croissante à son encontre, qui culminera dans sa condamnation par le concile de Constantinople de 553.

Le demi-siècle qui suit la mort d'Origène fait-il connaître le nom de certains de ses adversaires ? On cite parfois Héraclas et Denys. Le premier fut l'adjoint d'Origène au sein du didascalée avant de succéder à Démétrios comme évêque, mais rien ne prouve qu'il ait approuvé Démétrios au moment de l'ordination d'Origène, et son opposition à la doctrine d'Origène est purement hypothétique. Denys, lui, est connu essentiellement par des fragments de *Lettres* et quelques extraits de traités, dont la plupart sont cités par Eusèbe[516] ; il serait bien étonnant que ce dernier donne si longuement la parole à un adversaire de son héros. En fait, ce que nous atteignons dans les années 250-300, c'est au contraire une dynamique postérité d'Origène à Alexandrie : Théognoste, qui fut didascale à l'école catéchétique entre 250 et 280, a rédigé sept tomes d'*Hypotyposes*, qui ne sont plus connus que par le résumé rapide qu'en donne Photios[517] : il nous apprend que Théognoste défendait la doctrine d'Origène, en particulier les thèses du *Traité des principes ;* mais les rapprochements que fait Photios entre Théognoste et Origène sont trop vagues et polémiques pour que l'on puisse en tirer quoi que ce soit. Il est plus intéressant de noter que la démarche des *Hypotyposes* rappelle celle du *Traité des principes :* les tomes 1-4 portent sur Dieu et les créatures douées de raison ; les tomes 5-7, sur des questions particulières, comme l'incarnation et la création. Sans doute entre 281 et 300, Piérios présida aux destinées du didascalée. Selon Photios[518], il fut surnommé le « nouvel Origène » à cause de ses qualités d'exégète et de prédicateur : ce surnom montre à quel point le prestige d'Origène était alors grand. Piérios avait composé douze *logoi* (discours ou homélies), dont on ne peut préciser le contenu, mais où, selon Photios, on lisait des « balivernes d'Origène », comme la préexistence des âmes. Ce courant qui se réclame d'Origène subsiste à Alexandrie jusqu'à la fin du IVe siècle, notamment avec Didyme

516. EUSÈBE, *HE* 6, 40-46 ; 7, 4-11 et 21-27.
517. *Bibliothèque* codex 106.
518. *Bibliothèque* codex 119.

l'Aveugle et même l'évêque Théophile, dont le revirement antiorigénien date de 399 (voir plus bas).

Un courant antiorigénien apparaît-il à Alexandrie dans les années 300 ? Son premier représentant aurait été Pierre d'Alexandrie, qui fut à la tête du didascalée avant de devenir évêque en 300. Certes, il attaque la préexistence des âmes comme un emprunt à la philosophie grecque, il s'en prend à l'idée que les âmes auraient péché avant de se trouver dans un corps et il récuse l'interprétation allégorique des tuniques de peaux de Genèse. Mais il ne nomme jamais Origène et il semble viser des théologiens se réclamant d'Origène plutôt qu'Origène lui-même : celui-ci enseignait que les âmes étaient toujours dotées d'un corps, plus ou moins léger, plus ou moins lourd, mais la doctrine du péché des âmes avant leur incorporation représente une simplification de sa pensée. Pierre ne peut donc être considéré comme l'animateur d'un front antiorigénien[519].

Il est néanmoins sûr qu'au tournant des années 300, Origène avait suscité des oppositions. L'*Apologie d'Origène* de Pamphile et Eusèbe, composée en 307-310, mentionne des adversaires anonymes qui critiquaient sa doctrine trinitaire et d'autres points de sa pensée. Qui sont-ils ? Selon Rowan Williams[520], des partisans de Paul de Samosate (évêque entre 260 et 269) auraient invoqué les passages où Origène affirmait la coéternité du Fils à l'appui de leur thèse sur le Père et le Fils comme indistincts du point de vue de l'hypostase ; ils auraient également utilisé la doctrine origénienne de l'âme du Christ en faveur de la distinction entre le Logos éternel et l'âme créée s'unissant à lui et descendant dans un corps pour constituer la personne du Sauveur. Cette récupération d'Origène par des hérérodoxes aurait ému les soutiens alexandrins et égyptiens d'Origène. Or, au moment de la persécution de Maximin Daia entre 307 et 309, un certain nombre de ces derniers avaient été arrêtés et s'étaient retrouvés dans les mines de Palestine. Ce sont ces confesseurs de la foi que Pamphile, lui-même en prison, voudrait rassurer[521].

---

519. Voir R. Amacker, E. Junod, SC 465, p. 90-94.
520. R. Williams, *Arius. Heresy and Tradition*, Londres, 1987.
521. Voir R. Amacker, E. Junod, SC 465, p. 47-51.

Un autre adversaire d'Origène à la même époque est connu par son nom : Méthode d'Olympe. On sait peu de chose de lui. Il n'est pas sûr qu'il ait été évêque et martyr. Méthode semble avoir à la fois admiré et critiqué Origène. Peut-être sa réserve à son égard s'est-elle accrue avec le temps. Dans le *Traité sur les créatures*, connu par Photios[522], Méthode critique l'idée selon laquelle le monde intelligible présent dans le Fils éternellement engendré serait coéternel à Dieu et il accuse Origène de professer un dualisme cosmologique. Mais ce reproche ne figure pas parmi les accusations que rapporte Pamphile dans l'*Apologie d'Origène*, ce qui est un argument pour dire que ce dernier ne connaissait pas l'écrit de Méthode. Il ne fait pas non plus allusion au traité consacré par Méthode à la nécromancienne d'Endor ; cet écrit perdu était dirigé contre l'interprétation d'Origène d'1 Règnes 28, 3-25. En revanche, d'autres passages de l'*Apologie* font allusion à des critiques que Méthode exposait dans le dialogue *Aglaophon ou sur la résurrection*. D'abord, il se réfère à plusieurs textes d'Origène sur la résurrection, qu'on retrouve dans le dossier réuni par Pamphile[523]. Méthode critiquait le concept d'*eidos sômatikon* qui, selon Origène, assure l'identité du corps animé et du corps ressuscité ; mais Méthode identifie cette forme corporelle avec l'apparence extérieure, ce que ne faisait pas Origène, bien au contraire ; pour lui, la forme corporelle est de l'ordre de ce que nous appelons aujourd'hui le code génétique[524]. En second lieu, Méthode reproche à Origène de recourir trop souvent à l'allégorie et de finir par écarter le sens littéral : c'est la quatrième accusation rapportée par Pamphile (voir ci-dessous). Il le critique encore pour avoir soutenu que les pécheurs ne seraient pas châtiés : c'est la huitième accusation selon Pamphile. Il est donc possible que la partie de la préface de l'*Apologie d'Origène* où Pamphile fustige ceux qui se sont servis d'Origène comme d'un maître avant d'écrire contre lui, vise Méthode. Le contraire, en vertu de quoi le traité de Méthode répondrait à l'*Apologie d'Origène,* est beaucoup moins vraisemblable[525].

---

522. *Bibliothèque* codex 235.
523. *Apologie d'Origène* 132, 134, 131.
524. Voir G. Dorival, « Origène et la résurrection de la chair », *Origeniana Quarta*, Innsbruck-Vienne, 1987, p. 291-321.
525. R. Amacker, E. Junod, SC 465, p. 94-98.

L'*Apologie d'Origène* est le premier grand texte qui prend la défense d'Origène. Il comportait six tomes. Les cinq premiers furent écrits par Pamphile et Eusèbe ; le tome 6, par Eusèbe seul, après l'exécution de Pamphile en 309. L'ouvrage existait encore à l'époque de Photios, qui le résume[526]. Il a entièrement disparu, sauf le livre 1, traduit pendant l'été et l'automne de 397 par Rufin et publié sous le seul nom de Pamphile. Il est sûr que Rufin a modifié le texte de Pamphile, pour laver Origène de l'accusation d'avoir favorisé l'apparition de l'arianisme ; il a modifié des mots, déplacé ou ajouté des citations[527].

Le livre 1 est précédé d'une préface adressée aux « confesseurs condamnés aux mines de Palestine » ; des calomnies ont été lancées contre Origène ; elles ont rencontré des échos même parmi les confesseurs ; Pamphile veut les guérir de leurs soupçons et réfuter les calomnies ; il va exposer ce qu'Origène a vraiment pensé, en citant les ouvrages d'Origène les plus contestés, notamment le *Traité des principes* (§ 1-20). Les § 21-37 exposent la profession de foi d'Origène, en citant la préface du *Traité des principes* 2-7 et 10, et montrent qu'Origène a critiqué les hérétiques : comment pourrait-il être hérétique lui-même ? Les § 38-85 veulent démontrer que la position d'Origène sur « les réalités primordiales », c'est-à-dire la trinité, est irréprochable : Dieu le Père (§ 39-43) ; la divinité du Fils (§ 44-66, qui ont pour but de montrer qu'Origène n'a jamais enseigné qu'il était une créature, avec citations de dix textes, dont beaucoup sont sans doute des ajouts de Rufin pour dédouaner Origène de l'accusation de proto-arianisme) ; l'Esprit saint (§ 65-82) ; l'incarnation (§ 83-84).

Les § 87-188 traitent d'accusations particulières. Apparemment, elles sont au nombre de neuf, mais la septième accusation, sur la résurrection des morts et le châtiment des impies, donne lieu à deux réponses distinctes ; il y a donc en réalité dix accusations :

1. « La première : ils disent qu'il dit que le Fils de l'homme n'est pas né (*innatus*). »
2. « La seconde : ils disent qu'il dit que le Fils de Dieu est venu à l'existence par émission (*prolatio*), conformément aux fables de Valentin. »

---

526. *Bibliothèque* codex 118.
527. R. Amacker, E. Junod, SC 465, p. 51-52.

3. « La troisième, qui est tout à fait contraire à toutes celles-là : ils disent qu'il dit, conformément à Artémas[528] et Paul de Samosate, que le Christ fils de Dieu est un pur homme (*purus homo*), autrement dit qu'il n'est pas aussi Dieu. »

4. « Ensuite, une accusation qui est tout à fait contraire à toutes celles-là (la méchanceté est aveugle) : ils disent qu'il dit que c'est δοκήσει, c'est-à-dire seulement en apparence et par allégorie (*tantum putative et per allegoriam*), et non pas aussi conformément à ce qui est rapporté par l'histoire, qu'a été accompli tout ce qui a été accompli par le Sauveur. »

5. « Une autre accusation encore : ils affirment qu'il proclame deux Christs[529]. »

6. « Ils ajoutent qu'il nie complètement les histoires corporelles qui sont rapportées par toute la sainte Écriture sur les actions des saints. »

7. et 8. « En outre, sur la résurrection des morts et les châtiments des impies, ils l'attaquent avec une calomnie qui n'est pas légère, en faisant comme s'il niait que des supplices doivent être infligés aux pécheurs. »

9. « Mais certains incriminent les discussions ou les opinions qu'il a développées sur le statut ou l'économie de l'âme[530]. »

10. « La dernière accusation contre lui, qui est répandue avec une infamie totale : celle de μετενσωματώσεως ; autrement dit, il affirmerait que les âmes humaines sont transportées après la mort dans des animaux muets ou en des serpents ou en du bétail ; les âmes mêmes des animaux muets seraient douées de raison. À cette accusation nous avons attribué la dernière place, afin qu'en regroupant plusieurs exemples tirés des livres d'Origène, nous fassions connaître avec plus d'évidence sa fausseté. »

On peut faire trois remarques sur cette liste[531]. D'abord, Pamphile ne recopie pas un catalogue préexistant et composé par des adversaires d'Origène ; c'est lui-même qui a recueilli les accusations et les a mises en ordre, comme il ressort de la fin de son texte. Ensuite, certaines des cinq premières accusations sont contradictoires entre elles, ainsi que Pamphile ne manque pas de le relever ; cela signifie que les accusateurs

528. Un personnage mal connu, peut-être à rattacher aux ébionites.

529. L'un qui est Dieu-Verbe, l'autre Jésus-Christ qui est né de Marie (*Apologie d'Origène* 115).

530. Voir *Apologie d'Origène* 159 : Origène aurait dit que l'âme est créée et existe avant le corps.

531. Voir R. AMACKER, E. JUNOD, SC 465, p. 87-88.

d'Origène ne formaient pas un front polémique unique. Enfin, Pamphile a placé en tête les accusations les plus faciles à réfuter, sur le Fils et sur l'idée que l'Écriture serait une pure allégorie ; en queue, les accusations plus délicates qui demandent de plus amples développements.

De fait, les réponses de Pamphile aux six premières accusations occupent un peu moins de vingt-cinq pages (entre deux, cinq pages et six pages selon l'accusation), alors que trente-six pages sont consacrées aux quatre dernières. Deux remarques peuvent être faites sur ce point. La résurrection des morts occupe quinze pages ; la question de l'âme, huit pages ; et la métensomatose, neuf pages ; par contraste, le châtiment des impies est traité en quatre pages ; cette brièveté s'explique peut-être parce que l'accusation est facile à réfuter, mais surtout parce que la question du châtiment est explicitement rattachée à la résurrection (*Apologie d'Origène* 150). La deuxième remarque est que la question de l'âme est traitée de manière spécifique, en contraste avec les autres réponses, qui s'organisent autour de textes d'Origène ; certes, Pamphile cite deux extraits des *Commentaires sur Tite ;* mais ils occupent une seule page sur les huit de la réponse ; les sept autres pages sont consacrées à dire que la question de l'âme est ouverte, qu'il n'y a rien de clair à son sujet dans la prédication ecclésiastique, que les avis sont divergents, entre ceux qui professent que chaque âme est spécialement créée par Dieu au moment de la génération du corps et est introduite en ce dernier[532], et ceux pour qui la substance de l'âme est contenue dans la semence paternelle, de telle sorte que l'âme et le corps sont transmis par les deux parents[533]; ces derniers se divisent eux-mêmes en deux tendances : selon la première, la substance de l'âme est l'insufflation de l'Esprit dans le corps d'Adam à la création[534] ; selon la seconde, Dieu a créé l'âme d'Adam, dont toutes les âmes tireraient leur existence par génération[535] ; dans les deux cas, l'âme sera détruite en même temps que le corps[536]. On reconnaît ici la thèse créatianiste (§ 167) et la thèse traducianiste (§ 168-170), auxquelles il

532. *Apologie d'Origène* 167.
533. *Apologie d'Origène* 168.
534. *Apologie d'Origène* 168.
535. *Apologie d'Origène* 169.
536. *Apologie d'Origène* 170.

faudrait rajouter pour être complet les tenants de la préexistence des âmes, comme Origène.

Les septième et dixième accusations sur la résurrection des morts et la transmigration de l'âme dans les corps d'animaux sont longuement développées. La première donne lieu en réalité à deux formulations : Origène nierait la résurrection à venir des morts[537] ou bien il reconnaîtrait la résurrection des morts, mais nierait celle de la chair[538]. Le dossier de textes réunis par Pamphile cite d'abord quatre extraits du *Traité sur la résurrection ;* le premier, tiré du tome 1, envisage le martyre et insiste sur le fait qu'il serait absurde que l'âme seule soit couronnée, tandis que le corps qui a souffert serait écarté comme indigne ; Origène emploie les mots corps (*corpus*) et chair (*caro*) ; les fragments 2 à 4, qui proviennent du tome 2, expliquent que ce qui est appelé à ressusciter est « la raison de la substance corporelle (*ratio substantiae corporalis*) » et s'appuient sur la comparaison faite par Paul entre la résurrection et le grain de blé semé en terre (1 Co 15, 35-38) ; en se fondant sur 1 Co 15, 39, ils montrent qu'il y aura des différences entre les corps des ressuscités : les corps des hommes bons resplendiront d'un éclat divin ; les corps des méchants seront seulement capables de souffrir dans les châtiments ; Origène récuse la métensomatose dans les corps des astres et des animaux. Ces fragments ne contiennent pas le mot « chair », pas plus que les deux extraits du tome 28 des *Commentaires sur Isaïe* que cite alors Pamphile : ils portent sur les différences entre les ressuscités, interprètent les « sépulcres » d'Is 28,19 et reviennent sur l'exégèse de 1 Co 15. Le mot « chair » est également absent du court extrait cité ensuite et qui provient des *Commentaires sur le psaume 1, 5*. Il est paradoxal que, dans un dossier qui veut démontrer qu'Origène confessait la résurrection du corps et celle de la chair, Pamphile cite cet extrait, car le texte complet du passage, connu par Épiphane de Salamine, affirme explicitement qu'« à la résurrection il n'y a plus de chair » ; mais c'est là un indice que le mot « chair » est chez Origène polysémique. Nous y reviendrons. Les deux extraits suivants sont tirés des *Commentaires sur le psaume 15, 9* (« en outre ma chair reposera

537. *Apologie d'Origène* 127.
538. *Apologie d'Origène* 149.

dans l'espérance ») : Origène explique que c'est le Christ qui prononce ces mots ; il a emporté au ciel sa chair ; la résurrection de la chair est affirmée tant pour le Christ que pour les hommes ; l'espérance est à la fois celle de la résurrection des corps et celle de la résurrection de la chair. Le dernier extrait cité par Pamphile provient des *Commentaires sur le psaume 18, 5c* (« dans le soleil il a planté sa tente ») : « certains » soutiennent que le Christ a abandonné dans le soleil son corps monté au ciel ; Pamphile explique qu'Origène expose ici une doctrine qu'il ne reprend pas à son compte et que même il réfute. Au total, le dossier réuni par Pamphile est plutôt convaincant ; mais il offre une faiblesse : il ne fait pas ressortir la polysémie de la chair chez Origène. Or, tantôt la chair a un sens péjoratif et s'oppose au corps et à l'esprit ; elle s'identifie à la qualité charnelle, tant physique (l'élément terre) que morale (l'être dans la chair de Rm 8, 9) ; cette chair-là est appelée à disparaître, en se mêlant, au moment de la mort, à la terre ; de cette chair-là, la chair charnelle, il n'y a pas de résurrection. Tantôt la chair a un sens neutre et s'oppose simplement à l'âme ; en ce sens, elle est synonyme de corporéité ; celle-ci est, en ce monde, grossière et, à la résurrection, elle deviendra subtile et éthérée ; la chair en question n'est ni une qualité ni une qualification du corps ; elle est un substrat permanent, la forme corporelle (*eidos sômatikon*), destinée à revêtir des qualités supérieures à la résurrection. Tantôt, enfin, la chair a un sens positif, dans le cas de la chair du Christ, dans le cas de l'eucharistie ou en Ez 11, 19-20, qu'Origène cite en *Traité des principes* 3, 1, 15 et qui oppose le « cœur de pierre » et le « cœur de chair » ; la chair désigne ici la faculté d'union de l'âme avec le Christ, voire la faculté d'union du ressuscité avec Dieu[539].

Sur la question de la transmigration de l'âme dans les corps d'animaux, Pamphile cite un extrait du *Traité des Principes*, quatre passages des *Commentaires sur Matthieu* et deux extraits du tome *Sur les Proverbes de Salomon*, qui est probablement à identifier avec le traité *Sur certaines questions des Proverbes*. Ce dossier ne fait peut-être pas assez ressortir la raison fondamentale pour laquelle Origène ne peut pas avoir soutenu la transmigration dans les corps d'animaux :

539. Voir G. DORIVAL, art. cit. n. 524.

dès ses premiers écrits (*Commentaires sur le psaume 1, 5*), il opère une distinction entre les êtres qui existent à titre premier et les êtres qui existent à titre de conséquence, à cause des êtres qui existent à titre premier : « l'être doué de raison existe à titre premier, les animaux et les plantes de la terre pour son besoin » ; il ne saurait y avoir de confusion entre les deux types d'êtres ; en cohérence avec cette idée, l'âme douée de raison et l'âme irrationnelle des animaux sont radicalement différentes[540].

Malgré la haute réputation de Pamphile, mort martyr, l'*Apologie d'Origène* n'a pas réduit au silence les adversaires d'Origène. Au début du IVe siècle, deux noms peuvent être cités : Eustathe d'Antioche et Marcel d'Ancyre, auxquels il faudrait rajouter Méthode d'Olympe, si son *Traité sur la résurrection* est postérieur à l'*Apologie d'Origène,* ce qui n'est pas prouvé. D'Eustathe, nous savons peu de chose. Il est né dans le dernier quart du IIIe siècle. Il souffrit de la persécution des années 303-312. Il fut évêque de Bérée puis d'Antioche. Il participa au concile de Nicée, en 325. Il fut déposé peu après et mourut en exil. Son traité *Contre Origène. Sur la nécromancienne d'Endor* commente 1 Règnes 28, 3-25, où la nécromancienne fait remonter pour Saül l'âme de Samuel. Il est postérieur à Méthode d'Olympe, dont la mémoire est louée. Le traité semble avoir été rédigé à l'époque où Eustathe était évêque de Bérée. Il peut être situé dans les années 313-324. Il a été transmis dans son entier et bénéficie d'une remarquable édition récente[541]. Eustathe reproche à Origène d'hésiter entre deux thèses : celle selon laquelle Samuel est monté lui-même et celle selon laquelle un démon est monté à sa place ; il le critique de n'avoir pas répondu à la question qu'il a lui-même posée : est-ce qu'une nécromancienne est susceptible d'avoir du pouvoir sur l'âme d'un prophète ? Et il lui reproche de se contredire. Il est également en désaccord avec six interprétations allégoriques d'Origène (l. 999-1044), sur le jardin d'Éden de

540. Voir G. DORIVAL, « Origène a-t-il enseigné la transmigration des âmes dans les corps d'animaux ? (À propos de *Peri Archôn* I 8, 4) », *Origeniana Secunda*, Rome, 1980, p. 11-32.

541. J. DECLERCK, *Eustathii Antiocheni Patris Nicaeni Opera Quae Supersunt Omnia*, CCSG 51, Turnhout-Louvain, 2002.

Gn 2, 8 ; les puits creusés par Abraam (Gn 26, 15 et 18) ; les bijoux de Rebecca (Gn 24, 22) ; les noms des filles de Job (Jb 42, 14) ; Lazare comme image de l'homme malade et mort à cause de ses péchés (Jn 11, 11) ; les pierres avec lesquelles les Juifs veulent lapider Jésus (Jn 10, 31-33). Enfin, Eustathe critique Origène pour avoir soutenu que l'homme ne ressusciterait pas avec son corps terrestre, mais retrouverait son *eidos* (l. 1084-1086). Cependant, l'anti-origénisme d'Eustathe ne doit pas être surévalué : à l'occasion, il pratique l'allégorie ; de plus, dans sa christologie, il accorde à l'âme du Christ un rôle de premier plan, comme le faisait Origène.

Le second nom est celui de Marcel d'Ancyre. Vers 334, il a écrit un *Écrit polémique contre l'arien Asterios*, connu par les citations d'Eusèbe de Césarée dans son *Contre Marcel* composé vers 336. Marcel veut démontrer que, lorsqu'Origène a écrit le *Traité des principes*, il n'avait pas suffisamment rompu avec la philosophie grecque ; pour cela, Marcel cite la formule qui se trouve au début de la préface : « tous ceux qui croient avec certitude » ; elle proviendrait du *Gorgias* de Platon (454d-e). Eusèbe n'a pas de mal à réfuter cette affirmation en donnant la citation complète : « tous ceux qui croient avec certitude que "la grâce et la vérité sont venues par Jésus-Christ" (Jean 1,17) et que le Christ est la "vérité" (Jean 14,6) ». Marcel d'Ancyre inaugure ainsi une critique qui va devenir un leitmotiv des opposants à Origène : ce dernier est sous la coupe des philosophes grecs. On n'a pas de mal à reconnaître dans ce reproche une idée qui remonte à Justin et aux premiers hérésiologues : l'hérésie est fille de la philosophie. Marcel adresse à Origène un second reproche : il n'aurait pas voulu recevoir des écrits prophétiques et apostoliques l'affirmation de l'éternité du Fils. C'est la thématique d'Origène proto-arien qui se lit ici.

Dans le courant du IVe siècle, Origène a eu des défenseurs prestigieux, et d'abord Athanase d'Alexandrie. Dans la *Lettre sur les décrets du synode de Nicée*, écrite vers 350, Athanase justifie l'emploi du mot « consubstantiel » (*homoousios*) contre les ariens. Il est vrai que ce mot n'est pas présent dans les Écritures ; mais il correspond à la pratique ancienne et constante des chrétiens ; pour étayer cette affirmation, Athanase utilise l'argument patristique et cite des textes de Denys de Rome et d'Origène : « Que le Logos soit éternellement avec le Père, qu'il ne soit pas d'une autre substance ou hypostase, mais au contraire de la substance même du Père, comme l'ont dit les membres du synode, vous pouvez encore écouter à ce sujet ce que dit l'industrieux (*philoponos*) Origène[542]. » Athanase cite un passage d'Origène qui correspond en effet à la doctrine de ce dernier dans le *Traité des principes*[543], mais qui ne peut être situé avec précision ; on y trouve des citations chères à Origène (Co 1, 15, le Fils « image du Dieu invisible » ; He 1, 3, le Fils « rayonnement » et « empreinte » du Père). Le paradoxe, c'est qu'ici, ces citations sont considérées comme une preuve d'orthodoxie, alors que d'autres polémistes les voient comme menant au subordinatianisme ou à l'arianisme.

Basile de Césarée et Grégoire de Nazianze ont composé la *Philocalie d'Origène* entre 360 et 372. Leur but, semble-t-il, est de proposer Origène comme un modèle pour les théologiens : il est un maître en matière d'herméneutique, dans le domaine de l'apologie du christianisme contre les païens et en matière de libre arbitre. La *Philocalie* n'est donc pas une apologie d'Origène, comme celle de Pamphile et d'Eusèbe ; elle ne veut pas répondre à des attaques ; les extraits d'Origène ne sont pas des réponses à des accusations ; la *Philocalie*, « si elle est en l'honneur d'Origène, l'est de façon sereine, comme l'hommage d'admirateurs, sans polémique »[544]. Toutefois, ailleurs dans son œuvre, Basile de Césarée s'en prend à des thèses origéniennes : celle de l'existence préempirique des puissances célestes[545], ou l'interprétation qui voit dans les eaux d'en haut les puissances bonnes et dans les eaux d'en bas les esprits méchants[546]. Mais, ce qui est remarquable, c'est que Basile ne cite jamais le nom d'Origène.

Le dernier tiers du IVe siècle voit une exacerbation de l'affrontement entre les partisans et les adversaires d'Origène. Les partisans d'Origène, avant tout Évagre le Pontique et les moines origénistes de Nitrie et des Kellia dans le nord de l'Égypte, durcissent les idées origéniennes et insistent sur l'apocatastase, la restauration finale de

542. *Lettre sur les décrets du synode de Nicée* 27, PG 25, 465.
543. Voir *Traité des principes* 1, 2, 7 ; 1, 4, 4 ; 4, 4, 1.
544. M. Harl, SC 302, p. 37.
545. *Homélies sur l'Hexaméron* 1, 5.
546. *Homélies sur l'Hexaméron* 3, 9.

tous les intellects et de toutes choses en Dieu ; les moines développent la thèse de la sphéricité des corps ressuscités, conformément à l'idée platonicienne que la sphère est la plus parfaite des formes ; mais cette thèse ne figure nulle part chez Origène[547]. Le courant monastique favorable à Origène est défendu par Jean de Jérusalem, Jean Chrysostome et Palladios.

Apolinaire de Laodicée a critiqué Origène, pour des raisons qui restent mal connues, mais, comme lui-même a été considéré comme hérétique dès avant le premier concile de Constantinople de 381, cette opposition n'a pas joué un grand rôle dans l'histoire de l'antiorigénisme. Faut-il maintenant voir en Grégoire de Nysse un critique virulent d'Origène ? Il est sûr que, vers 380, il s'en prend à la préexistence et à la chute des âmes[548] ; à ses yeux, ceux qui pensent, comme Origène, que les âmes préexistent aux corps, reprennent les doctrines grecques de la métempsychose. Dans le traité *Sur l'âme et la résurrection*, il critique la doctrine grecque des réincarnations ; quelques-unes de ses lignes pourraient viser Origène. En réalité, Grégoire de Nysse fait sûrement allusion à Origène, mais ceux qu'il vise surtout, ce sont Empédocle, Pythagore et Platon[549]. Cependant, une lecture hâtive de Grégoire de Nysse aboutit à mettre Origène sur le même plan que Pythagore et Platon. Cette assimilation d'Origène à Pythagore et Platon va devenir une constante de la polémique antiorigénienne et ressurgira avec force dans les écrits antiorigénistes de 543 et 553.

Si la position exacte de Grégoire de Nysse à l'égard d'Origène peut être discutée, il n'en va pas de même avec Épiphane de Salamine : il est son adversaire le plus acharné, vingt ans avant Jérôme et Théophile d'Alexandrie, cent soixante-dix ans avant Justinien. Dès 374, il attaque dans l'*Ancoratus* des hérétiques, où l'on reconnaît les moines origénistes d'Égypte ; il s'en prend à l'interprétation allégorique du paradis de la Genèse et des tuniques de peau de Gn 3, 21 ; il dénonce la doctrine de la résurrection[550]. Dans le *Panarion*, rédigé entre 374 et 376, il consacre à l'origénisme le chapitre 64. Les documents qu'il

547. G. Dorival, art. cit. n. 540.
548. *Sur la nature de l'homme* 28.
549. Harl, G. Dorival, A. Le Boulluec, p. 264-265 ; SC 253, p. 120-121.
550. *Ancoratus* 54 ; 62 ; 87.

utilise pour présenter et réfuter les partisans d'Origène sont tirés avant tout du *Traité sur la résurrection* de Méthode d'Olympe. Épiphane considère manifestement qu'Origène refuse l'identité du corps de chair et du corps ressuscité. Les écrits de 374 et 376 s'en prennent à plusieurs thèses attribuées à Origène : le Fils ne peut voir le Père ; l'Esprit ne peut voir le Fils ; les anges ne peuvent voir l'Esprit ; les hommes ne peuvent voir les anges[551] ; l'âme humaine est préexistante ; les âmes sont des anges et des puissances célestes qui, ayant commis des fautes, ont été enfermées dans ce corps-ci ; les âmes ont été envoyées par Dieu ici-bas, par punition, afin d'y subir un premier jugement ; voilà pourquoi le corps est appelé *demas*, l'âme étant liée (*dedesthai*) au corps ; l'âme a reçu le nom de *psukhê* parce qu'elle s'est refroidie (*epsukhthai*) en venant d'en haut[552]. Épiphane dénonce également l'idée qu'Adam aurait perdu l'image de Dieu, ainsi que l'interprétation des tuniques de peau de Gn 3, 21 comme se référant au corps[553]. Il fait valoir qu'en fait la résurrection disparaît ; ou bien il y aurait une résurrection partielle[554]. Origène interpréterait tout ce qu'il peut allégoriquement : le paradis, ses eaux, les eaux d'en haut, les eaux d'en bas[555]. Cette attaque en règle vise peut-être plus les origénistes qu'Origène lui-même. Les mêmes griefs sont réitérés dans la *Lettre à Jean de Jérusalem*, qui date de 394 et dont nous possédons la version latine dans la *Lettre* 51 de Jérôme. Épiphane qualifie Origène de « père d'Arius, de souche et d'ancêtre des autres hérésies ». Dans son *Contre Jean de Jérusalem* 7, écrit en 396, Jérôme dit qu'il emprunte à Épiphane les huit erreurs d'Origène suivantes[556] :

> « Premièrement, à propos du *Traité des principes* où il dit que, de même qu'il est déplacé de dire que le Fils peut voir le Père, de même il est inconvenant d'être d'avis que l'Esprit saint peut voir le Fils. Deuxièmement : les âmes ont été reléguées dans ce corps comme dans une prison ; et, avant

551. *Ancoratus* 63 ; *Panarion* 64, 3-4.
552. *Panarion* 64, 5-6.
553. *Panarion* 64, 9.
554. *Panarion* 64, 10.
555. *Panarion* 64, 11.
556. PL 23, 376.

que l'homme fût fait au paradis, elles ont séjourné parmi les créatures douées de raison dans les lieux célestes. [...] Troisièmement : le diable et les démons feront pénitence un jour et ils régneront avec les saints dans les derniers temps. Quatrièmement : il interprète les tuniques de peau des corps humains, par lesquels, après le péché et l'expulsion hors du paradis, Adam et Ève ont été revêtus, alors que, sans aucun doute, auparavant dans le paradis ils étaient sans chair, sans nerfs et sans os. Cinquièmement : il nie très ouvertement la résurrection de la chair et l'union étroite des membres et le sexe par lequel nous les hommes nous distinguons des femmes, tant dans l'explication du Psaume 1 que dans de nombreux autres traités. Sixièmement : il allégorise le paradis, en sorte qu'il supprime la vérité du récit, en comprenant que les arbres sont mis pour les anges, les puissances célestes pour les fleuves ; et il détruit tout le contenu du paradis par une interprétation tropologique. Septièmement : les eaux qui, selon les Écritures, sont au-dessus des cieux, il est d'avis qu'elles sont les puissances saintes et supérieures ; celles qui sont sur la terre et sous la terre, ce sont les puissances contraires et démoniaques. Huitièmement et pour finir : l'image et la ressemblance de Dieu, conformément auxquelles l'homme a été créé, il dit qu'il les a perdues et qu'elles n'ont pas été en l'homme après le paradis. »

Les dernières années du IVe siècle sont marquées par le revirement de soutiens d'Origène. Entre 380 et 392, Jérôme traduit de nombreuses homélies de ce dernier ; mais, en 393, il devient l'allié d'Épiphane, se brouille avec Rufin et entre en conflit avec Jean de Jérusalem. La même année, Théophile, l'évêque d'Alexandrie, prend la défense de Jean contre Épiphane et apporte son soutien aux moines de Nitrie. En 396, Jérôme réplique à *l'Apologie* envoyée par Jean de Jérusalem à Théophile : dans son *Traité contre Jean de Jérusalem*, il critique les vues d'Origène sur la visibilité du Père par le Fils et du Fils par l'Esprit (§ 7) ; sur la chute des âmes dans des corps de plus en plus épais et sur les corps des démons (§ 16) ; sur les âmes des anges et des astres (§ 17) ; sur l'interprétation de l'échelle de Jacob de Gn 8,12 comme descente des créatures rationnelles jusqu'au degré le plus bas (§ 19). En 399, Théophile se rallie à l'opinion de Jérôme. En 400, il fait condamner par un synode des évêques d'Égypte les ouvrages d'Origène ; des sanctions sont décrétées contre ceux qui les liraient et une expédition punitive est organisée contre les moines. Durant l'été,

Théophile écrit une *Lettre synodale* envoyée aux évêques de Palestine et de Chypre, pour les prévenir contre les moines origénistes qui s'étaient réfugiés en Palestine. Cette *Lettre* condamne des passages du *Traité des principes* sur le Fils, vérité par rapport à nous, mais mensonge par rapport au Père ; sur l'infériorité du Fils par rapport au Père ; sur le diable qui obtiendra un honneur égal à celui du Fils ; sur le caractère provisoire de la résurrection des corps ; sur la déchéance des anges ; sur les anges se nourrissant du sang des victimes des sacrifices ; sur le Logos qui n'a pas assumé un corps humain et sur l'âme du Christ qui a assumé ce corps ; sur le supplice à venir du Christ à cause des démons (§ 2 et 4). La *Lettre* est traduite en latin à la fin de 400 par Jérôme[557], qui l'envoie en Occident. Toujours en 400, l'évêque de Rome, Anastase, confirme la condamnation d'Origène par Théophile. En 401 et 402, Théophile rédige des lettres pascales qui visent les origénistes. Elles sont traduites par Jérôme[558]. La lettre de 402 revient sur la question du logos et de l'âme du Christ et dénonce l'idée d'une création des êtres en nombre limité[559]. Un peu plus tard, Théophile entre en conflit avec Jean Chrysostome, chez qui se sont réfugiés les moines, parmi lesquels les longs frères, ainsi nommés à cause de leur grande taille. Il obtient le soutien de Jérôme. Après une brève réconciliation avec Rufin, en 402, Jérôme reprend la lutte contre Origène. Elle atteint son point culminant en 410, où la *Lettre 124 à Avitus* met en garde contre la traduction du *Traité des principes* par Rufin rédigée en 398 ; ce dernier aurait notamment atténué les erreurs concernant le Fils et l'Esprit ; Jérôme envoie à Avitus sa propre traduction, réalisée la même année que celle de Rufin et pour contrer cette dernière ; il a appris que cette contre-traduction circule sous une forme confuse et détériorée ; il met en garde contre tout le *Traité des principes*, dont il extrait cinquante-six passages particulièrement nocifs à ses yeux.

Dans cette période troublée, Origène garde des soutiens indéfectibles : Jean de Jérusalem, Jean Chrysostome, Palladios et, du côté latin, Rufin. Ce dernier traduit le tome 1 de l'*Apologie d'Origène*

557. JÉRÔME, *Lettre* 92.
558. JÉRÔME, *Lettres* 96 et 98.
559. *Lettre* 98, 16-17.

de Pamphile et Eusèbe en 397. Puis, en 398, il traduit le *Traité des principes*. Ces traductions sont favorables à Origène et ont sûrement apporté quelques rectifications aux textes originaux : Rufin a omis des passages qu'il considérait comme interpolés ; ou bien il a introduit des passages empruntés à d'autres œuvres d'Origène. Mais ces modifications sont peu nombreuses et les traductions de Rufin sont considérées comme plutôt fiables. Cependant, en 402, Rufin, qui s'est retiré dans un monastère, renonce à défendre Origène.

Toujours dans le dernier quart du IVe siècle, un nouveau front hostile à Origène voit le jour : Diodore de Tarse (vers 330-vers 390) et ses successeurs, comme Théodore de Mopsueste (vers 350-vers 430), critiquent l'allégorie. Ils lui reprochent de nier le sens littéral et historique des Écritures et de reposer sur la subtilité et l'imagination de l'exégète. L'allégorie est vue comme un héritage pernicieux de l'hellénisme. Pour les Antiochiens des premières générations, il n'est pas toujours question du Christ dans l'Ancien Testament, mais seulement un petit nombre de fois. Selon Théodore de Mopsueste, l'oracle de Michée sur Bethléem (Mi 5, 1-3), celui de Zacharie sur l'entrée à Jérusalem (Za 9, 9), celui de Malachie sur le sacrifice offert du levant au couchant (Ma 1, 11), le serviteur souffrant d'Is 53, ne sont pas des prophéties du Christ, mais doivent être rapportées à des épisodes de l'histoire juive. Le nombre des psaumes qui trouvent leur accomplissement en Jésus se réduit à quatre : Ps 2, 8, 44 (45 TM) et 109 (110 TM). À la notion de type, les Antiochiens proposent de substituer la « théorie » ou l'« épithéorie »: entre la réalité de l'Ancien Testament et celle du Nouveau Testament, il doit exister une ressemblance manifeste, une parenté réelle, une vraie similitude, du même ordre que le rapport qui unit et distingue l'esquisse et le tableau. Tous les bois de l'Ancien Testament ne sont pas la figure de la croix. Cependant, la rupture avec Origène est moins grande qu'il n'y paraît, pour deux raisons. D'abord, dans le cas de psaumes qui visent des personnages de l'histoire juive, il y a des versets qui s'appliquent mieux à Jésus qu'aux personnages en question : ces psaumes indirectement messianiques sont relativement nombreux. Ensuite, les exégètes qu'on situe dans la mouvance antiochienne reviennent de plus en plus à l'allégorie sans le dire ; c'est déjà le cas pour Jean Chrysostome dans les années 400 ; c'est encore plus le cas, un demi-siècle plus tard, pour

Théodoret de Cyr, pour qui l'Ancien Testament tout entier annonce le Nouveau.

Aux ve et vi^{e} siècles, les thèses évagriennes se répandent dans les milieux monastiques de Palestine et de Syrie[560]. Au tournant de ces deux siècles, Étienne (ou Stéphane) bar Sudaili, un moine et mystique syriaque qui a vécu à Édesse puis à Jérusalem, est vraisemblablement l'auteur du *Livre de Hiérothée sur les mystères cachés de la maison de Dieu*. Écrit en syriaque et attribué à Hiérothée, un des membres de l'aréopage devant lequel l'apôtre Paul s'exprima, cet ouvrage raconte l'histoire des intellects : créés dans l'égalité et l'indistinction, ils chutent par suite de la négligence, ce qui entraîne leur inégalité et leur distinction, puis ils remontent sur le modèle de l'ascension du Christ, qui n'a pas participé à la chute ; ensuite, ils deviennent les égaux du grand intellect qu'est le Christ ; tous les intellects, en devenant ainsi des isochrists, passent au-delà du Christ qui est aboli dans sa réalité individuelle ; alors se réalise l'apocatastase, où Dieu est tout en tous : les isochrists s'absorbent en Dieu dans une unité complète, qui est de l'ordre du mélange-fusion. En d'autres termes, toute distinction de personne et de nature est destinée à disparaître dans la fusion finale[561]. On peut considérer qu'Etienne bar Sudaili pousse à l'extrême les thèses d'Évagre, jusqu'à professer le panthéisme, où la nature est un autre nom de Dieu.

Les adversaires d'Origène des ve et vi^{e} siècles ont vu en ce dernier le père des idées d'Évagre et des moines origénistes. Néanmoins, Origène trouve toujours des défenseurs. C'est le cas de l'*Apologie* anonyme résumée par Photios[562]. Elle se composait de cinq tomes. Les trois premiers tomes défendaient la doctrine trinitaire d'Origène, ainsi que ses « autres idées » : c'est pour lutter contre l'hérésie de Sabellios qu'Origène aurait utilisé des expressions d'allure arienne, mais en réalité orthodoxes ; certaines de ses autres idées auraient été dites « à titre d'exercice » ; d'autres auraient été des interpolations opérées par

---

560. *Diz*, « Origenismo (in Oriente, secc. V-VI) », p. 329-337.
561. Voir H. Crouzel, SC 252, p. 44-45.
562. *Bibliothèque* codex 117.

des hérétiques. Les tomes 4 et 5 exposaient quinze chefs d'accusation lancées contre Origène :

1. « Ils disent qu'il enjoint de ne pas adresser d'invocation (*proseukhesthai*) au Fils. »
2. « Le Fils n'est pas bon au sens absolu. »
3. « Il ne connaît pas le Père comme il se connaît lui-même. »
4. « Les natures douées de raison sont introduites dans les corps des êtres sans raison. »
5. « Il y a une métensomatose. »
6. « L'âme du sauveur était celle d'Adam. »
7. « Il n'y a pas de châtiment éternel. »
8. « Il n'y a pas de résurrection de la chair. »
9. « La magie n'est pas un mal. »
10. « L'astronomie est capable de produire les actions. »
11. « Le Monogène cesse d'exercer la royauté. »
12. « Les saints sont venus dans le monde à la suite d'une chute et non pour le service d'autrui. »
13. « Le Père est invisible au Fils. »
14. « Les Chérubins sont des titres (*epinoiai*) du Fils. »
15. « L'image de Dieu, par rapport à celui dont elle est image et en tant qu'elle est image, n'est pas la vérité. »

Certaines de ces accusations demandent un rapide éclaircissement : le *Traité de la prière* réserve effectivement l'invocation (*proseukhê*) au Père, et notamment le *Notre Père* ; mais cela ne signifie pas qu'il ne faut pas adresser des demandes au Fils, le supplier ou lui rendre grâces[563]. L'identification de l'âme de Jésus à celle d'Adam ne repose sur aucun texte connu d'Origène, pour qui Adam était la figure du Christ, comme Ève, celle de l'Église[564]. L'accusation sur la magie et l'astronomie/astrologie fait dire à Origène le contraire de ce qu'il affirme dans le *Contre Celse*[565] (les formules magiques ne sont pas

563. ORIGÈNE, *Traité de la prière* 15.

564. On peut en revanche faire un rapprochement avec la doctrine ébionite du vrai Prophète, dont les épiphanies successives vont d'Adam jusqu'au Christ (ÉPIPHANE, *Panarion* 30, 3, 3-5 ; *Homélies Pseudo-Clémentines* 3, 30, 1-3).

565. ORIGÈNE, *Contre Celse* 1, 24.

efficaces) et dans les *Commentaires sur la Genèse*[566]. Les autres accusations prennent appui sur des textes du *Traité des principes*, qu'elles simplifient et durcissent (NAUTIN, p. 114-133). Ces accusations, le défenseur anonyme d'Origène les réfutait en deux temps : d'abord, à l'aide de citations des œuvres d'Origène elles-mêmes (tome 4). Ensuite, à l'aide de « témoignages » d'autres auteurs : Denys d'Alexandrie, Démétrios, Clément, de « nombreux autres », et surtout Pamphile et Eusèbe. La datation de l'*Apologie* n'est pas connue. NAUTIN a proposé de l'identifier avec l'*Apologie d'Origène* de Pamphile et d'Eusèbe (NAUTIN, p. 110-114). Les ressemblances de démarche sont en effet incontestables. Mais la liste des quinze griefs ne recoupe que très partiellement les dix accusations citées par Pamphile et Eusèbe. Les deux énumérations n'ont en commun que la métensomatose, la fin des châtiments, la négation de la résurrection de la chair. Pamphile insistait sur l'allégorie et la doctrine de l'âme, qui sont absentes chez l'anonyme. Ce dernier parle de la magie, de l'astronomie/astrologie, des titres du Christ, de Jésus comme image, qui sont des thématiques absentes chez Pamphile. Comme Rufin ignore l'*Apologie* anonyme, qui lui aurait fourni de bons arguments, on peut penser qu'elle n'est pas antérieure au ve siècle, sans pouvoir exclure une date plus tardive.

On peut ranger Étienne Gobar, qui écrit vers 550, parmi les défenseurs d'Origène, même si sa position de fond est en fait neutre. En effet, à une époque où Origène est vilipendé de tous côtés, la neutralité peut être considérée comme une opinion favorable. D'après Photios[567], Etienne Gobar a traité d'Origène selon la méthode du pour et du contre. Parmi les partisans d'Origène, Gobar signale Athanase d'Alexandrie, Tite de Bostra, Grégoire de Nazianze et Grégoire de Nysse, mais aussi Denys d'Alexandrie et Alexandre de Jérusalem. Du côté des adversaires, il cite les noms de Théophile d'Alexandrie et d'Épiphane de Salamine.

Un autre adversaire d'Origène est Antipater de Bostra, qui a rédigé vers 460 une *Réfutation de l'Apologie d'Eusèbe, évêque de Césarée, en*

566. ORIGÈNE, *Commentaires sur la Genèse* 3, cités par *Philocalie* 23, contre le fatalisme astral.
567. *Bibliothèque* codex 232.

faveur d'Origène[568]. Dans le prologue, Antipater estime qu'Eusèbe est un bon historien, mais un piètre théologien ; il attaque la préexistence des âmes. Dans la suite du texte, il examine la doctrine de la sphéricité du corps ressuscité et il réfute la doctrine de la préexistence des intellects, de leur chute, de leur répartition en des classes variées, du rôle des anges pour le salut de ceux dont la chute a été plus grave, du diable comme ange déchu[569]. L'écrit d'Antipater témoigne du renouveau de l'origénisme chez les moines de Palestine au milieu du ve siècle. Il a joué un rôle important dans la lutte contre ceux-ci, puisque Gélase, higoumène de la Grande Laure, le fit lire à l'église vers 540.

Vers 550, Jean de Scythopolis, qui est l'auteur de la plupart des *Scholies sur la Hiérarchie ecclésiastique* longtemps attribuées à Maxime le Confesseur, critique la croyance erronée d'Origène sur « la chute, tombée et descente des intellects », sa doctrine des variétés d'anges correspondant au plus ou moins grand détournement vers le mal et son affirmation selon laquelle « après la fin générale, il y a de nouveau glissade et descente[570] ».

La condamnation d'Origène en 553 a été précédée par deux documents de l'empereur Justinien. Dans la *Lettre à Ménas* de 543[571], adressée au patriarche de Constantinople, Origène est assimilé « aux Grecs, aux ariens et aux manichéens ». Les erreurs dénoncées chez lui sont le subordinatianisme, la limitation de la puissance de Dieu à un nombre limité de créatures, la chute et le retour des âmes à Dieu, l'allégorisme. La suite de la *Lettre* porte sur la préexistence des âmes, la résurrection des corps, l'apocatastase. L'exposé des erreurs d'Origène alterne avec des extraits patristiques, en provenance d'auteurs réputés pour leur orthodoxie, Grégoire de Nazianze, Jean Chrysostome, Pierre d'Alexandrie, Athanase, Basile de Césarée, Théophile d'Alexandrie, Cyrille d'Alexandrie. Ces extraits sont en général très brefs. Plusieurs d'entre eux portent sur la création de l'homme de la Genèse et sont

---

568. Le prologue est conservé dans les actes de Nicée II, Mansi XIII, act. V, c. 178 ; la suite du texte se lit dans les *Sacra Parallela* de Jean Damascène (PG 96). Voir Harl, Dorival, Le Boulluec, p. 288-289.
569. PG 96, 488 D-505 D.
570. Voir Harl, G. Dorival, A. Le Boulluec, p. 296-297.
571. Publiée par E. Schwartz, *Acta Conciliorum Oecumenicorum,* III, p. 208-213.

donnés pour démontrer que Dieu a créé en même temps le corps et l'âme. Il y a cependant deux extraits plus développés : celui de Grégoire de Nysse, *Traité de la création de l'homme*, où Origène semble pris à partie[572], et celui de Basile de Césarée, *Homélies sur l'hexaméron*[573], où est critiquée l'interprétation des eaux d'en haut comme désignant les puissances bonnes et des eaux d'en bas comme se référant aux démons (voir plus haut). La suite de la *Lettre* est occupée par vingt-quatre textes assez brefs, qui sont présentés comme des extraits du *Traité des principes*[574] ; il faut les comparer avec la traduction de Rufin et les autres témoignages de l'écrit d'Origène : ils le simplifient, voire le trafiquent. La *Lettre* se termine par dix brefs anathématismes.

Le second document est la *Lettre au cinquième synode de Constantinople* de 553[575]. Il s'agit de combattre les doctrines impies « d'Origène, de Didyme et d'Évagre » sur la préexistence des âmes, la métempsychose, la fin des châtiments, la négation de l'identité du corps de cette vie et du corps ressuscité, le rétablissement des démons dans leur état primitif, l'interprétation allégorique du paradis et d'Adam. Ces doctrines dangereuses se répandent parmi les moines de Jérusalem, alors qu'elles suivent « l'impiété de Pythagore, de Platon et d'Origène ». Suit une liste de propositions condamnées : préexistence des intellects dans l'hénade ; satiété (*koros*) des intellects à l'égard de l'amour divin et de la contemplation ; définition des âmes comme des intellects refroidis ; passage des intellects d'un ordre à un autre ordre ; disparition complète des corps ; apocatastase finale. En réalité, ces propositions reflètent les thèses d'Évagre le Pontique ou peut-être une réélaboration origéniste de celles-ci[576]: elles ne peuvent être considérées comme des extraits des écrits d'Origène.

Le concile de 553 prononce 15 anathématismes. Voici le onzième d'entre eux :

---

572. Grégoire de Nysse, *Traité de la création de l'homme* 28.
573. Basile de Césarée, *Homélies sur l'Hexaméron* 3, 9.
574. Traduction chez Harl, Dorival, Le Boulluec, p. 291-295.
575. PG 110, 780 C-784 A.
576. *Diz*, p. 337.

« Si quelqu'un n'anathématise pas Arius, Eunome, Macédonios, Apollinaire, Nestorios, Eutychès et Origène en même temps que leurs écrits impies, [s'il n'anathématise pas] tous les autres hérétiques, condamnés et anathématisés par la sainte Église catholique et apostolique et par les quatre saints conciles susdits, ainsi que ceux qui ont conçu ou conçoivent des pensées semblables à celles des hérétiques susdits et qui ont persisté dans leur impiété jusqu'à la fin, qu'un tel homme soit anathème. »

Même si la validité des quinze anathématismes est contestée par certains historiens des conciles, dans la mesure où ils ont vraisemblablement été discutés avant l'ouverture même du concile[577], on peut dire que le sort d'Origène est définitivement réglé après le concile de 553 : il est le symbole même de l'hérétique invétéré. Par exemple, à la fin du VIe siècle, Léonce et Théodore, *Sur les hérésies*[578], résument ses erreurs sur le Fils, sur la préexistence et la chute des âmes dans des corps divers, sur le châtiment des pécheurs limité dans le temps, sur la restauration finale de tous les êtres, anges et démons compris. Vers 850, aux yeux de Photios[579], chez Origène, il n'y a que « blasphèmes » et « fables ». Cependant, si la doctrine d'Origène provoque la répulsion, ses écrits continuent de nourrir la spiritualité, l'exégèse et la réflexion chrétiennes. Au VIIe siècle, Maxime le Confesseur est un bon exemple de cette survie d'Origène, dont l'histoire en Orient après 553 reste encore mal connue. En revanche, pour l'Occident, les principaux jalons sont bien établis à travers tout le Moyen Âge jusqu'aux controverses liées à la Réforme et à la question du libre arbitre[580].

Aujourd'hui

Origène ne provoque plus aujourd'hui des réactions de rejet comparables à celles des années 400 ou du VIe siècle, même s'il continue à susciter des controverses entre les spécialistes de sa pensée. L'étude

577. H. Crouzel, SC 253, p. 207.
578. PG 86[1].
579. *Bibliothèque* codex 8.
580. Voir *Diz*, « Origenismo (in Occidente, secc. IV-VI) », p. 302-307 ; « Origenismo (in Occidente, secc. VII-XVIII) », p. 307-322 ; A. C. Jacobsen (dir.), *Origeniana UndecimA. Origen and Origenism in the History of Western Thought*, Louvain, 2016.

de quelques-unes d'entre elles permet de mieux saisir l'originalité de sa réflexion. Celle qui est apparue en premier, dès le XIXe siècle, et qui n'est peut-être pas close, porte sur la question : Origène est-il systématique ? C'est avant tout le *Traité des principes* qui est en cause ici[581]. Il faut dire que, par la multiplication des titres et des sous-titres, les manuscrits latins le présentent comme une sorte de somme théologique médiévale. Rien d'étonnant alors si Origène est vu tantôt comme le père de la théologie dogmatique ou scientifique[582], tantôt comme le tenant d'une philosophie cosmologique de la religion[583], tantôt comme l'auteur d'une synthèse entre l'hellénisme et le christianisme[584], tantôt comme l'inventeur d'une sorte de médio-platonisme chrétien[585], tantôt comme le fondateur d'une gnose biblique[586] ou d'une gnose patristique[587], tantôt comme un « Platon chrétien », mêlant Bible, platonisme et gnose, mais expliquant, à la manière d'un gnostique, la diversité des êtres par un événement précosmique[588], tantôt comme un théoricien systématique de la religion chrétienne[589]. Certains savants pensent même qu'Origène masque le caractère systématique de sa pensée en énonçant des hypothèses alternatives, par exemple sur la disparition finale, ou non, de la matière, dans le but de ne pas choquer et d'échapper aux critiques

581. Voir G. DORIVAL, « Origène d'Alexandrie », dans R. GOULET (dir.), *Dictionnaire des philosophes antiques*, IV, Paris, 2005, p. 807-842, en particulier p. 819-823.
582. G. THOMASIUS, *Origenes. Ein Beitrag zur Dogmengeschichte des dritten Jahrhunderts*, Nuremberg, 1837 ; E. R. REDEPENNING, *Origenes. Eine Darstellung seines Lebens und seine Lehre*, 2 vol., Bonn, 1841-1846.
583. A. HARNACK, *Lehrbuch der Dogmengeschichte*, Band 1, *Entstehung der kirchlichen Dogmas*, Fribourg, 1886, 1888², p. 559-604.
584. E. DE FAYE, *Origène, sa vie, son œuvre, sa pensée*, Paris, 1923-1928.
585. H. KOCH, *Pronoia und Paideusis. Studien über Origenes und sein Verhältnis zum Platonismus*, Berlin-Leipzig, 1932.
586. H. LIETZMANN, *Geschichte der alten Kirche*, Band II, Berlin, 1932, p. 305-329.
587. H. JONAS, « Origenes *Peri Archon* – ein System patristicher Gnosis », *Theologische Zeitschrift* 4, 1948, p. 101-119.
588. E. VON IVANKA, *Plato Christianus. Übernahme und Umgestaltung des Platonismus durch die Kirchenväter*, Einsiedeln, 1964, p. 99-148 (traduction française, *Plato Christianus. La réception critique du platonisme chez les Pères de l'Eglise*, Paris, 1990, p. 89-136).
589. P. KÜBEL, *Schuld und Schicksal bei Origenes, Gnostikern und Platonikern*, Stuttgart, 1973.

concernant son orthodoxie[590]. Cependant, d'autres auteurs ne voient pas en Origène un systématique : ainsi G. Bardy, qui le décrit comme un théologien intéressé par l'éthique et la contemplation[591] ; W. Völker, pour qui les fondements de la théologie d'Origène reposent sur une expérience mystique[592] ; H. de Lubac, pour qui Origène est avant tout un exégète[593] ; H. T. Kerr, qui, malgré le titre de son livre, ne voit pas Origène comme un systématique[594] ; H. Crouzel, pour qui Origène est à la fois un penseur, un prédicateur, un spirituel, un mystique[595] et qui le décrit comme une sorte de théologien post-Vatican II, ouvert et posant des questions qu'il ne sait pas résoudre[596] ; W. Schütz, qui voit en Origène avant tout un homme d'Église[597]. Une opinion moyenne est attestée chez R. Cadiou, pour qui Origène est un intellectuel non rationaliste[598] ; J. Daniélou, qui le décrit comme partagé entre une tendance mystique et une tendance rationaliste et systématique, sans être capable d'opérer une synthèse[599] ; H. U. von Balthasar, pour qui Origène a une pensée synthétique, mais n'est pas pour autant systématique[600] ; L. Lies, selon qui Origène est le fondateur d'une dogmatique non dogmatique[601].

Le titre du *Traité des principes* a été parfois mal compris. Les *arkhai* ne sont ni les enseignements fondamentaux de la foi chrétienne (*Origenes Werke,* V), ni les principes constitutifs de l'être (H. Koch, E. Van Ivanka, J. Daniélou, cités ci-dessus). Par ce titre, Origène inscrit

---

590. F. Kettler, *Der ursprügliche Sinn der Dogmatik des Origenes*, Berlin, 1966.
591. G. Bardy, *Origène*, Paris, 1931.
592. W. Völker, *Das Vollkommenheitsideal des Origenes: eine Untersuchung zur Geschichte der Frömmigkeit und zu den Anfrägen christilicher Mystik*, Tübingen, 1931.
593. H. de Lubac, *Histoire et esprit. L'intelligence de l'Ecriture d'après Origène*, Paris, 1950.
594. H. T. Kerr, *The First Systematic Theologian, Origen of Alexandria*, Princeton, 1958.
595. H. Crouzel, *Origène et la connaissance mystique*, Bruges-Paris, 1961.
596. H. Crouzel, *Origène*, Paris-Namur, 1985.
597. W. Schütz, *Die christliche Gottesdienst bei Origenes*, Stuttgart, 1984.
598. R. Cadiou, *Introduction au système d'Origène*, Paris, 1932.
599. J. Daniélou, *Origène*, Paris, 1948.
600. H. U. von Balthasar, *Parole et mystère chez Origène*, Paris, 1957.
601. L. Lies, *Origenes Peri Archon. Eine undogmatiche Dogmatik*, Darmstadt, 1992.

son écrit dans la tradition philosophique grecque : en plus de la logique, qui étudie le langage et les procédés d'argumentation, et de l'éthique, qui dit comment il faut agir, la réflexion philosophique porte sur la physique, c'est-à-dire les questions relatives au monde, aux êtres qu'il contient, à son créateur ou démiurge, aux rapports entre Dieu et le monde, et elle tente de les élucider à l'aide d'un petit nombre de principes constitutifs, les *arkhai*. Mais, pour Origène, il n'y a qu'un seul principe, Dieu trine, unique créateur du monde, des hommes, des anges et des démons. Le fait même que le titre soit au pluriel montre que, pour lui, c'est un titre étiquette, qui n'a d'autre valeur que de situer son ouvrage dans la tradition philosophique[602].

La division du traité en quatre tomes remonte sans doute à Origène lui-même. Ce qu'il y a de sûr, c'est que cette division existait au temps de Jérôme[603] et de Rufin. Vers 850, Photios connaît les quatre tomes du traité[604] ; toutefois, il ne signale ni la préface ni la récapitulation et il situe le développement « sur la fin », non pas en queue du tome 3, comme c'est le cas dans nos manuscrits, mais en tête du tome 4. La division en quatre tomes n'apprend rien sur la composition réelle de l'ouvrage, contrairement à ce que l'on a longtemps cru : pour J. Quasten, le tome 1 traite de théologie ; le tome 2, de cosmologie ; le tome 3, d'anthropologie ; et le tome 4, d'herméneutique[605]. En réalité, comme c'est souvent le cas dans les livres antiques, la division est purement matérielle et correspond à la longueur des rouleaux utilisés par Origène.

Longtemps, le plan du *Traité des principes* a paru énigmatique. B. Steidle est le premier à avoir montré qu'il était fait de trois parties d'inégales dimensions, traitant à chaque fois des mêmes sujets : Dieu, les créatures douées de raison, le monde. À ses yeux, ces trois parties correspondaient à trois cycles d'enseignement[606]. En règle générale, cette dernière hypothèse n'a pas été acceptée. Mais la tripartition de

---

602. Voir Harl, G. Dorival, A. Le Boulluec, p. 7-19.
603. Jérôme, *Lettre 33.*
604. Photios, *Bibliothèque* codex 8.
605. J. Quasten, *Patrology. Second Volume : the Antenicene Literature after Irenaeus*, Utrecht-Antwerp, 1953, p. 37-101.
606. B. Steidle, « Neue Untersuchungen zu Origenes' *Peri Archon* », *Zeitschrift für dir neutestamentliche Wissenschaft* 40, 1941, p. 236-243.

l'ouvrage est largement admise. M. Harl[607] a montré que le traité se composait d'une préface ; d'un premier exposé général relativement court (*Traité des principes* 1, 1-2, 3), consistant en une vue synoptique des questions de physique traitées de manière systématique et selon le point de vue chrétien ; d'une deuxième partie plus développée (*Traité des principes* 2, 4-4, 3), qui revient sur les sujets de la première et est faite de neuf questions particulières, lesquelles correspondent à un but explicite de réfutation et de recherche, selon un programme défini dans la préface ; et d'une brève récapitulation (*Traité des principes* 4, 4), qui revient sur les sujets de la première partie et donne quelques développements supplémentaires. G. Dorival a apporté quelques précisions à cette analyse[608] : la préface n'annonce pas seulement la deuxième partie (§ 1-9), mais aussi la première (§ 9 suite-10) ; il a précisé le statut de la récapitulation ; surtout, il a donné des exemples de traités bâtis comme le *Traité des principes :* l'*Onirocriticon* d'Artémidore (milieu du IIe siècle de notre ère) ; le *Traité du destin* d'Alexandre d'Aphrodise (vers 200) ; la *Réponse à la lettre de Porphyre à Anébon sur les mystères d'Égypte* (vers 300) ; le traité de Saloustios *Des dieux et du monde* (vers 360) ; et la *Lettre à l'ingénieur Théodore sur la providence* de Proclos (milieu du Ve siècle).

Ces analyses ne sont pas unanimement acceptées. J. Rius-Camps voit le traité comme le produit de quatre strates rédactionnelles[609] : la première strate, antimarcionite, est qualifiée de « cycle dogmatique » ; la deuxième relève d'un « cycle sapientiel » ; la troisième est celle des « questions ouvertes » ; et la dernière est le « cycle philosophique ». La préface mêlerait les deux premières strates ; *Traité des principes* 1, 1-2, 3 correspond essentiellement à la deuxième strate et *Traité des principes* 2, 4-4, 3 à la première ; mais ces deux parties contiennent des passages qui relèvent des « questions ouvertes » ; *Traité des principes* 4, 4 correspond à la dernière strate. Mais cette analyse est contredite par Origène lui-même. En 2, 4, 1, qui est le début, aux yeux de

607. M. Harl, « Structure et cohérence du *Peri Archôn* », *Origeniana*, Quaderni di Vetera Christianorum 12, Bari, 1975, p. 11-32.

608. G. Dorival, « Nouvelles remarques sur la forme du *Traité des principes* », *Recherches augustiniennes* 22, 1987, p. 67-108.

609. J. Rius-Camps, *Origenes. Tractat dels principis*, Barcelone, 1998.

J. Rius-Camps, de la strate la plus ancienne, il écrit ceci : « Après avoir brièvement traité ces questions dans l'ordre, selon nos forces, nous devons maintenant, conformément à la proposition que nous avons faite au début, réfuter ceux qui pensent que le Père de notre Seigneur Jésus-Christ est un autre Dieu que celui qui donnait à Moïse les paroles de la Loi ». On le voit, Origène affirme nettement que 2, 4 et la suite sont postérieurs à 1, 1-2, 3. De plus la première partie ne contient aucun renvoi à la seconde, tandis que celle-ci offre de nombreux renvois à la première : l'analyse de J. Rius-Camps fait attendre l'inverse. C. Kannengiesser, quant à lui, ne croit pas qu'Origène reprenne à son compte une structure littéraire de la tradition philosophique[610] : il propose de distinguer le *Traité des principes* proprement dit (1, 1-2, 3 et 4, 4), qu'Origène aurait composé pour clarifier le concept de Dieu trine, et le reste de l'écrit, sur lequel il reste curieusement silencieux. M. Simonetti, enfin, est sceptique sur la possibilité de parvenir à des résultats assurés[611]. Le rédacteur des présentes lignes n'est évidemment pas de cet avis.

Quoi qu'il en soit de ces analyses, elles ont renouvelé la question de l'Origène systématique. Il y a un accord général pour dire que le *Traité des principes* n'est pas une somme théologique avant la lettre. Il est limité aux questions de physique au sens païen du terme. Ces questions sont traitées selon le point de vue chrétien, avec l'aide des Écritures, dont il y a plus de mille citations. Elles donnent lieu à un premier exposé systématique. Mais le second exposé consiste à faire des recherches sur des questions difficiles et parfois à proposer des solutions différentes. En d'autres termes, Origène est à la fois systématique et en recherche. Les deux ne sont pas contradictoires et l'un ne va pas sans l'autre.

La controverse sur le caractère systématique de la pensée d'Origène offre un autre aspect : celui de sa dette envers le platonisme. Son système est-il platonicien ou sa relation avec le platonisme est-elle plus ténue ? E. de Faye (1923-1928), H. Koch (1932), H. Jonas (1948),

---

610. C. Kannengiesser, « Origen Systematician in *De Principiis* », *Origeniana Quinta*, Louvain, 1992, p. 395-405 ; « Écriture et théologie trinitaire d'Origène », *Origeniana Sexta*, Louvain, 1995, p. 351-364.
611. *Diz*, p. 371-376.

E. Van Ivanka (1964) décrivent le système d'Origène soit comme un médio-platonisme chrétien soit comme une gnose d'inspiration platonicienne et chrétienne. R. Berchman (1983) va plus loin encore[612] : il veut démontrer que le système philosophique d'Origène doit être compris sans référence à la tradition biblique et chrétienne et doit être situé uniquement à l'intérieur de l'histoire du platonisme : Origène ne serait rien d'autre qu'un philosophe moyen-platonicien, dont la théorétique, l'épistémologie et la dialectique seraient caractéristiques du platonisme de son temps ; l'apport remarquable d'Origène serait même de proposer des solutions à trois problèmes majeurs du moyen-platonisme : la relation entre les intelligibles ; la relation entre les intelligibles et les sensibles ; la conception du premier principe. Mais l'assimilation de la pensée d'Origène à un système médio-platonicien n'a pas été acceptée par la plupart des spécialistes. Certes, Origène est informé de discussions internes au moyen-platonisme ; il sait que les uns définissent Dieu comme intellect, d'autres comme au-delà de l'intellect et de l'essence[613] ; il reprend en partie à son compte la doctrine médio-platonicienne des astres signes du destin des hommes[614] ; de plus, il donne des leçons de platonisme à Celse[615]. Mais Origène est en rupture avec la philosophie platonicienne sur toute une série de points : le thème de l'imitation d'un modèle humain, Jésus, si choquante pour la philosophie ; le thème de la nécessité de la grâce divine, en face des trois voies de la synthèse, de l'analyse et de l'analogie qui, selon le moyen-platonisme, permettent de connaître l'essence divine ; le thème de l'incommunicabilité de Dieu, au lieu de sa communicabilité relative. De plus, Origène connaît moins bien le platonisme que la philosophie stoïcienne (voir plus haut les pages sur la biographie d'Origène). Il est platonicien comme tous les Pères de l'Église, mais probablement moins que Grégoire de Nysse ou Augustin[616].

---

612. R. Berchman, *From Philo to Origen. Middle Platonism in Transition*, Chico, 1983.

613. Voir Origène, *Contre Celse* 6, 64 ; 7, 45 et 68.

614. Voir E. Junod, SC 226, p. 54.

615. Voir Origène, *Contre Celse* 3, 62-63 ; 6, 8 et 10.

616. Voir G. Dorival, « Origène d'Alexandrie », dans R. Goulet (dir.), *Dictionnaire des philosophes antiques*, IV, Paris, 2005, p. 807-842.

Enfin, la question de savoir si Origène est systématique s'est accompagnée d'un débat sur la question de la corporéité ou de l'incorporéité finale ; en effet, si Origène est systématique, il doit trancher entre l'une de ces deux possibilités ; s'il est en recherche, il peut hésiter. La question du sort du corps à la fin des temps a depuis longtemps suscité l'intérêt chez les commentateurs, mais elle a resurgi avec une force particulière à l'occasion des colloques origéniens de 1973, 1977 et 1985. Le *Traité des principes* 2, 1-3, qui porte sur la question du monde et des créatures, s'achève par un exposé sur le sort final de la corporéité. La version de Rufin et la *Lettre à Avitus* de Jérôme sont d'accord pour énoncer trois hypothèses : à la fin de toutes choses, au moment de la béatitude ultime, ou bien il y aura disparition de la corporéité, ou bien la substance corporelle sera ramenée à la qualité la meilleure, celle de l'éther, entendu au sens de qualité éthérée, et non d'un cinquième élément, ou bien il y aura dissolution de ce monde et localisation des saints au-delà de la sphère des fixes sur la « terre bonne » d'Ex 3, 8 et la « terre des vivants » de Ps 26 (27 TM), 13. Les deux dernières hypothèses sont en réalité l'énoncé « somatique » et l'énoncé « cosmologique » d'une même hypothèse : le maintien d'une corporéité éthérée, qui s'oppose donc à l'hypothèse de la disparition de la matière. Apparemment, Origène hésite entre ces deux grandes hypothèses. Mais n'aurait-il pas une arrière-pensée, un penchant secret ? Plusieurs commentateurs affirment qu'il a une préférence pour l'incorporéité finale, en reprenant de la sorte les assertions de Théophile d'Alexandrie, Jérôme, Justinien et beaucoup d'autres réfutateurs anciens. En d'autres termes, Origène serait le premier des origénistes. F. H. Kettler[617] a réuni et traduit les onze passages d'Origène, tirés des écrits autres que le *Traité de principes*, qui énonceraient selon lui l'idée que l'apocatastase est incorporelle. Mais il ne prend pas en compte la polysémie du mot « incorporel », qui a trois sens : 1) incorporéité absolue ; 2) incorporéité relative, comparée à celle de l'air par rapport au corps solide ; 3) incorporéité morale, la vie qui n'est pas astreinte

617. F. H. Kettler, « Neue Beobachtungen zur Apokatastasislehre des Origenes », *Origeniana Secunda*, Rome, 1980, p. 339-348.

aux désirs du corps. Aucun des onze passages relevés par F. H. Kettler ne paraît attester le sens d'incorporéité absolue.

De son côté, D. G. Bostock[618] a énoncé trois arguments en faveur de la disparition finale de la corporéité : 1) il est difficile d'éviter la conclusion que, lorsqu'Origène utilise le terme de corps spirituel, il lui attribue les caractéristiques de l'esprit et aucune des caractéristiques du corps : le mot corps est évacué de tout sens ; 2) Origène ne distingue pas la trinité et les créatures douées de raison en termes d'incorporel opposé à corporel, mais en termes de fonctions ; fondamentalement la trinité et les créatures sont donc de la même substance ; 3) la nature corporelle est une fonction de la diversité et du temps ; la fin de la diversité implique donc la fin de la corporéité ; quand Dieu sera « tout en tous » (1 Co 15, 28), la nature matérielle n'aura plus de fonction ; le corps sera dissous dans la substance incorporelle de Dieu ; l'âme sera esprit, le corps sera esprit, la chair sera esprit. Les deux premiers arguments sont discutables : le premier d'entre eux consiste à prêter à Origène l'opinion des gnostiques chrétiens, valentiniens, selon laquelle la corporéité du corps ressuscité est d'essence irréductiblement différente de la réalité sensible, perceptible à travers la matière. Mais, pour Origène, le corps ressuscité n'est pas seulement autre que le corps mort ; il lui est aussi identique, même s'il est meilleur ; cette identité est exprimée chez lui par le concept d'*eidos sômatikon*. Origène réfute d'ailleurs la thèse des valentiniens en *Traité des principes* 2, 10, 2. Le deuxième argument est en partie vrai : le *Traité des principes* affirme l'identité de substance entre la trinité et les créatures en 4, 4, 9. Mais, dans beaucoup d'autres passages, Origène affirme que la trinité est seule à être incorporelle, les créatures étant incorporelles à titre premier et corporelles à titre de conséquence. D. G. Bostock estime que *Traité des principes* 1, 6, 4 et 2, 2, 2, qui exposent cette doctrine, sont des interpolations de Rufin. Mais il est muet sur 4, 3, 15 et 4, 4, 8, qui énoncent la même thèse : ces passages seraient-ils de nouveau des interpolations de Rufin ? Mais ni Jérôme ni Justinien ne proposent de rédaction alternative pour 4, 3, 15. Le troisième argument est en

618. D. G. Bostock, « Quality and Corporeity in Origen », *Origeniana Secunda*, p. 323-337.

apparence le plus fort : Origène dit explicitement que la fin de la diversité implique la fin de la corporéité, en *Traité des principes* 3, 6, 4. Mais la faiblesse du raisonnement de D. G. Bostock est qu'il utilise certains passages du *Traité des principes* sans voir qu'ils représentent une opinion dans une discussion. M. Alexandre a donné de ces discussions contradictoires sur un même sujet une analyse très fouillée[619]. Loin d'être des expédients tactiques par lesquels Origène chercherait à masquer sa pensée profonde, les alternatives énoncées dans le *Traité des principes* sont le dernier mot de sa réflexion : il n'y a pas, pour lui, moyen de trancher entre les termes de l'alternative.

Dans le cas de l'alternative entre la corporéité finale et l'incorporéité finale, si Origène ne peut trancher, c'est qu'il est écartelé entre deux séries contradictoires de textes des Écritures[620]. D'un côté, Jn 17, 21 (« Qu'ainsi eux aussi soient un en nous ») et 1 Co 15, 28 (à la fin, « Dieu sera tout en tous »), qui vont clairement dans le sens de l'incorporéité finale, étant donné que Dieu est incorporel. Voici comment Origène commente ces deux citations en *Traité des principes* 3, 6, 1 :

> « Certains se demandent si la nature corporelle, même purifiée jusqu'à la limpidité et rendue presque spirituelle, ne semble pas faire obstacle à la fois à la dignité de la ressemblance et à la propriété d'être un avec Dieu ; il ne paraît pas possible en effet de dire que la nature qui est dans un corps est semblable à la nature divine, qui est à titre premier incorporelle, ni de la désigner en vérité et correctement comme faisant un avec elle. »

En d'autres termes, la trinité étant incorporelle, comment les créatures, incorporelles comme la trinité par l'âme, mais corporelles par le corps ressuscité, peuvent-elles ressembler véritablement à Dieu et être véritablement un avec lui, sinon en perdant leur corporéité ? Si donc l'on affirme la corporéité finale, ce ne peut être qu'en affaiblissant la portée des deux citations. De l'autre côté, il y a Gn 1, 1-2, qui atteste de la création de la matière au commencement, étant bien entendu qu'il

---

619. M. Alexandre, « Le statut des questions concernant la matière dans le *Peri Archôn* », *Origeniana*, Bari, 1975, p. 63-81.
620. Voir G. Dorival, « Origène d'Alexandrie », *Origeniana Quarta*, Innsbruck-Vienne, 1987, p. 312-315.

n'y a pas de temps où Dieu n'était pas créateur, et Sg 11, 20 (« Dieu a tout créé en nombre et en mesure »), où la notion de nombre renvoie aux intellects préexistants et celle de mesure, à la matière corporelle, tandis que le « et » implique que les intellects créés incorporels à titre premier soient indissolublement doués de corporéité, créée à titre de conséquence. Les deux citations sont commentées en *Traité des principes* 2, 9, 1. Par conséquent, pour professer l'incorporéité finale, il faudrait remettre en cause Gn 1, 1-2 et Sg 11, 20. L'alternative est donc soit d'amoindrir la portée de Jn 17, 21 et de 1 Co 15, 28, soit d'aller contre Gn 1, 1-2 et Sg 11, 20. Il n'y a pas d'échappatoire.

Souvent, les débats autour du *Traité des principes* ont été l'occasion de s'interroger sur l'orthodoxie d'Origène. Les jésuites allemands et français qui ont publié avant et après la seconde guerre mondiale (H. U. von Balthasar, H. Crouzel, J. Daniélou, H. de Lubac, H. et K. Rahner) ont souligné le caractère foncièrement chrétien de sa pensée. D'autres savants sont convaincus de son hétérodoxie (D. G. Bostock, F. R. Kettler). D'autres, plus modérés, insistent sur l'influence de la philosophie grecque et de la démarche gnostique sur ses idées (E. de Faye, E. von Ivanka, H. Jonas, H. Lietzmann). Plus intéressante est l'approche qui, en se fondant sur l'originalité de sa christologie, le décrit comme un chrétien marginal[621]. Cependant, la plupart de ces évaluations ne peuvent échapper au reproche d'anachronisme : elles projettent l'orthodoxie post-nicéenne de 325 sur un auteur mort vers 250. Une telle approche n'a guère de sens pour les historiens, seulement pour des croyants se réclamant d'appartenances religieuses précises.

Plus profonde est la controverse qui a porté au XXe siècle sur l'herméneutique d'Origène. Au lendemain de la deuxième guerre mondiale, Jean Daniélou et Henri de Lubac se sont opposés sur la question du type et de l'allégorie. Pour prendre la mesure de cette controverse, il faut rappeler que l'herméneutique ancienne, qu'elle soit païenne, juive ou chrétienne, repose sur la distinction entre le sens obvie et le sens profond. L'apparition de cette distinction remonte au VIe siècle avant notre ère : les philosophes entreprennent de sauver les textes d'Homère accusés d'impiété et d'immoralité. Sous la lettre de ses poèmes,

621. M. Harl, *Origène et la fonction révélatrice du Verbe incarné*, Paris, 1958, p. 374.

par-delà les amours, les haines, les combats et les aventures des dieux et des héros, c'est autre chose qui est dit. Le rôle de l'exégète est de découvrir le sens caché, *huponoia*, de la tradition poétique. Au début de notre ère, ce mot est remplacé par le mot allégorie, *allêgoria*, pour désigner à la fois les allégories poétiques, en tant que figures langagières présentes chez les poètes, et l'allégorie, en tant que méthode d'interprétation desdites figures[622]. Il existe plusieurs sortes d'allégorie interprétative : morale (les aventures de la vertu et du vice), physique (les parties de l'univers), physiologique (les parties du corps humain), psychologique (les facultés humaines). Par exemple, pour Métrodore de Lampsaque, qui manie l'allégorie physique, Agamemnon est l'éther, Achille le soleil, Hélène la terre, Alexandre-Pâris l'air, Hector la lune. Les écrivains juifs hellénistiques ont adopté la méthode allégorique des Grecs. Pour Philon, les épisodes de l'histoire biblique et les institutions juives sont les images soit du cosmos soit de l'âme soit du monde intelligible. Mais, à la différence de l'allégorie païenne, qui dénie toute légitimité au sens littéral des textes poétiques, Philon affirme la valeur éminente du sens obvie de la Bible ; pour lui, le sens profond se situe dans le prolongement du sens obvie, qu'il renforce. Paul ne dénie pas toute valeur au sens littéral de la Bible, comme le montre le passage de l'épître aux Romains où il s'efforce d'établir que, dans la Genèse, Abraam a été justifié par la foi. Mais il insiste sur le fait que la Bible trouve son vrai sens dans et par le Christ. En Ga 4, 24, à propos d'Agar et de Sarah, les deux épouses d'Abraam, il affirme que ces choses sont « exprimées allégoriquement » (*allêgouroumena*) de l'ancienne et de la nouvelle alliance. Ce verset est fréquemment cité par les Pères, quand ils veulent justifier la légitimité de la méthode allégorique.

L'allégorie d'Origène (comme celle d'autres Pères) opère la synthèse entre l'allégorie païenne et l'allégorie philonienne. Pour lui, certaines péricopes bibliques n'offrent pas de sens littéral : ce sont des textes impossibles, *adunata*. Ainsi, il est impossible qu'il y ait eu des soirs et des matins durant les trois premiers jours de la Genèse, étant donné que le soleil et la lune n'étaient pas encore créés ; il est impossible que le diable ait montré à Jésus tous les royaumes du monde depuis

---

622. Voir PLUTARQUE, *De la lecture des poètes* 19e.

une haute montagne (Mt 4, 8), étant donné qu'ils ne se trouvent pas tous au pied de la même montagne. Il y a aussi des commandements absurdes, comme l'autorisation de manger le bouc-cerf (Dt 14,5), étant donné que cet animal n'existe pas, ou l'interdiction de n'avoir ni deux tuniques ni des sandales (Mt 10, 10), étant donné qu'elle est impraticable dans les pays où il gèle. Les textes de ce type ont seulement un sens moral ou spirituel. On retrouve ici la tradition païenne qui dénie toute valeur au sens littéral. Mais ailleurs, et conformément à l'allégorie philonienne, la Bible offre normalement un sens obvie, qui est le sens historico-littéral, et un sens profond. Pour Origène, il faut distinguer le sens psychique, ou moral, qui concerne l'âme, et le sens pneumatique, ou spirituel, qui concerne l'histoire du salut, des premiers temps aux temps ultimes. Il y a donc trois sens de l'Écriture, à l'instar de l'homme, composé d'un corps, d'une âme et d'un esprit (Sg 15, 11 ; 1 Th 5, 23). Les quatre sens médiévaux sont apparus pour la première fois dans l'Occident latin chez Cassien, qui divise le sens profond, qu'il appelle « intelligence spirituelle », en allégorie, anagogie et tropologie ; il y a donc le sens historico-littéral, le sens allégorico-dogmatique, le sens anagogico-eschatologique et le sens tropologico-moral.

Origène et les Pères utilisent le vocabulaire du type (*tupos*, en latin *figura*) : les personnages, les événements et les données de l'Ancien Testament sont le type des réalités du Nouveau Testament : ils annoncent à l'avance un personnage, un événement, une donnée du Nouveau Testament. Par exemple, Josué (Jésus dans la Septante) qui fait entrer les Hébreux dans la terre promise est le type de Jésus qui fait entrer les croyants dans le royaume de Dieu ; le juste humilié puis victorieux du Ps 21 (22 TM) est le type du Christ, mis à mort et ressuscité. La méthode du type est d'origine juive. À Qumrân, les commentaires suivis des prophètes et des psaumes, les *peshârim*, font une application systématique du texte biblique à la communauté. Chaque unité de sens est suivie de la formule *pishrô*, « son interprétation, [c'est que] ». Dans le *péshèr* d'Habacuc, le juste opprimé par l'impie préfigure la persécution du maître de justice par le prêtre impie. Le Nouveau Testament offre de nombreux exemples de typologie ; par exemple, les nations qui frémissent, les peuples qui complotent, les rois qui se dressent, les chefs qui se rassemblent du Ps 2 annoncent Hérode et les Juifs, Ponce Pilate et les Romains (Ac 4, 24-27).

Le type et l'allégorie entretiennent-ils un rapport entre eux, comme le soutient Henri de Lubac, ou bien sont-ils étrangers l'un à l'autre, comme l'affirme Jean Daniélou[623] ? Pour ce dernier[624], les Antiochiens ont eu raison de voir dans l'allégorie une détestable infiltration de l'hellénisme dans l'herméneutique chrétienne. Il leur reproche néanmoins de réduire à l'excès le nombre des passages de l'Ancien Testament où il est question de Jésus-Christ. Selon lui, la méthode du type est conforme à la tradition de l'Église, à la différence de l'allégorie : « L'allégorie n'est pas un sens de l'Écriture : c'est la philosophie et la morale chrétiennes présentées sous une imagerie biblique, comme les stoïciens présentaient les leurs sous une imagerie homérique. » Il n'y a pas « à trouver des sens spirituels à tous les textes de l'Écriture » et il critique Philon, Clément d'Alexandrie, Origène, Grégoire de Nysse et, du côté latin, Ambroise de Milan. Henri de Lubac a fait observer qu'il n'y avait pas de distinction entre le type et l'allégorie avant les Antiochiens ; l'allégorie désigne la méthode par laquelle l'herméneutique chrétienne ancienne découvre dans les Écritures le Christ et les réalités chrétiennes ; Origène doit l'allégorie à Paul plus qu'à Philon, comme le montre le fait que le mot est largement présent chez Hippolyte et Tertullien. Les Antiochiens ont créé un « conflit artificiel » : leur « théorie » – un mot absent des Écritures et emprunté à la tradition platonicienne – n'est en fait rien d'autre que l'allégorie non arbitraire[625]. On peut ajouter à ces observations que le type est parfois tout aussi arbitraire que l'allégorie : pour le Pseudo-Barnabé, les trois cent dix-huit serviteurs d'Abraam sont le type de la croix et de Jésus, parce que 318 s'écrit en grec TIH, où l'on reconnaît, dans le T, la croix, et dans IH, les deux premières lettres de nom de Jésus[626]. Justin, qui

623. Voir M. Fédou, « Les débats sur le "sens spirituel" dans les *Recherches de science religieuse* (années 1940-1950) », *Recherches de science religieuse* 99, 2011, p. 195-205.
624. J. Daniélou, « Traversée de la mer Rouge et baptême aux premiers siècles », *Recherches de science religieuse* 33, 1946, p. 402-430 ; voir aussi Id., *Sacramentum futuri. Études sur les origines de la typologie biblique*, Paris, 1950, p. 48 et 128.
625. H. de Lubac, « "Typologie" et "allégorisme" », *Recherches de science religieuse* 34, 1947, p. 180-226.
626. Pseudo-Barnabé, *Lettre* 9, 7.

voyait dans tous les bois de l'Ancien Testament des figures de la croix, n'échappe pas non plus à ce reproche d'arbitraire. En fait, comme l'a fait remarquer avec pertinence Manlio Simonetti[627], une interprétation typologique quant au contenu est allégorique quant au procédé herméneutique, en ce qu'elle confère au donné biblique une signification qui n'est pas la signification littérale. Au lieu d'opposer type et allégorie, il serait plus juste de parler d'herméneutique allégorico-typologique.

Une autre idée d'Henri de Lubac mérite d'être relevée et discutée. Selon le traité d'herméneutique du *Traité des principes* 4, 1-3, les sens de l'Écriture sont, dans l'ordre, le sens corporel, le sens moral et le sens spirituel. Henri de Lubac a comparé cet ordre avec celui qui est observé dans les *Commentaires* et les *Homélies* d'Origène. Il a remarqué que, tantôt, le sens moral vient immédiatement après le sens littéral, tantôt, il suit le sens spirituel. Il y aurait donc deux sens moraux : un sens moral qui, venant tout de suite après la lettre de l'Écriture, correspond à l'âme et précède le sens spirituel ; un autre sens moral, qui présuppose le sens allégorique ou mystique et est en fait spirituel[628]. Dans le premier cas, Origène, tout comme Philon, énonce des leçons morales qui ne sont pas spécifiquement chrétiennes. Dans le second cas, son exégèse est complètement chrétienne, parce qu'il traite du salut de l'âme chrétienne. Cette idée est intéressante, mais est-elle juste ? Prenons le cas de l'*Homélie 2 sur la Genèse*, qui porte sur l'arche de Noé. Origène commence par expliquer que Marcion et Apellès ont tort d'affirmer que le passage offre des détails impossibles et irrationnels. Aux yeux d'Apellès, l'arche est trop petite pour accueillir un si grand nombre d'animaux ; ce récit est une fiction dont l'auteur ne peut être Dieu. Origène réplique que les nombres bibliques doivent être élevés à la puissance : les dimensions de l'arche étaient suffisantes et le récit est historique. Puis, Origène parle du sens spirituel : le déluge annonce la fin du monde ; l'arche est l'Église ; Noé est le Christ ; les trois étages de l'arche figurent le ciel, la terre et l'enfer ; la longueur, la largeur et la hauteur de l'arche représentent

627. M. Simonetti, *Lettera e/o allegoria. Un contributo alla storia dell'esegesi patristica*, Rome,1985.
628. H. de Lubac, *Exégèse médiévale. Les quatre sens de l'Écriture*, Paris, 1959, p. 200-207.

les mystères du Christ ; les bois équarris figurent ceux qui enseignent dans les Églises ; le bitume utilisé à l'intérieur et à l'extérieur est la sainteté du corps et la pureté de l'âme ; les animaux de toutes espèces annoncent l'unité dans le royaume du Christ. Pour finir, Origène en vient au sens moral : la longueur, la largeur et la hauteur de l'arche sont la foi, la charité et l'espérance ; les bois équarris sont les livres prophétiques et apostoliques ; le bitume est la science et les œuvres ; les animaux purs sont la mémoire, la science, l'intelligence et les autres vertus ; les animaux impurs sont la concupiscence et la colère. À ce moment de son explication, Origène note que « ces points ne semblent plus avoir été examinés du point de vue moral, mais du point de vue naturel (*haec jam non morali sed naturali ratione discussa uideantur*) ». Cette phrase montre qu'Origène a conscience du fait que le sens moral n'a pas besoin d'être typiquement chrétien, mais doit plutôt relever de la philosophie naturelle. Et pourtant l'*Homélie 2* analyse le sens moral après le sens spirituel. À l'inverse, dans le traité d'herméneutique du *Traité des principes*, les exemples de sens moral sont tirés de Paul et il est difficile de nier leur caractère chrétien. Pourtant, Origène les donne avant les exemples de sens spirituel. La suggestion d'Henri de Lubac mériterait donc d'être réexaminée à l'avenir de manière approfondie.

Une dernière controverse est peut-être en filigrane des études modernes sur Origène. Longtemps, Origène a été abordé de manière globale, l'ensemble de ses écrits étant traité sur un pied d'égalité. On faisait l'hypothèse de la persistance de sa pensée, depuis les premiers écrits d'Alexandrie jusqu'aux dernières œuvres écrites à Césarée Maritime. Une exception était parfois faite dans le cas des *Homélies*, dans lesquelles Origène ne s'adresse pas à des intellectuels, mais aux chrétiens ordinaires : leur technicité et leur profondeur théologique seraient moindres que celles des traités. Mais les travaux d'Henri de Lubac et d'autres ont fait justice de cette approche et ont montré qu'Origène n'était pas moins exigeant dans sa prédication que dans ses écrits théologiques. Dès lors, la question est celle de l'évolution de la pensée d'Origène : a-t-il modifié ses analyses et lesquelles ? Ce qui a contribué à faire émerger pareille hypothèse, c'est que se sont multipliées les études examinant les écrits d'Origène dans l'ordre chronologique. De ce point de vue, la synthèse de Marguerite Harl sur la christologie d'Origène peut être regardée comme fondatrice[629] : elle aborde dans l'ordre le *Traité des principes*, les tomes 1 et 2 des *Commentaires sur Jean*, les tomes suivants des mêmes *Commentaires*, les *Commentaires sur Matthieu*, le *Contre Celse*. Depuis cette étude, il est devenu habituel d'aborder les écrits d'Origène selon la chronologie. Inévitablement, cette approche conduit à voir des changements d'un écrit à l'autre. Mais le chapitre de conclusions de M. Harl doit faire réfléchir : nulle part, il n'est question d'une véritable évolution de la pensée d'Origène. Il y a des différences d'accent, des inflexions, en fonction des écrits concernés et des thématiques abordées, mais ce qui ressort, c'est la cohérence et la persistance de sa christologie. Cela ne signifie pas qu'Origène n'ait pas çà et là modifié ses analyses. C'est vrai en matière d'exégèse : au début de l'*Homélie 8* sur le Ps 77, il déclare lui-même avoir changé d'avis sur Deutéronome 32, 8-9, où il est question de la répartition des peuples et où Israël est appelé « la part du Seigneur » ; « autrefois », il pensait que la répartition s'était produite au moment de la tour de Babel ; « plus tard », il a situé l'événement au moment où le peuple est sorti d'Égypte[630]. Il serait utile de soumettre l'ensemble des écrits d'Origène à un tel questionnement : en quelque quarante années de production théologique, Origène a-t-il opéré de vraies modifications, ou a-t-il procédé à de simples ajustements ?

*

* *

Pourquoi lire Origène aujourd'hui ? À la Renaissance, Érasme disait : « Une seule page d'Origène m'apprend plus de philosophie que dix d'Augustin[631] » ; par « philosophie », il entendait la réflexion chrétienne sous tous ses aspects, théologie, exégèse et spiritualité notamment. Qu'est-ce qu'Origène peut nous apprendre aujourd'hui ? Sa doctrine si importante de la préexistence des âmes paraît difficile à maintenir à une époque où le concept d'âme est remis radicalement en question. À moins de penser, toutefois, que cette préexistence est une autre

629. M. Harl, *op. cit.* n. 621.

630. *Origenes Werke*, XIII, p. 449-451.

631. Érasme, dans P. S. Allen, *Opus epistolarum Des. Erasmi Roterodami: denuo recognitum et auctum*, III, 844, Oxford, 1913, p. 330-338.

façon de parler de la prescience de Dieu[632]. En revanche, la critique que fait Origène du sens littéral des Écritures et son insistance sur le sens spirituel sont des manières de nous alerter contre les fondamentalismes et les littéralismes, qui, à côté d'autres éléments, nourrissent les conflits contemporains dans plusieurs régions du monde. Considérer en effet que le sens du *Tanak* juif, des Écritures chrétiennes, du Coran musulman va de soi et s'impose sans discussion mène à des conduites d'intolérance et de violence. Au contraire, la recherche persévérante du sens profond implique de prendre du temps et de la distance. Nous ne le savons pas toujours, mais, si la pensée chrétienne ne développe plus une interprétation littéraliste des mille ans de règne d'Ap 20-21, si elle a renoncé au millénarisme encore professé par Justin et Irénée, c'est à Origène qu'on le doit. On ne peut que constater les dégâts causés par le retour à l'interprétation littérale de ce texte chez les sionistes chrétiens américains. Assurément, la théorie du sens psychique et du sens pneumatique selon Origène suscite des interrogations sur sa légitimité, tout comme les quatre sens médiévaux des Écritures, ou bien la méthode du *remez* (sens allusif), du *derash* (sens homilétique et figuré) et du *sod* (sens mystique) dans l'exégèse juive médiévale, ou encore la recherche du *bâtin* chez les théologiens musulmans, soucieux de ne pas en rester au *zâhir*, ou sens littéral. En effet, les sens autres que le sens historico-littéral sont devenus suspects depuis la Renaissance, et on peut même dire que la modernité s'est constituée en partie contre l'herméneutique allégorique. Même Henri de Lubac ne discute pas l'opinion selon laquelle l'allégorie a un aspect artificiel et repose sur la fantaisie de l'interprète. Mais est-ce sûr ? Il faudrait examiner si la méthode allégorique n'obéit pas à des lois plus rigoureuses qu'on ne le croit, et l'étude systématique d'Origène serait à faire dans cette perspective. Admettons cependant l'artificialité de la méthode allégorique. On voit bien son aspect négatif, mais on oublie son aspect positif : elle oblige chaque lecteur et chaque génération à vérifier le bien-fondé des interprétations antérieures et à proposer de nouvelles interprétations ; la vérité n'est pas donnée une fois pour toutes, elle

---

632. M. HARL, « La préexistence des âmes dans l'œuvre d'Origène », *Origeniana Quarta*, p. 238-264.

n'a pas à être imposée aux autres, mais elle est sans cesse à construire. Comme le dit Origène dans le *Traité des principes* 2, 11, 5 : « car, maintenant, c'est encore pour l'instant la recherche, mais alors là-bas l'on verra désormais manifestement ». Pourquoi lire Origène ? Parce que cet homme de foi a eu la passion de la recherche et la conviction qu'elle est l'horizon indépassable de l'existence humaine.

Conclusion

par Gilles Dorival et Alain Le Boulluec

Clément et Origène ont en commun de nombreux traits : formation littéraire et philosophique, ouverture aux sagesses étrangères, passion pour la recherche intellectuelle, connaissance approfondie des Écritures, foi chrétienne, fidélité à l'Église. Leurs adversaires sont les mêmes : à l'intérieur, les courants réunis par Origène sous l'étiquette du trio Marcion, Valentin, Basilide d'une part, les « simples » d'autre part, hostiles à la culture hellénique, souvent partisans d'une interprétation littérale des Ecritures, ou encore chrétiens sincères mais ignorants ; à l'extérieur, les « Grecs » qui combattent le christianisme, comme Celse. Des œuvres d'Origène font écho à des écrits ou à des projets de son prédécesseur : il a composé des *Stromates*, comme Clément ; le *Traité des principes* est à mettre en rapport avec les promesses de Clément d'écrire « sur les principes », « sur l'âme », « sur la prophétie » ; ils ont sur la prière des idées semblables ; de même sur le martyre ; l'aspiration à la connaissance et à la vision de Dieu s'exprime chez l'un et l'autre selon des images de l'ascension spirituelle qui proviennent tant du platonisme que des textes bibliques ; ils sont tous deux des lecteurs assidus de Philon d'Alexandrie, leur modèle en herméneutique ; leur platonisme, en éthique, est fortement teinté de stoïcisme et d'aristotélisme. L'un a trouvé à Alexandrie le milieu propice à sa quête de la « gnose », l'autre a été immergé dès l'enfance dans la culture alexandrine. Tous deux ont en commun l'idéal du « vrai gnostique », par opposition au faux gnostique défendu par certains milieux chrétiens d'Alexandrie.

Une génération sépare l'aîné, Clément, du cadet, Origène, mais leurs biographies respectives se ressemblent. Leurs dates de naissance et de mort ne sont pas connues avec certitude : vers 150 et vers 215 pour le premier, vers 185-187 et vers 251-253 pour le second. Ils se réclament tous deux de Pantène, l'« abeille de Sicile » : Clément l'a fréquenté, à la différence d'Origène, qui était trop jeune pour cela, mais qui en a cultivé le souvenir. À Alexandrie, tous deux sont intervenus dans le « didascalée des paroles sacrées », mais, à ce qu'il semble, ils ne s'y sont pas croisés : Clément a quitté Alexandrie au moment de la persécution de 202 ou de 206, tandis qu'Origène n'a pris en charge la catéchèse qu'à la fin de cette persécution. Tous deux ont connu des tensions avec l'évêque Démétrios. Clément a peut-être été prêtre, Origène l'a été sûrement. Tous deux ont entretenu des liens étroits avec Alexandre, le futur évêque de Jérusalem, qui ordonna Origène en 232 ou 233 et qui a célébré la mémoire de Clément dans une lettre adressée à la même époque à Origène. A trente ans de distance, tous deux ont quitté Alexandrie et ont changé de résidence : Clément s'est établi soit en Cappadoce, soit, plus probablement, à Jérusalem ; Origène s'est installé à Césarée de Palestine et a fréquenté Jérusalem. Tous deux ont écrit une partie de leurs œuvres en Judée-Palestine.

Les différences sont grandes cependant. Elles ne tiennent pas seulement à la distance chronologique, l'activité de Clément se situant à une époque où les formes institutionnelles de l'Église à Alexandrie sont plus souples qu'au temps d'Origène. Clément, un converti, issu assurément d'une famille aisée, ayant les moyens dans sa jeunesse de voyager à la recherche d'un maître chrétien, reste fasciné par l'hellénisme, même quand il le critique. Origène, éduqué dans la foi chrétienne par son père, confronté très tôt à la persécution, puis à la pauvreté, contraint d'exercer le métier de *grammatikos*, choisissant ensuite de vivre dans l'ascèse, conserve des traits d'austérité qui l'éloignent de toute complaisance envers les valeurs et le mode de vie des élites fortunées. Sans être pour autant laxiste, Clément combat énergiquement l'encratisme, et prône une vie sexuelle exempte à la fois du mépris pour le corps et de la licence, le mariage étant orienté vers la procréation et le père jouant dans l'*oikos*, la famille élargie à la domesticité, le rôle de la Providence dans le monde. Sa production littéraire, même si l'on tient compte des écrits perdus, ne peut être comparée à l'immensité et à la diversité des œuvres d'Origène. Le choix des genres les distingue aussi. De la prédication de Clément, si du moins il a été prêtre, la seule trace littéraire est la structure homilétique sous-jacente au traité exégétique *Quel riche sera sauvé ?*, qui commente l'épisode du riche de Mc 10, 17-31, alors que les sermons sont une part majeure du corpus origénien, mais Origène n'a consacré à Marc ni commentaires ni homélies, à l'instar de la plupart des Pères des premiers siècles. Le *Protreptique* appartient à l'éloquence d'apparat ; l'éloge du *Logos* divin et le recours au genre philosophique de l'exhortation à choisir la sagesse convertissent les figures grecques de la poésie et du chant et les personnages du théâtre en manifestant une connivence avec les mythes et les arts de l'hellénisme qui n'a pas son équivalent chez Origène. Il en va de même du *Pédagogue*, qui s'efforce de christianiser l'idéal grec de l'honnête homme. Certains développements des *Stromates* relèvent de jeux érudits qu'Origène jugerait sans doute futiles, ainsi la longue série de comparaisons, au livre VI, entre des énoncés poétiques ou philosophiques destinés à confirmer par une propension des Grecs au plagiat le « larcin » qu'ils auraient commis dans les Écritures.

Là même où ils sont le plus proches, dans l'usage de la philosophie au service de la théologie, leurs démarches diffèrent. Clément procède par allusions, par rapprochements succincts de textes, par des formules condensées, quand il ne remanie pas de longs extraits d'une œuvre philosophique, comme dans ce qui est couramment appelé le livre VIII des *Stromates*. Origène déploie ses arguments selon les règles de la démonstration logique avec beaucoup plus d'ampleur et en envisageant tous les aspects de la question traitée. Il intègre à ses thèses les doctrines philosophiques en les formulant avec la plus grande exactitude, notamment celles des stoïciens. S'ils ont en commun le souci de rechercher le sens profond des Écritures et la conviction que les textes sacrés forment un tout unique et cohérent, leurs manières, là aussi, divergent.

Clément retient comme trait caractéristique des Écritures l'occultation, l'*epikrupsis*, et il prétend l'imiter par son style, afin d'aiguiser la perspicacité du lecteur, en lui laissant le soin de repérer les liens qui unissent ses suggestions dans l'entremêlement de ses références textuelles et de ses brefs éclaircissements. Origène élabore une théorie et une méthode de l'exégèse et il entraîne son public dans l'élucidation du sens. À ses yeux, ce dernier est triple et il est à l'image de l'homme qui, d'après Sg 15, 11 et 1 Th 5, 23, est composé d'un corps, d'une âme et d'un esprit : il y a le sens corporel, qu'on peut qualifier d'historico-littéral, le sens psychique, ou moral, le sens pneumatique, ou allégorico-spirituel. Mais certains textes bibliques n'offrent pas le premier sens, parce qu'ils sont « impossibles », comme l'autorisation de manger du bouc-cerf (Dt 14, 5), étant donné que cet animal n'existe pas ; ces passages doivent être interprétés du point de vue moral ou du point de vue spirituel. Les trois sens de l'Ecriture selon Origène peuvent être vus comme une préfiguration des quatre sens chers à la patristique latine à partir de Jean Cassien et, plus tard, à la latinité médiévale. Clément ne présente pas les formulations d'Origène, même si l'on peut penser qu'il les aurait appréciées positivement.

Clément ne connaît que la Bible grecque, la Septante. Origène, en philologue, compare les leçons des manuscrits, fait le travail d'édition et cherche à avoir accès à l'original hébreu, tant par les informations qu'il trouve, à Alexandrie déjà auprès du groupe judéo-chrétien des Hébreux, puis à Césarée auprès des rabbins, que par la comparaison avec les autres traductions grecques, d'Aquila, Symmaque et Théodotion. Clément n'a pas les savoirs ni les compétences de l'éminent bibliste qu'est Origène. Sa lecture de la Bible vaut davantage par la saveur de trouvailles ponctuelles que par la fermeté et la rigueur du commentaire, qualités en lesquelles Origène excelle. Clément a d'autre part une conception plus floue du canon scripturaire, en particulier du Nouveau Testament, en accommodant au sens qu'il considère comme orthodoxe toute parole attribuée dans un écrit au Christ ou aux disciples.

Auteurs et penseurs originaux, ils ont suscité l'un et l'autre, par leurs innovations, des controverses, pour des raisons analogues, à la mesure cependant de leurs œuvres respectives : Origène de son vivant déjà, et tout au long des siècles, dans des débats publics ; Clément de façon plus discrète, dans le sillage de la critique érudite d'un Photios. Bref, on se méfie de Clément, mais on rejette et on déteste Origène, qui est devenu la figure de l'hérétique par excellence, celui dont il faut sans cesse condamner la doctrine. Tous les conciles œcuméniques l'ont anathématisé, depuis le deuxième concile de Constantinople de 553 jusqu'au concile de Vatican I (1869-1870). Cela n'empêche pas dans le même temps les hommes d'Église de s'inspirer de l'exégèse et des thèmes spirituels d'Origène, tant en Orient qu'en Occident.

Les temps actuels ne sont plus aux condamnations sans appel. Clément et Origène sont parfois critiqués, mais le plus souvent ils sont admirés et leurs œuvres sont lues et méditées. Tous deux continuent de surprendre et d'émerveiller les lecteurs, qui ont l'assurance d'échapper à l'ennui en parcourant les alvéoles de la ruche nourricière construite par l'un et en affrontant l'armature d'acier forgée par l'autre.

Index des citations bibliques

Ancien Testament

(l'ordre des livres bibliques reproduit celui de l'édition de la Septante par A. Rahlfs, Stuttgart, 1935)

Nouveau Testament

Index des sources et des auteurs anciens

Index des auteurs modernes

Table des matières

Composition et mise en pages :
Flexedo (info@flexedo.com)

Ce volume,
publié aux Éditions Les Belles Lettres
a été achevé d'imprimer
en mai 2019
par l'imprimerie SEPEC
01960 Peronnas, France

N° d'éditeur : 9274
N° d'imprimeur : N05425190406
Dépôt légal : juin 2019